HISTOIRE
DU
PARLEMENT
DE
NORMANDIE

PAR

A. FLOQUET

ANCIEN ÉLÈVE DE L'ÉCOLE DES CHARTES
GREFFIER EN CHEF DE LA COUR ROYALE DE ROUEN
MEMBRE DE L'ACADÉMIE DE LA MÊME VILLE, DE LA SOCIÉTÉ DES ANTIQUAIRES
DE NORMANDIE, ET CORRESPONDANT DE L'INSTITUT DE FRANCE

6 Vol. in-8° de plus de 500 pages chacun

PRIX : pour les Souscripteurs....... 36 fr.
       pour les non Souscripteurs.. 42 »

A L'ASPECT de ce magnifique Palais de Justice que Louis XII et le cardinal d'Amboise élevèrent jadis à grands frais dans nos murs, de ces vastes salles aux plafonds dorés, où le Parlement de Normandie siégea pendant trois siècles entiers, quel homme intelligent pourrait ne point soupçonner que là, naguère, durent s'accomplir des événements importants, se débattre de grands intérêts, se succéder de notables personnages, retentir de mémorables paroles; et ce passé, que tous ignorent, qui pourrait le pressentir, et ne point désirer de le connaître?

De ce Parlement qui n'est plus, il ne reste que des registres sans nombre, où, parmi des milliers d'arrêts indifférents aujourd'hui, apparaissent çà et là quelques rares et piquantes révélations sur son histoire. Il fallait, ou consentir à n'en jamais rien savoir, ou se résoudre à compulser long-temps ces mémoriaux et ces *Olim*. Tâche immense, pour laquelle un homme s'est offert, sans autre mission qu'une ardeur persistante, sans autre système que l'amour de la vérité, sans autre intérêt que le besoin du travail, sans autre mérite que la patience. Ces recherches ont absorbé plusieurs années de sa vie; il n'y a point de regret; car, dans ce monde d'autrefois, où si long-temps il lui a fallu vivre, combien de points de vue attachants sont venus reposer ses regards et ranimer son courage! Les faits, les institutions, les personnages se sont tour à tour disputé son intérêt: l'antique *Echiquier* d'abord, le duc de Normandie y séant avec ses prélats et ses barons; puis, après 1205, lorsque c'en est fait de nos ducs, toujours l'Echiquier, toujours les barons et les prélats normands, mais à leur tête des hommes étrangers à la province, des *commissaires du roi*, et parfois, avec eux, le roi lui-même, Charles VIII entre autres, rendant, plusieurs jours de suite, la justice, au château de Rouen, assis parmi les *maîtres*.

En 1499, à ces assises irrégulières, de courte durée, et insuffisantes pour les besoins d'une si vaste province, Louis XII substitue un *Echiquier perpétuel*, que président les Jean de Selve et les Carmonne, qu'honorent une science profonde et d'austères vertus. — La nouvelle cour prend, sous François Ier, le nom de *Parlement*, qui lui restera jusqu'à la fin. Mais, hélas ! si près encore de son berceau, elle est tombée dans un incroyable relâchement, dans des fautes graves, que le chancelier Poyet, malveillant pour elle, vient lui reprocher amèrement, et que le souverain irrité punit en interdisant la compagnie, en *clouant*[1] (comme il le dit) *l'entrée du palais*. La Tournelle seule demeure en séance, jugeant les grands coupables dont les prisons regorgent, et rendant contre eux de redoutables arrêts; tandis qu'à Bayeux, siége la cour des *grands jours*, châtiant des gentilshommes, fléaux du pays, faisant honte aux juges qui ont connivé avec eux, ou ne les ont point osé punir. Le Parlement, interdit, est lui-même sur la sellette; une *commission* lui fait son procès; sur

---

[1] *Clouant*, fermant ; de *claudere*.

neuf magistrats exclus d'abord, huit, à la fin, sont réintégrés avec honneur, Postel des Minières, entre autres, dont les étranges aventures, attestées par des lettres patentes, semblent, toutefois, tenir plus du roman que de l'histoire. Le seul conseiller Le Marchant, condamné à Paris, amené à Rouen, traîné au palais, est ignominieusement dépouillé de sa robe écarlate, fait amende honorable, la torche au poing, puis est banni de la province.

Le Parlement a été rétabli, et l'on n'y voit plus de traces de ces désordres. Henri II, en 1550, le vient honorer de sa visite, et la voix du vertueux chancelier Olivier retentit dans la chambre dorée. A cette époque, s'agitent les religionnaires, que le Parlement poursuit âprement, mal disposé qu'il est pour eux, pressé d'ailleurs, par les rois, de sévir à outrance contre cette secte et de *l'extirper sans merci*. — Mais, sous les minorités de François II et de Charles IX, les dissidents, nombreux, hardis, avides de vengeance, font trembler dans leurs tribunaux ces juges qui les ont si long-temps malmenés; partout ils apparaissent armés, menaçants, redoutables. A Rouen, les magistrats ne sauraient plus venir au palais, ni retourner chez eux, sans escorte. Les religionnaires qu'ils osent condamner encore, sont tirés des prisons, ou audacieusement arrachés, en plein jour, aux archers et aux bourreaux qui les mènent au *Vieux-Marché*.

— La liberté ne suffisant plus aux réformés, il leur faut maintenant l'empire. Rouen, en 1562, tombe en leur pouvoir; les prêtres sont en fuite, les églises dévastées, sans autels et sans culte; les magistrats outragés ont fui, et le palais est désert. Mais, à Louviers, il y a des échafauds, des roues et des gibets en permanence. Le Parlement réfugié y siége vigilant, inexorable; et malheur aux complices de ces rebelles qui l'ont banni de la capitale! On en fait rude justice; et il faut que Castelnau vienne un jour dire à ces magistrats, de la part du roi, de garder quelque mesure. A Rouen, toutefois, où bientôt cette cour est retournée, les rigueurs continuent, non moins âpres qu'à Louviers. Après les têtes des Du Bosc d'Emandreville, des Gruchet de Soquence, des Berthonville et des Marlorat, il en faut d'autres encore; c'est l'esprit du temps, c'est le cri de la ville, dont non seulement la populace, mais les bourgeois même, assiégent le palais de justice, demandant du sang, outrageant les magistrats modérés, poursuivant le vertueux premier président Saint-Anthot, qu'ils veulent mettre en pièces, parce qu'il a proféré (dit-on) les mots de tolérance et de pardon; empêchant, par de violents murmures, par des séditions, l'enregistrement des édits de paix. On pense, hélas! à la grand'chambre, comme dans la cour du palais. L'illustre L'Hospital vient un jour à Rouen, faire honte aux magistrats de ces haines vulgaires, tenaces, implacables, qui ont fait douter de leur justice : « *Vous estes juges du pré ou du champ (leur dit-il), non de la vie, non des mœurs, non de la religion.* »

Cette rude semonce a eu pour témoins l'élite du royaume réunie dans la chambre du plaidoyer, et Charles IX qui vient de s'y déclarer majeur.

De ces haines religieuses qu'un chancelier si sage n'a pu apaiser, est née la Ligue, dont le Parlement paraît quelque temps se défendre. Mais, à la fin, la maison de Guise y compte des séides, qui, après la tragédie de Blois, restent dans la ville de Rouen rebelle, courbés sous la verge de Mayenne, de Villars et de Tavannes, apprenant, à force d'humiliations et d'affronts, ce qu'on gagne à s'être écarté du droit chemin : tandis que, dans Caen, où tous les magistrats fidèles se sont réfugiés, notre vrai Parlement (le loyal Claude Groulart à sa tête) siége, cinq ans durant, à l'étroit, dans la gêne, dans les privations de toutes sortes, sans robes rouges pour tout dire, tant il est pauvre ! mais digne, honoré, révéré de tous, parce qu'il est demeuré fidèle au devoir et lui a tout sacrifié. — Au reste, le temps ne l'a guère rendu plus tolérant pour les religionnaires. De retour à Rouen, il lutte opiniâtrement contre Henri IV en personne, qui lui demande avec instance quelques concessions, qui lui prêche la condescendance et l'oubli. Indigné de l'édit de

Nantes, plus de dix années s'écoulent sans qu'il l'ait voulu franchement exécuter ; à un siècle de là, le voyant révoqué, il applaudira ; et ses nombreux arrêts ajouteront aux rigueurs d'une loi de proscription déjà si dure.

Sous Louis XIII, pris de pitié pour les peuples dont il connaît la détresse, peut-être le Parlement ne les sait-il pas toujours contenir d'une main assez ferme ; Richelieu l'accuse de la révolte des *nuds-pieds*, où toute la Normandie est entrée, et qu'ont signalée de condamnables excès, l'interdit honteusement, le fait humilier par le chancelier Séguier, le remplace par une Commission, puis le rétablit, mais en le rendant *semestre*, le dénaturant par là, lui ôtant toute dignité, toute indépendance, toute force pour résister à l'arbitraire, à la fiscalité. — Aussi, Richelieu mort, et sous un roi de cinq ans, éclatent aussitôt les ressentiments de nos magistrats encore indignés. Leurs *arrêts d'union* vont réjouir le fougueux coadjuteur de Paris et la duchesse de Longueville. A la voix de ces hommes de robe, on voit sortir le canon, se mouvoir de petites armées, s'engager des combats de peu d'effet ; dans la grand'chambre il ne se parle plus que de stratégie, de munitions, de siéges et de batailles : jusqu'à ce que ce Parlement rancunier ait obtenu (à la paix de Saint-Germain) la révocation du semestre, véritable et unique motif, pour lui, de cette guerre ridicule où il a plus d'une fois oublié ses devoirs et les convenances. — Que si, après cela, Louis XIV, le fouet à la main, le sait contenir comme tous les autres, et réduire son rôle à de tardives et vaines remontrances, Louis XV venant, faut-il s'étonner que ce ressort, si violemment comprimé, joue aussitôt avec une énergie qui ne connaît plus de mesure, et qu'une longue et aigre polémique s'engage entre la magistrature et la couronne? Chaque jour, alors, se succèdent, d'un côté des édits fiscaux, et de l'autre des remontrances trop hardies, qu'on a le grand tort de livrer au public. Des présidents, des conseillers sont mandés en cour, gourmandés par les ministres, par le roi lui-même; les lettres de cachet pullulent; les interdictions ne sont pas rares; le palais est fréquemment le théâtre d'enregistrements forcés, d'expéditions militaires; des magistrats âgés et souffrants sont enlevés en chaise de poste. Quelquefois, la compagnie est exilée tout entière, et la Normandie s'en indigne. En 1764, le retour du Parlement interdit est un véritable triomphe. Lorsqu'à sept ans de là il disparaît de nouveau, on hue de toutes parts le *conseil supérieur*, qui n'a pas craint de lui succéder; des affronts sont prodigués à *l'intrus* et surtout aux *parjures*; et, quand le Parlement revient encore une fois, la province est ivre de joie; ses transports semblent tenir de la démence. Après quoi, c'en est fait à jamais pour notre Parlement des faveurs du peuple, cette censure qu'il a si long-temps exercée et provoquée se tournant, à la fin, contre lui-même. Les peuples qu'il a lancés dans les voies de la réforme, s'aperçoivent qu'il ne veut ni les y précéder ni les suivre ; qu'il a peur de ces *États généraux*, demandés naguère à grands cris par les *enquêtes ;* qu'il ne se sait point déprendre de priviléges devenus odieux aux masses ; qu'il ne peut revenir de son antique haine pour les religionnaires, de son engouement pour une coutume vieillie, supporter l'idée d'une seule loi pour la France, ni de bien d'autres réformes que la nation demande à grands cris ; que dis-je ? on lui reproche de regretter la *question*, sous Louis XVI, comme naguère, sous Louis XIV, il avait, à regret, cessé de brûler les sorciers. Ces magistrats, en un mot, sont devenus impopulaires. D'immenses largesses dans un grand hiver, ne leur ont pu regagner les cœurs. Le peuple ingrat insulte ces sénateurs qui l'ont défendu si long-temps, et qui le nourrissaient tout à l'heure. Des placards incendiaires demandent les têtes des Belbeuf et des Pontcarré. L'assemblée nationale, souveraine en France, condamne d'abord à l'inaction les Parlements, qu'elle anéantira tout à l'heure. Celui de Rouen, pour avoir fait mine de résister, mandé à la barre de la nation, désavoué par le roi qu'il a voulu servir, défendu par un de ses présidents en pleurs, subit un humiliant pardon, se rétracte, et ne survit guère.

Telles furent, en somme, les destinées du Parlement dont nous allons publier l'histoire. Pour cet ouvrage de bonne foi, nous sollicitons, nous espérons de nos compatriotes, la sympathie dont nous ont rendu digne nos persévérants efforts, et l'indulgence dont a besoin notre faiblesse ; sans doute, nous ne serons point trompés dans cette attente. « Pour ce que riens ne peut estre trouvé parfaict en ce que homme faict par estude, vous tous qui *regarderez ceste œuvre,* amendez ce que verrez à amender, mectez y ce qu'il y fauldra, ostez en ce qui lieu n'y tiendra, et m'aidez en aulcune chose[1]. » Cette prière qu'un Normand des anciens temps adressait à ses contemporains, nous osons, et avec plus de besoin, l'adresser aux nôtres.

Rouen, 1er août 1840.

A. FLOQUET.

---

[1] Premier Prologue du *Grand Coustumier du pays et duchié de Normendie.*

L'HISTOIRE DU PARLEMENT DE NORMANDIE formera 6 forts volumes in-8°, qui paraîtront régulièrement tous les cinq ou six mois.

Le prix de chaque volume est de 6 fr., pour les personnes qui souscriront avant la publication du *quatrième tome*. A cette époque, le prix sera porté à 7 fr.

Le premier volume, orné d'une Vue du Palais de Justice de Rouen, et renfermant 550 pages, est en vente. Le deuxième paraîtra en novembre prochain.

ON SOUSCRIT :

A ROUEN, chez Édouard FRÈRE, libr.-éditeur, quai de Paris, 45.
        chez Nicétas PERIAUX, imprim., rue de la Vicomté, 55.
A PARIS, chez Jules RENOUARD et compagnie, libraires, rue de Tournon, 6.

L'ESSAI HISTORIQUE SUR L'ÉCHIQUIER DE NORMANDIE, tiré à part, à 125 exemplaires, se vend 8 fr. papier vélin cavalier, et 10 fr. papier grand-raisin vélin d'Angoulême.

ROUEN. — IMP. DE NICÉTAS PERIAUX,
rue de la Vicomté, 55.

Librairie Ed. FRÈRE, quai de Paris, 45, à Rouen.

ESSAI HISTORIQUE SUR LOUVIERS; par P. DIBON. — 1836, in-8°, fig. Prix : 5 fr.

MIRACLE DE NOSTRE DAME, DE ROBERT-LE-DIABLE, fils du duc de Normandie, etc., publié pour la première fois d'après un manuscrit du XIV° siècle, de la Bibliothèque du Roi. — 1836, in-8°, 6 fr.

ESSAI HISTORIQUE SUR LA PEINTURE SUR VERRE; par E.-H. LANGLOIS. — 1832, in-8°, fig., 10 fr. — Idem in-4°, 15 fr.

VOYAGE de Rouen à Paris, sur la Seine. — 1839, in-18, fig., 1 fr. 50 c.

VOYAGE de Paris au Havre. — 1839, in-18, fig. et cartes, 2 fr. 50

ROUEN : son Histoire, ses Monumens, son industrie, ses grands hommes; suivi de notices sur Dieppe et Arques; par Th. LICQUET. — 1839, in-18, fig. et plan de Rouen, 3 fr.

RECHERCHES SUR L'HISTOIRE DE ROUEN, depuis les premiers temps jusqu'à Rollon; par Th. LICQUET. 1826, in-8°. 1 fr. 50.

DESCRIPTION HISTORIQUE DE LA CATHÉDRALE DE ROUEN; par GILBERT. — 1837, in-8°, fig., 4 fr.

DESCRIPTION HISTORIQUE DE L'ÉGLISE DE SAINT-OUEN DE ROUEN; par GILBERT. — 1822, gr. in-8°, fig., 5 fr.

ESSAI sur les Énervés de Jumiéges, par E.-H. LANGLOIS; suivi du Miracle des Énervés. — 1838, in-8°, fig., 7 fr.

HISTOIRE DE NORMANDIE, depuis les temps les plus reculés jusqu'à la conquête de l'Angleterre en 1066; par Th. LICQUET. — 1835, 2 vol. in-8°, avec une carte, 13 fr.

HISTOIRE DE LA NORMANDIE, depuis la conquête de l'Angleterre jusqu'à la réunion de la Normandie au royaume de France; par G.-B. DEPPING. — 1835, 2 vol in-8°, 13 fr.

HISTOIRE DES ANGLO-SAXONS, par sir Francis PALGRAVE, traduite de l'anglais par Alex. LICQUET. — 1836, in-8°, fig., 7 fr. 50 c.

CHRONIQUES ANGLO-NORMANDES, publiées pour la première fois d'après les manuscrits de Londres, de Paris, etc.; par Francisque MICHEL. — 1836-40, 3 vol. in-8°, 18 fr.

HISTOIRE DU CHATEAU-GAILLARD; par A. DEVILLE. — 1829, gr. in-4°, fig., 15 fr.

HISTOIRE DU CHATEAU D'ARQUES; par A. DEVILLE. — 1839, in-8°, fig., 10 fr.

LE ROMAN DE ROU ET DES DUCS DE NORMANDIE; par Robert WACE. — 1827, 2 vol. in-8°, fig., 20 fr.

LE ROMAN DE BRUT; par R. WACE. — 1836-38, 2 vol. in-8°, fig., 20 fr.

OBSERVATIONS sur le Roman de Rou et sur la langue des Trouvères au XII° siècle; par RAYNOUARD, de l'Institut. — 1829, in-8°, 3 fr. 50.

NOTICE sur la Vie de Robert Wace; par F. PLUQUET. — 1824, grand in-8°, fig. 3 fr.

FRAGMENTS littéraires de lady Jeanne Grey, traduits par Ed. FRÈRE. — 1832, in-8°, avec un portrait, 4 fr.

SOIRÉES LITTÉRAIRES, par Charles DURAND. — 1828, 2 vol. in-8°, 5 fr.

CONTES POPULAIRES de l'arrondissement de Bayeux; par F. PLUQUET. — 1834, in-8°, fig., 3 fr.

LES CHRONIQUES DE NORMANDIE, publiées pour la première fois d'après deux manuscrits de la Bibliothèque du Roi; par F. MICHEL. — 1839, petit in-4°, avec une Angleterre, 15 fr.

ESSAI HISTORIQUE ET LITTÉRAIRE SUR L'ABBAYE DE FÉCAMP; par LEROUX DE LINCY. — 1840, in-8°, fig., 7 fr.

HISTOIRE
DU
PARLEMENT
DE
NORMANDIE.

ROUEN,
IMPRIMERIE DE NICÉTAS PERIAUX,
RUE DE LA VICOMTÉ, 55.

Palais de Justice de Rouen.

A Rouen, chez Ed. Frère, Libraire, Quai de Paris, N° 35.

HISTOIRE

DU

PARLEMENT

DE

NORMANDIE

PAR

A. FLOQUET

ANCIEN ÉLÈVE DE L'ÉCOLE DES CHARTES
GREFFIER EN CHEF DE LA COUR ROYALE DE ROUEN
MEMBRE DE L'ACADÉMIE DE LA MÊME VILLE, DE LA SOCIÉTÉ DES ANTIQUAIRES
DE NORMANDIE, ET CORRESPONDANT DE L'INSTITUT DE FRANCE

« Mon dessein a esté de dire et désensepvelir des registres de ce Parlement, et plus fameux et judicieux autheurs, de belles et bonnes choses. » — LA ROCHE-FLAVYN. —

TOME PREMIER

ROUEN
ÉDOUARD FRÈRE, ÉDITEUR
LIBRAIRE DE LA BIBLIOTHÈQUE DE LA VILLE
Quai de Paris, 45

M DCCC XL.

AVANT-PROPOS.

A L'ASPECT de ce magnifique Palais de Justice que Louis XII et le cardinal d'Amboise élevèrent jadis à grands frais dans nos murs, de ces vastes salles aux plafonds dorés, où le Parlement de Normandie siégea pendant trois siècles entiers, quel homme intelligent pourrait ne point soupçonner que là, naguère, durent s'accomplir des événements importants, se débattre de grands intérêts, se succéder de notables personnages, retentir de mémorables paroles; et ce passé, que tous ignorent, qui pourrait le pressentir, et ne point désirer de le connaître?

De ce Parlement qui n'est plus, il ne reste que des registres sans nombre, où, parmi des milliers d'arrêts indifférents aujourd'hui, apparaissent çà et là quelques rares et piquantes révélations sur son histoire. Il fallait, ou consentir à n'en jamais rien savoir, ou se résoudre à compulser long-temps ces mémoriaux et ces *Olim*. Tâche immense, pour laquelle un homme s'est offert, sans autre mission qu'une ardeur persistante, sans autre système que l'amour de la vérité, sans autre intérêt que le besoin du travail, sans autre mérite que la patience. Ces recherches ont absorbé plusieurs années de sa vie; il n'y a point de regret; car, dans ce monde d'autrefois, où si long-temps il lui a fallu vivre, combien de points de vue attachants sont venus reposer ses regards et ranimer son courage! Les faits, les institutions, les personnages se sont tour à tour disputé son intérêt : l'antique *Echiquier* d'abord, le duc de Normandie y séant avec ses prélats et ses barons ; puis, après 1205, lorsque c'en est fait de nos dues, toujours l'Echiquier, toujours les barons et les prélats normands, mais à leur tête des hommes étrangers à la province, des *commissaires du roi*, et parfois, avec eux, le roi lui-même, Charles VIII entre autres, rendant, plusieurs jours de suite, la justice, au château de Rouen, assis parmi les *maîtres*.

En 1499, à ces assises irrégulières, de courte durée, et insuffisantes pour les besoins d'une si vaste province, Louis XII substitue un *Echiquier perpétuel,* que président les Jean de Selve et les Carmonne, qu'honorent une science profonde et d'austères vertus. — La nouvelle cour prend, sous François Ier, le nom de *Parlement,* qui lui restera jusqu'à la fin. Mais, hélas ! si près encore de son berceau, elle est tombée dans un incroyable relâchement, dans des fautes graves, que le chancelier Poyet, malveillant pour elle, vient lui reprocher amèrement, et que le souverain irrité punit en interdisant la compagnie, en *clouant*[1] (comme il le dit) *l'entrée du palais.* La Tournelle seule de-

---

[1] *Clouant*, fermant ; de *claudere*.

meure en séance, jugeant les grands coupables dont les prisons regorgent, et rendant contre eux de redoutables arrêts; tandis qu'à Bayeux, siége la cour des *grands jours*, châtiant des gentilshommes, fléaux du pays, faisant honte aux juges qui ont connivé avec eux, ou ne les ont point osé punir. Le Parlement, interdit, est lui-même sur la sellette; une *commission* lui fait son procès; sur neuf magistrats exclus d'abord, huit, à la fin, sont réintégrés avec honneur, Postel des Minières, entre autres, dont les étranges aventures, attestées par des lettres patentes, semblent, toutefois, tenir plus du roman que de l'histoire. Le seul conseiller Le Marchant, condamné à Paris, amené à Rouen, traîné au palais, est ignominieusement dépouillé de sa robe écarlate, fait amende honorable, la torche au poing, puis est banni de la province.

Le Parlement a été rétabli, et l'on n'y voit plus de traces de ces désordres. Henri II, en 1550, le vient honorer de sa visite, et la voix du vertueux chancelier Olivier retentit dans la chambre dorée. A cette époque, s'agitent les religionnaires, que le Parlement poursuit âprement, mal disposé qu'il est pour eux, pressé d'ailleurs, par les rois, de sévir à outrance contre cette secte et de *l'extirper* sans merci. — Mais, sous les minorités de François II et de Charles IX, les dissidents, nombreux, hardis, avides de vengeance, font trembler dans leurs tribunaux ces juges qui les ont si long-temps malmenés; partout ils apparaissent armés, menaçants, redoutables. A Rouen, les magistrats ne sauraient plus venir au palais, ni retourner chez eux, sans escorte. Les religionnaires qu'ils osent condamner encore, sont tirés des prisons, ou audacieusement arrachés, en plein jour, aux archers et aux bourreaux qui les mènent au *Vieux-Marché*. — La liberté ne suffisant plus aux réformés, il leur faut maintenant l'empire. Rouen, en 1562, tombe en leur pouvoir; les prêtres sont en fuite, les églises dévastées, sans autels et sans culte; les magistrats outragés ont fui, et le palais est désert. Mais, à Louviers, il y a des échafauds, des roues et des gibets en permanence. Le Parlement réfugié y siége vigilant, inexorable; et malheur aux complices de ces rebelles qui l'ont banni de la capitale! On en fait rude justice; et il faut que Castelnau vienne un jour dire à ces magistrats, de la part du roi, de garder quelque mesure. A Rouen, toutefois, où bientôt cette cour est retournée, les rigueurs continuent, non moins âpres qu'à Louviers. Après les têtes des Du Bosc d'Emandreville, des Gruchet de Soquence, des Berthonville et des Marlorat, il en faut d'autres encore ; c'est l'esprit du temps, c'est le cri de la ville, dont non seulement la populace, mais les bourgeois même, assiégent le palais de justice, demandant du sang, outrageant les magistrats modérés, poursuivant le vertueux premier président Saint-Anthot, qu'ils veulent mettre en pièces, parce qu'il a proféré (dit-on) les mots de tolérance et de pardon ; empêchant, par de violents murmures, par des séditions, l'enregistrement des édits de paix. On pense, hélas ! à la grand'chambre, comme dans la cour du palais. Le grand L'Hospital vient un jour à Rouen, faire honte aux magistrats de ces haines vulgaires, tenaces, implacables, qui ont fait douter de leur justice : « *Vous estes juges du pré ou du champ* (leur dit-il), *non de la vie, non des mœurs, non de la religion.* »

Cette rude semonce a eu pour témoins l'élite du

royaume réunie dans la chambre du plaidoyer, et Charles IX qui vient de s'y déclarer majeur.

De ces haines religieuses qu'un chancelier si sage n'a pu apaiser, est née la Ligue, dont le Parlement paraît quelque temps se défendre. Mais, à la fin, la maison de Guise y compte des séides, qui, après la tragédie de Blois, restent dans la ville de Rouen rebelle, courbés sous la verge de Mayenne, de Villars et de Tavannes, apprenant, à force d'humiliations et d'affronts, ce qu'on gagne à s'être écarté du droit chemin : tandis que, dans Caen, où tous les magistrats fidèles se sont réfugiés, notre vrai Parlement (le loyal Claude Groulart à sa tête) siége, cinq ans durant, à l'étroit, dans la gêne, dans les privations de toutes sortes, sans robes rouges pour tout dire, tant il est pauvre ! mais digne, honoré, révéré de tous, parce qu'il est demeuré fidèle au devoir et lui a tout sacrifié. — Au reste, le temps ne l'a guère rendu plus tolérant pour les religionnaires. De retour à Rouen, il lutte opiniâtrement contre Henri IV en personne, qui lui demande avec instance quelques concessions, qui lui prêche la condescendance et l'oubli. Indigné de l'édit de

Nantes, plus de dix années s'écoulent sans qu'il l'ait voulu franchement exécuter; à un siècle de là, le voyant révoqué, il applaudira; et ses nombreux arrêts ajouteront aux rigueurs d'une loi de proscription déjà si dure.

Sous Louis XIII, pris de pitié pour les peuples dont il connaît la détresse, peut-être le Parlement ne les sait-il pas toujours contenir d'une main assez ferme; Richelieu l'accuse de la révolte des *nudspieds*, où toute la Normandie est entrée, et qu'ont signalée de condamnables excès, l'interdit honteusement, le fait humilier par le chancelier Séguier, le remplace par une Commission, puis le rétablit, mais en le rendant *semestre*, le dénaturant par là, lui ôtant toute dignité, toute indépendance, toute force pour résister à l'arbitraire, à la fiscalité. — Aussi, Richelieu mort, et sous un roi de cinq ans, éclatent aussitôt les ressentiments de nos magistrats encore indignés. Leurs *arrêts d'union* vont réjouir le fougueux coadjuteur de Paris et la duchesse de Longueville. A la voix de ces hommes de robe, on voit sortir le canon, se mouvoir de petites armées, s'engager des combats de peu d'effet; dans la grand'chambre il ne se parle plus que de stratégie, de munitions, de siéges et de batailles : jusqu'à ce que ce Parlement rancunier ait obtenu (à la paix de Saint-Germain) la révocation du semestre, véritable et unique motif, pour lui, de cette guerre ridicule où il a plus d'une fois oublié ses devoirs et les convenances. — Que si, après cela, Louis XIV, le fouet à la main, le sait contenir comme tous les autres, et réduire son rôle à de tardives et vaines remontrances, Louis XV venant, faut-il s'étonner que ce ressort, si violemment comprimé, joue aussitôt avec une énergie qui ne connaît plus de mesure, et qu'une longue et aigre polémique s'engage entre la magistrature et la couronne? Chaque jour, alors, se succèdent, d'un côté des édits fiscaux, et de l'autre des remontrances trop hardies, qu'on a le grand tort de livrer au public. Des présidents, des conseillers sont mandés en cour, gourmandés par les ministres, par le roi lui-même; les lettres de cachet pullulent; les interdictions ne sont pas rares; le palais est fréquemment le théâtre d'enregistrements forcés, d'expéditions militaires; des magistrats âgés et souffrants sont enlevés en chaise de poste. Quelquefois, la compagnie est exilée tout entière, et la Normandie s'en indigne. En 1764, le retour du Parlement interdit est un véritable triomphe. Lorsqu'à sept ans de là il disparaît de nouveau, on hue de toutes parts le *conseil supérieur,* qui n'a pas craint de lui succéder; des affronts sont prodigués aux *intrus* et surtout aux *parjures*; et, quand le Parlement revient encore une fois, la province est ivre de joie; ses transports semblent tenir de la démence. Après quoi, c'en est fait à jamais pour notre Parlement des faveurs du peuple, cette censure qu'il a si long-temps exercée et provoquée se tournant, à la fin, contre lui-même. Les peuples qu'il a lancés dans les voies de la réforme, s'aperçoivent qu'il ne veut ni les y précéder ni les suivre; qu'il a peur de ces *États généraux,* demandés naguère à grands cris par les *enquêtes;* qu'il ne se sait point déprendre de priviléges devenus odieux aux masses; qu'il ne peut revenir de son antique haine pour les religionnaires, de son engouement pour une coutume vieillie, supporter l'idée d'une seule loi pour la France, ni de bien d'autres réformes que la nation demande à grands cris; que dis-je? on lui reproche de regretter la *question*, sous Louis XVI, comme naguère, sous Louis XIV, il avait, à regret, cessé de brûler les sorciers. Ces magistrats, en un mot, sont devenus impopulaires. D'immenses largesses dans un grand hiver, ne leur ont pu regagner les cœurs. Le peuple ingrat insulte ces sénateurs qui l'ont défendu si long-temps, et qui le nourrissaient tout à l'heure. Des placards incendiaires demandent les têtes des Belbeuf et des Pontcarré. L'assemblée nationale, souveraine en France, condamne d'abord à l'inaction les Parlements, qu'elle anéantira tout à l'heure. Celui de Rouen, pour avoir fait mine de résister, mandé à la barre de la nation, désavoué par le roi qu'il a voulu servir, défendu par un de ses présidents en pleurs, subit un humiliant pardon, se rétracte, et ne survit guère.

Telles furent, en somme, les destinées du Parlement dont nous allons publier l'histoire. Pour cet ouvrage de bonne foi, nous sollicitons, nous espérons de nos compatriotes, la sympathie dont nous ont rendu digne nos persévérants efforts, et l'indulgence dont a besoin notre faiblesse; sans doute, nous ne serons point trompés dans cette attente. « Pour ce que riens ne peut estre trouvé parfaict en ce que homme faict par estude, vous tous qui *regarderez ceste œuvre,* amendez ce que verrez à amender, mectez y ce qu'il y fauldra, ostez en ce qui lieu n'y tiendra, et m'aidez en aulcune chose[1]. » Cette prière qu'un Normand des anciens temps adressait à ses contemporains, nous osons, et avec plus de besoin, l'adresser aux nôtres.

---

[1] Premier Prologue du *Grand Coustumier du pays et duchié de Normendie.*

ESSAI HISTORIQUE

SUR

L'ÉCHIQUIER

DE NORMANDIE.

TEMPS ANTÉRIEURS A L'ÉRECTION DE L'ÉCHIQUIER PERPÉTUEL
PAR LOUIS XII, EN 1499. — ÉCHIQUIERS AMBULATOIRES
ET TEMPORAIRES.

JEAN-SANS-TERRE venait d'assassiner le jeune Arthur de Bretagne, son neveu, cet orphelin que naguère il avait dépouillé. En Normandie, en Bretagne, en France, partout on s'était indigné à la nouvelle de ce lâche et exécrable forfait. Un cri d'horreur avait retenti contre le meurtrier. Tremblant, éperdu de frayeur sur cette terre qui semblait s'émouvoir sous ses pas et ne le vouloir plus porter, Jean avait pris la fuite, et était allé en Angleterre gagner franchise. Cependant, cité par

Jean-sans-Terre condamné par la cour des pairs.

Philippe-Auguste, son suzerain, devant les pairs du royaume de France, le vassal contumace avait été condamné à la peine des meurtriers. Ses fiefs, c'est-à-dire la Normandie, la Touraine, l'Auvergne, le Vermandois, l'Artois, le Poitou, le Maine et l'Anjou, avaient été déclarés confisqués et réunis à la couronne de France[1]. Philippe-Auguste, faisant irruption dans ces provinces, allait conquérant par les armes de vastes domaines enlevés naguère aux rois de France, et qu'un arrêt solennel venait de lui rendre. Jean sentait bien que c'en était fait à jamais pour lui de ces provinces; il voulut sauver du moins les titres, les chartes, monuments de la domination que les ducs ses prédécesseurs avaient exercée en Normandie, durant trois siècles presque entiers. Pierre Des Lions, son clerc, reçut donc du monarque la mission d'enlever de Caen et de lui apporter en Angleterre ces rôles, ces chartes, que le duc déchu voulait ravoir à tout prix; et à peine le prince fut-il arrivé au port le vaisseau qui les portait, qu'il expédia au bailli et aux autres officiers de justice de Shoreham, l'ordre pressant de trouver en hâte les chariots et saufs-conduits nécessaires pour les voiturer à Londres, où il les fit

---

[1] *Recueil des Traités de France*, par Du Tillet, page 160.

déposer dans la tour [1]. Ces chartes sont là depuis six siècles; avec elles la Normandie a perdu nombre de documents précieux sur son histoire, sur celle, par exemple, des *premières années* de son Echiquier, cette ancienne cour souveraine qui, autrefois, administra en dernier ressort la justice à nos aïeux; de *l'Echiquier des comptes* [2], surtout, qu'avaient regardé l'administration des domaines du prince, et le jugement des causes domaniales. De là en partie nos doutes, nos incertitudes, nos discussions interminables, nos conjectures souvent erronées sur ce tribunal antique, sur son origine, sur sa nature, sur ses droits, et sur son nom même, texte inépuisable de disputes qui, apparemment, ne finiront jamais tout-à-fait. De tous ces titres, cependant, que le clerc Des Lions avait reçu mission d'enlever à notre province, quelques-uns nous sont demeurés. De plus, la tour de Londres, interrogée par quelques savants avides, par les Madox, les Bréquigny, les Gervais

---

[1] « Invenite sine dilatione Petro de Leonibus, clerico nostro, car- « riagium et salvum conductum ad ducendum usque Londinum « rotulos et cartas nostras quos ipse nobis adduxit de Cadomo; et « computabitur vobis ad scacarium. Apud Werdham, 21ª die maii, « ex rotulo Terrarum datarum et denariorum, anno 5 Regis Johan- « nis, membranâ Iª (21 mai 1204). » — *Essais historiques sur la ville de Caen*, par l'abbé De la Rue, tom. I, pag. 385.

[2] G. De la Rue, *Essais historiques sur Caen*, tom. I, p. 156 et 385.

De la Rue, les Noël de la Morinière et d'autres encore, n'a pu long-temps garder ses secrets; nous avons aussi les cartulaires de nos abbayes; depuis 1204, d'ailleurs, époque de la réunion de notre province à la couronne, il a été tenu en Normandie bien des Echiquiers dont les arrêts se trouvent dans d'anciens manuscrits; et même, à dater de 1336, leurs registres nous restent, pour la plupart, conservés à Rouen dans les archives du palais. Redisons ce que nous ont appris ces documents sur notre ancien Echiquier. Car il ne s'agit point ici de discourir sur ces juges itinérants, sur ces *Missi dominici*, qui, avant nos ducs, envoyés en Neustrie par les rois de France, venaient y rendre souverainement la justice, y confirmer ou y infirmer les sentences rendues par les comtes et les prélats, alors juges ordinaires du pays. Rouen, qui ne le sait? était une des villes où ces juges voyageurs devaient venir dresser, pour un temps, leur haut tribunal. En 822, l'archevêque Wilbert, le comte Ingobert, y tinrent, à ce titre, de solennelles assises[1]. Mais ceci n'est point de notre sujet; il ne peut être ici question que de nos ducs, de Rollon d'abord, qui, les armes à la

<small>Missi dominici.</small>

<small>A quelle époque remonte l'Échiquier?</small>

---

[1] « Rotomagus, locus ubi *Missi dominici* legatione suâ fungebantur. » — Baluze, *Capit.*, t. I, col. 641; et les *Capitulaires des Rois*, passim.

main, contraignit la France à compter avec lui et à lui céder une grande partie de la Neustrie à toujours, et en toute souveraineté, pour lui et ses successeurs, sauf l'hommage quand ils le voudraient bien faire[1]. Rollon donc, et ses successeurs, furent désormais seuls juges souverains dans ce pays dont ils s'étaient faits maîtres. Mais vainement, sous le règne de Rollon et sous les ducs qui suivirent immédiatement, chercherait-on la cour d'Echiquier, ce mot d'*Echiquier* surtout. Là où vont nos ducs pour leur plaisir ou pour le besoin des affaires, les membres de leur conseil, prélats, barons, chevaliers, les suivent, s'assemblent, et, tantôt présidés par le prince, tantôt en son absence, écoutent les parties et rendent des jugements. Là où est le duc, là aussi est la justice, qui semble le suivre comme son ombre. « Il nous reste beaucoup de jugements rendus par les ducs dans différents endroits de la province; la cour de justice existant partout où se trouvait le prince[2]. » Mais il y a loin de là à une cour régulièrement organisée. Les gens du conseil des ducs, chargés

---

[1] « In possessionem sempiternam, per progenies progenierum, « in alodo et in fundo. » — Dudon de Saint-Quentin, p. 83 et aliàs. — Duchesne, *Scriptor. rer. Norm.*, p. 316.

[2] *Essais historiques sur la ville de Caen*, par G. De la Rue, t. II, p. 243.

d'administrer les affaires de la province, de préparer les lois qui doivent la régir, jugent, au besoin, les contestations, parce qu'ils se trouvent là sous les yeux du prince, grand et souverain justicier du duché, qui s'en remet sur eux de ce soin comme de quelques autres; en sorte qu'à la fois ils font les lois et les appliquent. Ce n'est là, remarquons-le, qu'une confusion de pouvoirs très différents par leur nature, et qui auraient dû mutuellement s'exclure; on devait le comprendre dans la suite. Plus tard, à des époques fixes, à Pâques, par exemple, à la Toussaint, à la fête de Saint-Michel, s'assemblent des hommes investis par le duc de l'unique mission de juger en dernier ressort les contestations des habitants de toute la Normandie. Alors, seulement, la province eut enfin une vraie cour souveraine de justice. Mais quand cette cour commença-t-elle à s'appeler Echiquier? Ici les historiens entrent en dispute. Des écrivains n'ont trouvé cette appellation d'*Echiquier* qu'au temps du duc Henri II, roi d'Angleterre et duc de Normandie, qui régna de 1151 à 1188. En vain, à les entendre, la chercherait-on avant ce prince[1].

<small>A quelle époque commence le mot d'*Echiquier?*</small>

---

[1] Depping, *Histoire de la Normandie* sous le règne de Guillaume-le-Conquérant, t. II, p. 152. — Noël de la Morinière, *Études historiques sur les institutions, les lois et les coutumes de la Normandie;* Revue de Rouen, juillet 1838, p. 23 et suivantes.

Madox, toutefois, avant eux, l'avait rencontrée dès la cinquième année du roi Etienne, c'est-à-dire en 1140[1]; mais Ménage, un siècle avant Madox, produit une charte donnée sous Henri I (de 1130 à 1135), où figure ce nom d'*Echiquier* que les premiers avaient inutilement cherché[2]. Il se trouve, ce nom, dans bien d'autres titres du même règne. L'abbé De la Rue, qui en avait vu un grand nombre, signale le mot d'Echiquier dans des titres des *premières années du douzième siècle*, en 1106, par exemple, époque de l'avènement de Henri I ; mais il renonçait à le trouver dans des temps antérieurs[3].

Ce n'était pas que nombre d'historiens n'eussent attribué à Guillaume-le-Conquérant l'établissement d'un tribunal souverain, sous le nom d'Echiquier. Mais, faute par eux d'avoir fourni leurs preuves, on ne les en voulait point croire. « Qu'on nous produise donc (disait un écrivain

---

[1] *The History and Antiquities of the Exchequer of the Kings of England*, etc.; by Thomas Madox, esq., t. I, p. 187 et aliàs.

[2] « Ministri mei de illis civitatibus qui firmas meas tenuerint « afferent mecum hanc pecuniam ad *scacarium* meum, ad festum « sancti Michaëlis. » — Ménage, *Dictionnaire étymologique de la Langue française*, p. 207.

[3] *Essais historiques sur la ville de Caen*, par G. De la Rue, t. II, p. 243.

normand), qu'on nous produise un acte du règne de Guillaume-le-Conquérant, dans lequel ce mot d'*Echiquier* soit employé en toutes lettres[1]. » Il aurait pu, cependant, cet écrivain, en cherchant bien, trouver cet acte qu'il désirait tant, ou tout au moins une pièce authentique dressée par des personnages graves et officiels, où est vanté un acte de l'*Echiquier*, contemporain de Guillaume-le-Conquérant, acte qu'avaient vu de leurs yeux les personnages rédacteurs de la pièce où il est vanté. C'étaient des commissaires de la reine Elisabeth, messire Thomas Leighton, chevalier, gouverneur de Guernesey, et d'autres qu'elle avait envoyés avec lui à Guernesey, en 1587, pour y chercher « quelles teneures nobles pouvoient exister dans cette île? » Parmi les actes produits devant ces commissaires de la reine Elisabeth, figure l'extrait « d'un rôle de l'*Echiquier de Rouen, de l'an* 1061, établissant que Guillaume, le duc régnant, a « donné en teneure franche, par octroi et concession féodale, 1° à Sampson d'Anneville, son écuyer, 2° à l'abbé du Mont-Saint-Michel, par égales portions, la moitié de l'île de Guernesey, du côté du Worst, à la charge, par D'Anneville et ses héritiers, de faire les fonctions d'écuyer près

---

[1] Noël de la Morinière, *Mémoire sur les Institutions judiciaires du duché de Normandie;* Revue de Rouen, juillet 1838.

de sa personne et de celle des ducs ses successeurs, lorsque ces princes viendront dans l'île ; à la charge aussi de dix livres de relief, du serment de féauté, de l'hommage au duc, et des autres services dûs [1]. » Cette pièce de 1587, découverte, à deux cents ans de là, par Avoyne de Chantereyne, secrétaire perpétuel de la Société académique de Cherbourg, certifiée, publiée par lui, semble permettre peu de doutes sur l'existence de l'Echiquier au temps de Guillaume-le-Conquérant. Toutefois, ce *rôle*, vu en 1587 par des commissaires anglais, ne se retrouvant peut-être plus aujourd'hui, des savants circonspects pourront bien éprouver encore des scrupules. Mais apparemment ils ne nieront pas que, sous le nom d'*Echiquier* ou sous tout autre, une cour souveraine de justice n'existât dès-lors en Normandie et n'administrât à ses habitants la justice en dernier ressort. Entre tant de monuments qui ne permettent pas d'en douter, bornons-nous à en signaler un, bien peu connu encore, et digne d'arrêter un instant nos regards ; c'est une charte, postérieure de dix-neuf ans au rôle vanté par les envoyés d'Elisabeth, mais où, toutefois, il le faut bien dire, ne se trouve point cette sacramentelle appellation d'*Echiquier*, que

Cour souveraine de justice en Normandie, sous le règne de de Guillaume-le-Conquérant.

---

[1] *Journal de Normandie*, du samedi 28 juin 1788.

les commissaires anglais témoignèrent avoir rencontrée dans le rôle découvert par eux à Guernesey. Cette charte, donc, nous offre un jugement de la *Cour du roi* séant à Rouen, rendu en 1080, à Pâques, entre l'abbaye de la *Sainte-Trinité-lèz-Rouen*[1] et Gislebert évêque d'Evreux, au sujet de l'île d'Oissel, donnée solennellement par Goscelin, vicomte d'Arques, à cette abbaye, le jour même où elle avait été inaugurée, en présence de Robert, duc de Normandie. Cinquante ans après une donation si solennelle, ce prélat venait réclamer l'île comme sa propriété ou celle de son église. Ses raisons ne valaient rien ; la chose était notoire ; même, le roi Guillaume ne voulait point d'abord lui donner audience. Toutefois, le respect dû au caractère épiscopal l'emportant, le monarque demeura d'accord que la contestation serait *jugée en sa Cour*, et fixa pour l'audience un des jours de la semaine de Pâques (1080), cette grande solennité devant réunir dans son palais tous les personnages éminents en possession de rendre la justice en son nom, sous ses yeux et souvent avec lui. Au jour dit fut tenu le *plaid* promis, plaid souverain,

---

[1] Appelée, depuis, l'abbaye de Sainte-Catherine ; elle était située près de Rouen, sur une montagne qui en a pris le nom de *Sainte-Catherine*, qu'elle porte encore aujourd'hui qu'il n'existe plus aucune trace de ce monastère.

où se trouvèrent Guillaume-le-Conquérant en personne, la reine Mathilde son épouse, et leurs fils Robert et Guillaume. Des laïques, des clercs, en grand nombre, étaient là assis en jugement avec le duc. C'étaient l'archevêque de Rouen, Guillaume Bonne-Ame; l'évêque de Coutances, Geoffroy; l'évêque de Lisieux, Gislebert, prélats de la province, membres naturels et nécessaires du haut tribunal normand. Mais auprès d'eux siégeaient Richard, archevêque de Bourges; Warmund, archevêque de Vienne, prélats français, dont la présence à la *Cour de justice* du duc de Normandie peut nous étonner davantage. Les juges laïques étaient le comte Robert, frère du roi; le comte d'Eu; Gui, comte de Ponthieu; Roger de Beaumont; ses fils Robert et Henri; Roger de Montgommery; Gautier Giffard, et tous les personnages les plus éminents de la cour du roi. Le vicomte Goscelin avait laissé un fils nommé Guillaume, qui, appelé à cette audience, attesta énergiquement que l'île d'Oissel appartenait à son père au jour où il l'avait donnée à l'abbaye de la Sainte-Trinité-lèz-Rouen, et offrit de le jurer *sur saints*[1]. L'évêque d'Evreux voulait repousser le serment offert; mais le roi Guillaume reçut ce serment, et,

---

[1] Jurer *sur saints*, c'est-à-dire sur les reliques des saints.

sur l'heure, tous les juges présents décidèrent et proclamèrent que l'île d'Oissel demeurerait à toujours à l'abbaye de la Sainte-Trinité, qui l'avait reçue en don de Goscelin. Le jugement existe au cartulaire de cette abbaye, signé par les juges qui l'ont rendu, par Guillaume entre autres, par la reine Mathilde, et les deux princes leurs fils [1]. De l'absence, dans ce *dictum*, du mot sacramentel d'*Echiquier*, conclura qui voudra que ce mot n'existait pas encore alors. Une chose seule paraît, pour nous, bien démontrée sur ce point ; c'est que le mot n'existait pas avant Guillaume ; c'est, surtout, qu'employé d'abord en Normandie, ce mot ne fut porté en Angleterre qu'après la conquête, et peut-être par elle ; du moins n'y existait-il point avant elle. Madox en demeure d'accord ; il va même plus loin : dans l'*Echiquier* une fois établi en Angleterre, le nom de cette cour, la forme des jugements, la qualité de ceux qui les rendaient, les termes employés, tout y décèle à ses yeux une origine normande [2].

Où la juridiction souveraine du duc tenait ses audiences à Rouen et à Caen.

Cette cour de justice, tenue à Rouen sous Guillaume-le-Conquérant, d'abord en 1061, puis en

---

[1] *Chartular. monasterii sanctæ Trinitatis juxtà Rothomagum.* — Archives du département de la Seine-Inférieure. (Communiqué par M. Deville.)

[2] Madox, t. I, p. 187 et suivantes.

1080, qu'on l'appelle ou non *Echiquier*, avait dû s'assembler dans le cloître de Saint-Gervais, hors la ville; car le Conquérant avait là une demeure où plus tard il voulut aller mourir. Après lui, en tout cas, l'Echiquier de Normandie y tint ses séances; et, en 1191, sous Richard Cœur-de-Lion, on voit « *la Cour du roi* s'assembler *dans le cloître de Saint-Gervais, près Rouen*, pour terminer un différend entre l'abbaye d'Ardennes et Paul de Baron [1] ». On remarque ces expressions : la *Cour du roi*, employées en un temps où le nom d'Echiquier était, bien notoirement, en usage. Et maintenant, de ce que, dans l'arrêt de 1064 contre l'évêque d'Evreux, est employée cette appellation de *Cour du roi* et non celle d'*Echiquier*, allez en conclure qu'infailliblement le mot d'Echiquier n'existait pas alors !

A Caen, où l'Echiquier de Normandie siégea si souvent sous les ducs, il tenait ses audiences au château, dans la chapelle de Saint-Georges, petite église fort ancienne que l'on y voit encore aujourd'hui. Les vieux cartulaires des abbayes de Troarn, d'Ardennes, de Saint-Etienne de Caen, et nombre d'autres, sont remplis des décisions qu'y rendirent

---

[1] Extraits de M. Léchaudé d'Anisy, *Mémoires de la Société des antiquaires de Normandie*, t. VII, p. 2.

les prélats, les barons de l'Echiquier, réunis là en jugement[1]. Une grande idée avait fait choisir les églises du Très-Haut comme le lieu le plus convenable où l'on pût juger les différends des hommes. Dieu séant au milieu des juges et délibérant avec eux, comme le dit magnifiquement David[2], c'était là, dans ces temps de foi, une idée familière aux prélats, aux preux chargés de rendre la justice aux hommes. Faut-il s'étonner qu'ils allassent dans ses temples le chercher, s'inspirer de la présence plus immédiate de celui qui est la source de toute vérité et de toute justice ?

Les ducs assistaient souvent aux audiences de l'Echiquier.

Le duc de Normandie, premier justicier chez lui, comme le roi de France dans son royaume, assistait et présidait souvent à ces audiences[3].

---

[1] *Essais historiques sur la ville de Caen*, par G. De la Rue, t. I, p. 84, 85, 90, 91.
« In capellá beati Georgii martyris apud Cadomum, coràm justi-
« tiariis tunc scacarium tenentibus. » *Chartul. abb. Troarn.*; Arrest. Scacar., ann. 1181. — « In castello Cadomi, coràm justitiá regis. »
— « De mandato Domini regis, in castello Cadomi, ad scacarium. »
— « In castello Cadomi, ad scacarium. » — « In castello Cadomi,
« in præsentia regis et baronum. » — « In castello Cadomi, in au-
« dientiá meâ et totius justitiæ nec non et baronum, meo et justi-
« tiæ judicio. » De la Rue, *loc. cit.*

[2] « Deus stetit in synagogâ Deorum ; in medio autem Deos di-
« judicat. » — *Psalm.* LXXXI, vers. 1.

[3] *Rotul. Contrabrev. Normann.*, ann. 5° Johannis. — G. De la Rue, *Essais historiques sur la ville de Caen*, t. II, p. 245.

Les mêmes cartulaires nous montrent ces princes souverains siégeant, jugeant à la tête des barons et des prélats. Henri I, surtout, paraît y avoir été assidu; même quelques personnes jouissaient du privilége, à elles octroyé par chartes ducales, de ne pouvoir être jugées par l'Echiquier qu'autant que le duc y serait *présent en personne*[1]. Le grand sénéchal, le chancelier, le trésorier de Normandie, assistaient le duc en ces rencontres. C'était le grand senéchal qui présidait l'Echiquier en l'absence du prince. Après ces grands officiers, siégeaient les barons, qui, relevant immédiatement du duc, lui devaient le service, non pas seulement dans ses armées, mais dans les jugements de sa cour[2].

Séant ordinairement à Rouen ou à Caen, l'Echiquier, pour la commodité des justiciables, envoyait souvent, dans les villes et les villages, plusieurs de ses membres chargés de rendre la justice sur les lieux. Les barons les plus voisins des villes et bourgs où s'arrêtaient ces juges *itinérants*, devaient les venir assister comme ils auraient assisté, à Rouen ou à Caen, le duc lui-même présidant son Echiquier.

Echiquiers itinérants.

---

[1] « Nisi coram me. » — *Essais hist. sur Caen*, par G. De la Rue, t. II, p. 245.

[2] *Essais sur Caen*, par G. De la Rue, t. II, p. 245 et suivantes.

Quelques-uns, toutefois, en étaient exempts; le baron de Briouse, entre autres, chez qui les juges itinérants devaient aller tenir leur assise, mais qui était obligé, en revanche, de les loger et nourrir tout un jour. Pour l'ordinaire, ils siégeaient dans des temples, comme le haut tribunal qui les avait envoyés; on trouve de leurs décisions rendues *dans l'Église de Saint-Gervais de Falaise*, et *dans la cathédrale de Bayeux*[1].

Les ordonnances des ducs et les actes importants de leur gouvernement étaient lus à l'Echiquier.

Nul doute qu'à l'Echiquier ne fussent lues et publiées les ordonnances des ducs, ou les actes, quelque nom qu'il leur faille donner, auxquels ces princes voulaient que la province obéît désormais, rien n'étant plus solennel que les audiences de ce tribunal souverain de la province, et aucun moyen n'existant alors de rendre ces actes plus notoires.

On y lisait souvent des actes de vente, de donation, etc.

Toujours ce motif y fit-il lire plus d'une fois les actes de donation ou de vente, qu'une si grande publicité devait rendre irréfragables à toujours. Nombre d'actes de ce genre y reçurent cette sanction solennelle, dont on ne manquait jamais de faire mention au bas du texte. Citons, comme un des plus anciens, une charte de 1176, passée à Caen, *dans le château du roi, en présence des juges séants à l'Echiquier*, et qui, tous, sont

---

[1] *Essais sur Caen*, par G. De la Rue, t. II, p. 245 et suivantes.

nommés dans son contexte; charte qui aumônait à l'abbaye d'Ardenne, près Caen, des pièces de terre sises à Grouchy[1]; une autre de 1196, donnée à Caen *en l'Echiquier du roi,* aumônant à l'abbaye de Fontenay des terres sises à Rumesnil[2]. Citons aussi une sentence arbitrale rendue en 1263, par Guillaume, chambellan de Tancarville, dans un procès entre les moines de Jumiéges et Guillaume Crespin, chevalier, sire de Dangu, sentence qui fut lue à Caen, *en l'Echiquier,* au terme de Pâques[3].

Le voilà, cet *Echiquier* des ducs, dont tant d'auteurs ont parlé, et qu'il est temps de définir. Disons-le donc, avec le rédacteur, quel qu'il soit, du *grand Coustumier:* « L'en appelle Eschiquier assemblée de haultz justiciers à qui il appartient amender ce que les bailifz et les aultres mendres justiciers ont mal faict et maulvaisement jugié, et rendre droict à ung chascun sans délay, ainsy comme de la bouche au prince, et à garder ses droictz et rappeller les choses qui ont esté mises

<small>Définition de l'Echiquier.</small>

---

[1] Extraits de M. Léchaudé d'Anisy, t. VII, p. 2, des *Mémoires de la Société des antiquaires de Normandie.*

[2] Idem, t. VII, p. 362.

[3] *Ordinatio Camerarii de Tancarvillâ super aquam Yville.* — Archives du département de la Seine-Inférieure. (Communiqué par M. Deville.)

maulvaisement hors de sa main, et à regarder de toutes partz ainsi comme des yeulx au prince, toutes les choses qui appartiennent à la dignité et honnesteté au prince[1]. » Mais, à ceux qui, non contents de savoir ce que c'était que cette cour de justice, nous interrogeront sur l'origine du nom qu'elle portait, que répondre qui les puisse entièrement satisfaire et mettre un terme à toutes les discussions sur un point depuis si long-temps controversé? Dire, comme l'a fait Nicot, que, dans les cours d'Echiquier, siégeaient des personnages de différentes qualités, comme au jeu des *échecs* figurent des pièces dissemblables, et trouver là l'origine de l'appellation d'Echiquier donnée à l'ancienne cour souveraine de justice des Normands[2], c'est, en entrevoyant que le jeu d'échecs était ici pour quelque chose, n'avoir pas su dire en quoi, et cette explication ne peut être accueillie. J'aimerais mieux encore celle de Le Rouillé, d'Alençon, le commentateur de notre ancien Coutumier. A la cour d'Echiquier, comme au jeu des *échecs*, le prince paraissait entouré de ses guerriers; de là, selon le commentateur, cette appellation com-

Pourquoi cette cour de justice était appelée Echiquier?

---

[1] *Le Grand Coustumier du pays et duché de Normendie*, chap. LVI, fol. 77, édit. in-f° de 1539.

[2] *Thrésor de la Langue françoyse*, etc., par Jean Nicot, au mot: ESCHÉQUIER.

mune donnée à deux choses si dissemblables d'ailleurs[1]. L'opinion de Ménage, de Choppin, de Bodin, de Pierre Pithou, de Basnage et de plusieurs autres, qui font dériver cette appellation d'*Echiquier*, du mot allemand « *skecken* » ou « *schicken* », envoyer[2], semble beaucoup plus sérieuse, puisque, enfin, les officiers du duc, les barons, les prélats, les chevaliers, étaient, nous l'avons vu, *envoyés* souvent d'un lieu à un autre pour rendre la justice, et qu'à quelques égards ils rappelaient ces *missi dominici* qu'ils avaient remplacés. L'opinion de ceux qui font dériver *Echiquier* du mot saxon « *scata* », trésor[3], ou du mot « *eschaita* », revenus, peut aussi se défendre, la Normandie, outre son *Echiquier des causes*, ayant eu son *Echiquier des comptes*, uniquement occupé de finances, institué avant l'autre, peut-être, et ayant pu lui communiquer son nom; mais tout cela ne saurait nous contenter encore.

---

[1] « Scacarium dicitur ad instar ludi scacorum in quo rex est « cum militibus. » — Guillaume Le Rouillé, *Sur le Titre 57 du Coustumier de Normendie*, au titre : DE ESCHIQUIER.

[2] Ménage, *Dictionnaire étymologique, ou Origines de la Langue française*, v° ECHIQUIER. — Bodin, *République*, liv. III, chap. 2. — Choppin, *Du Domaine*, liv. II, titre V, n° 2. — Pithou, *Livre des Comtes de Champagne*. — Basnage, *Sur l'article 1 de la Coutume de Normandie*, au titre : DE JURISDICTION.

[3] Houard, *Dictionnaire du Droit normand*, v° ECHIQUIER. — Le même, *Traité sur les Coutumes anglo-normandes*, t. IV, p. 486.

Beaucoup d'écrivains graves, qui n'étaient pas hommes à se copier les uns les autres, et qui, chacun de son côté, avaient cherché avec ardeur l'origine de cette appellation d'*Echiquier*, se sont, quoique partis de points divers, rencontrés dans une autre conjecture, dont il est temps de parler, sans prendre la peine d'en signaler plusieurs autres dont le détail nous mènerait trop loin. Ici encore le jeu d'échiquier est en cause, mais avec beaucoup plus d'apparence, on le va voir, que dans les conséquences forcées de Nicot et de tant d'autres après lui. Qui n'a entendu parler de l'ancienne juridiction dite: *la Table de marbre*, et ainsi nommée, notoirement, de la table de marbre noir autour de laquelle siégeaient partout, (à Rouen, par exemple, aussi bien qu'à Paris,) les juges des Eaux-et-Forêts et de l'Amirauté[1]? Qui aussi, n'a vu mentionner dans les ouvrages des vieux jurisconsultes, ces instances *à la barre*, dites ainsi à cause d'une grande barre de fer scellée à l'entrée des salles d'audience des parlements, barre qu'au temps d'Étienne Pasquier on voyait encore à Paris dans la grande salle du palais[2], qui existait aussi à Rouen dans la grande salle, comme on le voit partout

---

[1] Du Cange, *Glossar.*, v° TABULA MARMOREA.

[2] Est. Pasquier, *Recherches sur la France*, liv. II, chap. 3.

dans nos registres [1], et sur laquelle s'appuyaient les conseillers chargés de vider ces instances, de répondre, aussi, les requêtes qui leur étaient présentées par les parties ou leurs procureurs [2]? Qui, enfin, ne connaît ce tribunal de la *Rote*, si célèbre à Rome, et qui, (du moins le docte Du Cange nous l'assure,) a emprunté son nom à la roue « *rota* » figurée naguère sur chacun des pavés de porphyre de la chambre où cette juridiction ecclésiastique tenait autrefois ses audiences [3]? Que si, maintenant, vous interrogez les vieux titres, les vieux auteurs qui ont parlé de l'Échiquier, si vous vous enquérez des lieux où se tinrent naguère ses assises; si vous reconstruisez, de mémoire, ces antiques châteaux, ces vastes salles, où les *maîtres* s'assirent tant de fois en jugement, partout vous apparaît la même idée, l'idée du jeu d'*échecs*, cette idée qui, telle que Nicot la présente, n'a pu nous agréer tout à l'heure, parce qu'il l'a perçue et exprimée incomplète et obscure à nos yeux, mais qui, telle que nous l'offrent plusieurs autres érudits, paraît être le mot véritable de l'énigme

---

[1] *Reg. sec. du Parlement de Normandie*, des 20 mars 1577, 13 nov. 1614 et 26 mars 1760.

[2] *Collection de Décisions nouvelles*, par Camus et Bayard, v° BARRE.

[3] Du Cange, *Gloss.*, v° ROTA.

qu'il s'agit de deviner ici. Vient d'abord le grave Du Cange, ce savant prodigieux, qui nous montre nos juges normands réunis dans une salle dont le pavé, sorte de mosaïque composée de dalles en pierre ou en marbre de couleurs différentes, ressemble au tablier d'un *échiquier*[1]. On voyait, autrefois, à Caen, dans l'abbaye de Saint-Étienne, une grande salle où l'Échiquier avait, certainement, siégé sous nos rois; la preuve en existe dans cent arrêts qu'avait vus le docte abbé De la Rue. Mais il avait vu aussi cette grande salle, qu'il ne manque pas de décrire dans ses *Essais historiques sur Caen*; longue de quatre-vingts à cent pieds, large de trente-six à quarante, elle était pavée de briques armoriées; aux quatre angles était un *échiquier* en briques peintes; quatre autres *échiquiers* avaient été figurés au centre de la salle, en sorte que le président voyait toujours un *échiquier* devant lui, et avait toujours lui-même un *échiquier* sous ses pieds[2].

Mais voici d'autres circonstances où se reproduit encore l'idée du tablier des *échecs*. Les maîtres de l'échiquier étaient assis en jugement autour de grandes tables peintes, ou recouvertes de tapis de couleurs diverses. Or, toujours, ces

---

[1] Du Cange, *Gloss.*, v° SCACARIUM.

[2] De la Rue, *Essais historiques sur la ville de Caen*, t. II, p. 242.

tables peintes, ou ces tapis bariolés, imitaient le tablier d'un échiquier. On en peut croire Gervais de Tilbury, on en peut croire Madox, l'historien de l'Echiquier d'Angleterre [1], et dix autres, qui parlent de ce drap ou tapis échiqueté. A la tour de Londres, Noël de la Morinière vit des *rôles* sans nombre où il était fait mention de draps échiquetés, appelés *Scacaria*, fournis à l'Echiquier par les rois Henri II, Richard Cœur-de-Lion et Jean-sans-Terre [2]. Ces tapis paraissaient être comme de l'essence de l'échiquier, en sorte que cette juridiction souveraine semblait ne pouvoir tenir ses séances, si on n'en couvrait les tables autour desquelles les *maîtres* devaient être assis. Au palais de Westminster, où siégeait, pour l'ordinaire, l'Echiquier d'Angleterre, et où, partant, était le drap échiqueté, le roi, s'il voulait faire tenir son Echiquier dans quelque autre résidence royale, ne manquait jamais d'y faire porter le fameux tapis; cela se pratiquait encore en 1769, au temps où écrivait Madox. Il nous le dit lui-même [3].

Après cela, que d'autres savants veuillent faire

---

[1] Madox's, *Hist. of the Excheq. of England*, t. I, p. 160. — Wanostrocht, *Tableau de la Constitution et des Lois anglaises*, p. 174.

[2] Revue de Rouen, février 1838.

[3] Madox's, *Hist. of the Excheq. of England*, t. I, p. 160.

dériver cette appellation d'Echiquier, des jetons ou pierres de deux couleurs différentes, dont les maîtres de l'Echiquier des comptes se servaient pour leurs calculs; qu'ils prétendent qu'en Angleterre, la *Cour des comptes* a, la première, été qualifiée d'Echiquier par ce motif, et qu'ensuite, par imitation, ce mot est passé à la *Cour des causes* ('principal objet de cette histoire), ce sont là de ces opinions qui se peuvent soutenir ; même, la *Vie de saint Thomas de Cantorbéry;* par Jean de Sarisbéry, semble la corroborer, lorsqu'elle nous montre, à Londres, Jean, ses trésoriers, et les officiers du trésor, assis tous ensemble *autour de la table carrée, ou de l'échiquier, ainsi appelé* (dit l'auteur) *à cause des jetons de deux couleurs dont elle est couverte* [1]. Madox veut, lui, que les cases multipliées du tapis échiqueté servissent à placer, séparément, les pièces de différentes espèces, les besans, les talents, les monnaies de Rouen, d'Anjou, avec lesquelles les paiements se faisaient alors. C'est, en termes différents, parler dans le même sens que Jean de Sarisbéry, dont nous

---

[1] « Erat siquidem Johannes ille cum Thesaurariis et cœteris
« fiscalis pecuniæ et publici æris receptoribus, Londoniis, ad qua-
« drangulam tabulam *quæ dicitur, à calculis bicoloribus*, vulgò
« SCACARIUM; potiùs autem est regis tabula nummis albicoloribus,
« ubi et placita coronæ Regis tractantur. » — Le Beuf, t. I, *Dissertat.*, p. 316. — D. Carpentier, *Suppl. Gloss. Cangii*, v° SCACARIUM.

rapportions tout à l'heure le témoignage. Toujours, dans ces explications diverses, apparaît inévitable ce tablier d'*échiquier*, devenu sacramentel, sans qu'on voie trop pourquoi, dans les salles où siégeait la cour souveraine, et jusque sur la table autour de laquelle étaient assis les juges. On comprend alors cette formule : fait *en l'Echiquier* et *sur l'Echiquier*[1], qui souvent s'offrit au savant abbé De la Rue, dans ses longues recherches à la tour de Londres.

Mais reste toujours la question : pourquoi ces pavés, pourquoi ces tapis échiquetés, et quel rapport entre un tribunal et le jeu des échecs? Quel rapport, s'écrie Terrien, savant jurisconsulte normand, quel rapport! Mais, au palais, comme au jeu des échecs, n'y a-t-il pas toujours une partie qui *mâte* l'autre, un gagnant et un perdant? Et, par cette analogie, Terrien s'explique l'identité d'appellation à l'égard de deux choses si différentes au premier coup d'œil, mais où, sous des formes diverses, s'accomplissaient des évènements analogues : succès pour l'un, échec pour l'autre[2].

Idée bizarre si l'on veut, et qui nous étonna beaucoup naguère; mais ces salles pavées en

---

[1] « Actum in Scacario et super Scacarium. » — De la Rue, *Essais historiques sur la ville de Caen*, t. II, p. 242.

[2] Terrien, liv. xv, chap. 2.

échiquier, ces tapis échiquetés, cet Echiquier, enfin, inévitable, sacramentel, inséparable de la cour de justice connue sous ce nom, peuvent donner beaucoup à penser; et, tout bien considéré, nous demanderons en quoi il répugne si fort qu'un tribunal où l'un perd et l'autre gagne, où une partie *mâte* l'autre, comme dit Terrien, ait pu prendre le même nom qu'un jeu royal où il en va ainsi, et qui, chaque jour, charmant les loisirs de nos ducs, des prélats et des barons, avait bien pu fournir à la langue des appellations nouvelles, et, à trait de temps, donner son nom à la cour ducale de justice, à cause des gagnants et des perdants qu'on y voyait chaque jour, comme au jeu des échecs. A Terrien, du reste, toute la faute, ou tout l'honneur.

<small>Simplicité des formes de la procédure à l'Echiquier, au temps des ducs.</small>

Rien de plus simple que la procédure en usage à l'Echiquier, sous nos ducs, autant qu'on en peut juger par les formules des décisions qui sont parvenues jusqu'à nous. Il ne paraît point qu'il existât alors des hommes de loi, ou du moins qu'il leur fût permis de venir débattre dans les prétoires les causes sur lesquelles on avait pu les consulter, et,

> Chargés d'une haine étrangère,
> Vendre aux querelles du vulgaire
> Leur voix et leur tranquillité.

« Les parties comparaissaient en personne, expliquaient elles-mêmes leur cause, exposaient leurs moyens, et la discussion amenait presque toujours un *arrangement* entre les plaideurs. Les arrêts de l'Echiquier, sous nos ducs, paraissent plutôt des jugements d'un conseil de famille, que des décisions d'une cour suprême ; les barons qui les rendaient étaient tous de preux chevaliers dont la loyauté persuadait aisément aux parties un arrangement et la paix[1] ». Telle était l'idée que l'abbé De la Rue s'était faite de la procédure en usage à l'Echiquier de nos ducs ; et les formules les plus habituelles des décisions de ce tribunal, formules toutes bénignes, toutes conciliantes[2], semblent justifier les conjectures du docte antiquaire, qui, à la tour de Londres, avait pu voir un si grand nombre de jugements de notre ancien Echiquier normand.

Est-il nécessaire de parler de l'indépendance de l'Echiquier ducal à l'égard du roi de France; de réfuter La Roche-Flavyn, qui, ne connaissant cet Echiquier que de nom, s'est aventuré à dire qu'après que cette cour avait confirmé ou infirmé les sentences des baillis, les causes jugées par elle

Indépendance de l'Echiquier ducal de Normandie à l'égard des rois de France.

---

[1] De la Rue, *Essais historiques sur la ville de Caen*, t. II, p. 268 et suivantes.

[2] « Hæc est finalis concordia inter, etc. » — De la Rue, *Essais histor. sur Caen*, t. II, p. 268.

pouvaient encore aller, par nouvel appel, au parlement de France[1]. D'abord, ne s'est-il pas réfuté lui-même, en disant ailleurs, que « les Eschiquiers, par toutes nos ordonnances, sont appelés *Cours souveraines*, et qu'il leur est attribué autant *de juridiction* QU'AUX PARLEMENTS[2] ? » Faut-il disserter longuement pour établir qu'on n'aurait pas pu, au contraire, en appeler au suzerain, des décisions rendues par le vassal et ses officiers, et que l'Echiquier de Normandie fut, véritablement, plus souverain sous les ducs qu'il ne devait l'être dans la suite sous les rois? C'est que le duc de Normandie était l'un de ces grands et fiers vassaux qui avaient su conquérir, dans leur territoire, une souveraineté absolue, une indépendance incontestée; qui, enfin, jouissaient pleinement de ces *droits régaliens*[3] que n'avaient point su se réserver les descendants dégénérés de Charlemagne. Comme les comtes de Toulouse[4] et ceux de Champagne, toujours nos ducs connurent des causes les plus importantes de leurs terres, et les jugèrent souverainement, c'est-à-dire sans appel; et « l'Echiquier

---

[1] *Les trèze Livres des Parlements de France*, par La Roche-Flavyn, liv. XIII, chap. 59, § 1.

[2] Le même ouvrage, liv. I, chap. 9.

[3] Brussel, *Usage gén. des Fiefs*, liv. II, chap. 1.

[4] Dom Vaissette, *Histoire générale du Languedoc*, t. III. p. 497; t. IV, p. 524.

de Normandie était aussi absolu, dans ce qu'il prononçait pour cette province, que l'était le Parlement du roi, dans son ressort[1]. » La *défaute de droit*, c'est-à-dire un scandaleux déni de justice ; et le *faux jugement*, c'est-à-dire une injustice avérée, plus éclatante que le soleil, auraient pu seuls, en dessaisissant le duc, saisir, au même instant, la cour du roi son suzerain, et transporter, en un mot, la juridiction de l'Echiquier de Normandie à la Cour du roi, au Parlement de France [2].

Recours bien rare sans doute, et dont encore on n'usa pas long-temps. Depuis un traité fait vers 945, entre le roi de France et le duc Richard I, « le duchié de Normandie avoit esté tenu par les ducs, *sans recongnoistre nul en souverain, sinon Dieu.* » Depuis lors, les ducs de Normandie « avoient tenu le duchié comme seigneurie divisée et séparée de tout autre seigneur... sans nul recongnoistre en souverain, sinon Dieu seulement. En signe de ceste souveraine seigneurie, les ducs avoient *Eschiquier sans ressort* ou recongnoissance de nulle autre seigneurie [3]. »

---

[1] Brussel, *Usage général des Fiefs*, liv. II, chap. 13.

[2] *Usage général des Fiefs*, liv. II, chap. 5. — Henri Klimrath, *Mémoire sur les Olim et sur le Parlement.* Paris, 1837, in-8.

[3] Remontrances des habitants de Rouen à Henri VI, roi d'Angleterre, contre l'université de Paris. (Archives de l'hôtel-de-ville de Rouen.) — M. Chéruel, *Histoire de Rouen sous la domination anglaise*, Pièces justificatives, p. 167 et suivantes.

De là, pour les Normands, le droit d'être toujours jugés dans la province. « Nul des demourans en icelui duchié n'en pouvoit estre trait hors la juridiction, en pays, par appel ne autrement[1]. » Même, à la ville de Rouen, sa capitale, avait été accordé par les ducs rois d'Angleterre, un plus grand privilége encore ; celui, pour tous ses bourgeois, de ne pouvoir être jugés que dans la ville et dans l'enclos de ses murailles. S'agît-il même d'aller plaider devant le duc en personne, Oissel, Sainte-Vaubourg[2], villages très voisins de Rouen, étaient des limites que nul habitant de cette ville ne pouvait être contraint de franchir. Les chartes de Henri II, de Richard Cœur-de-Lion, de Jean-sans-Terre y étaient formelles. En sorte qu'en Normandie même, il y avait des limites très rapprochées que les justiciables n'étaient point tenus de dépasser pour se faire rendre la justice[3].

Recouvrement de la Normandie par Philippe-Auguste. L'Echiquier est conservé.

Mais, en 1204, Jean-sans-Terre s'étant enfui, vint Philippe-Auguste, qui, ainsi que nous le voyions tout à l'heure, eut bientôt recouvré cette grande province, ravie naguère aux rois ses prédécesseurs. La Normandie étant donc redevenue fran-

---

[1] Remontrances déjà citées.

[2] D. Pommeraye, *Concilia Rothom.* In-4, p. 148.

[3] *Histoire de Rouen sous la domination anglaise*, par M. Chéruel, p. 161 et 162 du texte, 167 et suiv. des Pièces justificatives.

çaise, restait à savoir comment désormais lui serait administrée la justice. En France, dès-lors, des gens du *conseil du roi*, se constituant, de temps à autre, en cour de justice, connaissaient souverainement des grandes affaires du royaume, seuls et souverains juges d'appel et en dernier ressort, des causes décidées, en première instance, sur tous les points du territoire français, demeurés sous la domination de nos rois. En un mot, le Parlement naissait, mais informe encore, sans assiette fixe, sans juges inamovibles, corps équivoque et mixte, occupé tantôt à régler les affaires du roi, tantôt à rendre des jugements en son nom; conseil de nos rois avant tout, les suivant comme leur ombre, et toujours à leur suite, les conseillant dans tous les cas qui s'offraient, préparant leurs édits, mais en même temps écoutant les justiciables et jugeant leurs différends[1]. Les Normands, accoutumés à être *jugés chez eux*, allaient-ils être contraints à errer maintenant de ville en ville, cherchant la justice que, depuis tant de siècles, ils avaient eue si près d'eux? C'eût été blesser au cœur un peuple opiniâtrement attaché à ses anciennes coutumes, et dont une partie, regrettant ses ducs, endurait déjà impatiemment le nouveau maître qui

---

[1] Henrion de Pansey, *Traité de l'Autorité judiciaire en France*, Introduction, § 3.

s'était imposé à la Normandie [1]. La ville de Rouen, d'ailleurs, (pour ne parler que de la capitale), ne s'était rendue à Philippe-Auguste qu'après avoir stipulé la conservation des *libertés* et *coutumes* dont elle avait joui sous les ducs, ce qui lui avait été accordé par charte royale du 1er juin 1204 [2].

La province apprit avec joie que son antique Echiquier lui serait conservé ; mais cette joie ne fut pas sans mélange : toute justice, en France, émanant du roi, et la puissance de juger souverainement et en dernier ressort étant un de ces *droits régaliens,* usurpés naguère, que Philippe-Auguste avait eu surtout à cœur de ressaisir, la Normandie dut se résigner à voir arriver de Paris

---

[1] Postquam succubuit Franco Normannus, et omnis
Terra Philippinas suscepit Neustria leges
Indignante diù portavit vertice regis
Mite jugum.
Rex malens bonus esse malis, assuescat amando
Ut sibi paulatim populus, ne se peregrinis
Consuetudinibus arctari forté querantur,
Judicia et leges non abrogat, immò tenenda
Omnia confirmat generaliter hactenùs illis
Observata, quibus non contradicit apertè
Jus, aut libertas non deperit ecclesiarum.
— Guillelmi Britonis *Philippidos*, lib. viii, vers 215 et suiv. —

[2] « Et postquàm ipsi nobis reddiderint civitatem Rothomagi
« cum omnibus forticiis, nos ipsis creantavimus et concedimus
« libertates et consuetudines ad eos pertinentes quales habuerunt
« in Normanniâ. »—Carta 1, Jun. 1204 (Archives de l'hôtel-de-ville de Rouen ; Reg. A, 38.)

à Caen, à Falaise, à Rouen, des *commissaires* du roi, des français envoyés pour tenir cet Echiquier qu'on lui avait laissé.

Nous disons des *commissaires*, car ces juges n'avaient de mission que pour une assise[1]; ils étaient souvent renouvelés; et rarement on voyait revenir à l'assise de la Saint-Michel tous ceux qui avaient tenu celle de Pâques. Pourquoi, en effet, la Normandie eût-elle connu l'inamovibilité judiciaire, en un temps où la France ne la connaissait pas encore? Au Parlement de France, aussi, encore informe (nous l'avons dit), siégeaient alors, non des *officiers* proprement dits, mais de simples *commissaires*, renouvelés par nos rois à leur gré, presque toujours pris dans leur Conseil, et révoqués quand il plaisait au monarque de leur reprendre les pouvoirs qu'il leur avait donnés[2].

Ainsi, l'Echiquier, en Normandie, le Parlement, en France, étaient désormais deux juridictions

L'Echiquier de Normandie fut, sous le règne de Philippe-Auguste et de ses successeurs, tenu par des commissaires que nommait le roi.

---

[1] On voit de ces commissions au dépôt des Ms. de la Bibliothèque royale. En voici une du 28 juillet 1401 : « Karolus, Dei gratiâ, « Francorum rex, dilecto et fideli clerico et consiliario nostro ma- « gistro Nicolao de Ordeomonte, salutem et dilectionem. Mandamus « vobis quatinùs, pro expeditione causarum Scacarii nostri Nor- « manie, quod sedere ordinamus in quindenâ sancti Michaëlis pro- « ximè venturi, Rothomagi, in dicto Scacario personaliter intersitis, « nullâ tenùs omissurus. » — *Membran. Bib. reg.* — On en trouve une autre du 22 juillet 1407, adressée au même. Je dois ces renseignements à M. Lacabane.

[2] Loyseau, *Des Offices*, livre I, chap. 3, n°s 86, 87.

royales soumises au même régime, indépendantes l'une de l'autre, composées d'éléments semblables, « tenues toutes deux par des commissaires du roi, et souvent par les mêmes [1], en un mot, ne différant que de nom [2]. »

Commissaires de Philippe-Auguste. Guérin, évêque de Senlis.

En 1207, donc, au terme de Pâques, arrivent à Falaise des commissaires du roi, qui vont tenir l'Echiquier pour la première fois depuis la conquête [3]; ces commissaires sont de grands personnages. C'est Gautier, grand chambrier du roi de France; c'est Guérin, l'ami de Philippe-Auguste, et bras droit d'un si grand monarque : pour l'heure simple chevalier de Saint-Jean de Jérusalem, bientôt il sera évêque de Senlis; plus tard, chancelier de France, il élèvera cette dignité au plus haut degré de gloire et d'honneur. Dès à présent, son nom est illustre en France; après la déroute de Bellefoge, où ont péri les archives de la couronne, qui, alors, suivaient partout nos rois, cet

---

[1] Klimrath, *Mémoire sur les Olim.* In-8°, 1837.

[2] Terrien, livre xv. — D'Anneville, *Inventaire de l'Histoire de Normandie*, in-4. Rouen, 1645, p. 152.

[3] « Regnante Philippo rege Franciæ, post acquisitionem Nor-
« manniæ quam fecit, facta sunt hæc judicia in Scacario Norman-
« niæ, à baronibus existentibus in eisdem, anno Domini 1207,
« apud Falesiam, in Scacario Pasche, coràm domino Galterio
« (camerario); fratre Garino; in presentiâ multorum prelatorum,
« militum et baronum. » — *Arresta Scacarii*, Ms. de la Bibliothèque publique de Rouen.

homme de science et de génie, par un miraculeux effort d'érudition et de mémoire, a fait revivre presque toutes ces antiques chartes anéanties, puis les a déposées dans un lieu fixe et sûr, pour n'en plus jamais sortir [1]. Chaque année presque, pendant vingt ans, l'Echiquier de Normandie sera présidé par ce grand homme; et les premiers officiers de la couronne n'y prendront séance qu'à sa suite.

Donc, l'Echiquier, maintenant, est « *la court du roy*, et non pas du duc », comme on le lui dira un jour en pleine audience, oyant toute la Normandie [2]. On voit déjà quelle foi méritent ceux qui ont osé avancer « qu'avant *Philippe-le-Bel* nos rois n'envoyaient point encore à l'Echiquier de Normandie de députés étrangers, et que les grands officiers de la couronne ducale, l'archevêque de Rouen et les évêques le présidaient [3] »; erreur grossière, réfutée par les registres des Echiquiers du XIIIe siècle, qui sont venus jusqu'à nous, en grand nombre, avec les noms des *chanceliers*, des *chambriers*, et autres grands officiers de la couronne, des premiers

---

[1] *Gallia christiana*, tome x, col. 1469, et sequentibus. — Du Cange, *Gloss.*, au mot : CANCELLARIUS.

[2] *Reg. Echiq.*, 17 avril 1464.

[3] *De la Constitution du duché ou état souverain de Normandie*, (par M. De la Foy, avocat), chap. 7. 1789, in-8°.

présidents de Paris, des prélats éminents, *commissaires du roi*, envoyés par lui dans la province pour y rendre, en son nom, la justice en dernier ressort. Que dis-je? on trouve jusqu'aux commissions mêmes que leur avaient données les rois en les envoyant dans notre province; nous aurons occasion de le montrer dans la suite de cette histoire. Nos prélats, du reste, nos barons normands, nos chevaliers, continuent, sous les rois, de siéger aux Echiquiers, comme ils avaient fait sous les ducs. Les registres des Echiquiers de Philippe-Auguste le remarquent en termes exprès, et nous les y montrent même assis en grand nombre, pressés les uns contre les autres, et prenant part aux jugements. « *Suivent* (disent-ils en plusieurs endroits), *suivent les jugements rendus par les barons en l'Echiquier de Pâques, à Falaise*[1]. » Car, où a-t-on pu prendre que, sous nos rois, les seigneurs et les prélats,

Après la conquête de la Normandie, les barons et les prélats de Normandie continuèrent de venir siéger à l'Echiquier, et y eurent toujours voix délibérative.

---

[1] « Regnante Philippo rege Franciæ, post acquisitionem Normannie, quam fecit, facta sunt hæc judicia in Scacario Normannie *à baronibus* existentibus in eisdem, anno Domini 1207, « apud Falesiam, in Scacario Pasche, coràm Domino Galterio, « (camerario); fratre Garino; *in presentiâ multorum prælatorum, militum et baronum.* »

« Anno Domini 1209, facta sunt hec judicia apud Falesiam, in « Scacario, coràm Domino Galterio, Domini regis camerario, « fratre Garino, in presentiâ multorum prelatorum, militum et « baronum. » — Ms. de la Bibliothèque publique de Rouen; et Ms. de Rosny, Bibliothèque royale.

privés, désormais, de la voix délibérative qu'ils avaient eue sous les ducs, ne concouraient plus à la formation des arrêts; que leur présence à l'Echiquier (comme le veut Hoüard) n'était nécessaire que parce qu'il pouvait y être formé des plaintes contre eux, et, de plus, comme une garantie de l'exécution, dans leurs districts, des arrêts qu'ils y auraient vu rendre[1]? Où, surtout, l'historien Farin avait-il vu que ces barons, que ces prélats n'étaient plus appelés à l'Echiquier que *pour le parer, y donner de l'ornement*[2], en d'autres termes, pour y étaler, ceux-là leurs insignes épiscopaux, ceux-ci leurs brillantes armures? Assertion hasardée bien légèrement, et dont font encore justice les vieux registres de l'Echiquier de Normandie, qui, rapportant les arrêts rendus à Rouen, à Caen, à Falaise, nous montrent tous la part active qu'y avaient prise ces barons, ces prélats, ces chevaliers, appelés là (nous disait-on) pour la montre, et pour réjouir les yeux. « *Les barons ont décidé...* (disent quelquefois les registres); *les barons, les évêques et les chevaliers ont jugé* (disent-ils en d'autres endroits[3]). « En 1258,

---

[1] Hoüard, *Dictionnaire du Droit normand*, au mot: ECHIQUIER.
[2] Farin, *Histoire de Rouen*, t. I, chap. 24, édit. de 1668.
[3] « Episcopi et barones dicunt quòd.... — Dicunt barones.... ». Echiq. de 1219, à Falaise; Ms. Bib. reg., olim Pithou, posteà Rosny, nunc Bibl. reg.
Dans un registre de l'Echiquier (année 1397), on voit qu'après

à l'Echiquier de Rouen (nous dit un ancien cartulaire de l'abbaye de Saint-Georges de Boscherville), le jugement fait à l'assise de Longueville *a été confirmé par les justiciers du seigneur roi* (c'est-à-dire par les commissaires envoyés pour tenir l'Echiquier), *et par les barons et chevaliers qui se trouvaient là*, à savoir, par *l'archevêque de Rouen*, Julien, sire de Péronne; *les abbés* de Fécamp et de Lire; Jean de Harcourt; Guillaume, chambellan de Tancarville; Pierre de Hotot; Henri de Neufbourg; Jean Le Veneur; Guillaume de Tournebu, etc. [1] ». Les prélats, donc, et les chevaliers pouvaient bien être appelés pour relever l'éclat de l'Echiquier, leur présence ne pouvant qu'ajouter encore à la majesté de ses audiences, à la solennité de ses arrêts; et même un registre de l'Echiquier parle, en termes exprès, « des gens d'église faisant comparence *pour parer la court....* Mais ces personnages y venaient aussi (et

---

les plaidoiries, « fu demandé aus sages conseilliers estans au dit Eschéquier, *et après en fu demandé aux chevaliers*, par le jugement desquieulx, oyes les oppinions des assistans, jugié fu contre le sieur de Buffresnil. »

[1] « In Scacario apud Rothomagum, judicium quod priùs fac-
« tum fuerat in assisiâ apud Longuevillam... approbatum fuit à
« justitiariis domini Regis, *et baronibus et militibus ibidem*
« *existentibus*, videlicet ab archiepiscopo rothomagensi, domino
« de Peronnâ, abbatibus de Fiscanno et de Lirâ; J. de Harcourt,
« G. de Tournebu. » (*Cartular. Sancti-Georg. de Boscherville*, folio
41; Bibl. publique de Rouen, n° 86, 116, Y.

le même registre ne manque pas de le dire),
« POUR AIDER A FAIRE LES JUGEMENTS DES MATIÈRES
PENDANTES EN ICELLE, *ainsi* (ajoute-t-il) *que tenus
y sont par la coustume du pays*[1]. » En un mot, ils
comparaissaient (comme le dit plus brièvement
un autre registre) « *pour parer la court et jugier
les matières*[2]. » On en pourrait alléguer bien d'autres
preuves. C'était pour cela, surtout, qu'ils étaient
appelés; et ce motif était assez grave, ce semble,
pour qu'on ne l'oubliât pas. Le docte chancelier
Olivier s'en souvenait bien, lui, lorsqu'en 1550 (à
Rouen, en plein Parlement, le roi Henri II y séant);
comme il discourait sur l'ancienne organisation judiciaire de la province, il dit qu'autrefois « en
l'Eschiquier de Normandie, *les causes se vuydoient*
PAR L'OPINION DES PRÉLATS, DE LA NOBLESSE *et des
officiers du roy*[3]. » Il l'avait pu voir par le *Stille
de procéder*, qu'on imprimait encore alors à la
suite du *grand Coutumier* de la province; car il y
est dit, au dernier article, que « messeigneurs les
prélats, barons et comtes de Normandie... doivent
tous comparence en l'Eschiquier.... et que *par
eulx se font les jugements*....[4] »

---

[1] *Reg. Echiquier* de 1453.
[2] *Reg. Echiq.*, 1426.
[3] *Reg. secr.*, du 8 octobre 1550.
[4] *Les Usaiges et la Forme qu'on a accoustumé user en conduite
de procès et judicature de causes en la duché de Normendie.*

Voilà ce qu'allaient faire à l'Echiquier les barons et les évêques. Sous Louis IX, le célèbre archevêque de Rouen, Eude Rigaut, ami du saint roi, prélat infatigable, occupé sans cesse à visiter toutes les églises, toutes les abbayes, non pas de son diocèse seulement, mais, en outre, des six évêchés suffragants de sa métropole; à présider les conciles de la province; lui si souvent mandé par le roi qui, dans toutes les affaires importantes; recourait à ses conseils; allant, hors de France, négocier avec les rois; puis, revenant à Paris siéger au Parlement, prêcher la croisade, bénir les mariages des rois, des princes, des seigneurs, présider à de grandes cérémonies religieuses auxquelles assistait le pieux monarque; Rigaut, ce pontife si occupé, ne manquait jamais de siéger à l'Echiquier de Normandie deux fois par an, lorsque le roi avait termé deux assises; s'enfermant avec les *maîtres*, au château de Rouen où siégeait cette Cour, depuis que Philippe-Auguste l'eut fait construire après la conquête; y couchant souvent comme eux; puis, de là, avec eux, allant à Caen, à Falaise, partout où le roi avait voulu qu'on vît sa souveraine justice. Onze ou douze années durant, son curieux *Journal* nous le montre s'acheminant ainsi de Paris à Caen, pour siéger à l'Echiquier, s'y rendant par Mantes, Evreux, Beaumont-le-Roger, Lisieux et Troarn; plus souvent encore, en compagnie des autres maîtres de

[Marginalia:]
L'archevêque de Rouen, Eude Rigaut, assistait exactement à toutes les sessions de l'Echiquier.

A Rouen, l'Echiquier siégeait au château, depuis l'année 1207.

l'Echiquier, allant de Rouen à Caen, hébergé avec eux dans l'abbaye du Bec, défrayé comme eux par le roi; son *Journal*[1] le dit encore. Croirat-on que ce grand prélat ne voulût que montrer là sa croix primatiale, et qu'il n'eût rien de mieux à y faire? Qui ne sent, au contraire, combien tous ces soins et tous ces voyages devaient difficilement se concilier avec les devoirs multipliés d'un métropolitain chargé de la *sollicitude de toutes les églises* d'une vaste province; avec ceux mêmes d'un simple évêque suffragant désireux de s'acquitter de son ministère selon Dieu et selon sa conscience? En Angleterre, dès l'année 1231, les évêques, négligeant *leur ministère pastoral*, perdaient le temps, assis à l'Echiquier, soucieux uniquement des affaires toutes mondaines que l'on venait y plaider devant eux; de quoi indigné, Richard, archevêque de Cantorbéry, alla tout exprès à Rome, s'en plaindre énergiquement au souverain pontife[2].

Nos évêques de Normandie, plus scrupuleux, semblaient ne venir qu'à contre-cœur siéger aux Echiquiers. Souvent on les vit s'en défendre. Deux fois différentes, en 1279 d'abord[3], puis en 1288,

Répugnance des évêques de Normandie à venir siéger à l'Echiquier.

---

[1] *Liber Visitationum Odonis archiep. rothom.* Ms. Bib. reg., n° 1245.
[2] Mathieu Pâris, édit. de 1744, page 254.
[3] « Pronunciatum fuit.... quòd episcopi Normanniæ non tenen-« tur venire ad Scacaria, nisi sponte venire voluerint, vel fuerint « ex parte regis mandati. » — *Olim du Parlement de Paris*, Ms. reg. B., folio 52.

le Parlement de Paris, appelé, on ne voit pas bien à quel titre, à statuer sur la nécessité, pour nos prélats, d'aller aux Echiquiers, ou sur l'exemption de s'y rendre, prononça en leur faveur contre le roi, qui les y avait voulu contraindre [1]. On comprenait mieux à Paris combien les préoccupations du juge étaient peu compatibles avec les devoirs du pasteur; et, à vingt ans du dernier de ces arrêts, Philippe-le-Long disait dans un édit : « Il n'y aura nulz prélaz députéz en Parlement; car ly roys fait conscience de eus empeschier au gouvernement de leurs expérituautéz; et ly roys veut avoir en son Parlement genz qui y puissent entendre continuellement sans en partir, et qui ne soient occupéz d'autres grans occupations [2]. »

Arrêts de l'E-chiquier, rendus pour les y contraindre.

Mais, déclarés libres par le Parlement, les prélats normands étaient contraints par l'Echiquier à cette comparence qui paraissait leur coûter si

---

[1] « In Parlamento Penthecostes 1288, Parisiùs, fuit istud
« arrestum, prout sequitur, determinatum : Cum episcopi Nor-
« manniæ occasionarentur super eo quòd ex parte domini Regis
« proponebatur contrà eos quòd ad Scacaria sua ex debito venire
« tenebantur, auditis eorum rationibus et defensionibus, pronun-
« tiatum fuit quòd dicti episcopi non tenentur venire ad dicta
« Scacaria, nisi sponte venerint, vel fuerint ex parte domini
« Regis mandati. » — *Reg. St-Just*, Ms., folio 31, cité par Brussel.

[2] Edit du 3 décembre 1319.

fort. Dès 1219, Robert Poulain, archevêque de Rouen, s'en voulant défendre, un arrêt rendu à Falaise avait décidé que l'archevêque, *semons* par les baillis du roi, devait venir siéger à l'Echiquier. Les barons et les évêques eux-mêmes l'avaient jugé ainsi ; et tous attestèrent, alors, qu'ils avaient vu l'archevêque Gautier-le-Magnifique, prédécesseur de Robert Poulain, venir toujours siéger aux Echiquiers [1]. A l'Echiquier de Saint-Michel, en 1466, comme on faisait « l'appel des prélats et gens d'église qui *devoient comparence au dit Eschiquier* pour y *assister et aider à faire les jugemens* des matières pendans en icelui (ce sont les termes du registre), *se comparut l'évêque d'Avranches.* » Écoutez à quelle fin : « Il dist que l'archevêque de Rouen, luy ne les autres évesques de Normendie, n'estoient point subgez de faire la comparence et assistence au dit Eschiquier, *se ilz n'y estoient expressément mandéz, et par lettres du roy.* » C'est que l'arrêt du Parlement de Paris avait fait du bruit en son temps, et qu'à deux siècles presque d'intervalle, les évêques normands s'en souvenaient encore.

---

[1] « *Episcopi et barones dicunt* quòd archiepiscopus rothomagensis *debet venire ad Scacarium domini Regis*, per submonitionem ballivorum domini Regis, et dicunt quòd viderunt archiepiscopum Galterum sic venire. » — Ms. du 13ᵉ siècle, ayant appartenu à Pithou, puis à la Bibliothèque de Rosny, et aujourd'hui à la Bibliothèque royale.

Mais l'Echiquier n'en voulait point entendre parler; au soutien de l'évêque d'Avranches, le procureur du roi répondit que, « par la coustume du pays, les évesques estoient subgéz de faire comparence en l'Eschiquier, et qu'il protestoit au contraire. ¹ » Ceci se passait du temps du cardinal d'Etouteville. Plus tard, l'archevêque Robert de Croismare, entêté des mêmes idées, crut gagner sa cause à l'Echiquier en y venant lui-même la plaider *en personne*. Mais, après un vif débat entre ce pontife et le procureur du roi, l'Echiquier prononça que l'archevêque de Rouen avait toujours été, était encore, et serait toujours sujet à comparence en l'Echiquier. Même, pour s'être opiniâtré, pour avoir protesté contre les assertions de *l'advocat du roi,* Robert de Croismare fut condamné à une amende, qu'il lui fallut payer, séance tenante².

L'Echiquier tenant bon, force était bien aux évêques et abbés de la province de venir comparaître à ses audiences, et d'y siéger, sinon tous, du moins en assez grand nombre; car il y avait, comme on voit, des amendes contre les défaillants; sans parler de procès à soutenir, dans lesquels ils n'auraient pas eu le dessus. A la vérité, l'Echiquier,

---

¹ *Reg. Echiq.*, 13 octobre 1466.
² *Reg. Echiq.*, Saint-Michel 1484.

satisfait pourvu qu'il vît sur ses bancs un assez grand nombre d'abbés, deux, trois ou quatre évêques sur les sept obligés à comparence, ne tenait pas toujours rigueur aux absents; et, pour peu qu'il y eût d'apparence aux *exoines* ou excuses qu'on venait lui faire pour les manquants, il s'en payait d'assez bonne grâce, et les dispensait volontiers de l'amende; l'un « pour cause de son antiquité[1] »; plusieurs par égard pour leurs infirmités, attestées, à l'égard des évêques, par leurs vicaires généraux; pour les abbés, par les religieux de leurs abbayes; quelques-uns « pour ce qu'ilz estoient devers le roy. » En 1466, une amende prononcée contre l'abbé de Saint-Ouen de Rouen, défaillant, fut « convertie en une messe pour la bonne prospérité du roy. » L'abbé de Saint-Wandrille, se disant malade, fut excusé, le premier jour, sur sa requête, « pour ce que s'il venoit en santé durant cest Eschiquier, il y comparoistroit. » Une autre fois, l'abbé d'Ardennes, près Caen, venu à Rouen à l'Echiquier, mais atteint d'une maladie avant la fin de l'assise, obtint « congié de s'en aller, veu sa maladie, et que son abbaye estoit de petite revenue.[2] »

---

[1] *Reg. Echiq.*, 1462.

[2] *Reg. Echiq.*, 1466.

Mais tous n'en étaient pas quittes pour si peu. Dans nos registres, nous trouvons des évêques et des abbés condamnés à des amendes de vingt livres, pour *non comparence* sans excuse légitime. Toujours, en un mot, ils étaient tenus à comparence en dépit des deux arrêts du parlement de Paris qui les en avaient naguère déclarés exempts. Cela dura ainsi jusqu'à l'édit d'avril 1499, qui vint opérer une si grande révolution dans l'organisation judiciaire de la province, en donnant à la Normandie un Echiquier perpétuel et des magistrats voués uniquement, et pour toujours, à régler les grandes affaires de la province, à juger ses différends. Encore, cet édit même est-il une nouvelle preuve de l'obligation à comparence qui avait jusqu'alors incombé aux barons et aux prélats, puisqu'il dispose que ces prélats, que ces barons, qui devaient naguère assister en l'Echiquier, « *le pourront désormais, s'ils veulent, sans autrement y estre compelléz*[1] », transformant ainsi en un droit, en une simple faculté, ce qui naguère avait été un rigoureux devoir.

Nommons, c'en est ici le lieu, les gens d'église et les nobles tenus de *comparoir* à notre Echiquier, moins encore pour le parer, que pour aider à y rendre les jugements. Il convient de les classer par

---

[1] Edit d'avril 1499, art. 5.

bailliages, en commençant par le clergé, qui, partout alors, tenait le premier lieu.

CLERGÉ.

Bailliage de Rouen.

L'archevêque de Rouen.
L'évêque de Lisieux.
L'abbé de St-Ouen de Rouen.
L'abbé du Bec-Helloin.
L'abbé de Jumiéges.
Le doyen de Rouen.
Le doyen de Lisieux.
L'abbé de Ste-Catherine-lès-Rouen.
L'abbé de Préaux.
L'abbé de Grestain.
L'abbé de Cormeilles.
L'abbé de Saint-Georges de Boscherville.
L'abbé de Bonport.
L'abbé de Bernay.
L'abbé de Corneville.
L'abbé de l'Isle-Dieu.
L'abbé de Saint-Victor.
Le prieur de St-Lô de Rouen.
Le prieur du Mont-aux-Malades.
Le prieur de Bourg-Achard.
Le prieur de Sainte Catherine de Grammont.
Le prieur de la Madeleine de Rouen.
Le prieur des Deux-Amants.
Le prieur de Beaulieu.
Le prieur de Beaupré.
Le doyen de la Saussaie.

Bailliage de Caux.

L'abbé de Fécamp.
L'abbé de Saint-Wandrille.
L'abbé d'Aumale.
L'abbé du Valasse.
L'abbé de Valmont.
L'abbé du Tréport.
L'abbé d'Eu.
L'abbé de Foucarmont.
L'abbé de Bellozanne.
L'abbé de Beaubec.
Le prieur de Longueville.
Le trésorier de Charles-Mesnil.
Le prieur du Parc-de-Harcourt.

Bailliage de Caen.

L'évêque de Bayeux.
L'évêque de Séez.
L'abbé de Saint-Etienne de Caen.
Le doyen de Bayeux.
Le doyen de Séez.
L'abbé de Troarn.
L'abbé de Belle-Etoile.
L'abbé de Mondaye.
L'abbé d'Aunay.
L'abbé de Longues.
L'abbé de Fontenay.
Le prieur des Deux-Jumeaux.
L'abbé du Val.
L'abbé de Saint-Sever.
L'abbé de Thorigny.
L'abbé de Saint-Pierre-sur-Dives.
L'abbé de St-Jean de Falaise.
L'abbé de Cerisi.
L'abbé d'Ardennes.
L'abbé de Barbery.
Le prieur de Sainte-Barbe en Auge.
Le prieur de Saint-Vigor.
Le prieur de Saint-Gabriel.

Bailliage de Cotentin.

L'évêque d'Avranches.
L'évêque de Coutances.
L'abbé du Mont-Saint-Michel.
L'abbé de Montebourg.
L'abbé de Blanche-Lande.
L'abbé de Notre-Dame-du-Vou (Vœu).
Le doyen d'Avranches.
Le doyen de Coutances.
L'abbé de Lessay.
L'abbé de Saint-Sauveur-le-Vicomte.
L'abbé de Hambie.
L'abbé de Savigny.
L'abbé de Mont Morel.
L'abbé de la Luzerne.
Le chantre de Coutances.
Le prieur de Saint-Fromond.
Le prieur de Bohon.
Le prieur de Mortain.

Bailliage d'Évreux.

L'évêque d'Evreux.
L'abbé de Saint-Evroult.
L'abbé de Lestrée.
L'abbé de Breuil-Benoit.
L'abbé de Saint-Taurin.
Le doyen d'Evreux.
L'abbé de Bernay.
L'abbé de Conches.

L'abbé de Lyre.
L'abbé d'Ivry.
L'abbé de la Croix-Saint-Leuffroy.
L'abbé de la Noe.
Le prieur de Beaumont le-Roger.
Le prieur de Lierru.

Bailliage de Gisors.

L'abbé de Mortemer.
Le doyen de Vernon.
Le doyen d'Andely.
Le doyen d'Ecouis.
Le prieur de Saussense.
Le prieur de Saint-Laurent-en-Lions.
Le chantre de Gaillon.

Bailliage d'Alençon.

L'abbé de St-Martin de Séez.
L'abbé de St-André-en-Goufer.
L'abbé de Silly.
L'abbé de Lonlay.

NOBLES.

Bailliage de Rouen.

Le comte de Harcourt.
Le vicomte de Roncheville.
Le baron et vidame d'Esneval.
Le baron de Clères.
Le vicomte de Fauguernon.
Le baron du Bec Thomas.
Le baron de Manny.
Le baron de Beaufour.
Le baron de Beuvron.
Le baron d'Acquigny.

Bailliage de Caux.

Le comte d'Eu.
Le comte de Tancarville.
Le comte d'Aumale.
Le comte de Longueville.
Le comte de Maulévrier.
Le sire et baron d'Estouteville.
Le baron, sire de Grasville.
Le vicomte de Blosseville.
Le baron du Bec-Crépin.
Le baron de Mesnières.
Le baron de Cléville.
Le baron de Cuverville.
Le baron de Bosc-Geffroy.
Le baron d'Ecotigny.
Le baron du Fresne.
Le baron de Quermonville.
Le baron du Besle et de Fréauville.

Bailliage de Caen.

Le vicomte de Fontenay-le-Marmion.
Le baron de Courcy.
Le baron d'Annebecq.
Le baron de Tournebu.
Le baron de Creully.

Le baron de la Motte, de Sény et de Grinbosc.
Le baron de Crépon.
Le baron de Coulonces.
Le baron de Thorigny.

Bailliage de Cotentin.

Le comte de Mortain.
Le vicomte de St-Sauveur-le-Vicomte.
Le vicomte de Néhou.
Le sire et baron de Bricquebec.
Le baron du Hommet.
Le baron de Hambie.
Le baron de la Haye-du-Puits.
Le baron de Varanguebecq.

Le baron de la Luthumière.
Le baron de Moyon.
Le baron de Saint-Paër-le-Servin, ou Seurain.
Le baron d'Orglandes.
Le baron des Biards.
Le baron de Marigny et de Remilly.
Le baron d'Essay.

Bailliage d'Evreux.

Le comte d'Ivry.
Le baron de Ferrières.
Le baron du Neufbourg.
Le baron de Saint-André en-la-Marche.

Le baron de la Ferté-Fresnel.
Le baron de Tillières.
Le baron de Landes.
Le baron de Gacé.
Le baron de Damville.

Bailliage de Gisors.

Le baron de Henqueville.
Le baron de Baudemont.

Bailliage d'Alençon.

Le baron de Laigle.
Le baron de Montreuil.
Le baron d'Echauffour.
Le baron de Nonant.
Le baron de Corbinet.
Le baron de Courtomer.
Le baron de Montgommery.

Le baron du Thuit.
Le baron de Mesle-sur-Sarthe.
Le baron de la Ferrière.
Le baron de la Roche.
Le baron de Persans.
Le baron de Menière.

Enfin, dans les derniers temps, par suite, peut-être, du traité de Conflans (1465), qui avait donné à la Normandie la suzeraineté du duché de Bretagne, étaient appelés à comparaître à l'Echiquier de Rouen, les barons et prélats bretons, dont les noms suivent :

CLERGÉ.

L'évêque de Saint-Brieuc-de-Vaux,

L'évêque de Saint-Malo.
L'évêque de Dol.

NOBLES.

Le baron de Guémené et de Condé-sur-Noireau.
Le baron de Derval et de Landelles.

Le baron de Montauban.
Le vicomte de Pommerit, baron de Marcé,
Le baron de Rieux.

Je dis que ces prélats, que ces gentilshommes *étaient appelés* à comparaître ; mais je ne vois pas qu'aucun ait comparu jamais ; seulement, quelques-uns se faisaient excuser, lors des *appeaux*, ce qui était se reconnaître tenus à la comparence. Ceux qui n'avaient point pris ce soin étaient mis *en deffaulte et en amende*.

Puisque nous avons déjà tant parlé des jugements de l'Echiquier et des personnages qui y devaient concourir, finissons-en sur ce sujet, encore qu'il faille, pour cela, anticiper sur les deux siècles suivants. Depuis 1204, tout était changé. Bien des causes avaient pu rendre moins nécessaires à l'Echiquier les barons et les prélats, eux si indispensables au temps des ducs, eux, alors, l'ame, l'essence même de l'Echiquier, si l'on peut ainsi parler. L'histoire nous montre la chicane et toutes ses formes entrant dans notre province, à la suite de Philippe-Auguste ou peu de temps après lui, et le style des jugements de notre Echiquier perdant sa simplicité primitive ; elle regrette « cet esprit de conciliation qui terminait autrefois les affaires[1]. » Les parties, maintenant, comparaissent bien encore en personne ; mais les *attournés* (procureurs), les *conteurs* (avocats), les accompagnent, parlent pour elles, où même paraissent souvent seuls devant les juges. Bientôt le

---

[1] De la Rue, *Essais historiques sur la ville de Caen*, t. II, p. 269.

droit devient une science et est enseigné dans les écoles à d'avides et nombreux adeptes; les *gens de loi* pullulent; pour les entendre, il faut être initié comme eux aux mystères de la législation, de la procédure et du droit coutumier.

En Normandie, où d'abord la *coutume*, écrite seulement dans la mémoire des hommes, et transmise ainsi de génération en génération, devait n'être rédigée dans la suite que sommairement, pour les cas les plus ordinaires, n'être même, au commencement, qu'un simple traité d'un jurisconsulte sur notre droit, et ne devenir *loi* que parce que ce *traité*, reproduisant fidèlement des principes avoués de tous, fut bientôt adopté pour code [1]; en Normandie, où chaque jour presque, à l'Echiquier, il s'agit, au moyen des *records*, de découvrir, de constater la loi, et de l'appliquer au fait particulier; quelle ressource, d'ailleurs, au milieu d'affaires sans nombre, pouvaient offrir aux commissaires du roi (étrangers la plupart du temps à nos usages), des évêques, des abbés qui souvent ne savaient que prier, des barons qui n'avaient appris qu'à combattre? Dès la fin du XIIIᵉ siècle, mais surtout aux XIVᵉ et XVᵉ, dans des bas bancs, au-dessous de ces barons et de ces évêques, sié-

Les avocats et légistes présents prenaient part aux jugements.

---

[1] Voir les *Recherches sur l'origine de la Coutume de Normandie*, par M. A. Daviel, avocat à Rouen.

geaient, nombreux et l'un sur l'autre, des procureurs, surtout des avocats venus là pour conseiller les parties et exposer ou plaider leurs causes. Or, qui, mieux que ces légistes, savait ce qu'avaient jadis décidé les juges, les Echiquiers précédents, sur les contestations les plus ordinaires entre les habitants du pays? Des questions sans nombre se trouvaient avoir été, à la longue, résolues dans un sens uniforme. La presse n'existant point, à cette époque, pour conserver tant de solutions; l'écriture même n'étant pas fort en usage; et le monde, enfin, n'ayant guère alors pour dépôt et pour archives que la mémoire de quelques hommes intelligents, les légistes, les praticiens, les avocats, hommes d'études, de science et de souvenirs, ne devenaient-ils pas des *témoins* importants à interroger sur des lois qui n'avaient pas été rédigées, ou ne l'avaient été que bien sommairement, et dont, mieux qu'aucuns autres, ils avaient dû conserver la mémoire, sur une jurisprudence dont les monuments étaient dispersés ou avaient péri? De là, en Normandie, à l'Echiquier, l'usage existant, au xive et au xve siècle, de ne juger que *de l'avis de l'assistance,* c'est-à-dire de recueillir, outre les opinions des commissaires, des barons et des prélats, celles des avocats et hommes de loi présents, et désintéressés dans l'affaire en litige.

En 1563, au lit de justice tenu au palais, à Rouen, par Charles IX, le docte *avocat du roi* Laurent Bigot, parlant au monarque de ces vieux temps de l'Echiquier : « Sire, lui disait-il, vostre pays de Normandie se gouverne par coustumes, *les unes escriptes, les autres non, et toutes sont tenues pour notoires et constantes en jugement*, en manière qu'il n'est besoing d'en informer par turbes ou enquestes..... En ceste court, avant qu'elle feust ordinairement séante, les jugements se faisoyent par opinion d'assistance, publiquement ; en quoy faisant, la coustume estoit récitée et arrestée par les assistants ; lesquels, par mesme moyen, donnoyent leur jugement sur le doubte et question qui s'offroit sur la coustume[1]. » Bigot, un si savant homme, avait lu L'ANCIEN STILLE DE PROCÉDER, au titre: « *comme on faict jugement des matières.* » Cet article l'avait frappé, et nous devons le faire connaître aux lecteurs. « En Normandie (y est-il dit), se font les jugements par les opinions des *sages coustumiers et praticiens, lesquels coustumiers et praticiens sont des coustumes et usages du pays* (surtout des lieux où ils résident et practiquent) JUGES ET TESMOINGS ; et quant, entre les parties, est descord d'aulcun usage ou coustume, *la probation s'en faict par eulx*[2]. »

---

[1] *Reg.*, 17 août 1563.

[2] *Le Stille de procéder eu pays de Normendie*, in fine.

Les registres des Echiquiers nous en offrent à la fois, et d'irrécusables preuves, et de curieux exemples. Dans celui de 1337, on voit qu'en un procès plaidé au bailliage de Rouen, entre Guillaume des Fontaines et Colart de Saint-Aubin-sur-Cailly, il avait été « demandé as *sages* estans en l'assise, en la manière que il appartient à faire par la coustume..... par les quiex sages, touz accordablement, sanz contredit, il avoit esté dit et jugié pour Guillaume des Fontaines. » Mais, peu après, au jour fixé pour le prononcé de la sentence, « les parties présentes *et grant foison de sages*, qui avoient jugié pour Guillaume des Fontaines », quel n'avait pas été l'étonnement de tous, lorsque le bailli, « sans plus demander », avait prononcé pour la partie adverse ! A l'instant même, en pleine *cohue, l'attourné* de Des Fontaines avait protesté contre ce jugement, comme *faux et mauvaisement rendu;* puis, appel avait été porté en hâte à l'Echiquier, de ce jugement prononcé par le bailli, « de sa volonté et contre l'opinion de touz ». A l'Echiquier, on n'avait garde de tomber dans la faute reprochée si publiquement au bailli. Là donc « il fu présentement demandé as *sages estanz au dit Eschiquier*..... et fu jugié (enfin) pour Guillaume des Fontaines[1]. »

---

[1] *Reg. Echiq.*, 1337.

Les *sages*, ici, est-il besoin de le dire ? c'étaient ceux qui savaient, « *sapientes* » ; c'étaient les *légistes*, « les sages hommes de loix », comme les appelait Pierre des Fontaines [1].

Aussi le serment qu'il leur fallait prêter à l'ouverture des Echiquiers, n'avait pas trait seulement, comme aujourd'hui, aux obligations imposées au ministère de la défense, mais se rapportait aussi aux fonctions de juges, qu'ils ne pouvaient manquer d'être souvent appelés à remplir. Ils juraient donc bien « d'exercer loyaument et diligaument leur office de *conseillier* [2] *et advocat*, pour et contre quelconque personne qu'elle fût » ; de ne point défendre de causes « se ilz ne les créoyoient, en leurs consciences, estre bonnes, vrayes et loiaulx » ; et de les laisser là si, dans le cours de l'instance, ils s'apercevaient qu'elles fussent injustes ; de n'avancer, en plaidoirie, que des faits attestés vrais par la partie ; « de n'alléguer aucune coustume, stille, usage, se ilz ne creoyoient que ce feust raison et vérité, etc. » Voilà pour le ministère d'avocat, de défenseur des parties. Mais les devoirs du ministère du juge, n'avaient point été oubliés dans

Serment que prêtaient anciennement les avocats à l'ouverture de l'Echiquier.

---

[1] *Conseils de Pierre des Fontaines*, chap. 61, n° 64. — Ducange et Carpentier, *Gloss. et Suppl.*, v° SAPIENTES.

[2] *Conseillier* est ici pour avocat, du mot : « *consilium.* »

le formulaire; et les avocats devaient aussi jurer « que *quant la Court leur demanderoit leur advis et opinion d'aucune cause*, ilz en respondroient loyaument et en leurs consciences, regectée et ostée toute haingne et affection indeue pour ou contre quelconque personne que ce feust »; ils devaient promettre, sous la foi du serment, « de ne demourer en jugement *pour conseillier ne dire leur oppinion à fin de jugement*, en aucune cause quelle qu'elle fust, en la quelle ilz auroient esté, par avant, advocats et conseilliers devant aucuns juges, ou seulement *conseillé* (donné avis) en la cause, et dit leur opinion à partie [1]. » Dans tout ce qu'ordonnent les Echiquiers, relativement aux avocats, on voit qu'ils avaient en vue le ministère du juge non moins que celui de la défense. En 1454, l'Echiquier recommande au greffier « d'escripre les *oppinions* que donneront les advocas ès jugemens *et advis qui leur seront demandéz en Eschiquier* [2]. » En 1484, c'est aux avocats même qu'il s'adresse; il les avertit « d'estre plus briefz que ilz n'ont accoustumé estre tant en plaidoiries que *en oppinant, quant leurs oppinions leur seront demandées*; qu'ilz se gardent de redites le plus qu'ilz pour-

---

[1] *Reg. des Echiquiers*, passim.
[2] *Reg. Echiq.*, 23 juin 1454.

ront¹. » Une autre fois, parlant encore aux
« *advocats et autres personnes assistans pour jugier
à l'Eschiquier* », il leur dit « de se seoir bien or-
dennéement en leurs lieux ordennéz, sans donner
empeschement les uns aux autres, et de se garder
de murmurer ensemble ². »

Il avait bien fallu mettre l'ordre parmi tous ces
avocats en grand nombre qui se pressaient sur les
bancs de la salle d'audience; car il en était venu
là de tous les coins de la province ; et il n'y avait
point de vicomté qui n'en eût fourni, les unes plus,
les autres moins. En 1390, il en vint 214; en
1462, 134 seulement ; mais, en 1464, on en vit arriver jusqu'à 339, dont le bailliage de Gisors n'a-
vait fourni que 14, tandis que celui de Coutances
en avait envoyé 90; celui de Rouen, 75 ; celui
d'Evreux, 60; ceux de Caen et de Caudebec, chacun 50. Tous avaient été « tesmongnéz suffisans et
habiles » par les lieutenants de baillis et les procureurs du roi des siéges d'où ils venaient ; car il fallait cette condition pour que l'Echiquier les auto-
risât à « postuler comme advocas », et les admît au
serment ³.

Devenant de jour en jour plus nécessaires à me-

Grand nombre des avocats qui venaient à l'Echiquier.

---

¹ *Reg. Echiq.*, 25 octobre 1484.

² *Reg. Echiq.*, 1390.

³ *Reg. Echiq.*, 1453, 1466.

sure que le monde allait se civilisant, les lumières étaient prisées davantage ; les barons, les prélats, seuls juges naguère, en étant demeurés, ceux-là aux exercices du corps, ceux-ci aux cérémonies du culte, il leur fallait bien, en jugement, appeler à leur aide les jurisconsultes qui, plus tard, devaient remplacer, sur les hauts bancs, les nobles personnages aux pieds desquels, aujourd'hui encore, ils étaient heureux et fiers de s'asseoir[1].

<small>Les juges de l'Echiquier opinaient publiquement, en pleine audience.</small>

Quelle garantie pour les arrêts de l'Echiquier, que le concours de tant d'hommes éclairés, surtout lorsque l'on songe que les *maîtres* de l'Echiquier et les avocats consultés, opinaient là publiquement, voyant et oyant tous ? Un magistrat breton du xvie siècle, Du Fayl de la Hérissaie, peintre fidèle et naïf des anciennes mœurs de sa province, parlant du bon vieux temps de Bretagne, où « les procès criminelz se jugeoient à huis ouverts en pleine audience, en présence du prisonnier », nous fait assister au jugement public d'un braconnier nommé Vento, en péril d'être pendu tout à l'heure, pour avoir tué force cerfs et biches dans les forêts du roi ; il nous le montre écoutant avec anxiété, l'un après l'autre, parler pour ou contre lui, *les advocatz, qui, lors* (dit-il),

---

[1] *Reg. Echiq.*, 1390 et passim.

avoient *voix délibérative*[1]. Ainsi en allait-il dans notre province ; et le *Stille de procéder* nous le montre de reste. « On doit (dit-il) faire amener l'accusé en jugement ; et là, publiquement et devant tous, doit au prisonnier sa confession estre leue ; et, sur chacun article, par le juge, interrogué se (si) l'article est véritable ; et se publiquement il recongnoist les cas contenus au procès, le juge, *par l'opinion des coustumiers et praticiens en la juridiction*, doit procéder à son absolution ou le doit condamner, selon l'exigence des cas et ainsi qu'il trouvera, *par les opinions d'iceulx assistants*[2]. » Que s'il en était ainsi au criminel, combien plus pour les procès civils ! On l'a vu déjà par l'exemple de l'année 1337, allégué tout à l'heure. Mais les preuves surabondent, et les alléguer toutes serait perdre le temps. C'était alors un usage universel dans notre province et le docte chancelier Olivier, lors de la séance royale tenue au Parlement de Rouen, par Henri II, en octobre 1550, ne manqua pas d'en parler aussi dans ce *Discours* dont nous avons déjà rapporté quelque chose ailleurs. « A l'Echiquier (dit-il), se disoient publiquement, devant le peuple assistant, les opinions en toutes

---

[1] Contes d'Eutrapel : « *De ceulx qui prennent en refusant.* »

[2] *Le Stille de procéder eu pays de Normendie* : « *Comme on doit faire le jugement d'un criminel.* »

matières, tant civilles que criminelles. Là, on opinoit comme en ung théâtre de toute la province, en présence de tant de tesmoings, qu'il n'y avoit homme si eshonté qui n'eust quelque crainte de perdre la *réputation* (la bonne opinion) d'une si grande compaignie[1]. » Au civil, les plaideurs qu'on allait juger ne pouvaient rester là à entendre opiner les juges; ils sortaient donc et n'étaient rappelés qu'au moment où allait être prononcé l'arrêt. Mais pouvaient-ils ignorer long-temps ce qui s'était dit en leur absence ? « Il s'en suivoit de là grand' contention aux parties et peuple. » Aussi, à la fin, « tous les haultz justiciers s'y opposèrent-ils[2] »; et on renonça à ce vieil usage.

Tous les officiers de justice de Normandie, sans exception, étaient tenus de comparaître à l'Echiquier.

Rien, quoi qu'il en soit, n'était plus solennel que ces assises de l'Echiquier; et l'affluence de gens de loi, de magistrats, de plaideurs qu'elles amenaient à Rouen, était telle, qu'on aurait peine, aujourd'hui, à s'en faire une exacte idée. Sans parler des commissaires du roi; sans parler non plus de tous ces puissans barons, de tous ces prieurs, de tous ces abbés, de ces évêques, de ces doyens de collégiales tenus à comparence; sans nous répéter sur ce grand nombre d'avocats et

---

[1] *Reg. secr.*, 8 octobre 1550.
[2] *Reg. secr.*, 12 juin 1571.

d'attournés dont nous avons assez parlé, que l'on songe qu'il n'y avait, dans toute la Normandie, ni haut ni bas officier de justice qui ne fût tenu à comparence devant la cour d'Echiquier. Baillis, lieutenants généraux, lieutenants particuliers, vicomtes, gens du roi, sénéchaux, verdiers, y devaient aussi comparence, et étaient condamnés à une amende, s'ils ne répondaient point à *l'appel* que l'on faisait d'eux à l'ouverture de l'assise. Nul doute qu'anciennement, surtout, les baillis n'y dussent venir soutenir le *bien jugé* de leurs sentences. Car pourquoi auraient-ils été affranchis d'une obligation si étroite pour les baillis du ressort du parlement de Paris, et dont Philippe de Valois parle comme d'un usage ancien et en pleine vigueur de son temps [1] ?

Aussi, quarante jours avant celui fixé par le roi pour l'ouverture, se faisait le *cri de l'Echiquier*; c'est-à-dire que, par les villes, bourgs et villages de Normandie, des sergents royaux allaient proclamant, à son de trompe, au nom du roi, qu'à tel jour, à telle heure, en tel lieu, la cour d'Echi-

<small>Cri de l'Echiquier.</small>

---

[1] « Cum ballivi nostri in Parlamento nostro, diebus balliviarum « suarum comparere et remanere teneantur, et rationabiliter « debeant, ut earum sententias à quibus appellatum fuerit habeant « sustinere. » Etc. — *Ordonn. de Philippe de Valois*, déc. 1344, article 12.

quier du roi tiendrait sa première audience; que les prélats, barons et autres tenus à comparence eussent à s'y trouver, ainsi que les baillis, officiers de justice, les avocats, les attournés et les parties[1].

Pendant les sessions de l'Echiquier, aucune autre juridiction, en Normandie, ne pouvait rendre la justice.

Au jour dit, toutes juridictions, royales ou autres, devaient cesser en Normandie; toutes *cohues* devaient être closes; car, juges, officiers, avocats, devaient être à Rouen, *aux piéz des seigneurs tenant l'Eschiquier;* cette énergique expression s'offre à chaque instant dans nos registres[2]. A cette cour souveraine seule il appartenait d'agir, de parler, de rendre la justice pendant tout le temps de sa solennelle assise; et, à l'instant où les *maîtres* montaient les dégrés de leur tribunal, tous autres magistrats, en Normandie, avaient dû descendre de leurs *chaires;* de juges qu'ils étaient tout à l'heure, devenus, à leur tour, justiciables comme les autres, pour un temps.

Il n'y avait chose que la cour d'Echiquier eût plus à cœur. A Eu, à Alençon et ailleurs, les juges, à l'instigation des comtes, avaient voulu quelquefois entreprendre de siéger pendant les Echiquiers. Mais « eux estant en leurs *cohues*, assis en leurs chaères », entraient, la verge d'argent à la main,

---

[1] Glose sur le chap. 53 du *Coustumier général de Normendie*: « *De Court.* »

[2] *Reg. Echiq.*, 1390 et autres, passim.

des huissiers et sergents d'armes, envoyés par l'Echiquier, qui, en présence de tous, leur lisaient un arrêt de la haute cour, et « leur faisant deffences, de par le roy, de plus tenir jurisdiction », les sommaient « de comparoir en personne à l'Eschiquier », à jour, à heure fixes; et force était bien à ces officiers d'obéir[1], car, disait le roi Charles VI, « par estatus et ordennances anciennes, séant nostre Eschiquier de Normendie, et par certain temps au devant et après icellui, toute juridicion ordinaire, tant par-devant nos justiciers et officiers, comme de tous les haulx, moyens et bas justiciers dudit pays de Normendie, cesse et doibt cesser; et en est et appartient toute la congnoissance à nous et à nos genz tenans nostre dit Eschiquier, icelui séant, et par le temps dessus dit et non à autres[2] ». Outre, en effet, qu'ils avaient tous à soutenir le *bien jugé* de leurs sentences choquées d'appel, il leur fallait bien, aussi, venir ouïr les ordonnances réglementaires que pourrait rendre l'Echiquier, sur les diverses fonctions dont ils étaient chargés, recevoir les injonctions de cette cour, entendre des reproches, répondre à des questions, s'expliquer, se justifier,

Subordination de tous les officiers de justice, en Normandie, à la cour d'Echiquier.

---

[1] *Reg. Echiq.*, 1390; 22 avril 1391; 14 octobre 1484; Reg. d'avril et mai 1485.

[2] Ordonnance du 11 novembre 1390; *Reg. Echiq.*, 1390.

confesser des fautes, subir des censures. Des places avaient été préparées pour tous ces officiers dans la grande salle du château, où l'Echiquier tenait ses audiences; d'anciens arrêts de cette cour réglaient les rangs entre les divers ordres; et les termes en étaient si précis, qu'il ne pouvait guère s'élever de conflits à ce sujet.

Ordre des séances à l'Echiquier.

Aux siéges d'en haut, paraissaient tous ensemble *les seigneurs tenans l'Eschiquier*, les *maistres de l'Eschiquier,* comme on disait aussi, sauf, toutefois, les présidents dont la *chaire* était placée plus haut encore. Tous ces siéges avaient été ornés avec magnificence, et souvent les registres parlent « du parement du siége des seigneurs tenans l'Eschiquier [1]. » Nul autre que ces grands personnages, « de quelque estat qu'il fust, ne s'y devoit aller seoir, sous peine d'être honteusement expulsé par les sergents ordonnéz à garder les huis, et à faire le silence à l'Eschiquier [2] »; à ces seigneurs seuls était loisible d'appeler à venir siéger près d'eux ceux qui leur avaient paru dignes de cet insigne honneur. On avait vu ainsi, un jour, Guillaume de Harcourt, comte de Tancarville, « appelé à soy seoir auprès du président, *non pas*

---

[1] *Reg. Echiq.*, 1390 et d'autres.

[2] *Reg. Echiq.*, 16 avril 1453; et Reg. de 1464.

comme comte (dit expressément le registre), *mais pour ce qu'il estoit du sang royal*[1]. » Le même honneur, décerné un autre jour au commandant d'une galère, messire Aniel Perroche, avait pu étonner davantage les assistans. Mais ce Perroche était serviteur de *Ferrand*, roi de Naples; il se disait son parent, et on en avait agi ainsi « pour l'onneur du roy de France et du roy Ferrand[2] ». Enfin, un jour, Roger Gouël, sénéchal de l'archevêque de Rouen, « fu appelé à soy seoir au premier banc où se siéent les advocas du roy, non pas à cause de son office, mais pour l'onneur de sa personne, et qu'il estoit notable homme[3]. »

Des deux côtés du bureau des *maîtres*, sur des siéges un peu moins élevés que les leurs, siégeaient à droite les évêques, les abbés, prieurs, doyens des églises cathédrales ou collégiales: c'était le *siége des gens d'église;* à gauche, *au siège des nobles*, étaient les comtes, barons et chevaliers, «*et non autres sinon nobles personnes.* » Encore n'était-ce « qu'au cas où il y auroit assez place, sans empescher les barons et chevaliers. »

« *Aux piez* des seigneurs tenans l'Eschiquier », ne pouvaient s'asseoir que les baillis, les vicomtes,

---

[1] *Reg. Echiq.*, 23 octobre 1466.
[2] *Reg. Echiq.*, 1474.
[3] *Reg. Echiq.*, 1469.

leurs lieutenans, les procureurs du roi. Un peu plus loin, et au-dessous des barons et des prélats, allaient s'asseoir les verdiers, d'autres officiers de justice tenus, comme eux, à comparence; des nobles qui n'avaient pu trouver place parmi les barons et les chevaliers. Dans le parquet, au centre, le greffier civil, le greffier criminel, ou leurs clercs. « Que nulz clercs ne autres personnes quelzconques, de quelque autorité qu'ilz usent (avait dit un jour l'Echiquier), ne soient si hardiz de entrer ni seoir au parquet de l'Eschiquier, fors les clercz ordonnéz pour faire le fait du greffe de l'Eschiquier, afin que, par l'empeschement des entrans audit parquet, lesdits clers ne soient empeschiez au fait du registre de l'Eschiquier; et ce, sur peine d'amende, à moins que les clercs du greffe ne le leur aient permis[1]. » Dans le parquet encore, et tout à l'entour, étaient assis, au premier banc, les avocats du roi; au second, les *advocats notables;* derrière, sur les autres bancs, le reste des avocats, « chacun en son endroict, sans murmure, débat ou empeschement, d'ordre en ordre, sans eux ingérer, ne débouter. » Et « nul ne debvoit présumer de soy seoir en iceulx bancs, se il n'estoit advocat juré en Eschiquier. » Nul, non

---

[1] *Reg. Echiq.*, 1390.

plus, ne se devait tenir assis ou debout entre ces bancs, qui pût empêcher les avocats « d'entendre les plaidoiries et lecture des jugements. » Venaient, enfin, encore autour du parquet, mais au fond et derrière tous les autres, des bancs où ne devaient s'asseoir que « les *attournez* juréz en Eschiquier, et ayans charge de causes en icelui ».
— A ces avocats, à ces *attournéz*, il avait été bien recommandé, par vingt arrêts, « de se garder de murmurer ensemble, par quoy délay ou empeschement pust venir en l'ordinaire des jugements dudit Eschiquier, par leur murmure [1]. »

Mais les rangs, ainsi clairement marqués entre les classes, ne l'ayant pu si bien être entre leurs membres divers, des débats pour la préséance n'étaient pas rares sur les hauts bancs des prélats, non plus que sur ceux des barons. Aujourd'hui, c'était entre Robert de Dreux, baron d'Esneval, et le baron de Clères; le lendemain, entre l'abbé de Saint-Ouën et celui de Fécamp; l'abbé de Cérisy et ceux de Sainte-Catherine de Rouen et de Saint-Étienne de Caen. En 1453, un différend de cette nature entre le vicomte de Roncheville et le baron de Ferrières, allait s'échauffant toujours, au point qu'outre des voies de fait entre ces sei-

Débats pour la préséance.

---

[1] *Reg. Echiq.*, 1390.

gneurs et ceux de leur lignage, on craignit que cela « n'empeschât l'expédition des causes ordinaires de l'Eschiquier, dont il y avoit grand' charge ». Le vicomte et le baron « bailloient devers la court leurs généalogies et les créations de leurs seigneuries », demandant, à grands cris, un arrêt qui fixât les rangs. Décider, comme fit l'Echiquier, que ces deux seigneurs, quand ils comparaîtraient ensemble, « seroient assis au premier lieu, l'ung en un jour et l'autre en l'autre »; ce n'était rien finir; car restait à savoir lequel des deux devrait, la première fois, siéger à la place d'honneur. Or, quel autre juge que le sort pouvait en décider, sans blesser mortellement l'un des deux contendants? On interrogea donc le sort, qui prononça en faveur du baron de Ferrières. Le vicomte, alors, baissa la tête, et « le baron fut assis au-dessus dudit De Roncheville, pour celui jour [1] »; mais, en 1484, le débat devait recommencer de plus belle.[2]; nous n'en dirons toutefois point davantage sur cet objet.

<small>Combien l'affluence était grande aux audiences de l'Echiquier.</small>

Quand on se représente cette multitude de commissaires du roi, de barons, de prélats, d'officiers de tout rang, rassemblés au château; qu'on

---

[1] *Reg. Echiq.*, 18 avril 1453.
[2] *Reg. Echiq.*, 14 octobre 1484.

y ajoute, par la pensée, les plaideurs venus de tous les points de la province, et les curieux de Rouen et des environs, accourus là en foule pour assister aux plaidoiries, on conçoit difficilement que le château eût une *grand'salle* assez vaste pour y suffire. Les « sergents ordonnéz à garder les huis[1] », ne pouvaient si bien faire, avec leurs verges d'argent, que la confusion ne naquît point d'une réunion si nombreuse. Que dis-je ? Il ne leur était même pas donné toujours de pouvoir faire faire place aux barons, aux prélats, personnages si essentiels dans cette solennelle assemblée. Une année, l'abbé de Saint-Sever « n'ayant pu entrer en la cohue et juridiction, pour la grant presse et multitude des gens qui y estoient », l'était allé déclarer au greffe de l'Echiquier, *in verbo prelati*, et, à ce moyen, avait été « tenu pour comparent[2]. » Le même jour, comme l'Echiquier allait prononcer défaut contre le prieur de Bohon dans le Cotentin, qui ne répondait point à l'appel, plusieurs voix s'élevèrent pour attester « que, ce jourd'hui, ce prieur s'estoit comparu à l'Eschiquier, mais avoit esté tellement oppressé de la multitude des gens qui estoient en

---

[1] *Reg. Echiq.*, 1464.
[2] *Reg. Echiq.*, 13 octobre 1497.

icelui, qu'il l'avoit convenu porter dehors, comme prèz esvanouy et ne pouvant parler[1]. »

Ce que faisait l'Echiquier, dans ses premières audiences.

Ces *exoines,* ou excuses des prélats et barons absents, n'occupaient l'Echiquier qu'à sa seconde audience. La première, celle d'ouverture, avait été consacrée à la lecture de réglements, d'ordonnances, faits anciennement par l'Echiquier pour la bonne administration de la justice ; à la *semonce* que faisait la cour aux prélats, gens d'église, barons et autres nobles, qui, « par raison, coustume et usage de Normendie, estoient tenus estre et comparoir en l'Eschiquier, d'y comparoir le lendemain *en personne,* à six heures du matin, sur la peine qui au cas appartenoit[2]. » Ceux, donc, de

Exoines pour pélerinages.

ces prélats, de ces barons, qui, le lendemain, n'étaient point venus comparaître, étaient, on l'a vu déjà, condamnés à des amendes, à moins que des fondés de pouvoirs ne présentassent pour eux de légitimes excuses. Une vieillesse très-avancée, une maladie bien prouvée, étaient les justifications le plus fréquemment alléguées, et dont l'Echiquier se contentait le mieux. Un pélerinage lointain excusait aussi, dans ces siècles de croyances ferventes et de pieuses pratiques. A chaque

---

[1] *Reg. Echiq.*, 13 octobre 1497.
[2] *Reg. des Echiquiers,* passim.

Echiquier presque, des hommes graves, envoyés par de puissants barons, venaient dire que ces seigneurs étaient partis pour Saint-Jacques en Galice, pour Notre-Dame de Roc-Amadour. Ce pieux motif excusait, et les seigneurs appelés à juger, et les plaideurs qui auraient dû se présenter, pour attaquer ou pour défendre. En 1391, messire Colart de Fréauville « se fist excuser vers tous ceulx à qui il avoit à faire, *par solempnel pèlerinage de monsieur sainct Jacques*, où il estoit allé et parti, puis trois sepmaines; et avoit duement pris congié à sa paroisse, ainsi qu'il estoit accoustumé[1] »; on le prouvait par témoins et par lettres. En 1462 encore, nombre de témoins furent excusés « pour ce qu'ils estoient au voyage de monsieur sainct Jacques. »

La majesté d'une si solennelle audience ne permettant pas que les plaideurs, non plus que les avocats, s'injuriassent ou s'éloignassent du respect dû aux juges, il avait été enjoint aux avocats « de s'entre oyr et entendre paisiblement et parfaictement, sans *hocqueter* et sans eulx interrompre en leurs paroles et plaidoiries[2]. » — « Aucunes foys

Sévérité de l'Echiquier à l'égard des plaideurs qui s'écartaient du respect dû à la justice.

---

[1] *Reg. Echiq.*, 1391.

[2] *Ordonnances de l'Echiquier*, passim. — Hoqueter et Hocqueler, incidenter, quereller, disputer, chicaner. — Dom Carpentier, *Suppl. Cang.*, aux mots : HOQUELATOR et I. HOQUETUS.

(disait une autre ordonnance), quant deux parties plèdent l'une à l'autre, l'une dit aucune injure à l'autre, en plédant la cause, soubz umbre de dire que ce sert à sa cause ; et il le fait pour diffamer et blasmer sa partie. En jugement, aucun ne doit dire ou faire aucune injure à l'autre, *s'il ne sert nècessairement à sa cause.* La cour deffent donc que, désormais, en jugement, soit en Eschiquier, bailliage, vicomté ou ailleurs, aucun ne die injure à sa partie ne à autre *s'il ne sert nécessairement à sa matière*[1]. »

Hors le prétoire même, il était défendu aux parties de s'attaquer, de fait ou de parole ; tant on avait craint que, dans une ville remplie d'un monde de plaideurs passionnés, des querelles n'amenassent des voies de fait et des mêlées, surtout entre gens de divers villages, souvent en hostilité les uns contre les autres. Mais, plus d'une fois, des hommes violents et emportés oublièrent ces défenses. En 1386, quoique l'Echiquier eût défendu, *de par le roy*, aux époux Bouet, sous peine de vingt livres tournois d'amende et de prison, à la volonté de justice, « qu'ils ne feissent ou deissent injure quelconque à messire Robert Bardouf, chevalier, leur partie », le lendemain, di-

---

[1] *Ordonnances de l'Echiquier*, de 1386.

manche de la Trinité, Bouet disait publiquement, dans l'église cathédrale de Rouen, que ce chevalier *estoit traistre et Navarroiz*. Interpellé sur cela, dès le lendemain, à l'Echiquier, Bouet voulait nier; mais le fait ayant été « prouvé présentement contre li par plusieurs tesmoings dignes de foy », force lui fut d'en faire amende à justice [1]. — En 1395, l'avocat Guillaume Marguerie, rencontré à Caen, par Jean Le Chanu, comme il sortait du faubourg Vauxcelles, et s'en allait à l'Echiquier, à Rouen, plaider contre lui : « *Jà mès n'en peusses-tu retourner, faulx traistre, advocat de mauvès causes et de larrons* », lui cria Le Chanu, qui voulut, mais en vain, le poursuivre. Mais, à Rouen, il lui fallut, à l'audience de l'Echiquier, « faire amende à l'avocat Marguerie, *par lui baillant le plei de son mantel, le genoul fleschy,* en lui requérant merci. » Encore fut-il, ensuite, envoyé prisonnier « pour l'amende de la court », qui, apparemment, s'était jugée insultée dans la personne d'un des avocats *jurés* devant elle [2].

Qu'était-ce donc quand les parties s'injuriaient à l'audience même ? « *Je n'ay point vos faiz ne vos diz agréables* (disait, un jour, *de félon courage,* un plaideur à sa partie); *sans cause et sans raison*

Singulière réparation faite à Rouen, par un habitant de Caen à un avocat qu'il avait injurié. 1395.

---

[1] *Reg. Echiq.*, 1386.
[2] *Reg. Echiq.*, 1395.

m'avez faict mettre en prison ; et ce vous sera réparé en temps et lieu. » Ces paroles ayant été dites *en jugement*, l'Echiquier, « pour révérence de justice », condamna à une amende honorable Charles de Péronne, qui les avait proférées [1]. — Un autre jour, « sur ce que l'on besongnoit à la court, les seigneurs estant en jugement », deux plaideurs s'étant injuriés et ayant fait bruit, « auprès de l'huys de l'entrée de l'auditoire, furent, pour le cas, envoiés en prison [2] ». — L'Echiquier fut moins sévère, un jour, envers Guillaume d'Auxeville et Quesnel (deux chevaliers), qui, « messeigneurs estans en siége », s'étaient, non seulement démentis l'un l'autre, mais injuriés et pris au collet. Ils furent quittes « pour en faire réparation à la court, et pour une défense expresse de toutes voyes de fait entre eulx, ne leurs amis, sur quant que ils se povoient meffaire en corps et en biens, vers le roy nostre sire [3] ». Une autre fois, comme on jugeait un procès entre messire Robert Servain, chevalier, sieur de Saint-Paër, et Colin Rouxel, écuyer, l'attourné ou procureur du sieur de Saint-Paër s'emporta contre Rouxel, le qualifiant de *bachelier* et de *coq de pays*, épithètes assez

---

[1] *Reg. Echiq.*, 1448.
[2] *Reg. Echiq.*, 3 juin 1462.
[3] *Reg. Echiq.*, 1386.

contradictoires, puisque, dans le langage du temps, la première équivalait à imbécille ou *béjaune*, et la seconde à tyran et méchant[1]. En vain tenta-t-il de s'excuser, en offrant de prouver que Rouxel avait voulu frapper Saint-Paër d'une flèche, et lui avait dit : « *faulz chevalier, tu mourras.* » L'Echiquier le condamna, séance tenante, à une amende de vingt sous[2].

Le receveur du baron de la Ferté venait de perdre une cause contre les paroisses de Beaufour, de Saint-Nicolas du Bosc, et autres des environs du Neufbourg, qu'il avait vexées par mille exactions; et il s'était entendu condamner, non pas seulement aux dépens du procès et à des dommages-intérêts, mais, de plus, « en amende d'office de justice ». Ainsi mulcté et exaspéré : « *ha, ha!* (s'écriait-il en sortant de l'audience), *les villains m'ont fait grant paine; mès par le sanc Dieu, se je les plumeroy mielx que onques coq ne fut plumé*[3] » ; saisi sur l'heure, par les *sergents des huis*, ce receveur se vit condamner à une nouvelle amende. — Il n'avait fait que menacer ses parties. Qu'aurait-ce donc été s'il eût maudit ses juges ? Car, en dépit du proverbe, messieurs de l'Echiquier ne

---

[1] Carpentier, *Suppl. Cangii*, v° GALLUS, et v° BACHELIER.
[2] *Reg. Echiq.*, 24 mai 1400.
[3] *Reg. Echiq.*, 1395.

donnaient pas les vingt-quatre heures au plaideur battu et mécontent, pour dire ce qu'il avait sur le cœur. L'auraient-ils pu ; et, avec leur dignité propre, n'avaient-ils pas à faire respecter la majesté royale qui se reflétait sur eux ? Un roi l'avait dit : « que cil qui tenront le Parlement ne souffrent pas eulx vitupérer par oultrageuses paroles de avocats ni des parties.... Car l'honneur du roi de qui ils représentent la personne, ne le doit mie souffrir [1]. » Aussi, messire Jean Louvel, chevalier, fut-il condamné à l'amende honorable, pour s'être levé brusquement, tandis qu'on plaidait un procès autre que celui qui l'avait amené là, et avoir dit arrogamment que son affaire était plus importante, plus pressée que celle qu'on plaidait en cet instant. « *Et si n'ai-je pu avoir audience!* » s'était-il écrié, en regardant de travers le président [2].

Un autre chevalier, messire Philippe de Fleurigny, n'en eût pas été quitte pour si peu, sans son extrême vieillesse, qui rendit les magistrats indulgents. Mécontent de n'avoir pu obtenir une prompte audience, qu'il sollicitait : « *Je vous mercye,* avait-il dit avec colère, au président La

<small>Irrévérence envers l'Echiquier, punie.</small>

---

[1] Article 17 du Règlement donné en 1344 par Philippe de Valois, pour le Parlement. *Ordonnances du Louvre*, t. II, p. 228.

[2] *Reg. Echiq.*, 5 novembre 1484.

Driesche, *je vous mercye et feray mercyer par mes parens, en temps, et de vostre bonne justice.* » l'Echiquier voulait punir avec rigueur « ces paroles et arrogances, qui estoient au deshonneur du roy, au grant scandalle et lézion de justice et de l'auctorité de la court »; en vain Fleurigny, intimidé, protestait-il « *qu'il n'entendoit pas avoir dit icelles paroles si avant,* ne chose qui tournast ou deust tourner à desplaisir ou injure à icelui président ne autres, contre la révérence du roy, ne de la court; que, lors, il estoit aucunement troublé de maladie et foiblesce; par quoy il ne prenoit pas garde à ce qu'il disoit; suppliant la grâce de la court. » Tout cela ne lui aurait servi de rien, sans son âge très avancé et d'éclatants services rendus à ses rois. L'Echiquier, « eu considération à l'antiquité de ce gentilhomme, aux services par lui fais au roy, à sa maladie et foiblesce, et qu'il recongnoissoit sa faulte, eue, sur ce, délibération, *le receust à amende,* la quelle il fist en jugement [1] ». C'était encore l'amende honorable; et l'Echiquier n'avait pu se résoudre à laisser impunie une irrévérence *commise en l'ostel de son président.*

L'histoire de l'Echiquier et des temps où il exista ne se révèle pas moins à nous dans ces faits intimes que par les arrêts qu'il rendait chaque jour,

<small>Quelques arrêts rendus par l'Echiquier, au treizième siècle.</small>

---

[1] *Reg. Echiq.*, 1474.

et dont un grand nombre auraient aujourd'hui, à d'autres égards, peu d'intérêt pour nous. Ceci s'applique surtout au xiiie siècle, dont les manuscrits relatifs à l'Echiquier nous offrent moins des arrêts rendus alors par cette cour, que de laconiques sommaires à peu près semblables à ceux que placent les *arrêtistes* de nos jours en tête des décisions consignées ensuite en entier dans leurs recueils, avec l'entière exposition du fait et du droit. Qu'importent maintenant, pour l'histoire de l'Echiquier surtout, mille arrêts sur des points du droit féodal, à jamais anéanti avec le régime dont il fut la loi suprême? Bornons-nous à rapporter, au hasard, dans l'ordre où elles furent rendues, quelques décisions que nous tenterions vainement de lier entre elles.

En 1208, l'Echiquier décide, à Falaise, que l'âge de vingt et un ans se prouvera par quatre témoins jurés. — En 1209, à Falaise encore, les maîtres jugent un procès bizarre. Dans un bailliage de Normandie, sur la déposition unanime de plusieurs témoins, on avait adjugé, à Guillaume de Réviers, un domaine en litige ; puis, aussitôt après la sentence prononcée, ces mêmes témoins étaient venus tous ensemble se rétracter, et déposer en faveur de la partie adverse : « *La terre*, prononce l'Echiquier, *demeurera à Guillaume de Réviers,* et les témoins qui ont tergiversé donneront à la partie adverse une

somme égale à la valeur du domaine contesté[1]. »
— En 1212, on dénonce ou proclame *for-banni* Hugues de Rotes, meurtrier, cité en vain aux quatre assises précédentes à raison de ce crime. — En 1216, on déclare *bien pris* par les sergents du roi, un misérable qui, après avoir commis un assassinat dans Evreux, s'était allé réfugier dans l'évêché, pensant y gagner franchise[2]. — En 1217, la veuve du comte d'Alençon étant grosse, l'Echiquier ordonne qu'elle sera visitée par des *obstétrices*, et gardée par des personnes *idoines* que le roi de France aura préposées. — En 1217, on décide que celui qui aura demandé une enquête de sept témoins, perdra son procès, lorsque, sur ces sept témoins, trois seulement auront pu déposer, ayant connaissance du fait, et que les quatre autres, ne sachant rien, n'en auront rien pu dire. — En 1224, à Caen, les bourgeois de la ville viennent reconnaître en plein Echiquier que, parmi les *servants* de l'abbaye de Saint-Etienne, ceux-là seulement qui font le commerce sont sujets à la taille. — En 1276, à la demande générale, est rendu un arrêt qui, non seulement défend de bâ-

---

[1] *Arrêts de l'Echiquier*, Ms. du 14e siècle, ayant appartenu au célèbre Pithou, puis à la Bibliothèque du château de Rosny, d'où il a passé à la Bibl. royale.
[2] Ms. Bib. royale, n° 1426, fonds latin.

tir désormais des colombiers sur les rotures, mais ordonne la démolition immédiate de tous ceux qui y ont été construits depuis vingt ans en ça [1]. — L'année suivante, en exécution d'une ordonnance faite à Paris, au Parlement de la Chandeleur, l'Echiquier de Pâques défend à tous, sous peine de confiscation de corps et de biens, d'exporter hors de France du vin, de la laine et des grains, sans un congé exprès du roi ou des baillis. — Les vicomtes de Normandie, en sortant de charge, emportaient abusivement les registres des plaids et les rôles des comptes du revenu du roi. Un arrêt de 1277 défend à ces officiers de l'entreprendre à l'avenir, sous les peines les plus sévères; il leur enjoint de remettre fidèlement et loyalement les originaux de ces registres et rôles à leurs successeurs, leur permettant, seulement, d'en retenir des copies [2].

Arrêts relatifs aux juifs.

Les registres du temps nous offrent, relativement aux juifs, quelques décisions qui doivent figurer ici. En 1207, à Falaise, au premier Echiquier tenu depuis la conquête, on permet à un juif de traduire devant les juges un autre juif qui l'avait attaqué en

---

[1] « Ad conquestionem communis patriæ.... » — Terrien, livre v, chap. 8.

[2] Ms. de la Bibliothèque royale, anciennement de Pithou, puis de Rosny, déjà cité.

aguet de chemin. On y juge aussi qu'un mineur, non plus que son tuteur, ne pourront être actionnés en justice, à raison des obligations contractées envers un juif, par le père, décédé, de ce mineur; que, pendant le temps de la minorité, toute action devra demeurer en suspens, tous intérêts cesser de courir. — En 1222, l'Echiquier de la Saint-Michel, à Caen, interdit aux juifs d'acheter des immeubles à Saint-Pierre-sur-Dive, dans la rue de l'abbaye [1]. — En 1234, encore à Caen, l'Echiquier du terme de Saint-Michel rend une autre décision qui témoigne énergiquement de l'état d'oppression où étaient les juifs. Le juif Morel demandait à prouver, en record d'assise, par sept témoins, qu'un chevalier lui avait vendu sa terre. L'Echiquier décide, par forme de réglement, que « si, par l'événement, il se trouvait que le record d'assise établît le dire de ce juif, la terre, pour cela, ne lui serait point adjugée, mais bien au roi; et que si l'enquête, au contraire, ne prouvait point la vente alléguée, la terre demeurerait au chevalier [2]. »

---

[1] *Reg. Saint-Just*, folio 17, dans Brussel, *Usage général des Fiefs*, livre II, chap. 39.

[2] « Recordatum fuit quòd si Morellus judæus, per recordatio-
« nem assisiæ, probaverit quòd miles quidam vendiderit ei terram
« suam, terra illa regi, loco judæi, remanebit. Si autem venditio
« non recordata fuerit, dicta terra militi remanebit. » — *Livre de Saint-Just*, fol. 19 v°.

Le juif Morel, à de telles conditions, ne dut point s'opiniâtrer long-temps à demander cette enquête. — En 1235, l'Echiquier, séant à Rouen, défend expressément d'emprisonner et d'exproprier les chrétiens pour dettes contractées envers des juifs.

Les commissaires du roi, tenant l'Echiquier, vus avec défaveur en Normandie.

On n'oublie pas que des commissaires du roi, envoyés par le monarque, au temps marqué, tenaient toujours les Echiquiers et présidaient à tous les jugements. Il est permis de douter que la présence de ces étrangers fût agréable à une province en possession, avant eux, d'être jugée par des hommes du pays et imbus de ses usages. Nos fiers barons, nos prélats, même, devaient mal s'accoutumer à voir venir siéger à leur tête, avec de grands officiers de la couronne de France, quelques hommes d'une extraction souvent inférieure à la leur, des évêques ou abbés étrangers, qui, sans être plus qu'eux, au fond, les primaient toutefois et les éclipsaient, pour ainsi dire, en vertu de la mission qu'ils avaient reçue du monarque. La Normandie, d'ailleurs, à peine conquise, avait vu sa constitution sourdement minée par Philippe-Auguste, dont les successeurs ne manquèrent pas de continuer l'œuvre. A l'Echiquier de 1283, les commissaires du roi firent publier une ordonnance de Philippe-le-Hardi, restrictive des prérogatives des barons, et qui dut fort leur déplaire. En enjoignant, par cette ordonnance, à tous, tant ecclésiastiques que séculiers, de payer désormais finance au roi, pour tous immeubles acquis, soit dans les fiefs, soit hors des fiefs du roi; en déclarant confisqués à la couronne tous immeubles achetés, en cas de non paiement dans les délais convenus, le monarque dépouillait, implicitement, les barons de Normandie du droit d'amortir souverainement, droit dont ils avaient toujours joui, jusqu'alors, dans leurs seigneuries; il ulcérait, enfin, des hommes déjà mal disposés envers leurs nouveaux maîtres [1].

Il semble, aussi, que le peuple vît moins des juges que des agents de la couronne et du fisc, dans ces hommes envoyés par les rois pour tenir les Echiquiers de la province. Il s'en prenait à eux de ces impôts onéreux et intolérables, dont, au reste, on peut bien croire qu'ils avaient reçu mission de faciliter la levée. Car, en supposant que cette imputation ne pût équitablement s'adresser aux maîtres de *l'Echiquier des causes*, ceux de *l'Echiquier des comptes*, gens de finances, devaient ne point demeurer étrangers à l'exécution de mesures fiscales, odieuses au peuple, qu'elles plongeaient dans la plus affreuse misère. Du moins, la multitude l'entendait-elle ainsi, et elle agissait parfois en conséquence. En 1292, accablé par les exac-

Les commissaires du roi, maîtres de l'Echiquier, assiégés dans le château de Rouen, par le peuple de cette ville. 1292.

---

[1] *Reg. de Saint-Just*, fol. 32, dans Brussel, *Usage général des Fiefs*, livre II, chap. 42.

tions et la maltôte, le peuple de Rouen s'indigne, se soulève, démolit les maisons des collecteurs, sème, dans les rues et les places, les deniers du fisc, qu'il n'a point voulu s'approprier; puis, bientôt, se ravisant, c'est vers le château que cette multitude se met en marche, poussant des vociférations et des menaces. A qui en veut-elle ? Aux maîtres de l'Echiquier, *serviteurs du roi de France* (dit la chronique), logés dans ce château, et qu'ils y assiégent. *Serviteurs du roi de France!* c'est en dire assez; le peuple voit en eux des agents d'un gouvernement qui l'épuise; et il les veut punir de leur concours à des exactions intolérables qui l'ont poussé à bout. Mais le maire de Rouen survient avec les plus riches des habitants, qui, intéressés à l'ordre, apaisent ce mouvement, et arrêtent les principaux coupables; les prisons en sont bientôt remplies; et, peu après, le sang coule sur les échafauds[1]. Toujours, dans cette sédition, avait-on vu se manifester le mauvais vouloir du pays pour ces commissaires du roi, qui lui étaient étrangers.

La cinquième croisade fut-elle cause de l'intermission des sessions de l'Echiquier?

D'autres motifs d'une haute gravité avaient indisposé la Normandie, et provoqué les plaintes des principaux habitants de la province. Sous Philippe-Auguste et ses successeurs immédiats, l'Echiquier

---

[1] *Chronique de Guillaume de Nangis*, ann. 1292.

avait été tenu assez régulièrement chaque année; on le voit par d'anciens recueils de ses arrêts. Au temps de saint Louis, n'était-on plus si exact à le tenir? Une circonstance pourrait porter à le croire; c'est que les arrêts de cette cour paraissent manquer à partir de 1245 jusqu'en 1276. Un écrivain de nos jours a expliqué cette lacune par la cinquième croisade, cause probable, pour lui, d'une longue intermission dans les sessions de l'Echiquier [1]. Nous ne saurions goûter cette conjecture; et, même pour nous, cette longue intermission n'est rien moins que démontrée. Par une charte de 1259, saint Louis, fixant les époques où devront lui être payés les arrérages d'une rente de 40 livres qui lui est due en Normandie, ordonne qu'ils seront payés *lors de la tenue des deux Echiquiers de Normandie,* savoir, 20 livres à l'Echiquier de Pâques, 20 autres livres à celui de Saint-Michel [2]; ce qui indique, ce semble, combien ponctuellement étaient, alors, tenus nos Echiquiers. De plus, les dix ou onze années qui nous sont le mieux connues de la vie de l'archevêque de Rouen, Eude Rigaud, contemporain et ami du saint monarque (de 1258

---

[1] Introduction de M. Marnier, aux *Etablissements et Coutumes, Assises et Arrêts de l'Echiquier de Normandie, au* 13e siècle, page xxv. Paris, 1839, in-8º.

[2] D. Martène, *Amplissima Collectio,* colonu. 1348.

à 1269), nous montrent ce prélat fort exact, chacune de ces années, à se rendre au lieu où a été termé l'Echiquier ; partant quelquefois, tout exprès pour cela, de Paris où il vient de siéger au Parlement, et, dans le même but, se rendant successivement à Rouen, puis à Caen, où la cour souveraine de la province va tenir son assise [1].

Philippe-le-Bel ordonne que l'Echiquier siégera, tous les ans, à Rouen, aux termes de Pâques et de Saint-Michel. 1302.

Mais, cet ordre ayant été mal suivi sous les successeurs de Louis IX, Philippe-le-Bel voulut, en 1302, y pourvoir par ses deux édits, qui disposent qu'à l'avenir il se tiendra en Normandie, chaque année, deux Echiquiers, dont l'un commencera huit jours après Pâques, et l'autre huit jours après la fête de Saint-Michel [2]. Ce sera à Rouen, ville capitale de la province, que siégeront ces deux Echiquiers ; les deux édits l'annoncent en termes exprès. Ainsi, l'Echiquier, au lieu d'errer de Rouen à Caen, de Caen à Falaise, comme il l'a fait depuis Philippe-Auguste, aura désormais un lieu fixe et invariable pour la tenue de ses assises. De plus, les Normands seront sûrs, à l'avenir, de voir,

---

[1] *Liber Visitationum Odonis archiepiscopi rothomag.* Ms. Bibl. reg., n° 1245.

[2] « Il (le roi) tenra deux Eschaquiers, en l'an, en Normandie, des quiez li un commancera aus vuictièmes (octaves) de la Sainct-Michel, et li autres aux vuictièmes de Pasques. » — Article 3 de l'Edit de Philippe-le-Bel, concernant le Parlement, l'Echiquier de Normandie et les *Jours* de Troyes.

deux fois l'an, leurs causes se terminer par des décisions souveraines. Dans cette innovation, Philippe-le-Bel a eu en vue *la commodité de ses sujets* (de Normandie) *et la prompte expédition des affaires;* il le dit lui-même dans le préambule de l'un des deux édits [1]. Ces édits, au reste, portent ailleurs et plus haut; c'est le signal d'une grande révolution judiciaire. Le Parlement de Paris, qui, lui aussi, nous l'avons vu, était errant naguère à la suite de nos rois, désormais, aux termes de l'édit du 20 mars 1302, ne siégera plus qu'à Paris, et y siégera deux fois aussi, chaque année. Deux fois l'an, également, seront tenus à Troyes les *grands jours* de Champagne; car les habitants de cette province ont, eux aussi, conservé le droit d'être jugés souverainement chez eux. Toulouse, enfin, aura, comme la Normandie, comme la Champagne, sa souveraine cour de justice, qui, elle, retiendra le nom de Parlement, que lui a donné naguère son comte Alphonse, frère de saint Louis [2]. Sous Philippe-le-Bel, comme sous ses prédécesseurs, de grands personnages, *commissaires du roi*, sont envoyés à Rouen tenir nos Echiquiers. En 1306, il a déclaré, par un nouvel édit, « qu'aux Eschi-

---

[1] « Propter commodum subjectorum nostrorum, et expeditio-
« nem causarum.... » — Edit du 23 mars 1302, article 62.
[2] *Histoire générale de Languedoc*, par dom Vaissette; tom. III, pag. 497.

quiers iront l'évesque de Narbonne (premier président de Paris,) et jusqu'à dix, entre lesquiex est le comte de Saint-Pol..»[1] Le monarque est obéi; bientôt Rouen voit arriver, pour tenir son Echiquier, l'évêque de Narbonne, le comte de Saint-Pol, et avec eux, le fameux Enguerrand de Marigny[2]; en 1309, Philippe-le-Bel vient lui-même y siéger en personne, et fait publier une ordonnance importante, qui règle la comptabilité des baillis[3].

Souveraineté de l'Echiquier de Normandie, incontestée au temps des ducs.

Mais assurer, pour l'avenir, la tenue régulière des sessions de l'Echiquier, qu'était-ce faire tant que resteraient des doutes sur la *souveraineté* de cette cour, et sur son indépendance dans le ressort où elle tenait ses assises? Jamais, au temps des ducs, cette souveraineté, cette indépendance n'avaient été contestées. Leur Echiquier, en Normandie, comme à Troyes, la Cour des *grands jours* des comtes de Champagne, comme à Toulouse le Parlement de ses comtes, avaient été des cours souveraines jugeant en dernier ressort, aussi indépendantes, aussi absolues que le Parlement des rois de France, aussi irréformables que ce dernier dans

---

[1] *Ordonnances des Rois*, par Secousse, t. I, p. 547.

[2] Pasquier, *Recherches*, livre II, chap. 3.

[3] Edit du 20 avril 1309 : « Datum apud Rothomagum, in Sca-
« cario Paschæ, dominicâ 20ª die aprilis, anno Domini 1309. »

les décisions qu'elles rendaient sur leur territoire. Un *déni de justice*, de la part de l'Echiquier, eût pu, seul, saisir le Parlement du roi de la cause non jugée par la cour du duc son vassal. C'était la règle des fiefs; le roi lui-même, ce haut suzerain, n'en était pas exempt; et, s'il eût dénié, lui, la justice à un baron, alors, au défaut d'une cour supérieure où pût être évoquée l'affaire, il était loisible au baron d'armer contre lui, et de faire licitement la guerre à son roi[1]. Encore, cette intervention du roi suzerain avait-elle dû cesser vers le milieu du x° siècle, après qu'en vertu de solennels traités avec la France, « le duchié de Normendie fut tenu par les ducs comme seigneurie divisée et séparée de tout autre seigneur... sans recongnoistre nul en souverain, sinon Dieu[2]. »

Mais ces règles, respectées tant qu'avaient régné nos ducs, comment auraient-elles pu se maintenir sacrées et inviolables après la conquête? Philippe-Auguste, en devenant le maître de la Normandie, en était devenu aussi le souverain justicier. Pour ne point s'aliéner un peuple récemment conquis,

Atteintes portées à la souveraineté de l'Echiquier, après la réunion de la Normandie à la couronne.

---

[1] *Usage général des Fiefs*, livre II, chap. 5, 12 et 14. — *Établissements de saint Louis*, chap. 49.

[2] Remontrances des habitans de Rouen à Henri VI, roi d'Angleterre, contre l'Université de Paris. (Archives de l'hôtel-de-ville de Rouen.) — *Histoire de Rouen sous la domination anglaise*, par M. Chéruel; Pièces justif., pag. 167 et suiv.

il avait bien voulu conserver l'antique juridiction, et jusqu'au nom même de l'Echiquier. Mais toujours étaient-ce ses envoyés, ses *commissaires*, qui venaient tenir cet Echiquier, que l'on y voyait rendre la justice en son nom ; et ces envoyés, ces commissaires, c'étaient souvent ceux-là même qui, soit à Paris, soit ailleurs, à sa suite enfin, venaient tout à l'heure de tenir le Parlement de France, sa vraie cour souveraine, à lui, sa cour préférée, « *curia regis Franciæ* » ; dans cent vieux titres, elle est ainsi qualifiée. A Paris, à Rouen, Philippe-Auguste était roi, était maître; à Paris, à Rouen, flottaient maintenant ses bannières; à Paris, à Rouen, des commissaires de son choix rendaient la justice en son nom. Pouvait-on ne jamais oublier les limites qui naguère avaient séparé la France soumise à un roi, de la Normandie obéissant à un duc indépendant, limites dont la trace allait s'effaçant chaque jour davantage ? Contraints à regret de laisser, dans une province conquise, quelques traces de ses anciennes libertés, les rois, qu'on n'en doute pas, étaient impatients de les voir disparaître dans la suite, et de tout réunir dans leurs mains et sous leurs yeux.

L'abbaye de Fécamp est soustraite, sur la demande des religieux, à la juridiction de l'Echiquier de Normandie.

A peine Philippe-Auguste est-il maître en Normandie, qu'on le voit soustraire l'abbaye de Fécamp à la juridiction de l'Echiquier de la province. Il accorde à ces religieux *le plait de l'épée* (la justice souveraine et indépendante), dans leurs vastes domaines. Même, prévoyant le cas de *défaute de droit*, c'est-à-dire de déni de justice, de leur part, à leurs tenanciers, vassaux et arrière-vassaux, ce n'est point à l'Echiquier (ordonne le monarque) qu'il leur en faudra répondre; mais bien à la *cour de France*, c'est-à-dire au Parlement du roi [1]. « C'est la première fois (remarque ici Brussel) que des Normands ont obtenu que leur justice ressortirait au Parlement de France, privativement à l'Echiquier de leur province, lequel leur était bien plus commode [2]. » Philippe-Auguste n'a pu refuser cette grâce aux instantes prières de ces religieux. Qui sait, d'ailleurs, s'il ne le voit pas de mauvais œil, cet Echiquier, et si, par des priviléges, par des *committimus* semblables, il n'espère point parvenir à l'anéantir un jour au profit du Parlement, *la cour des rois de France*, comme il l'appelle dans cette charte même; « la grande affaire des rois étant (comme l'a dit un auteur moderne) de se ressaisir du dernier ressort de la justice [3]. »

---

[1] « Si autem defecerimus de justitiâ super hoc faciendâ, de « defectu illo *ad judicium* CURIÆ GALLICANÆ nos contineremus et « emendaremus. » — *Reg. Saint-Just*, fol. 47, cité par Brussel, *Usage général des Fiefs*, livre II, chap. 14.

[2] Brussel, *dicto loco*.

[3] Henrion de Pansey, introduction à son *Traité de l'Autorité judiciaire dans les Gouvernements monarchiques*, page 27, édit. de 1810.

94 HISTOIRE

Evocations des causes de Normandie au Parlement de Paris.

Nous trouverions sans peine, au XIII° siècle, des affaires évoquées, on ne voit pas pourquoi, de l'Echiquier de Normandie au Parlement de Paris. Quelques plaideurs, mécontents des arrêts rendus dans leurs causes, ou se défiant des juges du pays, pouvaient bien conniver à ces violations des priviléges de leur province. Au *Matrologe* de la ville de Caen, il est fait mention d'un procès normand *porté au Parlement*, puis, toutefois, renvoyé bientôt de là à l'Echiquier, où il est enfin jugé; ailleurs, on y parle d'une *plainte* portée par les habitants de Caen, non point à l'Echiquier, mais au Parlement de Paris [1].

Quelle meilleure preuve, au reste, pourrait-on alléguer de ces transports de juridiction, que les registres mêmes de ce *Parlement de France*, où étaient portées les affaires ainsi enlevées à notre Echiquier? Dans ses antiques *Olim*, on trouve réunis et comme confondus les actes faits à Rouen en nos Echiquiers, avec ceux faits à Paris par le Parlement, au même temps; et cela n'a rien qui doive beaucoup nous surprendre. Je m'étonnerai peu que ces actes, ouvrages souvent des mêmes commissaires, ou, en tout cas, des membres d'un même corps, aient été ainsi recueillis et comme

---

[1] Extraits de M. Léchaudé d'Anisy, *Mémoires de la Société des Antiquaires de Normandie*, t. VIII, pag. 408, 409.

mêlés ensemble. Ces membres du Parlement de France se levant de leurs bancs, sur l'ordre du roi, et se séparant, pour un temps, de leurs confrères, s'en étaient allés en Normandie remplir à l'Echiquier leurs fonctions de juges; puis, l'Echiquier fini, et de retour au palais du roi, auprès des décisions rendues par eux avant leur départ, ou en leur absence, au nom du monarque, par leurs confrères demeurés à Paris, ils faisaient transcrire celles qu'au nom du roi aussi, ils avaient, eux, rendues ailleurs. C'est ainsi qu'on trouve, dans ces *Olim*, pour les années 1259, 1260, 1261, 1263, et pour d'autres encore, des enquêtes faites en Normandie par ces commissaires, et d'autres actes accomplis durant leur mission; et qui, encore une fois, pourrait en être surpris? Cette *commission* envoyée à Rouen, n'était-ce pas proprement « *le Parlement de Paris qui se transportoit à l'Echiquier, par un corps nombreux de députés, pour y juger souverainement ?*[1] » Mais, dans ces *Olim*, on trouve des choses qui doivent étonner davantage; des causes de la Normandie, des causes en grand nombre, jugées, non pas à l'Echiquier à Rouen, et reportées là comme les enquêtes dont nous parlions tout à l'heure, mais des causes jugées *à Paris en Parlement*. C'est que

---

[1] *Lettres historiques sur les Parlements*, par Le Paige, 2ᵉ partie, page 234.

les Normands voyaient souvent leurs procès *évoqués là*, non pas pour *défaute de droit* ou *faux jugement*, comme au temps des premiers ducs; il n'en fallait pas tant, maintenant; on les y attirait *par voie d'appel*, sous mille prétextes, *soit avant*, *soit après* les décisions d'Echiquier, lorsqu'un grand, un homme en crédit, étaient intéressés à se faire juger ailleurs que dans notre province. Quelques Normands mécontents connivaient, nous l'avons dit, à cet abaissement de l'Echiquier, à ces violations de la constitution normande.

<small>Les barons de Normandie réclament contre les évocations.</small>

<small>Charte aux Normands. 1314.</small>

<small>La souveraineté et l'indépendance de l'Echiquier sont reconnues et proclamées.</small>

Que cela, au reste, déplût en Normandie, au plus grand nombre, on le peut aisément croire; les évocations se multipliant avec le temps, les plaintes des Normands allaient redoublant toujours. Une lutte s'engagea entre eux et ceux qui les voulaient distraire abusivement de leur ressort, les contraindre de plaider loin de leurs foyers. Sous Louis-le-Hutin, surtout, les doléances du clergé, des nobles et des bourgeois, devinrent si énergiques, si pressantes, qu'il fallut bien, à la fin, les entendre et y faire droit. Ces plaintes avaient trait à nombre d'abus dont souffrait la province; mais l'altération de la constitution de l'Echiquier n'était pas l'un des moins graves. N'était-il pas monstrueux, en effet, qu'après avoir été jugée par l'Echiquier, une cause pût être encore évoquée par appel au Parlement de Paris, et jugée en sens contraire? Louis-le-Hutin s'en prit donc d'abord à ce criant abus, qui lui avait été signalé par les barons normands. « Les causes jugées à l'Echiquier de Rouen ne pourront (décida-t-il) être portées ensuite à notre Parlement de Paris, sous quelque prétexte que ce soit. » C'est l'article 13e de la première des deux chartes qu'il octroya aux Normands[1]. Cela était bon pour les causes jugées; mais on allait donc pouvoir continuer d'évoquer au Parlement de Paris celles qui ne l'étaient pas, et paralyser toujours, ainsi, l'action de l'Echiquier? La deuxième charte normande, qui ne se fit guère attendre (juillet 1315), vint y mettre bon ordre, en décidant que « nul, désormais, ne pourrait être ajourné au Parlement de Paris, à raison de procès nés dans le duché de Normandie », et que les habitants de cette province ne pourraient être tirés de leur ressort, pour plaider devant aucun tribunal étranger, pour quelque cause que ce fût, *s'agit-il même des domaines du roi*. Reproduisant, au reste, et étendant la disposition de la première charte, celle-ci défendait expressément de porter au Parlement de Paris, par quelque voie que ce fût, les causes jugées

---

[1] « Item, causæ diffinitæ in Scacario Rothomagi ad nostrum « Parlamentum Parisius nullatenùs deferantur. » — *Litteræ Ludovici X, reg. Franciæ*, anno 1314, articul. 13, t. 1er, *Ord. des Rois de France*, p. 552.

à l'Echiquier. Pourquoi? La charte le disait : « Les causes du duché de Normandie doivent s'y juger *par la coutume du pays*[1]. »

L'Echiquier de Normandie était reconnu, à cette fois; son indépendance hautement et solennellement proclamée; les barons, les chevaliers avaient, à la fin, gagné leur cause. Cependant, nombre de procès normands se trouvant inscrits au rôle du Parlement de Paris, par suite du criant abus que Louis-le-Hutin venait d'anéantir, les uns étant déjà commencés, les autres, encore entiers, n'étant venus à ce Parlement que du gré des deux parties, une ordonnance transitoire parut bientôt (1347), qui décidait que les uns et les autres demeureraient au Parlement pour y être ju-

---

[1] « Cùm causæ ducatûs Normanniæ secundùm patriæ consue-
« tudinem debeant terminari ; quòd ex quo in Scacario nostro
« rothomagensi fuerint terminatæ vel sententialiter definitæ, per
« quamcumque viam ad nos vel Parlamentum nostrum Parisius de
« cæterò, nullatenùs deferantur, nec etiam super causis dicti
« ducatûs ad Parlamentum nostrum aliqui valeant adjornari. »
— 2ᵉ *Charte normande*, de juillet 1315, article 17.

...« Quòd propter quamcumque donationem, permutationem,
« aut alienationem qualemcumque de bonis ad nostrum patrimo-
« nium pertinentibus per nos aut nostros successores cuicumque
« factam aut faciendam, dicti nostri subditi per illum in quem
« dictum nostrum patrimonium transtulerimus, in loco vel sub
« judice remotiori trahi non possint, nec ipsi subditi comparere
« aut respondere aliter teneantur quòd ipsi anteà tenebantur. »
Etc. — Idem, ibid.

gés, mais que tout le reste serait renvoyé à Rouen, à l'Echiquier [1].

Après des actes si notoires et si formels, comment comprendre qu'au milieu du xviiie siècle, on ait pu examiner sérieusement *si l'Echiquier de Normandie avait eu le dernier ressort avant 1499, époque où Louis XII le rendit sédentaire?* Et que dire de l'assurance de l'avocat Maillart, qui osa soutenir la négative ; de l'excessive bonté de Boucher d'Argis, de celle du bénédictin Toussaint du Plessis, qui daignèrent lui répondre, et remplirent les *Mercures* du temps de leurs mémoires [2], lorsqu'il suffisait presque d'alléguer la Charte normande? Si sacrée qu'elle fût, au reste, cette *Charte aux Normands*, si auguste que fût le Trésor de Notre-Dame de Rouen, où on l'était allé déposer en grand respect, pour y demeurer à jamais

Les évocations n'en continuèrent pas moins.

---

[1] Ordonnance de 1317, au *Registre des Olim*, citée par M. Henri Klimrath, dans son *Mémoire sur les Olim*.

[2] Éclaircissements donnés par M. Maillart au sujet de l'Echiquier de Normandie. *Mercure*, 1740, Décembre, vol. 2e. — Extrait d'une Lettre de l'auteur de la Description géographique et historique de la Haute-Normandie (Dom Toussaint du Plessis) à M. Maillart. *Mercure*, 1741, Février. — Observations sur les Éclaircissements de M. Maillart, etc. Mars 1741. — Observations de M. Boucher d'Argis sur les Éclaircissements donnés par M. Maillart au sujet de l'Echiquier de Normandie. *Mercure*, 1741, Mars, p. 433.

tout près de la *Fierte* ou châsse de Saint-Romain[1], loi humaine, toutefois, sa destinée était d'être transgressée comme tant d'autres. Elle ne le fut même, peut-être, en aucun point davantage, qu'en ce qui regardait cette indépendance souveraine de notre Echiquier, et la promesse si solennellement faite aux Normands, de n'être jamais jugés que dans leur pays. Dans la suite des temps, que dis-je? dès les années mêmes qui suivent de près ces deux chartes si mémorables de Louis-le-Hutin, je ne vois que causes évoquées[2], ou ordonnances nouvelles, rendues à courts intervalles, pour dire qu'on n'en évoquera plus désormais; puis des concessions octroyées par nos rois à des particuliers, à des corps, qui ne veulent point des juges de leur pays; des lettres, par exemple, de Philippe de Valois, qui font ressortir au Parlement de Paris toutes les terres de Normandie relevant im-

---

[1] En 1381, « la charte as Normans, scellée en las de soie et chire « verde, estoit au Trésor de Nostre-Dame de Rouen. » — Chronique ms. Bibl. royale, an 1381. — Elle y était encore en 1579. *Registre secret du Parlement de Rouen*, 17 février 1579.

[2] Dans le précieux Cartulaire de l'archevêque de Rouen, Philippe d'Alençon, se trouve un arrêt du Parlement de Paris, rendu le 13 mars 1332, contre le vicomte d'Arques, qui avait attenté, en plusieurs occasions, à la juridiction temporelle de l'archevêque de Rouen dans la ville de Dieppe. — *Cartulaire de Philippe d'Alençon*, folio 453; Archives départementales.

médiatement du roi de France ; quelquefois, des Normands, qui, mécontents d'un arrêt, osent bien s'écrier, en plein Echiquier, qu'ils en appellent au Parlement de Paris, connivant, ainsi, indignement à l'anéantissement des libertés de leur pays. Un chevalier normand, Robert de Houdetot, en procès avec le prieuré de Saint-Lô de Rouen, voyant sa cause aventurée et ses intérêts en péril, demande ainsi, un jour, en plein Echiquier, le renvoi de l'affaire au Parlement, sous je ne sais quel prétexte frivole. Mais les religieux de Saint-Lô résistent avec énergie à cette injuste demande. « Nous avons affaire partie vers autre (répondent-ils); *sommes Normands, et la querelle de Normandie*; et ainsi devons être traictiéz selon la coustume du pays, qui est telle que, de nos raisons proposées d'une part et d'autre, l'on doit faire jugement par les sages estans en l'Eschiquier [1]. » Ils invoquent « la coustume de Normandie, les franchises et libertés des Normanz »; et, enfin, ils gagnent leur cause, qui est aussi celle de l'Echiquier [2]. Mais combien de fois il fallut obtempérer à des ordres venus d'en haut !

Qui voudrait rapporter toutes les violations de

---

[1] Lettres pat. de juillet 1334, tom. IV des *Ordonnances des rois de France*, p. 686.

[2] *Reg. Echiq.*, 1342.

la Charte aux Normands, en ce chef, ainsi que tous les édits qui promettent qu'elle sera religieusement respectée désormais, il y faudrait des livres, et il suffit d'ouvrir, au hasard, les ordonnances de nos rois[1]. Dans diverses chroniques du xiv° siècle, on voit des procès de l'abbaye de Saint-Ouen portés au Parlement de Paris. Une fois, le maire et les bourgeois font abattre une potence dressée par l'abbé à Bihorel, et traîner au gibet du roi un larron qu'ils avaient trouvé attaché à cette potence. Après bien des procédures, les fourches patibulaires de l'abbé sont replantées à Bihorel; le Parlement de Paris l'a ordonné ainsi, après une information faite par un de ses membres envoyé exprès à Rouen[2]. Une autre fois, on voit tous les habitants de Caen « condempnéz, *en Parlement*, à une amende envers le roy nostre sire[3]. » Ce fait, déjà ancien en 1336, est rappelé incidemment dans un arrêt de l'Echiquier rendu cette année, et qui nous laisse ignorer pourquoi les habitants de Caen avaient encouru cette condamnation. Un jour, enfin, à la suite d'une révolte sanglante pour la gabelle, arrivée à Rouen, le premier président du Parlement de Paris, sire Simon de Bussy, fait publier, de la

---

[1] *Ordonnances des rois de France*, 14° et 15° siècles, passim.
[2] Chronique ms. Bib. royale, 14° siècle.
[3] *Reg. Echiq.*, 1336.

part du roi, « défense à tous de sortir de leur maison, jusques à tant que la justice le roy soit faicte. » On la *fait*, cette *justice*, « la végille de sainct Laurens, en aost, l'an 1351 ; et en ut des drapiers de Rouen penduz au gibet par nombre 23[1]. » — Ce dernier fait pourrait, néanmoins, n'être pas aussi concluant que l'autre, Simon de Bussy, premier président du Parlement de Paris, ayant pu être envoyé, cette année, pour présider, non une commission extraordinaire, mais l'Echiquier de Normandie, qu'il avait déjà présidé plus d'une fois, et qu'il devait présider encore dans la suite, comme le montrent plusieurs titres qui sont sous nos yeux. De 1338 à 1366, nous voyons souvent ce grand magistrat à la tête de notre Echiquier ; nous y voyons, après lui, Etienne de la Grange, Guillaume de Senone ou de Sens, Oudart des Moulins, Imbert de Boisy, tous présidents au Parlement de Paris ; l'usage s'étant établi, alors, de les envoyer à Rouen tenir l'Echiquier, de préférence aux prélats, que nous y verrons revenir encore dans la suite. Pour peu qu'au même temps les autres présidents se licenciassent, le Parlement de Paris était en désarroi ; cela arriva en 1407, où le *Premier* étant à Rouen, à l'Echiquier, les quatre autres demeurés

---

[1] Chronique ms. déjà citée.

à leurs métairies, et le Parlement, à ce moyen, se trouvant sans présidents, cette Cour en fut fort *scandalizée* (blâmée). Pasquier nous a révélé ce fait dans ses *Recherches*.[1]

<small>L'Echiquier, dans des cas difficiles, en référait au roi. Exemples.</small>

Quelquefois, dans des cas difficiles, les maîtres de l'Echiquier recoururent aux rois, les priant de statuer, et de suppléer ainsi à la Coutume, où ces difficultés n'avaient point été prévues; leur demandant, enfin, des *rescripts*, comme naguère les magistrats romains aux empereurs, du moins avant Justinien, qui, par sa novelle 125, leur enjoignit de juger toujours, sans plus en référer désormais au prince.

Ainsi, en 1234, s'était offerte cette question : si la femme qui, en puissance de mari, ne pouvait rien vendre ni rien donner, n'avait pas, toutefois, la faculté de *donner* ou de *léguer* aux églises? Sur quoi, l'Echiquier séant à Caen, se trouvant perplexe, ordonna un *consulatur* au roi saint Louis, qui répondit que *la femme pouvait léguer son bien à l'Eglise, mais seulement au lit de mort*[2].

En 1386 encore, on vit l'Echiquier (séant alors à Rouen) recourir au roi. Ses registres nous l'at-

---

[1] Estienne Pasquier, *Recherches de la France*, liv. VI, chap. 48.
[2] *Cartulaire historique de saint Louis*, tom. Ier, p. 420 v°, cité par M. le comte Beugnot, membre de l'Institut, dans son *Essai sur les Institutions de saint Louis*, liv. I, chap. 4.

testent, sans nous indiquer toutefois la réponse de Charles V, qu'il avait consulté. C'était au sujet d'une pipe (tonne) *de grainne d'escallatte, arrivée de la mer sur terre, par manière de varecht.* Elle était venue échouer sur le *fief noble* de Jehanne Campion; et il s'agissait de savoir si elle devait être adjugée à cette dame, ou au roi. A l'audience de l'Echiquier, « *il avoit esté demandé* AUX SAGES *à qui elle devoit appartenir ?* » Et comme, « la Coustume leue, au chapitre de varecht, et, oyes les opinions desditz sages, la court, pour la diversité des oppinions, avoit mis le cas au conseil et aus arrèz », là il passa, en définitive, que « le débat et question seroient envoyez *devers monseigneur le chancelier et le grant conseil de Paris* [1]. » La Roche-Flavyn, après avoir dit « qu'en France, les Parlements ne consultent point le roy pour les jugements de questions qui ne se trouvent décises par les lois ou ordonnances », ajoute que « si tant est qu'on le face, ce doit estre pour des choses grandes, graves et importantes [2] » ; il semble que cette question de varech ne le méritait guère.

Toutes ces évocations, au reste, en si grand nombre qu'elles pussent être, et quelques *consu-*

Compétence de l'Echiquier, et quelles juridictions relevaient de lui.

---

[1] *Reg. Echiq.*, 1386.

[2] *Les trèze Livres des Parlements de France*, par La Roche-Flavyn, liv. IX, chap. 18, n° 2.

latur, sans doute assez rares, n'enlevaient encore, à notre Echiquier, qu'une bien faible part des procès de la province. L'exception était pour le Parlement de Paris; la règle pour la haute cour normande, dont la juridiction souveraine était reconnue de la plupart, dont l'autorité était grande, et les attributions étendues. A sa barre étaient portés, sans moyen, les appels, non seulement des sentences qu'avaient rendues le sénéchal et les baillis; mais ceux, aussi, des jugements rendus par le *maire* et les *pairs* de Rouen, qui, alors, avaient juridiction sur certaines matières, et rendaient des jugements; les causes qui regardaient la commune de cette ville [1]; les appels des jugements de l'amiral et de ses lieutenants; des sentences des maîtres des Eaux-et-Forêts, et des amendes excessives prononcées par eux; les conflits de juridiction, élevés entre les baillis, vicomtes, prévôts, l'amiral, les maîtres des Eaux-et-Forêts [2].

Les Maires et Pairs de la ville de Rouen obtiennent de ressortir à l'Echiquier, et non plus au bailliage.
1342.

Long-temps les baillis de Rouen avaient voulu juger les appels des sentences du *Maire* et des *Pers* de la ville, interprétant ainsi à leur avantage

---

[1] Lettres de Charles V, de juillet 1364; *Ordonnances des Rois de France*, publiées par Secousse, tom. IV, p. 480.

[2] *Ordonnance de Jean*, roi de France, du 25 mars 1350, article 15.

le silence des vieilles chartes royales relatives à la juridiction de ces officiers municipaux dans la ville et la banlieue ; jusqu'à ce que ces derniers, fatigués « d'estre tenus souvent en longues plaidoieries, travailléz et démenéz par longues dilacions et intervalles, dont la ville de Rouen soustenoit pluseurs grantz consts, frais et dommaiges », obtinrent du duc Jean, le 1ᵉʳ août 1342, une charte qui, sur leur demande expresse, ordonnait que les appels des sentences des *Mayre* et *Pers*, ainsi que tous les différends relatifs à leur juridiction et à leur compétence, seraient portés « d'ores en avant, ordinairement, en l'Eschiquier de Rouen, senz aucun autre moyen. » La même charte disposait que toutes causes concernant les biens appartenant à l'hôtel-de-ville seraient, aussitôt que le maire de Rouen le demanderait, renvoyées, sur l'heure, par le bailli, à l'Echiquier [1]. Cela fut confirmé par lettres patentes de juillet 1364 et de juillet 1381 [2]. L'Echiquier, du reste, devenu juge d'appel des sentences de la mairie, avait voulu restreindre cette juridiction municipale, et la troubler dans sa compétence la plus avérée. Ainsi, cette cour avait annulé, en la qualifiant d'entreprise,

Juridiction du maire de Rouen, attaquée par l'Echiquier, maintenue par le roi.

---

[1] Charte d'août 1342. (Archives de l'hôtel-de-ville de Rouen.)

[2] *Ordonnances des Rois de France*, publiées par Secousse, t. IV, page 480.

la saisie faite par le maire, à la *foire du Pardon, lez Rouen*, de viandes corrompues, que des bouchers étaient venus y mettre en vente. Une visite faite par le maire dans des vaisseaux chargés de blés, en station au port, pour savoir si ces blés n'étaient point avariés, avait été censurée aussi par l'Echiquier, sous prétexte d'incompétence. On en était venu, enfin, à l'Echiquier, jusqu'à contester au maire, le droit, aussi ancien que la mairie, de connaître des cris de *haro*, et des délits commis dans Rouen, à la halle du Vieux-Marché. Mais le maire et les *pers* se plaignant alors de l'Echiquier au roi, comme ils s'étaient plaints naguère des baillis de Rouen à l'Echiquier, des lettres patentes de Charles, régent de France (mars 1358), proclamèrent la compétence des maires et pairs de Rouen, confirmèrent la juridiction municipale, et donnèrent, en un mot, gain de cause au maire de Rouen, et à ses *pers*, contre l'Echiquier de Normandie[1]. Pour le sénéchal de Normandie, voyant, avec chagrin, son importance diminuée par des arrêts de l'Echiquier, infirmatifs de ses sentences, il avait imaginé de faire, sous les plus vains prétextes, *emprisonner* les appelants, voulant, par-là, dégoûter de l'appel ceux qui auraient perdu leurs

Moyen imaginé par le sénéchal de Normandie, pour dégoûter d'appeler de ses sentences.

---

[1] Charte de mars 1358; *Ordonnances des rois de France*, Secousse, tom. III, page 329 et suivantes.

causes à sa barre. Mais, à la fin, les cris de tous ces appelants incarcérés parvinrent jusqu'à l'Echiquier; et une solennelle décision défendit au sénéchal et à ses officiers « de donner aucun arrest ou empeschement à personne, en corps ne en biens, pour raison des doléances prinses d'eulx¹. »

Les barons, les évêques de Normandie, et jusqu'à l'archevêque de Rouen lui-même, pouvaient être cités à la barre de l'Echiquier. En 1231, l'archevêque de Rouen, Thibaud d'Amiens, qui, ajourné à l'Echiquier, avait refusé de s'y rendre, fut tancé, à Vernon, par le roi saint Louis, pour n'avoir point obéi au mandement de cette cour, et n'y être point allé *ester à droit*, comme le faisaient les autres évêques, ainsi que les barons². Quelle qu'ait pu être, à l'égard de Thibaud, la suite de ce défaut de comparence, l'Echiquier n'avait pas renoncé à son droit à l'égard des prélats normands et du métropolitain lui-même. En 1474, le cardinal d'Estouteville, archevêque de Rouen, qui différait de prêter serment de fidélité au roi, à raison de

Juridiction de l'Echiquier sur les archevêques de Rouen.

---

1 *Reg. Echiq.*, 1ᵉʳ juin 1464.

² « Citari fecit eumdem archiepiscopum (Theobaldum) quòd « responderet quare non veniebat ad Scacarium responsurus et « juri pariturus de his quæ ei objicerentur sicut alii episcopi et « barones faciebant in Normanniâ. Propter ipsam causam, fuit « archiepiscopus citatus coràm rege apud Vernonem. » — *Spicileg. de D'Achery*, 2ᵉ édit. (in-4º), tom. II, p. 819.

son archevêché et de diverses abbayes dont il jouissait sans s'être acquitté de ce devoir, se vit contraint, par un arrêt de l'Echiquier, à le faire sans tarder davantage. L'arrêt déclarait son *temporel saisi* en attendant, et nommait des commissaires pour l'administrer au nom du roi [1].

Suprématie de l'Echiquier, à l'égard de tous les magistrats et officiers de justice de la province.

Mais les magistrats du ressort, plus que tous autres, étaient subordonnés à l'Echiquier. L'on a vu comme, aux approches de ses solennelles assises, toutes juridictions devaient aussitôt cesser dans la province, et tous officiers de justice se hâter de venir à Rouen, y comparaître et siéger *aux pieds* des commissaires et de leur noble assistance. Ce n'était pas une vaine cérémonie ; car, outre qu'ils y venaient voir confirmer ou réformer leurs sentences, et en répondre, pour ainsi dire, à l'Echiquier, là devaient aussi leur être prescrites des règles de conduite dans l'exercice de leurs offices ; là devaient leur être intimées des lois. Car le pouvoir des maîtres de l'Echiquier ne se bornait pas à juger des procès. Autorité leur avait été donnée de régler souverainement, pour la province, tout ce qui avait trait à la justice et à ses officiers, depuis le premier jusqu'au dernier degré de la hiérarchie,

Ordonnances réglementaires de l'Echiquier.

depuis le grand bailli jusqu'au sergent. Législateurs autant que juges, avant de songer aux justiciables,

---

[1] *Reg. Echiq.*, 1474.

les maîtres de l'Echiquier s'occupaient des magistrats eux-mêmes; avant de prononcer des arrêts, ils rendaient des *ordonnances*; on appelait ainsi, alors, ces actes qui, dans la suite, ont été qualifiés de *réglements*. C'étaient proprement des lois ayant pour objet de détruire les abus reconnus, lors des précédents Echiquiers, dans la conduite des officiers, et dans l'administration de la justice ordinaire. Proclamées en Echiquier, l'audience séante, elles devenaient une règle sacrée pour ces magistrats inférieurs, qui les devaient observer religieusement et de point en point. — La plus étendue, comme la plus notable de ces ordonnances, avait été rendue aux années 1391 et 1392, pour régler la procédure, tant civile que criminelle, devant l'Echiquier et devant tous les tribunaux de la province. Jusqu'alors les formes de procéder en justice n'avaient existé que dans la mémoire des hommes; on ne les trouvait écrites nulle part. Quel libre champ ouvert à l'astuce des plaideurs et à la rapacité des praticiens ! En 1391, le mal étant à son comble, « plusieurs saiges du pays de Normendie », et des conseillers des derniers Echiquiers, s'en plaignirent au roi. « Par abus, par une mauvaise interprétation, ou malice du peuple, lui dirent-ils, plusieurs coustumes, usages, stilles, servant à l'ordonnance et à la décision des causes, tant sur termements de veues, respis, essoignes, gaaignes de causes, tournent en grant lésion des habitans du païs de Normendie, tant que plusieurs en sont mis à povretté en poursivant leurs bons droietz, et aucunes foiz y abrègent leurs vies par la misère que ilz ont en leurs poursuites[1]. » On voit quels maux une procédure arbitraire avait entraînés après elle! Mais, en signalant le mal au monarque, on lui en avait, en même temps, indiqué le remède. « A vos Eschiquiers (lui avait-on dit) affluent tous les *sages* de Normendie ayant expérience des causes, comme baillis, vicontes, advocas solempnéz[2], en grant multitude. Tous desirent, de grant affection et de tout leur povoir, le bien de justice, et que correction et interprétation soit mise en icelles coustumes, stilles et usages, que plusieurs dient estre corruptèles. » Où donc auraient pu être délibérées avec plus de maturité et de connaissance de cause, et fixées avec plus de certitude, les règles de la procédure, objet, jusqu'alors, de tant de disputes entre les plaideurs et les praticiens eux-mêmes? Par une ordonnance du 1ᵉʳ avril 1391, Charles VI manda aux maîtres de son Echiquier de Pâques, « que, appelé convenable nombre de baillis, vicomtes et advocas so-

---

[1] *Reg. Echiq.*, 1391. — Ordonnance de Charles VI, 1ᵉʳ avril 1391.
[2] *Solennels*, renommés, célèbres. — *Cang. et Carpent. Gloss.*, v° SOLENNIS.

lempnelz, et autres qui leur sembleroit bon, ils eûssent conseil et délibéracion ensemble, et amendâssent, corrigeâssent et interprettâssent ce qui seroit à réparer, corriger ou interpreter. » De ce concours de tant d'hommes expérimentés, qui, pour la plupart, avaient usé leur vie dans les *cohues* et dans les Echiquiers, devait sortir un corps de règles propres à déconcerter désormais les ruses des plaideurs et les convoitises des mauvais praticiens : le *Stille de procéder*, en un mot, véritable Code de procédure, à l'usage de ce temps, approprié à notre province, et en harmonie avec le *Coustumier de Normendie* rédigé sous Philippe-le-Hardi, autre Code normand où avaient été consignées les dispositions générales de la loi normande.

<small>Ordonnances de l'Echiquier, relatives aux magistrats.</small>

Les registres des Echiquiers nous offrent d'autres ordonnances d'une moindre importance. Quelques-unes ont été imprimées à la suite du *grand Coustumier de Normendie*. Beaucoup de leurs dispositions ne seraient, aujourd'hui, d'aucun intérêt pour le lecteur; et il faut nous borner à en signaler un petit nombre qui nous ont plus frappé que les autres. A l'Echiquier de 1383, par exemple, injonction est faite aux baillis et vicomtes « d'estre diligens d'aller en *cohue dedans prime* [1], le premier

<small>A quelle heure devaient commencer les audiences des baillis et des vicomtes.</small>

---

[1] *Prime*, instant où, à l'église, on chante *Prime*. — *Prime* était

jour de leur auditore (assise), et aux autres jours subséquents continus dedans sept heures du matin, et dedans deux heures de relevée, affin que le peuple puisse estre mieulx et plustost expédié[1]. » A un siècle de là, on se sera bien relâché ; car, alors, baillis, vicomtes et leurs lieutenants « vont si tart et en si grant heure en l'auditoire, tenir leurs plèz et assises, que les matières n'en pèvent estre expédiées. Le peuple illec venu est fort vexé et travaillié, et si tart tenu qu'ilz ne pèvent retourner en leurs maisons à heure ne temps convenable. » Mais l'Echiquier y pourvoit, en enjoignant aux baillis et vicomtes d'ouvrir leur audience à huit heures du matin, de Pâques à la Saint-Michel ; à neuf heures, depuis la Saint-Michel jusqu'à Pâques, et « de lever de bonne heure, à la discrétion de justice, tant pour prendre la réfection des conseillers, que pour renvoyer le peuple en leurs maisons[2]. » L'Echiquier de 1383 défend encore « que nul juge ne tiengne, désormais, jurisdiction en son hostel » ; il défend aussi (et une pareille prohibition étonnera nos mœurs), « que nul juge ne soit tavernier ne hostellier commun, sur paine de grosse amende. » La

Défense aux juges de tenir juridiction en leur hôtel.

Défense aux juges de tenir hôtellerie ou taverne.

---

le premier des offices de jour, et se chantait immédiatement après les *Matines*. — D. Carpentier, *Suppl. Cang*, v° PRIMA.

[1] *Reg. Echiquier*, 1383.

[2] *Reg. Echiq.*, Saint-Michel 1497.

défense de rendre leurs jugements dans des tavernes peut moins nous surprendre ; il avait fallu en venir à déclarer *nulles* les sentences que les juges pourraient y rendre, malgré tant d'arrêts prohibitifs. Mais, dans ces temps là, sans doute, on ne chauffait pas les prétoires ; et, le 23 juillet 1511, par cette raison apparemment, je vois l'Echiquier, devenu perpétuel, déclarer « *bon un jugement rendu en taverne, veu le grand froid* », qui n'avait point permis au juge de tenir son audience à la *cohue*[1].

L'Echiquier de 1400 défend aux procureurs du roi, aux lieutenants des baillis et des vicomtes, de « postuler ou patrociner aucunement au païs auquel ils sont officiers et où s'estend leur povoir » ; il menace d'une « griefve pugnition » ceux qui contreviendront à la défense[2].

Ordonnances de l'Echiquier, relatives aux avocats.

L'Echiquier s'était fort occupé des avocats ; et, entre autres ordonnances que rendit cette cour pour établir parmi eux la discipline, j'en trouve une de 1453, qui doit être signalée dans cette histoire. Elle a pour but de réprimer « *aucuns advocas et conseilliers* qui, par leur convoitise et malice, vouldroient plaider souventes fois plusieurs juge-

---

[1] *Reg.*, 23 juillet 1511.
[2] *Reg. Echiq.*, 1400.

ments sur *hocquètes*[1] et *achoisons*[2], et autrement contre la coustume, au préjudice du peuple, et contre le bien de justice..... » Pour intimider ces avocats indignes, « dès ores mais (l'Echiquier l'ordonne), ès jugemens qui seront escrips, seront miz les noms des advocas qui auront plaidié iceulx jugemens, tant de la partie des demandeurs que de la partie des deffendeurs, afin que, s'il y a *tricherie ou mauvaisetié pourpensée,* que ceulx qui ce auront faict en soient corrigéz et punis[3]. » L'Echiquier, par une autre ordonnance, avait défendu aux avocats et aux procureurs « *de faire leur résidence et demeure sur le plat païs,* ains en bonnes villes ou grosses bourgades, sur paine d'estre privéz de plus patrociner[4]. »

Ordonnances de l'Echiquier en matière criminelle.

Mais nulles ordonnances de l'Echiquier ne nous ont plus frappé que celles qui, tout en excitant les juges à sévir contre les crimes, leur prescrivent des règles de circonspection à l'égard des individus soupçonnés sur d'insuffisants indices, et d'humanité envers ceux-là même qu'accablent les charges

---

[1] *Hocquètes*, chicanes; mot déjà expliqué plus haut.

[2] *Achoisons*, prétextes, chicanes; du mauvais latin : *occasio-« nare »*, litem injustam movere. — Du Cang., *Gloss.*, v° OCCASIONARE, et Carpentier, *Suppl.*, eodem verbo.

[3] *Reg. Echiq.*, 1453.

[4] *Reg. Echiq.*, 1464.

les plus fortes. Comment n'en point signaler ici, qui montrent, au xiv⁰ siècle, en un temps où le mot de *liberté* était à peine en usage, un respect de la liberté des hommes, qu'il ne faudra point chercher plus tard en France, alors que le mot, naturalisé et en grand honneur, sera devenu comme le fond de la langue, et paraîtra partout écrit sur les murailles. « Que nul (ordonne l'Echiquier de 1383), que nul ne soit prins ne aresté prisonnier, *s'il n'est prins à présent meffaict*, et que le cas soit tel qu'il doye détention, ou qu'il y ait contre luy informacion précédente jugée par les conseulx et procureurs du roy, la quelle information le rende suspect de délit ou malefaçon qui, de ce, doye détemption [1]. » L'individu arrêté pour cause civile devra être mis en liberté, moyennant caution d'*ester à droit*, s'il le demande. Défense est faite aux juges de s'y refuser, sous peine d'amende et de dommages-intérêts. Elle est en si grande recommandation, alors, la liberté de l'homme, que, pour elle, le dimanche et les fêtes, doit cesser l'inaction si rigoureusement prescrite aux juges, en ces jours-là, par l'Echiquier lui-même, sur peine de suspension de leurs offices ; et qu'il leur enjoint de tenir juridiction lorsqu'il s'agira de « donner

Respect de l'Echiquier pour la liberté individuelle.

---

[1] *Reg. Echiq.*, 1383.

provision à quelque homme forain qui auroit esté arresté, lui ou ses biens¹. »

Ainsi respectée quand il s'agissait de crime, on peut bien penser que la liberté ne manquait pas de protection contre ceux qui l'auraient voulu menacer pour causes purement civiles. Les gens du roi dénoncèrent, un jour, à l'Echiquier, nombre de hauts justiciers « qui s'efforçoient d'emprisonner le corps de leurs justiciables pour leurs rentes et debtes, encore que, par les contrats, ces hommes n'y fussent aucunement obligiéz. » — « *En Normandie* (dirent-ils à l'Echiquier), *le roy seul a puissance de justicer par corps ; par la coustume d'icelui païs, pour nulle autre debte le corps de l'homme ne peut estre emprisonné se il ne s'y est obligé de son gré.* » Il n'en fallait pas tant dire à l'Echiquier. Les hauts justiciers en faute furent, sur l'heure, ajournés à sa barre; et un arrêt fut rendu, qui défendait énergiquement de telles entreprises pour l'avenir, et flétrissait ces attentats à la liberté des hommes².

L'Echiquier de 1400 gourmande les vicomtes de leur négligence à informer des crimes, maléfices, larcins et meurtres commis dans leurs vicomtés. Il ne veut pas, toutefois, que l'on précipite les choses. « Que aucun (dit-il) ne soit mis

---

¹ *Reg. Echiq.*, 23 novembre 1497.
² *Reg. Echiq.*, 21 avril 1464.

en cause contre le procureur du roi, se il n'y a cause bien manifeste et évidente, ou informacion faicte par quoy il soit trouvé coulpable, veue et jugiée par le bailli et les conseulx¹ du roy. Et se il y a aucuns procureurs ou sergentz qui, de leur auctorité, facent le contraire, que ilz en soient griefvement pugniz par les bailliz ou leurs lieux-tenants². »

Des magistrats si enclins à faire respecter la liberté, à recommander la circonspection à l'égard des hommes soupçonnés de crime, n'auraient eu garde de souffrir qu'on appliquât, sans de graves motifs, les accusés à la *question*. Par une ordonnance de 1474, l'Echiquier défendait aux baillis, vicomtes, procureurs du roi, « que d'ores en avant, ilz ne missent aucun en torture ou question de faict, si premièrement il n'y avoit eu informacion, veue et jugée, et véhémente présumption », surtout pour un homme arrêté à raison d'un premier crime ; encore voulait-il qu'on en délibérât avec les *sages*, avant que de procéder plus avant³. On avait vu mettre en amende le vicomte et le procureur du roi d'Alençon, pour avoir torturé un nommé Le Sauvage, sans information précédente.

l'Echiquier empêche que l'on n'applique indiscrètement les accusés à la question.

Quelques faits relatifs à la torture.

---

¹ *Conseulx*, officiers, « *consiliarii.* »
² *Reg. Echiq.*, 3 juin 1400.
³ *Reg. Echiq.*, 1474.

L'Echiquier avait même fini par défendre que les prisonniers subissent leur premier interrogatoire dans la chambre de la question, voulant qu'ils n'y fussent conduits qu'après leurs aveux, « pour y estre faict leur procès de vive voix, et y estre (alors) exposéz aux tortures et gehaines, selon la discrétion des juges [1]. »

C'était entrer, au reste, dans l'esprit de la *Charte aux Normands*, qui n'avait autorisé la *question* qu'en cas d'indices très graves et de véhémentes présomptions [2]. Mais il n'y avait rien que les juges inférieurs oubliassent plus volontiers. Elle avait voulu aussi, cette Charte, qu'au cas même où il faudrait recourir à la torture, on épargnât aux patients des tourments excessifs qui pussent les faire mourir, ou causer la mutilation de leurs membres. Les baillis et les vicomtes ne s'en souvenant pas davantage, force était à l'Echiquier de le leur remettre en mémoire et de sévir même contre ceux d'entre eux qui l'avaient trop oublié. Ainsi, un

---

[1] *Reg. Echiq.*, 23 novembre 1497.

[2] « Item.... quòd in ducatu Normaniæ nullus liber homo, de « cætero, ponatur in quæstionibus vel tormentis, nisi vehementes « præsumptiones et verisimiles conjecturæ ipsum reddant suspec- « tum de crimine capitali; et in eo casu in quo poni debebit in « tormentis, talibus subjiciatur et adeò moderatis, quòd, propter « gravitatem tormentorum mors aut membri mutilatio aliqua- « tenùs non sequatur. » — 2ᵉ *Charte normande de Louis-le-Hutin*, Juillet 1315.

bailli de Louviers, le croira-t-on? « avoit questionné et mis en *gehine* [1], treize fois en deux jours, un prisonnier nommé Paumier. Ce bailli « avoit fèt cuire des œufs en brèse, et yceulx tout chaux avoit mis ou fèt mectre soubz les esselles du prisonnier; il lui avait fèt lier les doiz des mains ensemble avec des cordes de fouet, *moult à destroict* ; et, après lui avoir fèt mettre des fuzeaux [2] entre les dois, par quoy il avait eu le cuir des mains rompu et déchiré, il l'avoit mis au cep (aux fers) par les piés, et lié les mains derrière le dos ; par quoy ledict Paumier ne povoit prendre viande pour sa réfection, se il ne la prenoit à la bouche, à terre ou sur sa poitrine, comme un chien » ; mais, pour « avoir ainsi abusé de justice », le bailly de Louviers fut blâmé et puni par l'Echiquier [3].

Ainsi usait cette cour du pouvoir qui lui avait été donné « de amender les tortz des baillifz [4]. » Infirmer leurs sentences, lorsqu'elles étaient ou iniques ou contraires à la loi, ce n'eût été là que l'exercice vulgaire des fonctions du juge d'appel.

L'Echiquier pouvait casser les ordonnances des baillis et des vicomtes.

Ordonnance du lieutenant général du bailli de Rouen, cassée. 23 novemb. 1469.

---

[1] *Géhine*, torture, de « *gehennæ*. » — Du Cange, *Gloss.*, et Carpentier, *Suppl.*

[2] *Fuzeaux*, bâtons.

[3] *Reg. Echiq.*, 1403.

[4] *Le grand Coustumier du pays et duché de Normendie*, chap. 4 : « *De Justicier.* »

Mais les ordonnances qu'avaient pu rendre ces officiers pour la police, leurs actes d'office, pour tout dire, pouvaient aussi être dénoncés à l'Echiquier, cour souveraine qui avait pouvoir de les frapper de censure et même de nullité. Il en advint ainsi au lieutenant général du bailli de Rouen, Jacques de Croismare, au sujet d'une ordonnance rendue pour contraindre le plus habile opérateur de Rouen, à cette époque (Pierre Le Barbier), à verser dans la boîte de la communauté des chirurgiens tout l'argent qu'il gagnait, « tant à raison des visitacions et rapports des personnes blécées et navrées, que des visitacions de lèpre et impuissance. » L'habile chirurgien avait dénoncé à l'Echiquier ce règlement « rendu contre raison, contre les anciennes ordonnances et contre le bien public ; car chacun (disait-il) a libre arbitre de bailler la cure de sa maladie où il peut trouver garison. » Il sembla à l'Echiquier que le lieutenant général De Croismare avait en cela agi *moins en juge qu'en partie,* d'autant qu'il avait poussé les choses jusqu'à faire saisir les biens du chirurgien Le Barbier, pour le contraindre à rendre compte de l'argent gagné par lui à faire ses visites et ses rapports. Non contents donc d'annuler et casser les nouvelles ordonnances, les maîtres mandèrent Croismare à la *barre* de l'Echiquier ; et là, le président lui dit, ainsi qu'au lieutenant particulier, Jean Danteny : « Il est venu plaincte à la court du désordre de justice, faultes et faveurs que vous avez, tant par dons corrumpables que aultrement; dont peult advenir grant inconvénient à la chose publicque. La court vous enjoint de ne faire, d'ores en avant, ni souffrir faire les dictes faultes et faveurs, mais de pourvoir à tout par bonne justice, tellement qu'il n'en advienne plus aucune plainte ou descort [1]. »

A plus forte raison, l'Echiquier pouvait (cela va seul) casser les ordonnances abusives des vicomtes. Les taverniers de Bayeux en dénoncèrent une, rendue par le vicomte de cette ville, pour leur défendre de jamais mettre une pièce en perce, ou leurs vins en taverne, qu'en vertu d'un *congé* de justice, et en payant au vicomte deux pots de vin pour chaque pièce. A l'Echiquier, cette ordonnance, jugée *indeue* et *déraisonnable*, fut « abolie, abattue et du tout mise au néant. » — « Dès or mais (dit l'arrêt) les bourgoiz et habitans de Bayeux pourront leurs vins perchier et mectre en taverne quant il leur plaera, sans en demander congié [2]. »

Ordonnance du vicomte de Bayeux, cassée.

Quelquefois, au reste, on vit l'Echiquier se censurer et se réformer lui-même, et les ordonnances d'une session rapportées dans la session qui suivait; cette cour pensant, comme les rois, « qu'à son

Ordonnance de l'Echiquier de Pâques 1343, annulée par l'Echiquier de Pâques 1344.

---

[1] *Reg. Echiq.*, 23 novembre 1409.
[2] *Reg. Echiq.*, 1390.

noble et royal office appartenoit corriger tant son faict comme l'autruy. » L'ordonnance rendue aux termes de Pâques 1343, *rappelée* (c'est-à-dire annulée) l'année d'après, nous a paru un des plus notables exemples qu'on en pût alléguer ici ; et, à la vérité, on ne peut nier que l'ordonnance de l'Echiquier de 1343 ne fût une entreprise sur les droits d'un autre ordre. Car, qu'un concile provincial assemblé à Rouen eût défendu aux *clercs mariés* le trafic, et en général tout ce qui paraissait messéant à gens d'église ; qu'il leur eût enjoint de conserver toujours leur tonsure, et de ne porter que des habits convenables à leur état ; qu'enfin, pour assurer mieux l'exécution de ses décrets et les rendre plus notoires, il eût ordonné qu'ils seraient publiés trois fois l'an dans toutes les églises, à jours de fêtes, et déclaré qu'en cas de contravention après ces trois lectures, les clercs mariés seraient déchus de tout privilége de cléricature, et deviendraient justiciables des tribunaux séculiers, c'était agir dans la sphère de son pouvoir, et, après avoir prescrit des mesures qu'il était en droit d'ordonner, tout faire ensuite pour qu'elles eussent leur effet. Mais, quand on voit, au terme de Pâques 1343, l'Echiquier ordonner que tous les curés de la province feront en chaire les *admonestements* qu'a prescrits le concile ; cette cour envoyer, pour cela, à tous les baillis et justiciers du ressort l'ordre de *mander les prélats* pour leur enjoindre de prescrire aux curés les trois publications en chaire des définitions du concile, intimer enfin à ces baillis l'ordre de saisir le temporel des prélats que ces jussions d'une cour séculière ne trouveraient point dociles, on s'écrie qu'évidemment il y avait là une entreprise que ne pouvaient tolérer les prélats de la province. Et quand, au terme de Pâques de l'année d'après, l'Echiquier, par une nouvelle ordonnance adressée à tous les baillis, déclare solennellement *rappeler* la première, leur défendant *d'en user, d'ores en avant, et pour cause*[1], cette *cause* paraît assez d'elle-même pour qu'on ne se mette point en peine de la découvrir; et, encore une fois, après avoir si souvent corrigé *le fait d'autruy*, c'était bien pour l'Echiquier le cas de corriger le sien.

Réformer les ordonnances des baillis et des vicomtes, était donc un droit de cette cour; mais elle avait encore de plus grands pouvoirs. On l'avait vue abolir, par ses arrêts, des usages locaux qu'elle jugeait iniques; tels, par exemple, que celui de Verneuil, « par lequel homme et femme conjoins par mariage pouvoient testamenter de tous leurs héritages, tant de succession que de conquest, en tant qu'il y en avoit en la dicte ville et limittes d'icelle

L'Echiquier réforme des usages locaux abusifs de Verneuil et de Neufchâtel.

---

[1] *Cartulaire de l'archevêque Philippe d'Alençon*, folios 469, 470. (Archives départementales.)

bourgoisie, *et en priver et débouter leurs héritiers naturelz.* » Or, un jour, à l'Echiquier, comme les avocats de deux parties demeuraient d'accord de l'existence de cet usage à Verneuil, « *dictes plus tost abusage* (s'écria le procureur du roi, qui s'était brusquement levé); et, sur l'heure, ce magistrat montra « *les maulx et inconvéniens qui s'en povoient ensuyr*, requérant, pour conclure, qu'il fût abattu *et aboli.* » Surtout, il avait insisté sur l'opposition existant entre cet usage et la coutume générale de la province; et cette raison puissante avait décidé l'Echiquier. Aussi, séance tenante, « la dicte coustume et usage fu, par la court, abatu, cassé, aboli et du tout adnullé, tant en la ville de Verneuil que en la ville et vicomté de Neufchastel, où l'en disoit que de tel et semblable usage l'en avoit usé et voulu user contre la coustume générale et ancienne du païs de Normendie. » Ce notable arrêt (le registre le remarque) avait été «délibéré en l'assistence de l'Eschiquier, *tant aux gens d'église, prélatz, barons, nobles, que autres assistens et conseillers au dit Eschiquier* » ; nouvelle preuve qu'ils étaient là pour autre chose que pour *parer la cour;* et, apparemment, abolir un usage local n'était pas moins faire que de juger un procès! C'est encore là une *ordonnance* à ajouter à tant d'autres que rendit l'Echiquier de Normandie. L'Echiquier, du reste, la qualifiant ainsi lui-même, défendit à tous de contrevenir à cette *ordonnance et déclaration*, et manda à tous les baillis et vicomtes de la faire entretenir, publier et garder [1]. En maintenant ainsi quelquefois la *coutume générale*, l'Echiquier n'entendait pas, pour cela, s'y asservir à toujours, en ce que l'expérience des siècles pourrait y manifester d'absurde ou d'inique. Introduites par le tacite consentement des peuples, les *coutumes*, pour avoir été, dans la suite, fixées par l'écriture, ne devenaient pas *droit* pour cela, mais demeuraient toujours *coutumes*, soumises aux suffrages changeants des peuples qui, les ayant naguère tacitement admises, en en usant, les pouvaient aussi plus tard abolir, en les délaissant d'un tacite et commun accord. Distinction essentielle entre le *droit* et la *coutume*, posée en 1558, par Laurent Bigot, dans une solennelle audience du Parlement de Normandie, et consacrée, sur ses conclusions, par les chambres du Parlement assemblées, dans le célèbre arrêt du *sang damné*, qui déclara *abrogé par non usance* le *grand Coustumier de Normendie*, au chef où il privait les enfants d'un criminel supplicié de la succession de leur aïeul mort après lui [2]. Ces maximes avaient cours dès le temps des Echiquiers temporaires ; et, en 1325, une sentence du bailli de Caux, approbative d'un usage

L'Echiquier avait quelquefois dérogé expressément à la coutume écrite.

---

[1] *Reg. Echiq.*, 1474.

[2] Arrêt du 26 août 1558.

contraire à la *coutume écrite*, avait été solennellement confirmée par l'Echiquier de Normandie, séant à Rouen aux termes de Pâques [1].

<small>Les lettres de sauvegarde étaient publiées à l'audience de l'Echiquier. Ce que c'était que ces lettres.</small>

Souvent, aux audiences de l'Echiquier, étaient publiées des lettres de *sauve garde* obtenues par des habitants de la province. A une personne qui avait de justes motifs d'appréhender d'une autre de mauvais traitements ou des injures, le roi accordait des lettres patentes par lesquelles il déclarait la prendre sous sa protection, et défendait expressément à tous d'entreprendre contre elle ou contre ses biens. Voilà ce qu'étaient les *lettres de sauvegarde*. Lues en plein Echiquier, elles étaient signifiées, ensuite, par les impétrants, à ceux dont ils avaient un motif légitime de se défier. En 1386, on voit ainsi publier à l'Echiquier des lettres semblables qu'ont obtenues : 1° Etienne Le Roy, demeurant à Harfleur, « pour la doubte (crainte) de Raoulin de Cailletot, de Jehan Lefèvre, et autres ses malveillans »; 2° Guillaume de Langle, de la paroisse de *Manneville-ès-Plains*, « pour la doubte de Guillaume Marsire et autres ses malveillans »; 3° Jean Gormont, avec sa famille, « pour doubte de messires Jacques et Phélippe de Harecourt, et

---

[1] *Registre de l'Echiquier*, cité par Laurent Bigot, dans son plaidoyer aux fins de l'arrêt du 26 août 1558, comme existant alors *au Greffe de la Court*. Ce registre ne s'y trouve plus aujourd'hui.

Robert Bardoul, chevaliers, ses malveillans. » Ces lettres lues, la cour d'Echiquier, prenant elle-même sous sa protection ces hommes auxquels le roi était venu en aide, faisait publier à son audience, *par cri public,* qu'ils étaient « prins et mis, avec tous leurs biens quelzconques, en la sauvegarde du roy[1]. » Défense était faite à tous « que, contre ne au préjudice de ceste sauvegarde, aucun ne attentast, sur la peine qui au cas appartenoit. » Ordre était donné à un sergent royal de signifier la sauvegarde à toutes les personnes que lui désigneraient les impétrants. Cette publication avait lieu à son de trompe et cri public. Enfin, et toujours « par justice, les *pennonçeaux royaulx* estoient apposés aux portes de la maison de l'impétrant, en signe de la dicte sauvegarde. » C'étaient des étendards, bannières, enseignes aux armes du roi[2]. Ce *cri* fait, et les panonçeaux apposés, malheur à l'homme assez hardi pour attenter. En 1395, les deux frères Le Leu, ayant « de nuict, en aguet apenssé, assailli et batu en sa maison » le prêtre Michel Delestre *qui estoit en la sauvegarde du roy,* furent condamnés au *pilory*[3].

---

[1] *Reg. Echiq.*, 12 juin 1462.

[2] Du Cange fait dériver le vieux mot français *pennonceau* du mot : « pannus » ou « pannuncellus », pièce d'étoffe attachée au haut d'une lance, et faisant bannière. — *Cang. Gloss.*, v° PENNONES.

[3] *Reg. Echiq.*, 1395.

Les lettres patentes d'érection de hautes-justices et de baronnies étaient aussi publiées à l'audience de l'Echiquier.

A l'audience de l'Echiquier étaient publiées, aussi, les lettres patentes qui érigeaient des hautes justices et des baronnies, après qu'elles avaient été examinées à l'avance en la chambre du conseil ; et il n'était pas rare que l'arrêt de publication y apportât des modifications de quelque importance. En 1474, celles qui créaient la haute justice de Grasville ne furent enregistrées qu'avec quatre modifications, dont la première faisait ressortir cette haute justice à la juridiction du bailliage de Caux. La deuxième modification, pour la commodité des justiciables, chargeait le bailli de Caux, l'avocat et le procureur du roi, de « bailler au sieur de Grasville, lieu et place convenable à tenir et exercer la juridiction au lieu le plus aisié et convenable que faire se pourroit, et non ailleurs, pour *éviter au travail et vexations des habitans.* » Nous ne dirons rien des deux autres modifications, qui n'offriraient point d'intérêt au lecteur.

D'autres érections de hautes justices ne furent ainsi *consenties* (c'était l'expression de l'Echiquier), que sous des conditions semblables ou analogues ; celle, par exemple, de la haute justice accordée par Louis XI, à l'évêque de Bayeux, « par dévotion à l'église de Bayeux et aux benoictz saincts, qui en sont révéréz, et pour rescompenser le prélat des héritages prins sur son temporel pour la fortification de la ville. » On trouve, enfin, des ordonnances, des édits de nos rois, même des traités de paix, publiés à l'audience de l'Echiquier; et cette cour, s'il en faut croire l'auteur du livre : *De la Constitution du duché ou état souverain de Normandie*, pouvait, à son gré, accepter, rejeter ou modifier ces actes émanés de l'autorité royale[1]. Mais où sont les arrêts rendus par l'Echiquier pour rejeter des édits? Où sont les modifications qu'il aurait apportées à d'autres? Ce serait railler que de chercher, au temps des ducs, des *enregistrements*, dans le sens qu'au XVIIIe siècle on devait attacher à ce mot. Mais, après même la réunion de la Normandie à la couronne, alors que nos Echiquiers étaient tenus par des commissaires du roi pris dans le Parlement de Paris, allait-on, dans les XIIIe et XIVe siècles, exercer à Rouen un contrôle dont à peine on avait commencé de s'aviser au Parlement de Paris? et, au XVe siècle même (le dernier de notre Echiquier), les conseillers clercs et laïs de ce Parlement, envoyés à Rouen pour tenir l'assise, auraient-ils souffert qu'on y entrât en dispute sur des actes que leur compagnie avait respectés, qu'on y adoptât ceux qu'elle avait repoussés, ou qu'on y apportât des modifications autres que celles auxquelles eux-mêmes, à Paris,

Edits, ordonnances, traités de paix lus et publiés à l'audience de l'Echiquier.

L'Echiquier avait-il le pouvoir de rejeter ou de modifier les édits?

---

[1] *De la Constitution du duché ou état souverain de Normandie*, par De la Foy, liv. v, chap. 8.

avaient coopéré ? Le Parlement de France allait-il, enfin, revenir, à Rouen, sur ce qu'il avait fait à Paris ? Que devient, alors, ce prétendu droit de modifier, de rejeter les édits ? Les ordonnances des rois, il le faut croire, n'étaient lues à l'Echiquier que pour la notoriété; elles y étaient publiées afin qu'en Normandie, comme dans le reste de la France, on les connût, on eût à les suivre. Ainsi, en 1235, sous saint Louis, furent publiées à Caen, en l'Echiquier, des ordonnances du saint roi, qui enjoignaient aux juifs de vivre désormais du travail de leurs mains, sans faire de commerce, sans prêter à usure; qui défendaient aux chrétiens de servir des maîtres juifs; qui prescrivaient la suppression des mauvais lieux; qui défendaient de recevoir, dans les tavernes, d'autres personnes que des voyageurs[1]. Nous en avons déjà signalé d'autres qui y furent publiées aussi. Sous Charles VII, y fut lue la fameuse ordonnance d'avril 1453, portant organisation du Parlement de Paris; on y lut de plus une disposition fort notable, ajoutée par Charles VII, peu de temps après, et qui avait trait, surtout, aux intérêts de la Normandie. Ses habitans s'étant venus plaindre de ce qu'on portait chaque jour atteinte aux *abolicions, concessions, octroys,*

---

[1] *Concilia rothomagensis Provinciæ*, D. Bessin, 1re partie, p. 142.

dons d'offices et bénéfices faits par le roi, lors du recouvrement de la province et de l'expulsion des Anglais, le monarque, par une clause additionnelle, postérieure de quelques jours à l'édit, déclara que « les abolicions, concessions et octrois par luy faicts en la réduction et conqueste des citez, villes, chasteaulx et forteresces de Normendie, seroient tenus, gardez et observez par tout son royaulme, en jugement et dehors, sans enfraindre. » Et, pour plus de notoriété, il ordonnait que tous les *traités* faits entre lui et les villes de Normandie soumises, seraient publiés, et au Parlement de Paris, *et à l'Eschiquier de Normendie.* Ses ordres furent suivis, du moins en ce qui concernait l'Echiquier; et c'est *soubz le scel* de cette cour [1] que nous a été conservée une clause si notable [2]. Ajoutons que Charles VIII fit publier, dans la suite, à l'Echiquier plusieurs traités d'alliance, notamment en 1484, un traité avec les aldermans de la Hanse-Teutonique [3], acte que le parlement de Paris ne connaissait pas encore alors, et qui ne lui fut porté

---

[1] *Registre de chartes*, en vélin, coté $\frac{S}{3}$ (Archives de l'hôtel-de-ville de Rouen.)

[2] Secousse l'a connue, et la publie à la fin de l'ordonnance de 1453; tom. XIV des *Ordonnances des rois de France*, pag. 313 et 314.

[3] *Reg. Echiq.*, 27 octobre 1484.

que deux mois plus tard [1]; enfin, le 26 novembre 1487, une ordonnance de la veille, datée « de Saincte-Katherine-du-Mont, de Rouen », rendue par le monarque, *à la requeste des déléguéz des Estatz de Normendie*, en séance alors, et où Charles VIII s'était rendu *en personne*. Touché des *griéves complainctes* que lui avaient faites les délégués *sur les grans et énormes griefz que souffroient ses subjects de Normandie, par déraisonnables entreprinses de plusieurs gens d'armes, commissaires, officiers et autres »*, il avait rendu cette ordonnance pour y pourvoir; et, enregistrée, le 26 novembre, à l'Echiquier, il voulut qu'elle le fût ensuite au bailliage de Rouen, à la grande sénéchaussée, et à la cour des aides [2].

Résistance de l'Echiquier aux empiètemens de la juridiction ecclésiastique.

Mais la tâche la plus ordinaire de l'Echiquier était l'expédition des causes, comme le montrent bien les commissions que donnaient nos rois aux présidents et *maistres*, envoyés par eux pour y prendre séance. Il en avait pris son nom, et s'appelait communément *l'Echiquier des causes* [3].

Combien les évocations, les *committimus* di-

---

[1] *Ordonnances des Rois de France*, tom. XIX, pag. 140.

[2] Même Recueil.

[3] « Mandamus vobis quatinùs *pro expeditione causarum Scacarii nostri Normannie*.... Rothomagi in dicto Scacario personaliter intersitis .... » — Mss. Bib. reg., Membran. 28 Jul. 1401, et autres semblables.

minuaient cette tâche, on l'a déjà pu voir. Mais qui eût laissé faire le clergé, elle se serait trouvée réduite bien autrement encore. Il fallait sans cesse être en garde contre des officialités toujours prêtes à réclamer, à juger toutes les causes, comme étant de la compétence des tribunaux ecclésiastiques, sous mille prétextes naissant de la qualité de l'affaire, de la nature des biens en litige, de la condition des personnes, quelquefois même d'une promesse surprise à des parties, comme celle qu'avait faite un chevalier normand à un évêque, et qu'annula, en 1208, l'Echiquier de Falaise[1]. Il s'agissait là, à la fois, et de l'autorité royale, que toutes ces prétentions outrées allaient à énerver, et des droits de l'Echiquier de Normandie, dont la juridiction, ainsi que celle de tous les autres tribunaux laïques, aurait été anéantie, avec le temps, s'il se fût laissé faire. Le coutumier normand traitait sévèrement ceux « qui vouloient plèder en la court de saincte églize, des choses qui appartenoient à la court laye... » C'était faire *despit* (mépris) *de droit*; c'était agir *contre la révérence au prince*, lui *tollir sa jurisdiction...* Celui qui osait l'entreprendre devait être *justicié par le corps*[2]. Mais les prêtres et clercs voulant toujours être jugés par les leurs, sur-

---

[1] *Arrêts de l'Echiquier*, publiés par M. Marnier, pag. 114.
[2] *Grand Coustumier de Normendie*, titre VI : « *De Justicement.* »

tout dans leurs différends avec les laïques, assignaient à tout propos ceux-ci devant l'official, pour choses qui, souvent, ne le regardaient guères. Comme fit, par exemple, en 1357, le curé de Caër, pour deux chevaux qu'on lui avait dérobés. De ces chevaux non plus que des voleurs, onques il ne devait avoir de nouvelles, quoiqu'il eût couru après eux de *chaude suite;* mais, pour un peu d'or, le passager du Port-Paën avait passé dans son bac voleurs et chevaux, malgré le *couvre-feu* sonné, malgré le *cri solennel du roi,* qui défendait de passer, *outre heure,* hommes ou bêtes; et au curé survenu tôt après et demandant des nouvelles de ses voleurs, il avait répondu mensongèrement « qu'ils estoient jà deux lieues loin. » Ainsi trompé, le curé avait cessé de les poursuivre, au lieu que, bien renseigné, il les eût immanquablement atteints. Le mensonge découvert, nul doute que le passager, dénoncé aux juges compétens, n'eût été condamné comme il le méritait; mais le curé de Caër l'ayant fait assigner devant l'official, lui demandant la valeur des chevaux volés, le passager obtint aisément un *brief de lay fieu et d'aumosne,* c'est-à-dire son renvoi devant les juges laïques; et, par aventure, le curé perdit-il son procès, pour avoir voulu, tout d'abord, se donner un juge de son goût[1].

---

[1] *Reg. Echiquier,* 1357.

Les officiaux, de leur côté, pour étendre leurs attributions, alléguaient parfois des prétextes étrangement frivoles. Ainsi, sous couleur qu'à eux appartenait, alors, la connaissance de tout ce qui regardait les mariages, arrivait-il que, dans une querelle, une femme mariée eût été traitée de *ribaude*[1] : « c'est là, s'écriaient aussitôt les juges ecclésiastiques, c'est là une *perturbation*, un *empeschement du mariage;* partant, le cas nous regarde, et nous regarde seuls, à l'exclusion des juges laïques. » Les querelles, hélas ! n'étaient pas plus rares, alors, qu'aujourd'hui ; et alors, aussi bien que de nos jours, la plus grosse injure qu'on pût adresser à une femme, étant précisément la première qui vînt à la bouche des gens du peuple, échauffés par la dispute, combien, à ce compte, de mariages *empêchés* et *perturbés* ! Combien, aussi, de besogne pour les officiaux ! A ce compte, enfin, combien de baillis et de vicomtes auraient dû demeurer les bras croisés ! Ce ne sont point là des allégations en l'air ; nous trouvons, aux registres des Echiquiers, nombre d'affaires de ce genre ; une, entre autres, à la fin du XIV siècle, qui mérite bien que nous en fassions ici quelque mention. A Rouen, dans une querelle, la femme

---

[1] *Ribaude*, femme de mauvaise vie.

Delamare, ayant adressé, en pleine rue, à la femme Collemiche, cette flétrissante qualification de *ribaude*, si éminemment attributive de juridiction, au dire des gens d'église, les époux Collemiche, très forts, à ce qu'il semble, en droit canon, avaient cité directement la femme Delamare devant l'officialité, *pour perturbation de mariage*. De quoi mécontent, à bon droit, Ricart Ducroq, lieutenant du vicomte, les fit mettre en prison, puis les condamna à amender au roi ce transport illégal de juridiction. Le *grand Coustumier* y était formel; nous rapportions ses dispositions tout à l'heure. Il n'eût fallu que tenir bon, et tout était fini; mais l'official, outré, avait fait assigner les époux Delamare, comme ayant provoqué l'incarcération des Collemiche en prison séculière, et par là « empeschié, perturbé la jurisdiction de l'esglize. » Voilà bien des *perturbations*; si, toutefois, n'était-ce rien encore. Bientôt, l'official envoya quérir, par ses sergents, le lieutenant Ducroq, « lequel, par sa simplesce ou folie, y alla », se laissa, lui juge lai, interpeller sous la foi du serment, par un juge d'église, malmener, intimider par des menaces d'excommunication, et par tout ce qu'on lui voulut dire sur le « danger en quoy il mectoit sa conscience »; puis, ébranlé, demanda humblement l'absolution, qu'il obtint comme une grâce insigne, sous la condition expresse d'effacer des registres de la vicomté tout ce qui se rapportait à cette affaire. De là, au bailliage de Rouen, grand procès, bientôt évoqué à l'Echiquier, où l'official, à son tour, se vit ajourner. Il y soutenait hardiment sa cause, répétant sans cesse les grands mots de *perturbacion* et *empeschement de mariage,* vu l'épithète de *ribaude* donnée à une femme mariée. Il n'y avait pas jusqu'à l'archevêque de Rouen qui n'intervînt au procès, disant « que lui et ses prédécesseurs arcevesques estoient en saisine et possession immémoriales *d'avoir la congnoissance et jurisdiction des cas, causes et injures, entre quelconques personnes,* LAYES OU AUTRES, surtout en ce qui touchoit les empeschemens de mariages. » — « *Il n'en est rien* (s'écriaient les gens du roi); *le roy et ses officiers en congnoissent chacun jour et en ont congneu de tout temps; et si l'arcevesque ou son official en ont aucunement congneu, ce a esté en abusant et usurpant les droicts et juridicion de nostre seigneur le roy, au desceu de lui et de ses officiers; et toutes fois que ce est venu à nostre congnoissance, y avons mis remède et empeschement.* » C'est ce qui allait arriver cette fois encore; et une enquête, ordonnée pour éclaircir les faits, ayant mis dans tout son jour l'indue entreprise du pouvoir ecclésiastique, l'archevêque, l'official et le promoteur perdirent d'emblée leur

Les officialités, pour étendre leur juridiction, excommuniaient les baillis.

cause à l'Echiquier ¹. L'on a pu remarquer cette *excommunication* lancée contre le lieutenant Ducroq. Un arrêt bien solennel avait, toutefois, été rendu par l'Echiquier, sous Philippe-Auguste, pour défendre à tous ecclésiastiques d'excommunier, sans le consentement préalable du roi, les barons, *les baillis*, et jusqu'aux sergents ². Mais cet arrêt avait été bientôt mis en oubli ; très long-temps l'excommunication fut le grand moyen des juges d'église, qui en usaient et abusaient sans cesse, pour intimider les officiers du roi, et les arrêter tout court dans ce qu'ils auraient osé tenter pour la défense de l'autorité royale, si souvent méconnue. Tels de ces magistrats séculiers, qui, à ne consulter que leur conscience, ne s'en fussent pas émus, songeaient à l'opinion, et ne se pouvant résoudre à l'ignominie qui allait en rejaillir sur eux, aux yeux d'une multitude ignorante ; aux outrages publics, inévitables et sans nombre, auxquels elle allait les vouer à toujours, cédaient enfin et laissaient l'église agir à son gré. Dire combien d'officiers du roi, au moyen-âge, furent atteints de cette foudre qui frap-

---

¹ *Reg. Echiq.* de 1395.

² « Ecclesiastica persona non debet excommunicare baronem « vel baillivum Regis, vel servientem, vel clericum domûs suæ, « Rege non requisito, vel senescallo suo.» — *Arrest. Scacar. rotom.*; in *Reg. Sancti-Justi* cam. comput. Parisiis, fol. 25 v°, col. 2. — Carpentier, v° Excommunicatio.

pait de préférence les haut placés, il y faudrait des livres entiers ; dans les annales des chapitres, dans les anciens mémoriaux des juridictions laïques, il n'est question, presque, d'autre chose. Plus d'une fois, on le pense bien, l'Echiquier fut appelé à réprimer ces fréquents abus. Un exemple encore parmi tant d'autres que nous trouvons en foule dans ses registres. Il est de l'année 1397 ; la scène se passe à Evreux : il s'agit encore d'un magistrat, de Colin de la Muce, lieutenant du bailli d'Evreux. Pour avoir osé faire arrêter quelques prêtres et clercs qui avaient insulté et frappé en public le substitut du procureur du roi au bailliage, l'excommunication l'atteignit, mais, cette fois, avec toutes les rigueurs, toutes les ignominies qu'elle pouvait entraîner à sa suite. Dénoncé en plein synode et dans nombre d'églises du diocèse, pour excommunié, *engrégé, rengrégié, aggravé* (c'étaient des termes employés pour marquer le dernier dégré d'excommunication), « il estoit ordonné que chacun qui le verroit, crachast contre luy, feist le signe de la croix, et luy déniast son vivre et conseil. » Mais, qu'aurait-ce été encore, si on ne l'eût montré au monde, subissant publiquement toutes ces avanies? La veille donc du Saint-Sacrement, où était célébrée, le soir, à l'Hôtel-Dieu d'Evreux, une grande fête de confrérie, le prieur ayant fait inviter le lieutenant La Muce à venir à la fête, et même à souper

Le lieutenant du bailli d'Evreux est excommunié.

ensuite, avec lui, au prieuré, cet officier s'y était rendu sans défiance, avec sa femme, muni cependant, à tout évènement, d'un acte d'absolution de l'official, qui semblait ne lui permettre plus de rien craindre. Mais, à la male heure y était-il venu ; car, comme il arrivait dans l'église pendant l'office, commença aussitôt la scène la plus étrange que l'on eût vue de long-temps. « *Vous estes excommunié, et en sentence,* (lui cria le prieur, du plus loin qu'il le put apercevoir); *partez de l'esglize, ou, sinon, je ne diray point le service, et despouilleray les dras* (habits) *de l'esglize que vestus ay pour chanter les vespres.* » Cependant, Colin de la Muce s'était hâté de montrer l'acte de l'officialité qui le déclarait absous. Mais, sous prétexte que le sceau y manquait, ainsi que la signature du notaire, le prieur, « mettant la main injurieusement et à coraige meu sur le dict La Muce, crachant plusieurs foix contre luy et faisant le signe de la croix, par manière de admiration et dérision », le poussa violemment hors de l'église, ainsi que sa femme. Ce n'était pas assez ; comme, par la fenêtre d'une maison attenant au prieuré, « *on pouvoit veoir Dieu du dict hostel en ladicte église* », défense bien expresse fut faite publiquement au maître de cette maison, « que il ne souffreist De la Muce aller *veoir Dieu* par la dicte fenestre, ne par son dict hostel. » De là des procédures sans nombre, qui semblaient ne devoir jamais avoir de terme. Mais le tout, à la fin, vint à l'Echiquier de Rouen, où le prieur de l'Hôtel-Dieu, chanoine de la cathédrale d'Evreux, dut recevoir une verte semonce; car, l'amende de *trente escus d'or*, qu'il fut condamné à payer au lieutenant De la Muce, était-elle une punition suffisante de toutes les indignités auxquelles il s'était porté envers cet officier du roi ?[1]

Ces abus, ces entreprises, ces scandales donnaient fort à faire à l'Echiquier, qui, cependant, résistait toujours sans se lasser jamais. Il ne manquait pas de gens enclins à conniver à ces empiétements; qui, par exemple, plantaient des croix sur leurs maisons, pour les ériger, à ce moyen ; *en lieux d'aumosne*, c'est-à-dire relevant de l'église et indépendants des juridictions séculières. L'Echiquier rendait des arrêts pour les faire abattre; on en voit un, par exemple, rendu à Rouen en 1230, pour faire disparaître, sur plusieurs maisons de Pont-l'Evêque, les croix placées par les *Ospitaliers... qui y demandoient jurisdiction comme en leur aumosne propre..... jà soit ce* (quoique) *il n'i eûssent nuleségnorie, fors de douze deniers.....*[2] Ces entreprises se renouvelant sans cesse, une ordonnance de l'Echiquier fut rendue,

---

[1] *Reg. Echiq.*, 1397.
[2] *Arrêts de l'Echiquier*, publiés par M. Marnier, page 155.

qui enjoignait aux baillis « d'en informer diligemment, de pugnir selon le cas, ceulx qu'ilz trouveroient avoir, par fraulde, mis et tenu croix où, d'ancienneté, n'avoient esté et ne debvoient estre, *d'oster* (enfin) *de faict ycelles croix* [1]. »

<small>Le chapitre de la cathédrale de Rouen conteste la juridiction du maire sur les habitans d'une des rues de la ville.</small>

On avait vu le chapitre de l'église cathédrale de Rouen prétendre que tout une rue de cette ville (la rue *Notre-Dame*) était *fief d'aumône*, et partant ne devait relever que du juge d'église. De là un procès entre eux et le maire de Rouen, qui soutenait que la rue *de Nostre-Dame* était *fyeu lay* soumis à sa juridiction. Nombre de témoins, entendus par le doyen de Beauvais et le bailli de Rouen, commissaires délégués pour présider à l'enquête, ayant donné tort au chapitre, et « leur dire, rapporté en Eschiquier, pardevant hommes ennorables les mestres tenanz l'Eschiquier de la Sainct-Michiel 1289, oïes les raisons d'une part et d'autres, il fu jugié et pronuncié par jugement que la dicte *rue Nostredame*, ainsi qu'elle se pourporte, estoit fyeu lay à joutisier (régir judiciairement) au Mère, par réson de sa mèreté, en toutes chouses, et à avoir toute joutice (justice) temporel, ausi comme en fyeu lay purement [2]. » Une ordonnance fort notable avait été rendue à l'Echiquier de 1390. Elle enjoignait

---

[1] *Reg. Echiq.*, 1397.

[2] Charte de 1289. (Archives de l'hôtel-de-ville de Rouen.)

aux baillis et vicomtes, « lorsque aucuns s'efforceroient de procéder en la court de l'églize, de quelque cause dont le jugement debvoit appartenir à la court du roy, d'y résister, de s'enquérir, afin de *garder la juridiction du roy deuement.* » Elle voulait aussi que, dans les causes portées aux officialités sans être de leur compétence, lorsqu'une des parties demanderait à être jugée par la juridiction royale, on déférât aussitôt à cette demande, *soubz les plus griefves punitions* [1].

Les questions de *privilége clérical,* si souvent débattues encore au xvie siècle, avaient dû, on le conçoit, occuper bien fréquemment les Echiquiers. Il ne s'agissait plus seulement ici de maintenir la juridiction du roi, à laquelle on aurait voulu, chaque jour, ravir ses justiciables, sous prétexte de *tonsure;* la société tout entière y était en cause, surtout dans les cas criminels, vu l'indulgence excessive avec laquelle les tribunaux ecclésiastiques traitaient souvent leurs justiciables, afin de propager leur juridiction en la rendant plus désirable aux accusés, qui, aussi, demandaient toujours à grands cris qu'on les y renvoyât. Car le *clerc,* ou prétendu tel, une fois renvoyé au juge d'église, « lorsque la cause en estoit là, eust-il mangé une charrette ferrée,

Prétentions abusives des juridictions ecclésiastiques.

Privilége de cléricature.

---

[1] *Reg. Echiq.,* 1390.

l'accusé en sortoit tous jours bagues sauves, horsmis de la bource ¹. » C'est un docte conseiller au Parlement de Bretagne qui nous le dit; il en parlait ainsi à la fin du XVIᵉ siècle. Qu'avait-ce donc été, aux XIIIᵉ, XIVᵉ et XVᵉ, au temps enfin de notre Echiquier? Elles ne sont pas rares dans ses registres, on le peut bien croire, ces banales allégations de *cléricature,* hasardées à toutes fins pour décliner la juridiction séculière. Dans ces cas-là encore, l'excommunication était toute prête pour les officiers du roi récalcitrants, qui, sur ces dires, sachant bien que croire, voulaient, à bon droit, demeurer saisis. L'Echiquier avait ordonné qu'en cas d'allégation de tonsure et cléricature, « temps compétent seroit donné par le juge, de faire apparoir de la cléricature, que les diligences en seroient faictes par les accusés, à leurs frais, s'ils en avoient les moyens, sinon par les prélats qui les auroient réclamés comme clercs ². » On avait vu l'officialité de Rouen attendre, pour parler de cléricature, et pour réclamer, à ce titre, un prisonnier, qu'il fût condamné et déjà en route pour l'échafaud. Cela arriva un jour à l'égard d'un *larron et crocheteur,* nommé Jehan Le Breton, qui, condamné

---

¹ *Contes d'Eutrapel,* par Noël du Fayl, sieur de la Hérissaye : « *De ceulx qui prennent en refusant.* » Fol. 21 v°, édit. 1597.

² *Reg. Echiq.,* 12 novembre 1466.

à mort tout à l'heure, allait être exécuté sans délai. Mais, aussitôt, l'official l'avait réclamé comme clerc, et avait *lancé des monicions* contre les officiers du roi. « *Jehan Le Breton* (remarquait l'official), *dit avoir eu tonsure et lettres de cléricature en la ville de Caen par monseigneur de Bayeux...* MESMES IL LIT ET ESCRIPT... PAR QUOY IL Y A APPARENCE DE CLÉRICATURE. » Si spécieux que fût l'argument, il se trouva, cette fois, en défaut, après une enquête en forme, qui établit la fausseté de cette allégation de cléricature, et montra qu'à la rigueur on pouvait savoir lire, et n'être point clerc. L'Echiquier confirma donc la sentence du premier juge, et envoya Le Breton à la potence[1].

<small>Homme présumé clerc, parce qu'il savait lire et écrire.</small>

Défendue ainsi avec vigueur et persévérance, l'autorité royale gagnait peu à peu ; et il restait à l'Echiquier des justiciables. Les arrêts qu'il rendit sont venus jusqu'à nous en grand nombre, malgré la perte de plusieurs de ses registres. Nous en avons rapporté quelques-uns du XIIIe siècle ; ceux des XIVe et XVe siècles offrent un bien plus vif intérêt. L'usage s'était établi, avec le temps, de ne plus consigner un arrêt au registre sans raconter assez au long le procès, sans reproduire en substance les dires des parties litigantes ou des avocats chargés

<small>Les arrêts de l'Echiquier, aux XIVe et XVe siècles, sont curieux, pour la plupart.</small>

---

[1] *Reg. Echiq.*, 29 octobre 1474.

de parler pour elles. Si l'on songe, maintenant, que la plupart des procès qu'avait à juger l'Echiquier s'agitaient entre des barons, des chevaliers, des évêques, des abbés, des chapitres de cathédrales, entre les baillis du roi et les officialités ; qu'ils naissaient des situations respectives de ces corps si haut placés, de ces éminents personnages; des droits, des prérogatives en litige entre eux; de ces grands et puissants intérêts en opposition et aux prises; d'un état social éminemment poétique; des entrailles du moyen-âge, pour tout dire, de cet âge si merveilleux de notre histoire, on comprendra quelle mine féconde sont les registres des Echiquiers en révélations intimes sur les mœurs toutes pittoresques, sur les ardentes passions de ce temps qui n'est plus, et dont les hochets, apparemment, valaient bien les nôtres. Il était assez rare que l'on vînt se quereller devant l'Echiquier pour un ruisseau, pour un passage, ou pour un mur. Des choses de plus haut prix y étaient chaque jour en dispute. Déjà nous avons vu quels grands conflits s'offraient à juger entre les baillis et les officialités, entre le siècle et l'église ; d'autres fois, c'était une abbaye, un évêché en litige entre deux contendants, dont l'un montrait des provisions du roi, l'autre une bulle du souverain pontife, ou une délibération, soit des religieux, soit des chanoines qui l'avaient élu; un vassal en procès avec son suzerain ; des guerres à pacifier entre des gentilshommes puissants qui ne pouvaient s'émouvoir et sortir armés de leurs manoirs sans entraîner tout un pays dans leurs querelles ; des duels légaux à organiser entre des nobles et entre des vilains ; des paroisses à contraindre au *guet,* ou à en déclarer affranchies ; de curieuses redevances à avérer; des crimes à prouver par le feu, par l'eau, par le duel encore, à punir quelquefois par l'échafaud, par des amendes, par de curieux châtiments oubliés aujourd'hui.

Imaginez, dans un temps si poétique, de telles gens se débattant devant un si haut tribunal, au conspect de la province tout entière, représentée là par l'élite de tous les ordres, s'y disputant pour de si grands intérêts, pour la crosse, une chose si haute, pour l'honneur, l'honneur d'un baron, d'un chevalier, pour la juridiction, c'est-à-dire pour l'empire; puis, le débat une fois jugé, son histoire consignée en détail au *Registre,* son histoire complète, quoique sommaire encore, c'est-à-dire le narré du fait, occasion première du différend, les plaidoyers des parties, le dire des gens du roi ; l'arrêt enfin, qui termine tout : dites, que seront, maintenant, les registres des Echiquiers, sinon de véritables chroniques, des récits attachants, non plus de guerres, de siéges et de batailles, mais de la vie intime de chaque jour, vie qui, à cette époque, n'a rien de vulgaire, d'uniforme, d'effacé, de monotone comme notre vie d'aujourd'hui, mais vie toute passionnée, aventureuse, semée d'incidents variés et piquants; vie, enfin, qui ne s'émeut guère que pour des choses qui le valent, la puissance et l'honneur !

Les registres de l'Echiquier, conservés au palais à Rouen, sont en français; le premier seul (de 1336 à 1342) excepté, qui, encore, contient autant d'arrêts français que de latins.

C'est trop nous complaire, sans doute, dans des idées générales, qui ne sauraient jamais nous dispenser d'offrir aux lecteurs quelques détails, quelques particularités de ces jugements qui nous ont tant intéressé, quelques extraits, en un mot, de ces registres, que nous avons eu tant de plaisir à lire. Le langage, à lui seul, offre un assez vif intérêt; car c'est le vieux français, c'est la langue qu'aux XIV⁰ et XV⁰ siècles parlaient nos pères. Farin, en disant « que la plus part des vieux registres des Echiquiers sont en latin [1] », montre assez qu'il n'avait lu que les premières pages des deux ou trois plus anciens de ces registres; tous étant en français, hormis le premier (de 1336 à 1342), qui, encore, renferme autant de *dictums* français que de latins. Donc, avec l'intérêt des faits, ces vieux mémoriaux offrent aussi ceux de la langue. Mais

Arrêts de l'Echiquier, en matière criminelle.

qu'y prendre; qu'y laisser? quel ordre suivre, et par où commencer? Par le crime, d'abord, dont

Du cri de haro.

jusqu'ici nous n'avons point parlé dans cet ouvrage.

---

[1] Farin, *Histoire de la ville de Rouen*, tom. 1ᵉʳ, chap. 25.

Un vol venait d'être commis, ou bien un homme, frappé à mort, gisait là nageant dans son sang chaud et fumant encore. Le voleur, le meurtrier s'était enfui après son crime. N'est-ce pas là toujours le premier acte de ces tragédies dont le dénouement a lieu sur un échafaud? Aussitôt, s'élevait, contre lui, de toutes les bouches, le redoutable *haro*, ce célèbre cri normand, qui, quelle que soit son étymologie, signifiait pour tous: saisissez le coupable; livrez-le au juge; qu'il en soit fait prompte justice! Or, alors, en Normandie, « quand quelqu'un faisoit le haro sur vous, il falloit, par nécessité, feûssiez-vous vestu de veloux verd, que vous fissiez solempnellement vostre entrée en prison [1]. » Cependant, le cri, le *hus*, comme on l'appelait encore, répété de proche en proche, de rue en rue, de logis en logis, allait se propageant, s'accroissant toujours, infatigable, poursuivant le coupable comme son remords. « A ce cry debvoyent yssir ceulx qui l'avoyent ouy, se ilz voyoient meffaict où il y eust péril de vie ou de membres ou de larcin, par quoy le malfaicteur deubst perdre vie ou membre, ilz le debvoient retenir ou crier *haro* après luy... Aul-

---

[1] *Les Contes et Discours d'Eutrapel*, par le feu seigneur de la Hérissaye, gentilhomme breton, au chapitre : « *N'entreprendre trop hault, et hanter peu les grands.* » Folio 16 r° et suiv., édit. de 1597.

trement (disait la loi), sont-ilz tenuz à l'amender au prince [1]. »

C'est à quoi l'Echiquier tenait avec rigueur; car, dans ces temps-là, la force publique n'étant guère bien organisée, le *chacun pour soi* eût été une règle meurtrière autant qu'absurde; et tous devaient veiller à la sûreté de tous. Ainsi, en 1220, un juif avait été assassiné dans les rues de Bernay, sans qu'on eût eu de nouvelles du meurtrier, grâce à l'apathie des bourgeois, qui, entendant le cri de *haro*, étaient demeurés tranquilles dans leurs maisons, se disant apparemment : *ce n'est rien; c'est un juif que l'on tue*. Mais, dès la Saint-Michel qui suivit, on voit s'en indigner les maîtres de l'Echiquier, réunis en jugement à Falaise; tous ces bourgeois inhumains ou égoïstes seront mis en cause; et il faudra que chacun d'eux amende chèrement une inaction si coupable, ou établisse authentiquement, par six témoins, qu'il n'a pu rien voir ni rien entendre [2].

Une autre fois, ce sont les *bourgeois, manans et habitans de Saint-Lô*, qui, malgré le cri de *haro*, restant cois aussi en leurs maisons, ont laissé ar-

---

[1] *Le grand Coustumier du pays et duché de Normendie*, ch. 54 : « De haro. »

[2] Ms. de Rosny; Bibl. royale.

racher des mains des sergents un criminel que l'on conduisait à la geôle. Ils sont là tous, devant l'Echiquier, en jugement; et, le fait étant bien avéré, « présentement, ilz l'amendent en pleine court¹. »

L'accusé arrêté, venaient la torture, le jugement en public; nous en avons parlé ailleurs : ne nous répétons pas. Je vois, en 1213, l'Echiquier séant à Falaise soumettre à l'épreuve du fer rouge un Normand accusé de voies de fait, et qui, lui-même, d'ailleurs, s'est offert à subir cette épreuve ². En Normandie, c'était « une grande plataine de fer chauld, sur quoy on faisoit mectre les mains de l'accusé. » Le supporter sans sourciller, était une marque indubitable d'innocence. Ressentir, montrer surtout de la douleur, c'était se confesser coupable ³.

Epreuve du fer rouge.

L'église, disons-le à son honneur, avait fait rejeter dans la suite ce mode d'instruction criminelle. « Iceulx tourments estoient inhumains et rigoureux, tant que, aulcunes fois, par leur rigueur, les accusez renvoyent leur créateur... Cela sembloit une manière de faire tenter Dieu... A la

---

¹ *Reg. Echiq.*, 1403.
² *Concilia rothomag. Prov.*, Bessin, 1ʳᵉ partie, pag. 110.
³ *Glose sur le Chap.* 77 *du grand Coustumier du pays et duché de Normendie.*

requeste, donc, des gens d'église, telz tormentz et manières de faire avoient esté deffenduz et ostéz » [1].

Le duel judiciaire en Normandie.
Combat judiciaire ordonné par l'Echiquier.

Mais, plus d'une fois, dans la suite, nous trouvons le *duel judiciaire* ordonné par l'Echiquier ; en 1337, notamment, entre le sire de Beuzeville, chevalier, qui a tué le sieur du Fay, et Robert du Fay, fils de ce dernier, qui veut venger la mort de son père. Le bailli de Lillebonne avait décidé que, dans l'espèce, il ne devait point y avoir bataille ; mais quatre chevaliers, arbitres acceptés par les parties (Guillaume de Meullenc, Robert de Neufbourg, Arnoul d'Oilly et Jehan du Fresnoy), après un mûr examen de l'affaire, étant, au contraire, d'avis de la bataille, l'Echiquier « assigne jour pour la dicte bataille faire au mardi après la quinzaine de la Sainct-Michel prouchaine, à venir *ou chastel de Rouen.* » Aussitôt, ils font « arrester les deux chevaliers et mectre main à eulx, jouxte ce qui de coustume doibt estre faict. » Ceux-ci, au reste, « chacun de soy, *levant leurs mains*, disent qu'ilz se tiennent tous arrestéz ; donnent plèges (cautions) de eulx comparestre et estre au jour assigné, corps pour corps. » Ces plèges ou

---

[1] *Glose sur le chap.* 77 *du Coustumier du pays et duché de Normendie.*

garants sont, pour le sire de Beuzeville, messeigneurs Pierre de Bailleul, Nicole Males-Mains, Jehan de Rouveray, Robert de Houdetot; pour Robert du Fay, messeigneurs Jehan du Fay, Olivier de Bondeville, Simon d'Auzouville, *chevaliers*, et trois *écuyers* : Brisegaut de Feugueray, Thomas de Thiboutot, et Pierre du Fay; il en a fallu trois à la place d'un quatrième chevalier, que Robert du Fay n'a pu trouver[1]. — Une autre fois, le sieur de Buffresnil, écuyer, vient à l'Echiquier « se plaindre de Guillaume du Bosc et de ses complices qui l'ont battu et navré à sang et playes, force et cry de haro, en la paix de Dieu et de justice, en enffraingnant la défense à eux faicte naguère aux assises de Montivilliers. Se le dict Guillaume du Bosc le nyoit (dit-il), ou mectoit en doubte, je le luy veulx faire recongnoistre en une heure de jour, par bataille de mon corps contre son corps, et de ce j'offre mon gage. » Mais Guillaume du Bosc ne se voulait point battre. « En la matière (disait-il), n'y a mort, meshaing[2], mutilacion ou trefves enfrainctes; ne le cas n'est point criminel pour quoi gaige de bataille s'en doye ensuyr, et ne chèt gaige en la matière. » — Après

Combat demandé par un gentilhomme; l'Echiquier refuse de l'ordonner.

---

[1] *Reg. Echiq.*, 1337.

[2] *Meshaing*, méhain, blessure considérable. — D. Carpentier, *Suppl. Cang*, v° **MAHAMENTUM**.

leurs dires, « fu demandé aux sages conseillers estans en l'Eschéquier; après, en fu demandé aux chevaliers, par le jugement des quieux, oyes les oppinions des dis assistens, jugié fu (en effet) *que ce n'estoit point le cas du gaige de bataille* [1].

A mesure qu'approchent davantage les temps de civilisation, l'Echiquier rend plus fréquemment de semblables arrêts; les demandes de combat deviennent aussi plus rares; à la fin, on n'en entend plus du tout parler. Que se passait-il donc dans ces curieux combats si long-temps en usage entre nos pères? Nous le voyons par tout ce que nous en racontent les rédacteurs et les glossateurs du *Grand Coustumier*. Contentons-nous, toutefois, de ce qu'ils nous ont appris des combats entre roturiers; car que pourrions-nous dire ici des combats entre nobles, que l'on n'ait déjà lu partout dans les histoires? L'espèce du Coutumier normand est celle d'un fils qui, voulant venger la mort de son père homicidé, vient dénoncer à la justice celui qu'il croit coupable du meurtre, et demande qu'il lui soit permis de se battre avec lui. « Je me plainctz (disait-il) de Loys qui a meurdry (tué) mon père félonneusement en la paix de Dieu et du duc, que je suis prest de prouver et le luy faire

<small>Formes du duel judiciaire entre roturiers, en Normandie.</small>

---

[1] *Reg. Echiq.*, 1397.

congnoistre (confesser) en une heure de jour. »
L'accusé, présent, niant le fait de point en point,
jetait son gage; l'accusateur le sien; la justice les
recueillait aussitôt; accusateur, accusé donnaient
caution de combattre. Tous deux, cependant,
étaient immédiatement conduits aux prisons, où ils
demeuraient quelque temps. Là, étrangers souvent au maniement des armes, les deux roturiers
trouvaient « ung maistre qui les enseignoit ès
armes, et les autres choses qui *mestier* [1] leur estoient [2]. » Ce maître, on le conçoit, leur avait
été donné par la justice, mais à leurs frais. Au jour
fixé par la bataille, les deux prisonniers devaient,
avant midi, revenir à l'audience de l'Echiquier,
en équipages d'hommes roturiers prêts au combat, *le bâton cornu* et *l'écu à la main*, pour toutes
armes, les cheveux rognés au-dessus des oreilles.
Au jour du défi, acte avait été dressé de leurs dires;
on leur en donnait lecture aujourd'hui; tous deux
s'en tenant à ces premiers termes, étaient, à l'instant même menés au champ du combat. « *Qui
estes-vous, et que demandéz-vous?* » leur disait le
gardien du champ, lorsqu'ils se présentaient à la

---

[1] *Mestier*, nécessaire, qui peut servir, du mot « *ministerium*. »
D. Carpentier, v° MINISTERIUM.

[2] *Grand Coustumier de Normendie* : « *De Trefves frainctes*, »
titre 76.

barrière. — « *Nous venons en ce champ, pour faire nostre debvoir* », répondaient-ils tous deux après s'être nommés. — « *Voulez-vous entrer icy dedens pour cest effect ?* » leur demandait-on encore. — « *Oÿl* », répondaient-ils. Les barrières, alors, s'ouvrant devant eux, chacun d'eux s'acheminait vers une tente dressée exprès, d'où il ne pouvait voir son adversaire. Cependant, quatre chevaliers gardaient le champ, et devaient être les témoins du combat. Nombre de gens d'armes venus là pour *garder la bataille* contenaient la multitude en dehors des lices, et l'empêchaient de les franchir. Des sergents criaient à cette foule émue et bruyante : « *Au nom du Roy, que aulcun de ceulx qui illec sont ne soit si hardy, sur peine de la hart, de faire aux champions ayde ne nuysance, par faict ne par dict.* » Bientôt, sortant de leurs tentes et conduits au milieu du champ, les deux combattants s'y agenouillaient l'un devant l'autre, sans armes ; l'accusateur à droite, l'accusé à gauche, se tenant l'un l'autre par la main. Interrogés successivement sur leurs noms de baptême, ils les faisaient connaître. A la question : « *s'ilz croyoient eu père, eu filz et eu benoist sainct Esprit, et se ilz tenoient la foy que saincte église garde* », s'ils eussent répondu négativement, on ne les aurait point laissés combattre ; reconduits sur l'heure aux prisons, on leur eût fait leur procès comme hérétiques ; mais ils ne manquaient pas de répondre *oÿl;* l'accusé, donc, prenant alors la parole, disait à son accusateur : « *Oës* (écoute), *homme que je tien par la main senestre, qui Richart te faiz appeller en baptesme, que ton père ne meurdry* (ne tuai) *en félonnye; ainsi m'aïst* (m'aide) *Dieu et ses sainctz.* » — « *Oës* (répondait l'accusateur), *homme que je tien par la main dextre, qui Loys te faictz appeller en baptesme, que des parolles que tu as jurées, tu te es pariuré; ainsi m'aïst Dieu et ses sainctz.* » La sorcellerie étant un moyen déloyal par lequel le combat serait devenu un guet-apens : « *Par moy, ne par aultre, n'ay faict apporter sorceries* (sortiléges) *en ce champ, qui me puissent ou doibvent ayder, ne à mon adversaire nuyre* », disait successivement chacun des deux champions, la main sur les évangiles. Alors, leurs armes leur étaient rendues, et ils allaient se mettre en prière dans leurs tentes, entre lesquelles se tenaient, en ce moment, les quatre chevaliers gardes du champ. Pendant quoi, les sergents, s'adressant de rechef à la multitude toujours croissante, toujours plus tumultueuse : « *Que aulcun ne se meuve* (criaient-ils), *ne mecte la main ès lices, ne crache, ne tousse, ne face aucuns signes quelsconques, pour doubte que ce n'ayde ou nuyse à l'un des champions.* » Leur prière finie, sortaient de leurs tentes les deux combattants, auxquels on criait : « *Faictes vostre debvoir.* » A ce signal, ils en venaient aux mains, les quatre chevaliers gardant toujours les entrées du champ. Si, au moment où les étoiles paraissaient au ciel, l'accusé tenait bon encore sans s'être laissé vaincre, son innocence était, dès-lors, avérée pour tous; le combat cessait, et il n'y avait plus rien à lui dire. N'avait-il pu, au contraire, tenir devant son accusateur, ou était-il mort durant le combat? c'était la preuve de son crime; on le traînait en hâte, mort ou vif, au gibet [1], et ses biens *meubles* étaient pour le roi [2].

Mais c'était entre nobles surtout qu'étaient fréquents les gages de bataille. Ces chevaliers et ces écuyers, toujours prêts à se ruer armés les uns sur les autres, il fallait que l'Echiquier fût occupé sans cesse à les contenir. A son audience, et souvent aussi à l'hôtel de son président (assisté toutefois des autres *maîtres*), paraissaient ces indisciplinables guerriers pour y recevoir des injonctions et y contracter des engagements de paix et de bon accord. En 1386, il n'était bruit, devers Lisieux, que de menaces, de rencontres sanglantes entre les seigneurs de Reux, et les Du Mesnil, par suite du meurtre commis par les De Reux, sur un Du

Trèves et paix entre gentilshommes, jurées devant les maîtres de l'Echiquier.

---

[1] *Le grand Coustumier de Normendie;* « *De suyte de meurdre* », chap. LXVIII.

[2] Echiquier tenu, à la Saint-Luc, à Rouen, en 1245. — Arrêts publiés par M. Marnier, pag. 199.

Mesnil. La famille de Reux ayant obtenu de la reine des lettres de rémission (*de joyeux avènement*), l'Echiquier, malgré tout ce qu'ont pu dire les plaignants pour faire ordonner le *combat judiciaire*, décide que « au cas présent, il n'y aura aucun gage receu. » Mais ce n'est point assez. A un jour fixé, tous ces gentilshommes, irréconciliables ennemis, comparaissent « devant messeigneurs de l'Eschiquier, en l'ostel de monseigneur le président. » Là, défense leur est intimée à tous « que il ne facent faict de guerre ne de assemblée l'un contre l'autre. » — « Et (dit le registre) ainsi l'ont promis et juré, sur paine de confiscation de corps et de biens, en la main de monseigneur le président. » Du reste, les lettres de rémission ayant laissé entier le droit des parties plaignantes à une réparation civile, les De Reux (l'Echiquier le règle ainsi) devront payer aux Du Mesnil 600 livres tournois, dont 200 livres « à mectre en prières pour l'âme du mort, à l'ordonnance de monseigneur l'évesque de Lisieux[1]. »

C'était une *trefve*, comme parlait notre ancien *Coustumier*, ou, mieux encore, une *paix* conclue entre ces familles, qui, ainsi liées devant les juges, devant le roi, devant Dieu, ne pouvaient plus, sans

---

[1] *Reg. Echiq.*, 8 juin 1386.

parjure, « se faire mal, ne s'en faire faire, ne par elles, ne par d'autres¹. »

Punition singulière de celui qui, en Normandie, avait calomnieusement accusé quelqu'un de vol ou de meurtre.

Dans ces procès et dans cent autres semblables dont nous pourrions parler, il s'était agi de meurtres que confessaient leurs auteurs, ou dont ils se trouvaient convaincus par l'événement du combat. Mais malheur au misérable qui, sans jeter le gage de bataille, aurait calomnieusement imputé ce crime à un innocent! Sans parler des grosses amendes dont il était mulcté, il lui fallait venir à l'Echiquier, l'audience tenante, ou à l'église, un jour de fête, faire publiquement au calomnié une réparation dont la forme humiliante et bizarre redoublait pour lui l'ignominie. Debout devant la cour, et « se tenant le bout du nez », *Pierre* (devait-il dire) *de ce que je t'ay appellé larron ou homicide, je ay menty, car ce crime n'est pas en toy; et, de ma bouche, dont je l'ay dict, je suis mensongier.* » La loi normande avait infligé au calomniateur cette honte publique, « afin que il apparust que le vice par luy mis sur la personne n'estoit pas en elle, puisque son accusateur confessoit ainsi sa calomnie². »

---

¹ *Cang. Gloss.*, v° TREVA. — *Vetus Consuetudo normann.* Ms., part. II, cap. 10.

² *Grand Coustumier de Normendie*, chapitre 86 : « *De querelle qui naist de Mesdict.* »

Au lieu que, de nos jours, un crime ne regarde que celui qui l'a commis, et que lui seul doit en pâtir, dans la législation normande, tout crime avéré attirait la malédiction et la peine sur le coupable et sur les siens. « Aulcun homme engendré de sang damné ne pouvoit avoir, comme hoir, aulcune succession d'héritage [1]. » Les biens du condamné allaient au fisc; son père venant à mourir après lui, les petits enfants n'y pouvaient rien prétendre, et sa succession allait au parent le plus proche après eux [2]. Ajoutons qu'il en fut ainsi en Normandie jusque sous le roi de France Henri II, où les trois enfants mineurs d'un condamné supplicié, ayant été déclarés exclus, par le bailliage de Rouen, de la succession de leur aïeul, mort après leur père, la cause fut portée au Parlement, qui fit faire des enquêtes par *turbes*, et trouvant que cette exclusion prononcée par le bailliage de Rouen ne l'était plus depuis long-temps dans les six autres bailliages de la province, déclara, par son fameux arrêt du *sang damné*, abrogée, par non usance, cette dure coutume qui, depuis Rollon peut-être, régissait la province [3]. Tous, ainsi, étaient

Arrêt du sang damné.

---

[1] *Grand Coustumier de Normendie*, chap. 24 : « *De Assise.* »

[2] *Grand Coustumier de Normendie*, chap. 98 : « *De Brief de mort d'ancesseur.* »

[3] *Reg. du Parlement*, 26 août 1558.

intéressés à se maintenir les uns les autres dans la voie droite; une sorte de tutelle mutuelle liait étroitement les familles, et en plaçait tous les membres sous la plus active surveillance. L'amende, la confiscation, écrites partout dans nos lois, avertissaient le proche de veiller sur ses proches, et de ne les point laisser faillir. L'Echiquier entrait dans cet esprit; on le voit par ses nombreux arrêts. Un homme expirait-il, laissant des monceaux d'or? quelle proie pour d'avides héritiers! Mais venaient quelquefois les gens du roi, qui prouvaient que ces richesses avaient été le fruit de l'usure; c'en était assez: l'Echiquier, conformément à la loi normande, adjugeait tout cet or au roi, à moins que les héritiers n'établissent que, pendant plus d'une année avant sa mort, leur auteur n'avait point fait l'usure, ou que la justice ne pût prouver qu'il l'avait faite dans ce laps de temps[1].

Les biens meubles de l'usurier appartenaient au roi, par confiscation.

Du suicide en Normandie.

Un autre avait-il péri d'une manière étrange et qui pût faire soupçonner qu'il s'était donné la mort? les magistrats instruisaient aussitôt; car, d'abord, en cas de suicide avéré, le cadavre du défunt devait être ignominieusement traîné à la voirie, ou tout au moins en terre profane; les

---

[1] *Reg. Echiq.*, passim. — *Grand Coustumier*, chap. 20 : « De Usuriers. » — *Cang. Gloss.*, v° USURARII.

juges l'ordonnaient ainsi par sentence expresse. Combien, dans les anciens comptes des quatorzième et quinzième siècles, nous avons vu de sommes allouées « pour porter enterrer as champs N... de Rouen, qui se pendi... [1]. » Mais, de plus, tous ses meubles, en ce cas, étaient dévolus au roi. Aux héritiers donc appartenait, alors, d'établir que, « par adventure, leur parent avoit esté noyé, ars, tué, froissé en ung fossé, ou aggraventé en une rive »; qu'enfin, quand il avait péri, « il ne se entendoit pas à occire [2] »; sans quoi, les meubles du mort allaient au domaine. Ainsi en advint-il, en 1342, à l'égard de Guillaume Le Pelletier qui, coupable de vol, et voyant son crime découvert, s'était allé jeter dans une mare, pour fuir les juges et se soustraire au supplice. L'official de Lisieux était bien venu dire que Le Pelletier était mort par accident, en cherchant un mouton égaré, et que ses meubles devaient revenir à l'église, parce qu'il était mort *intestat*; mais une enquête eut lieu, et le suicide étant bien avéré, l'Echiquier adjugea les meubles au roi, « à cause de la confiscation, *selon la coustume* [3]. »

---

[1] Anciens Comptes mss. de la vicomté de Rouen; un de 1369, entre autres.

[2] *Grand Coustumier*, chap. 31.

[3] *Reg. Echiq.*, 1342.

Force était aux enfants du *for-banni*, du *for-juré*, d'errer par le monde comme leur père; car les maisons du coupable « debvoient estre arses, en tesmoing de son dannement, afin que la remembrance de sa félonnie donnast à ceulx qui viendroient après luy, exemple de bien et paour de mal¹. »

Amendes.

Parlons, maintenant, des amendes, peine si usuelle alors, qu'il n'y avait jour où elle ne fût appliquée, dans des cas même dont la gravité aurait semblé devoir appeler, sur les coupables, de bien autres rigueurs. Mais, disait un proverbe du temps, « *mieulx ne sçauroit-on chastier le vilain que par la bourse.* » En Normandie, législateurs et juges avaient vu dans l'intérêt, le plus sûr *retenail* pour contenir les hommes, et mettre quelque frein à leurs passions désordonnées. Tous, donc, les nobles comme les vilains, étaient châtiés par la bourse; et, dans les registres de l'Echiquier, on voit nombre de condamnations à l'amende. Un exemple entre mille; il est de l'an 1342, et peint fidèlement les violences des nobles de ce temps-là. Cette fois, il s'agissait de Robert de Tournebu, chevalier, seigneur d'Auvilliers, et de dix ou douze autres, tant chevaliers qu'écuyers et vilains. Tous

---

¹ *Grand Coustumier*, chap. 24 : « *De Assise.* »

s'attaquant à un clerc du prieuré de Beaumont en Auge, qui jouait à la *bonde* (on appelait ainsi, dans le Lieuvin, le jeu de paume[1]), « l'avoient battu énormément et villainement, le frappant de grans bastons, l'accaablant, le navrant de cousteaux, le traînant par les piez parmi la rue, si hideuzement et énormément » qu'ils le croyaient mort, et allaient s'enfuir, lorsque ces mots : « *Nostre Dame aidiez moy !* » que prononça le mourant, réveillant leur rage, de rechef ils se ruèrent sur lui, « le despéçant avec leurs esperons par les *naches*[2] et par les gambes, ès bras et partout le corps. » De tous côtés, cependant, étaient survenus des villageois au secours du clerc, qui criait *haro* ; et il y en eut de grièvement blessés dans la résistance qu'ils opposaient aux chevaliers. La multitude, toutefois, augmentant toujours, ces forcenés songèrent à la retraite. « *Di à ton maistre* (s'écria le héros de la scène), *que ce a fait Robert de Tournebu, sire d'Auvillier.* » Après des procédures et des enquêtes dans lesquelles tout le pays avait été entendu, l'affaire vint finir à l'Echiquier, où « eu, sur ce, conseil, o grant délibéracion, Robert de Tournebu fut condamné à 400 livres

---

[1] Carpentier, *Suppl. Gloss. Cangii*, v° BONDULA.

[2] *Naches*, du mot latin : « *nates* » ; il a le même sens.

d'amende; Pierre de Clerbec, à 200 livres ; Jean de Clerbec, à 300 livres; les autres, chacun à 10 livres [1].

Ici, le délit, la peine, tout était grave. Je ne sais ce que pourront penser les lecteurs, d'un chevalier Jean de Quénel, qui, ayant été battu et maltraité par les gens d'un autre chevalier, Jean d'Assigny, s'en alla plaindre, non à ce dernier, mais à l'Echiquier, et parut très content des 363 livres tournois de dommages-intérêts que lui adjugea cette cour. A la vérité, en compensation d'une partie de la somme, on lui donna « des armes pour soy armer de toutes pièces, bien et suffisaument, à la guise et façon du temps présent, et telles comme il qui estoit noble et tenoit fieu noble de chevalier, porteroit se il alloit en la guerre et arrière-ban. » Deux conseillers de l'Echiquier avaient estimé ces armes, chevaux et harnois, à 100 livres 11 sous 3 deniers tournois; le reste fut donné en argent; moyennant quoi le chevalier, après avoir été battu, fut content [2]. Ce fait et mille autres semblables, sur lesquels nous devons nous taire, étaient dignes encore, si l'on veut, d'occuper, un instant, l'Echiquier. On peut s'étonner davantage de le voir souvent prononcer des amendes pour des peccadilles qu'aujourd'hui nos tribunaux correctionnels

---

[1] *Reg. Echiq.*, 1342.

[2] *Reg. Echiq.*, 1386.

estimeraient à peine dignes de leur audience ; en 1400, par exemple, une amende de dix livres contre Crespin de Huval, écuyer, qui, « trouvé, *hors heure*, en la *rue des Belles-Femmes*, à Rouen, s'est rebellé et efforcié contre les sergentz qui lui vouloient oster son coustel. » Passe encore, si l'on veut, pour cette rebellion à justice. Mais, que dire d'une amende de « trois solz contre Jehan des Cotz, pour *une buffe* (un soufflet) baillée à Martin Lesellier ; d'une autre de vingt sous « contre Jehan Poullain, pour ce qu'il avoit voulu avoir et appliquer à soy indeuement *ung mantel appartenant à ung frippier* » ; d'une troisième, de dix sous, contre Colin Leclerc, « pour deux coups de poing donnés à Michel Leconte » ; d'une quatrième, de vingt sous, contre Pierre Tireleu, « pour une *buffe* donnée à une femme » ; d'une cinquième, de dix sous, contre un valet boucher, « pour une *buffe* donnée à Marion Frimont, *fille de joie*[1] » ?

Amendes prononcées par l'Echiquier, pour de légers délits.

L'Echiquier, las, à la longue, de perdre le temps à évaluer ainsi des jeux de mains, avait fini par dresser une sorte de pancarte énumérative de toutes les voies de fait qu'on avait pu imaginer possibles entre hommes grossiers et mal civilisés ; classant ces méfaits selon leur gravité, puis les

Tarif des crimes et délits.

---

[1] *Reg. Echiq.*, 1400.

taxant, les tarifant comme des droits de péage à percevoir sur des passants ou sur des marchandises, aux barrières d'un pont, à l'entrée d'une ville. Ce tarif, arrêté en 1406, nous a paru devoir être reproduit ici tout entier :

« D'un coup de poing, douze déniers.

« D'un coup de poing, avec pierre, cinq sols.

« D'un coup de paulme, cinq sols.

« De burguer (*pousser, heurter*), sans cheoir, cinq sols.

« De heurter, à poing clos, cinq sols.

« D'un barbouquet (*soufflet, coup de la main sous le menton*), cinq sols.

« De cracher au visage, cinq sols.

« D'arracher le chapperon, cinq sols.

« De tirer le nez, sans sang, cinq sols.

« Et s'il y a sang, dix sols.

« De prinse de gorge, d'une main, cinq sols.

« De prinse (de gorge) à deux mains, dix sols.

« D'un coup de pied, dix sols.

« De fouller aux genoux, dix sols.

« D'un caable (*l'action d'abattre et de jeter par terre*), dix huict sols.

« D'un train (*bâton*), dix huict sols.

« D'un coup d'espée, ou baston, sans sang, dix sols.

« Et s'il y a sang meurdry, dix huict sols.

« De playe à sang au-dessous des dents, trente-six sols.

« De playe au-dessus des dents, soixante et douze sols.

« De test (*crâne*) descouvert, sans froisser, soixante douze sols.

« Et s'il est entamé sans méhaing (*blessure considérable, mutilation*), sept livres quatre sols.

« De test fendu, sept livres quatre sols.

« De bras rompu, ou de jambe rompue, sept livres quatre sols.

« De fistule engendrée, vingt cinq livres.

« De dents de derrière rompues, pour chacune fois, sept livres quatre sols.

« Et si les quatre de devant sont rompues, il est jugé à méhaing, et de chacune d'icelles, semblablement[1]. »

Dans le *Grand Coustumier de Normendie*, plus ancien que ce tarif, on en trouve un autre qui taxait *un coup de paulme à cinq solz; un coup de poing à douze deniers; l'abateure à terre, que l'on appelle acabler, à dix huict solz; la playe à sang, à trente six solz*[2]. Mais ce tarif, qui en demeurait

---

[1] *La Bibliothèque ou Thrésor du droict françois*, de Laurens Bouchel, v° INJURES, t. II, p. 416.

[2] *Grand Coustumier*, tit. 85 : « *De simple querelle personnelle.* »

là, était loin, on le voit, d'avoir prévu tous les cas; l'Echiquier y sut bien pourvoir par un autre plus complet, que nous avons dû reproduire.

Condamnations à des amendes honorables.

Après l'amende *utile* ou *profitable,* comme on parlait en ce temps, venait l'amende *honorable,* réparation humiliante pour le délinquant, et dont nous avons indiqué la forme spéciale pour le cas d'une accusation calomnieuse de meurtre ou de vol. En 1397, des écuyers et des bourgeois firent *amende honorable,* mais sous une forme différente, des voies de fait dont ils s'étaient rendus coupables envers le prieur et les religieux de Montaure, les injuriant, les frappant avec des bâtons et des épées, brisant enfin les portes du prieuré, et y faisant d'incroyables dégâts. C'était, avec cette maison religieuse, avoir insulté la royale abbaye de Saint-Ouen de Rouen, dont le prieuré de Montaure était l'une des succursales, et le roi lui-même qui avait mis ces religieux *en sa sauvegarde.* Un jour donc, à Montaure, on vit revenir au prieuré l'écuyer Ouyvel et ses complices, non plus arrogants cette fois, armés de toutes pièces, et prêts à tout briser, mais « *nudz pieds, sans chaperon, sans ceinture,* portans et tenans dans leurs mains chascun ung cierge de cire de deux livres pesans. » C'était à un jour de fête de Notre-Dame, la foire tenant à Montaure. L'affluence était donc grande, et ce jour, sans doute, n'avait pas été choisi sans dessein. Ils s'étaient directement rendus au prieuré. « Là, publiquement, en présence de nombre de gens, ilz s'agenouillèrent devant damp Naguet, prieur, lui amendèrent lesdiz excedz et maléfices, lui requérant humblement que il leur pardonnast »; ce qu'il fit. Se relevant alors, on les vit entrer dans l'église du prieuré, y offrir leurs cierges, payer enfin au prieur 200 livres *d'amende proufitable.* Peu de jours après, dans l'église abbatiale de Saint-Ouen de Rouen, eut lieu une scène semblable de tous points, où figuraient les mêmes acteurs. Seulement l'amende profitable ne fut, cette fois, que de cent livres tournois. Tout cela s'était fait ainsi, par ordre de l'Echiquier [1].

Il y avait, au reste, des crimes que n'auraient pu racheter ni l'or, ni la honte, et qui ne s'expiaient que par du sang. Plus d'une fois l'Echiquier fit dresser le pilori, monter l'échafaud, planter des potences, allumer des bûchers, fouir la terre pour y jeter vives des femmes condamnées à mort, quel qu'eût été leur crime; car la pudeur ne semblait point permettre, anciennement, qu'on les fît mourir à la potence; et des lettres de rémission, accordées, en 1414, à une femme de Limoges, « condampnée *à estre et morir pendue* », sont le premier

Quelques arrêts de l'Echiquier, en matière criminelle.

---

[1] *Reg. Echiq.*, 13 juin 1397.

exemple que nous connaissions du supplice de la corde, infligé à une femme [1].

Il semble que ce supplice ignominieux de la potence pût terminer alors indistinctement les jours du noble et du vilain, du gentilhomme et de son valet. Une année, on voit « messire de Garencières et deux de ses vallès, jugiés par l'Echiquier à estre pendus tous trois, pour avoir batu un homme en trefve. » Ils sont jetés « dans la charrette » qui les va traîner au gibet. « Si fu trop tard (ajoute la chronique), et furent menez au pilory, et puis ramenez en prison jusqu'au lendemain, et leur fist Diex grâce qu'il ne moururent [2]. » Peu importe le dénouement heureux et imprévu de ce drame; tous trois, tant nobles que vilains, avaient été, on le voit, condamnés à la corde par arrêt de l'Echiquier. En 1391 encore, par arrêt de cette cour, « fu pendu au haut gibet de Rouen, *un escuyer de noble lignée*, nommé Porc-Pinchié », dont le crime était « d'avoir batu un paysan qui estoit en sauve garde et trefves de luy. » Pour celui-là, il n'y eut point de grâce; et la chronique remarque même « *qu'il estréna le gibet* [3]. »

---

[1] Litter. remiss. ann. 1414, ex Reg. 168 Chartoph. reg. chart. 45. — Dom Carpentier, *Gloss.*, v° 1 Fossa.

[2] Chronique ms. Bib. royale.

[3] Chronique ms. Bib. royale.

L'année suivante (1392), un épouvantable crime vint glacer d'horreur les *maîtres* de l'Echiquier et leur nombreuse assistance. Il s'agissait encore d'un meurtre, mais d'un meurtre dont s'effrayait la nature. « Monseigneur Robert de la Chapelle, chevalier, sire de la Vaupalière et de Lindebeuf », était la victime : Robert de la Chapelle, chevalier, sire de la Vaupalière et de Lindebeuf, était l'assassin. Ces horreurs s'étaient passées entre l'infortuné père et son fils aîné. La vie de ce vieux père « ennuyoit à son fils ainsné; et luy desplaisoit, à ce monstre, que son père vivoit tant, pour ce qu'il vouloit avoir sa ségneurie. » Gendre de Jean de la Heuze, chevalier, seigneur de Quevilly, devenu riche par ce grand mariage, il semble qu'il aurait pu attendre. Mais, dans un cœur dénaturé, que ne peut une convoitise désordonnée et sans frein ? Le fils « ymagina tant à la mort du père », que, le dimanche de Quasimodo, comme ce vieillard, parti, à cheval, de son château de la Vaupalière, s'acheminait vers son château de Lindebeuf, « deux malvès garchons, Croismaret (de Saint-Victor la Campagne), et Ventart (de Pavilly), qui le guettaient, apostés par son abominable fils, *l'assaillirent en certaine plache;* et là, le vieillard fu tué et murdri. » Ventart, arrêté seul, jugé, condamné, conduit au gibet, la corde au cou, allait mourir, et son secret avec lui; mais, au moment suprême, du haut de la

Parricide.

potence, il jeta pour adieu aux juges, à la multitude épouvantée, le nom de celui qui l'avait armé et mis en aguet. Celui-là donc, à son tour, fut emprisonné. Déjà il était en jugement, et les bourreaux se disposaient, lorsqu'on apprit tout-à-coup qu'il venait de mourir *en la Fosse,* prison souterraine du château, où il avait été jeté. C'était peut-être une grâce accordée au beau-père, Jehan de la Heuze. Du moins, le cadavre du grand coupable ne put éviter l'ignominie. « Mis sur le *carler,* comme il appartient », nous dit la chronique, (c'était sans doute une claie ou quelque infâme tombereau), il fut traîné à la voierie, poursuivi par les huées et les malédictions de la multitude saisie d'horreur [1].

<small>Quand commença l'usage d'admettre à la confession les condamnés à mort. (1397).</small>

Ceci se passait au mois d'avril 1392. Bientôt allait s'opérer une amélioration notable dans le sort des condamnés attendant la mort. Depuis long-temps, en Normandie comme partout, ces malheureux avaient été traînés au supplice, seuls avec le bourreau et les gardes. Maudits et abandonnés du monde, ils semblaient l'être aussi de Dieu, dont pas un ministre ne se trouvait auprès d'eux en ce dur passage; en sorte qu'ils paraissaient avoir tout perdu, à la fois, et la vie présente et la vie à venir.

---

[1] Chronique ms. Bib. royale.

Il n'avait pas dû, cependant, en être toujours ainsi. Les romans de chevalerie, ces antiques monuments de nos vieilles mœurs et de notre vieux langage, miroirs de ce qui se faisait au temps où ils furent écrits, nous montrent des prêtres assistant les condamnés au supplice, et écoutant l'aveu de leurs fautes [1]. Mais, depuis, avait cessé cet usage humain et pieux. L'église, cependant, se tourmentait de ce délaissement de ses enfants malheureux et mourants. Dès 1358, le chapitre de Notre-Dame de Castres voulait que les juges ne refusassent point aux prières des condamnés à mort le sacrement de la pénitence, et menaçait des censures canoniques les magistrats qui le leur dénieraient [2]. L'assistance d'un confesseur auprès des *patients*, était un usage reçu à Abbeville dès 1386. Vainement, toutefois, le roi Charles V, poussé par Philippe de Maizières, avait voulu, en

---

[1]   Mais faites li un capelain venir
    U il pora tous ses péciés géhir,
    C'iert grant aumosne, et por s'arme garir . . . .
. . . .
    Son capelain Gontier a fait venir;
    Va à Doon, biau frère, si li di,
    Qu'il se confiesse, car ne verra tierc di . . .
. . . .
    Tous ses péciés li a errant jéhi . . .
(*Garin li Lohérain*, publié par M. Paulin Paris, membre de l'Institut.)

[2] *Statuta synod. Eccl. castrensis*, anno 1358, cap. XI. — Carpentier, v° CONFESSIO.

1380, faire entrer le Parlement de Paris dans ces sentiments d'humanité. L'usage ne devait être établi que seize ans plus tard, par Charles VI, qui, dans une expresse et solennelle constitution, ordonna que, « d'ores en avant, à toutes personnes qui, pour leurs démérites, seroient condempnées à mourir, feust offert, baillié et administré le sacrement de confession....... et que à eulx confesser à prestres feûssent induis par les ministres de la justice, au cas qu'ilz seroient si esmeuz ou surpris de tristesce qu'ils ne auroient congnoissance de la vouloir ou demander[1]. » On ne s'était point assez hâté, en Normandie, d'accueillir une loi si humaine; et, à un an de là encore, il fallut qu'un *maître en théologie*, maître Jean Houart, s'en expliquât hautement en public, à Rouen, « en son preschement au chémetière de Sainct-Laurens, le jour de Pasques flories[2]. » C'était un sermon prêché, de temps immémorial, tous les ans, à pareil jour, avant de ramener à Notre-Dame le *corps sainct*, déposé, le jour précédent, dans l'église de Saint-Godard. Maître Jean Houart avait donné là un sage avis que l'Echiquier ne négligea pas. Cette cour avait décidé d'abord que « tout homme ou

---

[1] Edit du 12 février 1396, Fontanon, I, p. 660.
[2] Chronique ms. Bib. royale.

fame qui seroient jugiés à mort, par leur desserte (pour leurs crimes) enchiés (avant) qu'il mourussent, aroient, à la justice, confession de prestre, s'il la requéroient.[1] » Mais elle ordonna bientôt, par un arrêt plus exprès, « que, d'ores en avant, nul ne seroit pendu sans confession de prestre »; c'était à dire, qu'un ministre des autels assisterait les condamnés même qui ne l'auraient point requis[2]. Peu après cet arrêt, il y eut onze criminels condamnés à mort par l'Echiquier; la peine de la corde avait été prononcée contre dix de ces misérables, dont le crime n'est point indiqué. Pour le onzième, qui « avait esté à onze murdres et avoit eu affaire à une juize (juive), à Avignon », il fut condamné au feu; des prêtres les consolaient tous dans leur angoisseux trajet de la prison au *Vieux-Marché*. Ce sont les premiers condamnés qui aient joui, à Rouen, du bénéfice du nouvel édit de Charles VI.

Le feu et la corde n'étaient pas les seuls supplices usités en Normandie. Long-temps on y pratiqua l'usage d'*enfouir* vivants les condamnés, les femmes surtout, que, par décence, on aimait mieux faire mourir ainsi, qu'au haut d'une potence; nous en avons déjà dit quelque chose. Au XIVe siècle, rien n'était plus fréquent; et, dans de vieux titres, dé-

Femmes normandes condamnées à être enfouies vives.

---

[1] Chronique ms. Bib. royale.
[2] Chronique déjà citée.

bris curieux des archives de la chambre des comptes de Paris, nous avons vu nombre de quittances d'exécuteurs des hautes œuvres, « pour leur peine et salaire d'avoir enfoui vivantes », à Rouen, à Caen, et ailleurs en Normandie, des malheureuses condamnées à mort pour leurs démérites. Le grand *Coustumier*, qui mentionne ce supplice *d'enfouir*, parle aussi de « ceulx qui avoient les yeulx crevéz, les pieds ou les poings coupéz[1]. » Pour toutes ces *œuvres* il fallait des bourreaux, et à ces bourreaux, des cœurs fermes, résolus et sans faiblesse, des cœurs rares, en un mot, et comme faits exprès. En 1312, à Rouen, nombre de condamnés à la potence restant là dans l'angoisse, faute d'exécuteurs, le bailli avait voulu contraindre les sergents de la vicomté de l'Eau à se charger de cette pénible tâche; ceux-ci la repoussant avec horreur, le débat arriva jusqu'à l'Echiquier. Les sergents produisaient leurs provisions, dans lesquelles il n'était pas dit un mot de cette horrible corvée; et ils établissaient que jamais on n'avait rien demandé de semblable à ceux qui, avant eux, avaient exercé ces offices. L'Echiquier leur donna gain de cause, et ils en furent quittes pour *aller chercher* des bourreaux, dans les cas où il ne s'en trouverait point à

Des bourreaux.

---

[1] *Grand Coustumier de Normendie*, chap. 23 : « *De Forfaicture.* »

Rouen, « dûssent-ils, pour cela, aller au loin », disait l'arrêt[1].

Heureux le patient qui, cheminant vers le lieu du supplice, parvenait à rompre ses liens, surtout s'il y avait près de là une église, un cimetière qu'il pût gagner, une croix qu'il pût *aherdre* (saisir) : une fois dans cet asile, il était devenu sacré, et le bourreau ne pouvait plus rien sur lui ; il fallait, alors, éteindre le feu, démonter l'échafaud, ou combler la fosse ; c'était « le privilége de l'église » ; et, en soi, il était imposant. Ces exemples de *franchises* gagnées n'étaient pas rares à cette époque ; on ne saurait croire combien il s'en est offert à nous dans nos recherches. L'évasion d'un condamné pouvant, alors, lui servir à quelque chose, on conçoit qu'il pût arriver parfois aux soldats et aux bourreaux de mal garder ceux qui leur avaient été donnés à conduire au gibet. Ce n'est pas que ce *damné fuytif* eût tout gagné en touchant le sol du cimetière, l'aître de l'église, la croix du parvis, ni que cela lui valût, *de plano*, des lettres de grâce. D'abord, des gardes, placés en toute hâte aux issues du lieu saint où il s'était réfugié, ne lui permettaient plus d'en sortir sans être pris. Cependant, neuf jours lui étaient donnés pour se rendre aux magistrats et

Franchises des églises, en Normandie.

---

[1] Froland, *Recueil d'arrêts de Réglement*, part. 2ᵉ, chap. 27.

subir jugement, ou pour sortir de la province, après qu'il aurait fait le serment solennel de n'y plus rentrer jamais. En effet, les neuf jours expirés, s'il n'avait point encore opté, défense était faite publiquement à tous, de lui donner à manger ni à boire, jusqu'à ce qu'il eût *forjuré* le pays, ou qu'il se fût livré à la justice. *Forjurer* le pays, c'était s'en bannir soi-même; et il y fallait des solennités. La main sur le livre des Évangiles, le réfugié jurait qu'il allait sortir de la Normandie; que jamais il n'y reviendrait; qu'il ne ferait mal au pays ni aux habitants, soit de lui-même, soit par d'autres; qu'il ne coucherait jamais plus d'une nuit dans le même lieu, à moins qu'une très grave maladie ne l'y contraignît. Il devait, en effet, marcher toujours jusqu'à ce qu'il fût sorti de la province; ne point revenir sur ses pas, « ains aller tousjours en avant. » Après ces déclarations, ces serments, il devait « commencer, maintenant, à s'en aller », en disant où il voulait se rendre; on lui taxait ses journées selon sa force et selon la longueur de la route. Un terme lui était assigné, après lequel, s'il était trouvé sur le territoire de la province, « il portoit, alors, son jugement avec soy »; c'est-à-dire qu'il retombait au pouvoir de la justice et dans les mains du bourreau; il en était de même « s'il retournoit une lieue arrière; car, dès que cet homme estoit allé

<small>Forjurer le pays, ce que c'était.</small>

contre son serment, saincte église ne luy pouvoit plus aider [1]. »

Un acquittement valait mieux ; et une bonne renommée était, alors, comme aujourd'hui, pour un accusé, le meilleur argument de sa défense. Bien en prit, en 1338, à Jehannette de Saint-Victor, de Rouen, qui, « trouvée saisie de certaines roingneures de flourins », qu'elle s'était chargée de vendre, ignorant d'où elles provenaient, allait, comme fausse monnoyeuse, être jetée vive dans l'huile bouillante ; car, en Normandie, comme en Bretagne, on traitait, alors, ainsi les faux monnoyeurs [2]. Mais ordre était venu à l'Echiquier, de la part de Jean, duc de Normandie, fils aîné du roi de France, « de recevoir Jehannette de Saint-Victor à l'enqueste du païs et de trois paroisses voisines, à la purgacion ou condempnation d'icelle », et de la juger, enfin, sur ce qui résulterait de cette enquête. L'enquête eut donc lieu à Rouen, dans les paroisses de Sainte-Croix-Saint-Ouen, de Saint-Denis et de Saint-Maclou, voisines du domicile de l'accusée. Cinq chevaliers y présidaient : Henri de Hotot, Richard de Briône, Ernulf d'Oillie, Jean de Boishubout, Guillaume Malconduit ; et nombre

---

[1] *Grand Coustumier de Normendie* : « De Dannéz et de Fuytifz », chap. 82.

[2] Du Cange, *Gloss.*, et Carpentier, *Suppl.*, v° CALDARIA.

de témoins qu'ils entendirent dans les trois paroisses s'étant accordés à dire que « Jehannette de Saint-Victor estoit femme de bonne renommée et conversation pure », qu'enfin elle était innocente et incapable du crime dont on l'avait accusée, l'Echiquier, de l'avis des maîtres et des cinq chevaliers qui avaient fait l'enquête, déclara absoute la prévenue, et la fit mettre en liberté [1]. »

<small>Enquêtes par turbes ou tourbes.</small>

Les registres de l'Echiquier parlent aussi des enquêtes *par tourbes*; nous voyons les maîtres en ordonner une en 1341, dans un procès entre Robert d'Urville, chevalier, et les religieux de Saint-Martin de Troarn. Le sergent Le Breton, commis pour y présider, « semondra (dit l'arrêt) grant foison des gens des paroiches de Fresney-le-Puceux, de Boulon et de Clinchamps, en sorte qu'il y en ait tant de présents, par qui la loy puisse estre faicte. » Les lieux litigieux bien examinés (car il s'agissait d'une *veue*) « seront prins par le vicomte (ajoutait l'arrêt) quatre preudhommes de chacune des dictes paroiches, des moins souspeçonnéz, par sa conscience et aviz, non reprochéz, ains acceptéz par les parties; les douze *preudhommes* ainsi passés, les parties proposeront leurs raisons »; puis droit sera adjugé à ceux à qui il appartiendra [2]. Ces douze *preudhommes* ne sont-ils pas ici de véritables jurés?

---

[1] *Reg. Echiq.*, 1338.   [2] *Reg. Echiq.*, 1341.

Les révélations sur les usages, sur les mœurs, sur les passions du temps, abondent dans les registres de l'Echiquier. Faisons un choix parmi les faits sans nombre qui s'y pressent.

Arrêts de l'Echiquier, curieux pour l'histoire des mœurs et des usages anciens.

Un jour, c'est le prieuré de Saint-Ymer, en Auge, que se disputent frère Jean d'Epaignes nommé par l'abbé du Bec, et Henri Manoury, porteur de bulles du pape. Ce dernier va au prieuré *prendre possession;* assisté de « plusieurs *gens de guerre et francs archiers* qui rompent les huis, portes, coffres et autres fermetures et closures, boivent, mangent, gastent les vivres des religieux », et s'établissent dans le prieuré, battant les moines, qui, contraints par *batures et soubstractions de vivres*, s'enfuient et vont se réfugier à l'abbaye du Bec. En vain frère Jean d'Epaignes a crié *haro* sur l'intrus, sur les gens de guerre, *mesme sur les bulles;* vainement plusieurs sentences ont enjoint à Manoury et à ses archers de vider le prieuré; ils y demeurent. Frère Jean d'Epaignes a, « plusieurs fois, mais en vain, requis au lieutenant de la viconté d'Auge qu'il se voulsist transporter au prieuré, accompagné de tant de gens qu'il peust estre le plus fort. » Ce lieutenant, favorable à Manoury, est sourd aux instances du prieur légitime. Enfin le jour de la justice arrive; ces violences sont dénoncées à l'Echiquier; un arrêt est rendu, qui adjuge à Jean d'Epaignes la possession du prieuré; et Manoury se voit contraint

Le prieuré de Saint-Ymer, en Auge, envahi, et occupé trois ans par un intrus, assisté d'archers.

de déguerpir avec ses archers. L'usurpation avait duré trois années[1] !

<small>L'abbaye du Val-Richer en dispute entre deux prétendants; l'un d'eux va en prendre possession à main armée. Siège de l'abbaye. 1386.</small>

Une autre fois, l'abbaye du Val-Richer est le théâtre de scènes bien autrement tumultueuses. Ce n'est plus un paisible monastère, mais une place de guerre aux prises avec des soldats qui l'assiégent, et repoussant vigoureusement leur attaque. C'est en 1386; l'abbaye du Val-Richer est en litige entre Vincent de Fouloigne (que les religieux ont élu pour abbé), et frère Roland Audrouët, qu'a pourvu le pape, que le roi a nommé, et à qui les officiers du monarque ont reçu l'ordre de prêter leur appui. Audrouët, fort de l'agrément du roi et des bulles du souverain pontife, veut se faire reconnaître. Il s'achemine donc vers le Val-Richer, au jour marqué pour sa prise de possession; et, comme on pressent de la résistance de la part des adhérents de Vincent de Fouloigne, frère Audrouët s'achemine vers l'abbaye, bien accompagné « de chevaliers, escuiers, gens d'églize et autres notables personnes; » M⁰ Gervaise de Chaulieu, chanoine de Lisieux, est du cortége. Marchent en tête Robert du Mesnil, sergent du roi, et Guillaume Pâris, « sergent d'armes de nostre sainct père et du roy. » Ordre leur a été intimé de donner à Audrouët, « aide, conseil et confort; de le défendre de

---

[1] *Reg. Echiq.*, 1474.

toutes injures, forces, violences indeues »; mais l'abbaye, de son côté, s'est mise sur un pied honorable de résistance. « En icelle abbaye est grant assemblée de genz, en manière de genz d'armes, garnis de haches, espées, goufours (bâtons ferrés), haubergons (cottes de mailles), bachinéz (casques), glaives, arbalestes et autres armeures, pour garder la dicte abbaye et empescher frère Audrouët en sa dicte possession et saisine. » Cette garnison est commandée par Jean de Montreuil, écuyer, sergent de Cambremer. Les portes de l'abbaye sont fermées, et demeurent closes, malgré les cris des deux sergents du roi; mais ceux-ci, avisant le sergent Montreuil à travers les fentes de la porte qu'ils assiégent : « *Jehan de Monstereul* (crie Du Mesnil), *venez ça parler aux gens du roy, qui cy sont.* » Et Montreuil feignant d'ignorer qui lui parle: « *Vous me congnoissez bien*, reprend Du Mesnil, *je suy Robert du Mesnil, sergent du roy nostre sire, qui vien cy, de par le roy, et vous fais commandement, de par icellui seigneur, que vous ouvriez ou faciéz ouvrir ceste porte, et me aidiéz à acomplir les lettres du roy nostre sire, que vé ci;* » et il les montrait en effet. Invité, alors, à lire son pouvoir, Du Mesnil le lut « à l'audience de tous; et Monstereul, assez près d'illec, le povoit oïr. » Non seulement, toutefois, les portes demeurèrent closes; mais tous les assiégés, plus résolus que jamais à la résistance, étaient allés se réfugier dans le cloître, comme dans un poste qu'on ne pourrait forcer. Cependant, le sergent Du Mesnil, avisant un *pertuis* à un des murs, s'était introduit, par là, dans la basse-cour de l'abbaye; il ouvrit la première porte au nom du roi, « et bailla à frère Audrouët saisine et possession de l'abbaye, avec ses appartenances. » De là lui et les siens étaient allés frapper à la porte du cloître, que ceux du dedans tenaient toujours fermée. De l'intérieur, en ce moment, « fut trait ung vireton (flèche) d'arbaleste, dont maître de Chaulieu, chanoine, fu féru et navré à sang, tant et si avant qu'il cria *haro!* et en fu en péril de mort. » A travers les verrières du cloître, « le sergent Du Mesnil fist commandement, au nom du roi, à haute voix, à toutes les personnes qui dedans estoient, et à chacune d'icelles, d'ouvrir les portes du cloître, en vertu des lettres du roy, et pour obéir à icelles. » Les deux sergents tenaient et montraient « les lettres originaulx du roy nostre sire, et la commission du bailly, toutes ouvertes, et les sceaulx pendants. » Tous deux, aussi, montraient « leurs verges à fleurs de lys, tout hault et à descouvert en leurs mains »; mais ceux du dedans criaient à Du Mesnil : « qu'il s'en allast, ou que mal en seroit pour luy. » On les voyait dons le cloître, « les espées traictes, les glaives ès mains, haches, demis-glaives et gouffours (bâtons ferrés), les bachinéz ès testes, jaques et haubergons vestus, les gantelèz ès mains, et autres harnois de guerre »; ils jetaient des pierres à Du Mesnil et aux siens. Lui, s'obstinant à entr'ouvrir la porte et à montrer les lettres du roi, « reçut, par une fente, ung coup d'estoc d'une espée, tant que le séel du roy dont les lettres estoient séellées, fu perchié, rompu et despéchié, la houpelande du sergent perchie; et eust esté navré au corps se n'eust esté ung haubergon qu'il avoit vestu. » — « *Vous avéz féru* (frappé) *le roy,* leur cria-t-il, *vous avez despéchié* (brisé) *son séel, et faictes chastel contre le roy nostre sire.* » — Puis, « n'en pouvant plus faire, pour les dictes forces et rebellion », il s'en alla, lui et les siens. Un instant, frère Audrouët (l'abbé protégé du pape et du roi) avait été aux prises avec un des moines partisans de Vincent de Fouloigne. « Entre eulx deux se meûrent parolles *tant qu'ils vindrent au fait et s'entrebatirent.* » Même, à en croire Montreuil (le sergent rebelle), « sans luy, le frère Audrouët eust esté mort; mais il en fut quitte *pour sa gonne* (robe) *deschirée.* » Une amende de 60 livres tournois, prononcée par l'Echiquier contre ce Montreuil, semble une punition bien légère d'une résistance si hardie et si violente aux bulles d'un pape, aux lettres d'un roi de France, et aux sommations de ses sergents[1]. Pour la question de savoir à qui, en définitive, demeura l'abbaye, les registres de l'Echiquier s'en taisent; les auteurs de la *Gallia christiana*, qui nomment les deux prétendants, et mentionnent, en deux mots, le procès jugé à l'Echiquier, ne nous ont point fait connaître l'issue d'une compétition qui avait donné lieu à de si grands scandales[2].

<small>Voies de fait des sires de Colombières envers un villageois.</small>

Une autre fois, un vilain (Jehan Trévart), se vient plaindre des sires de Colombières, puissants chevaliers. Le père, « par sa force et puissance, avoit fait abattre un manoir appartenant à ce Trévart, tenu du roy nuement, en avoit faict emporter les pierres de taille, la couverture, les huis, fenestres, et mettre en un sien chastel qu'il faisoit lors édifier, appellé *La Haye du Puis*. » Trévart avait sollicité en hâte et obtenu une *sauve-garde du roi*, qui fut publiée en pleine assise, et au marché de la Haie-du-Puis. Les *bastons et pennons royaux* avaient été apposés sur sa maison, en signe de cette royale protection. Mais tout cela était pour néant. Jean de Colombières, chevalier, (fils de Pierre, décédé alors,) «accompaignié d'hommes muniz de diverses armeures invasibles et deffendues », va bientôt forcer la demeure de

---

[1] *Reg. Echiq.*, 1386.

[2] *Gallia christiana*, tom. XI, col. 448.

Trévart, l'accabler de coups de bâton et d'épée, le blesse, l'estropie, le met au lit pour long-temps, puis, après, le fait épier par les chemins, et le contraint de fuir le pays. Mandé à l'Echiquier, à raison de ces prouesses, Jean de Colombières « jure aux sains Euvangiles de Dieu à dire vérité de ce qu'il sait des bateries et excèz dessus diz. » Il montre « des lettres de rémission du roy nostre sire », et en est quitte pour indemniser, tellement quellement, le malheureux Trévart [1].

Si ce Trévart eût été aussi bien le vassal des sires de Colombières, l'Echiquier, sans nul doute, l'eût affranchi de leur suzeraineté, et proclamé vassal du roi, sans moyen. Car (disait le *Grand Coustumier de Normendie*, « si tel meffaict est trouvé au seigneur, que il ait mis la main sur son homme, l'hommage sera à celuy qui est par-dessus; et l'homme sur qui le seigneur aura mis main ne payera rente de son fief, fors celle qui est deue au chief-seigneur [2]. » Ce fut ainsi que messire Guillaume d'Orbec, chevalier, seigneur des fiefs d'Asnières et du Val, pour avoir accablé de coups de dague et de verge, un nommé Auber, «qui estoit son homme et tenoit de lui, par hommage, en

Messire d'Orbec, chevalier, déclaré, par l'Echiquier, déchu de sa suzeraineté sur un vassal qu'il avait maltraité.

---

[1] *Reg. Echiq.*, 1386.

[2] *Le grand Coustumier de Normendie*, chap. XIV : « *De Féaulté.* »

villenage », se vit assigné à l'Echiquier, où Auber demanda à être « quitte et affranchi perpétuellement, luy et ses hoirs, envers ce chevalier, de l'hommage et de toutes les rentes et redevances auxquelles il estoit tenu envers luy. » La réponse de la justice ne se fit pas attendre : « Auber, ne ses hoirs (prononça l'Echiquier), ne tiendront plus en hommage, de Guillaume d'Orbec, chevalier, ne de ses hoirs; mais en sera quitte et deffendu à tous jours mèz : lui et ses hoirs tiendront, d'ores en avant, du roy nostre sire les diz héritages qu'il tenoit, par avant, du dit chevalier, par hommage; il en sera tenu faire reliefz, treiziesmes, et aller en la court du roy, en sa vicomté d'Orbec, avec telles seigneuries comme il appartient à chief-seigneur, à cause du dit hommage, selon raison et la coustume du pays [1]. »

Du guet de nuit que les vassaux étaient tenus de faire aux châteaux.

Le *guet de nuit*, dans les châteaux forts, était une source intarissable de contestations entre les seigneurs qui le voulaient exiger et les habitants des paroisses, qui toujours cherchaient à s'en défendre. Delà, combien de violentes mêlées entre les nobles et les *vilains!* combien de débats, combien de procès à l'Echiquier! Les registres en sont remplis. Là, paraissent, l'un après l'autre, nos châtelains normands, demandant qu'on répare les fossés,

---

[1] *Reg. Echiq.*, 1392.

les mottes et les murailles de leurs châteaux; que, dans leurs tours, veillent des gardes de nuit. Ils veulent contraindre à ces services tous les habitants d'une paroisse, souvent ceux d'un grand nombre de villages. Souvent, aussi, le débat s'agite de châtelains à châtelains, un seigneur demandant le guet, pour son château, à des villageois qu'un autre seigneur veut contraindre de le faire au sien. Souvent ces villageois récalcitrants oublient qu'aux jours de guerre et de péril, ils trouvèrent naguère un sûr asile, pour eux et leur avoir, dans ces châteaux qu'on les somme vainement aujourd'hui de réparer et de protéger contre une attaque. De là des refus souvent injustes; mais, de là, aussi, des vexations, des violences inouïes de la part des châtelains et des *capitaines* ou gouverneurs de forteresses. C'est un des événements les plus ordinaires de la vie de ces temps-là.

A chaque page des registres, le *guet* est ainsi réclamé pour les châteaux de Pont-Audemer, de Mortain, de Gisors, de Neufchâtel, de Gournay, de Thorigny, de Bayeux, de Falaise, de Verneuil, de Longueville, de Valmont, des Loges, de Néhou, du Hommet, de la Ferté-Frênel, de Chambrois, de Maulévrier, d'Eu, de Tilly, de Courtonne-la-Meurdrac, de Pirou, de Reigneville, pour la tour de Brionne, pour les forteresses de

Saint-Germain, de l'Aunay, de Gavray¹, et pour combien d'autres encore !

Il y eut, vers la fin du xiv° siècle, de longs débats de ce genre entre les habitants de Guilberville et de Domjean, et Hue de Mauny, chevalier, seigneur de Thorigny, chambellan du roi, qui les voulut contraindre à faire le *guet* de nuit dans son château de Thorigny. Eux s'en défendaient, montrant « qu'ilz estoient hommes du roy en haulte, basse et moyenne justice; qu'ilz luy payoient, chascun an, certaines grans rentes à son *comptoir* à Baïeux, y faisoient le guet à son chastel et repparacion des fosséz »; mais qu'était-ce que des raisons contre ce chevalier marchant sans cesse le pays avec nombre d'hommes armés, comme lui, de toutes pièces, et qui faisaient tout trembler? Poursuivre, battre à force les plus récalcitrants, leur *rompre bras et jambes, les lier,* et les emmener prisonniers à Thorigny, étaient ses jeux ordinaires. Des sergents du roi étaient-ils envoyés pour demander la délivrance des prisonniers? il les chassait avec ignominie. Venait-on, en masse, des deux paroisses, redemander, à grands cris, les captifs? les réclamants, appréhendés au corps, allaient grossir le nombre des prisonniers; on en avait vu jusqu'à

---

¹ *Reg. Echiq.*, 1374, 1386, 1388, 1408, 1453, 1464, 1466, 1469, 1474, 1485.

seize, arrêtés pour une seule fois, aller rejoindre dans les souterrains leurs compagnons qu'ils avaient voulu ravoir. Pourtant, à la fin, les doléances d'un pays si malheureux parvinrent à l'Echiquier, et cette cour, après mûr examen, déclara les deux paroisses exemptes du *guet* au château de Thorigny. On y avait pensé aussi « que les maléfices de Hue de Mauny estoient lais, énormes, de mauvais exemple, et ne debvoient demourer impunys » ; aussi l'Echiquier promit-il d'en faire bientôt justice [1].

Les habitants de diverses paroisses de la sergenterie de La Ferté-Macé se refusant, ainsi, à faire le guet au château de Falaise, « avoient esté batus, navréz, liéz, *mis ès grésillons* [2], liéz de cordes en contre bancs, tables ou fourmes, *amenéz prisonniers en leurs chemises,* au chastel de Faloise, mis en obscures et destroictes prisons à peu de boire et de mengier. » Plainte de leur part, ou plutôt de leurs familles éplorées; nouveau procès à l'Echiquier; et, de vrai, leurs raisons pour se défendre de faire le guet étaient spécieuses. « Nous sommes, disaient-ils, résidants et demourants en si loingtaines parties, que ne pourrions bonnement avoir aucun reffuge au chastel de Faloise, en estant demourans les uns à *dix,* à *neuf,* à *huict* et à *sept* lieues. Il y a

---

[1] *Reg. Echiq.*, 1379.

[2] *Grésillons*, menottes de fer, dit D. Carpentier.

autres chasteaulx prouchains de nous où pourrions avoir plus prompt reffuge que au chastel de Faloise, comme le chastel de Danfront. » A cette fois, cependant, le château eut raison contre les paroisses, dont les habitants furent contraints au guet [1].

Le château de Touques, place très forte au xiv° siècle, donna, à lui seul, plus de mal à l'Echiquier que tous les autres, grâce au zèle infatigable de son capitaine, Jehan de Villiers, dit *Sauvage*, chevalier, qui, chargé par le roi de garder cette place, et en connaissant toute l'importance, prit à partie toutes les paroisses voisines, en grand nombre, qu'il voulait contraindre au guet, et ne se donna point de repos qu'il n'eût obtenu des arrêts de l'Échiquier contre chacune d'elles. Elles étaient en si grand nombre, ces paroisses, que ce serait alonger ce récit que de les y vouloir nommer toutes. Aussi, ne fut-ce pas l'affaire d'un jour; à la fin du xiv° siècle, ce n'étaient, à chaque audience, que nouvelles instances entre les villages récalcitrants et l'opiniâtre capitaine, qui, à la fin, triompha de toutes ces égoïstes résistances [2]. Ces exemples doivent suffire, pour mille que nous aurions pu citer.

---

[1] *Reg. Echiq.*, 1395.
[2] *Reg. Echiq.*, 1397, passim.

Les bizarres *redevances*, si communes au moyen-âge, furent quelquefois, aussi, on le pense bien, débattues aux audiences de l'Echiquier. Un jour, c'est Jean Auvré qui, à cause du fief du Coudroy, appartenant à damoiselle Guilberde des Loges, et à Raoul Garin, mari de cette dame, se reconnaît « subject d'aller querre ¹ les diz mariéz, la végille de Noël et les trois jours des Ténèbres en la Sepmaine peneuse (Semaine sainte), et les mener à l'esglize, pour le service ². »

Redevances bizarres, maintenues par l'Echiquier.

Une autre fois, tous les hommes et tenants du fief d'Esgeyn, dans la vicomté d'Avranches, sont déclarés « subgectz à *lever* ³ le boys de la justice patibulaire du roy, à Avrenches, toutes foys qu'il est faict de neuf; mais ilz sont, en revanche, *exempts, francz et quittes de toute aide* ⁴. »

Bientôt, les gouverneurs et frères de la confrérie de Notre-Dame de Verneuil sont condamnés à venir à Evreux, tous les ans, le jour de la Purification, présenter à l'évêque, dans sa cathédrale, « ung cierge pesant quinze livres », redevance qu'ils n'ont point acquittée depuis sept ans ⁵. Une autre fois, le

---

¹ *Querre*, chercher, de « *quærere*. »

² *Reg. Echiq.*, 10 novembre 1401.

³ *Lever*, planter.

⁴ 2° *Reg. de l'Echiq.* de 1497, Costentin, *Audiendi* n° 1790.

⁵ 2ᵉ *Reg. Echiq.*, 1497, *Audiendi* d'Evreux, n° 1416.

fief de Betteville est déclaré tenu envers l'abbaye de Grestain, à « ung sextier de froument, quatre sextiers d'orge, cinq sextiers d'avoine, avec une *oue* (oie) o son *conroy* [1] » (c'est-à-dire rôtie, avec sa sauce et l'assaisonnement) ; le boire, pain blanc, et autres choses à ce ordonnées pour la despence des gens envoyéz pour recueillir icelle rente [2]. »

A l'abbaye de Fécamp est reconnu le droit « de prendre vingt livres et ung chappeau de roses de revenu sur certain héritage et ténement contenant 90 acres, nommé *le Bosc-Bruncoste*, assis en la paroisse de Gueutteville [3]. Mais d'autres arrêts déclarent cette abbaye elle-même grevée de certaines redevances dont elle se voudrait en vain défendre. Ainsi, « au droit de sa fondation, et de si long-temps que il n'est mémoire de homme au contraire, aux nommés Corbel a appartenu de prendre, chascun jour, en icelle abbaye, ung galon de vin, tel comme est servy le couvent, ung pain à moigne, ou ses despens par sa bouche prins en l'abbaye : au dimanche de Quasimodo, jour Saint-Marc, aux quatre jours des Rouvoisons (Rogations), aux quatre jours

---

[1] *Conroy*, de « *conredium* », quidquid ad alimentum, ad cibum, « ad mensam datur, cibus mensæ apparatus, alimonium, convi- « vium. » — *Cang. Gloss.*, v° CONREDIUM.

[2] *Reg. Echiq.*, 1464.

[3] *Reg. Echiq.*, 1485, *Audiendi* de Caux, n° 85.

de Pentecôte, le dimanche de la Trinité, deux *flaons*[1]; le *jour de Karesmeprenant*[2], une livre de fleur de fourment (froment); chacun jour de Karesme, cinq harens[3]. » Au sieur de Ganzeville, près Fécamp, l'abbaye doit « pension et livrée de quatre *galons*[4] de vin, quatre pains blancs doubles, tous les jours que lui, sa femme ou enfant ainsné, fils ou fille, seront à Ganzeville ; le double de ceste *livrée* aux festes doubles ; le double encore aux fêtes de Noël, Pâques, Pentecôte et Toussaint, même au cas où, ni le sieur de Ganzeville, ni les siens, ne seraient en leur manoir ; le double aussi aux jours où le sieur de Ganzeville, sa femme ou son enfant ainé « se baingne ou seingne au dict lieu de Ganzeville. » Le vin devait *estre semblable à celui que l'abbé beuvoit, et ne debvoit estre tiré au dessoubz de la barre.* Tout cela « à cause d'un cours d'eau partant de la rivière de Ganzeville, et traversant l'abbaye, par concession antique des Rouville, sieurs de Ganzeville[5]. »

---

[1] *Flan*, sorte de gâteau, pièce de pâtisserie qui se fait avec de le farine, du beurre, du lait et des œufs. — *Glossaire de la Langue romane*, par J.-B.-B. Roquefort, au mot : FLAN.

[2] Le 1ᵉʳ dimanche de Carême, ou le *Mardi-Gras*. — D. Carpentier, v° CARESME-ENTRANT, CARESME-PRENANT.

[3] *Reg. Echiq.*, 1374 et 1459.

[4] *Galon*, mesure contenant deux pots. — D. Carpentier, ib.

[5] *Reg. Echiq.*, 1459 et 1464.

A l'Echiquier, il s'agissait aussi parfois de *séparations de corps*, d'*émancipations*, de *conseils-judiciaires*.

<small>Les émancipations se faisaient à l'Echiquier, en pleine audience.</small>

L'émancipation faisant les fils de famille maîtres d'eux-mêmes et de leurs actions, on avait voulu donner de la solennité à cette abdication de la puissance paternelle, à cette prise de la *robe virile*. C'était donc à l'audience de l'Echiquier que les pères devaient émanciper leurs fils. En 1397, Guillaume Michel, de la paroisse de Saint-Laurent de Rouen, y vient déclarer « qu'il émancipe et mect hors de sa compaignye et povoir paternel, Perrinot Michel son fils ainsné; qu'il lui donne povoir d'acquerre, marchander et faire tout ce que *personne franche* puet faire. Il faict protestacion que de chose que son dict filz face ou octroye au temps à venir, il n'en respondra ou sera contrainct de respondre. » Après quoi, et toujours l'audience séant, il remet à ce fils émancipé *une somme d'argent, pour une fois* [1]. C'était la dot de ce jeune homme, et un fonds pour s'établir dans le monde où il entrait. Forte ou faible, toujours cette dot est payée devant les juges. Un jour, Jean Boissel, après avoir émancipé son fils, lui donne soixante-dix livres tournois. Une autre fois, René de Buscz, écuyer,

---

[1] *Reg. Echiq.*, 1397.

seigneur du lieu, qui vient d'émanciper son fils, « luy donne la somme de cent escuz d'or [1]. »

Au sortir de cette audience, on voyait toujours le père et le fils se séparer et aller chacun à sa demeure, la loi normande voulant qu'à dater de ce jour, ils ne pussent, pendant une année, dormir sous le même toit. « Regnaut de Reux, émancipé et mis hors d'avecques son père, *si comme l'en a acoustumé en pays de Normendie*... ne se loga (logea) pas en l'ostel de son père, pour cause de l'émancipation dessus dite, qui est telle que, puis (après) que ung homme a esmancipé son filz et mis hors d'avecques soy, il ne le doit recueillir ne logier jusques à ce que an et jour soit passé. » C'est Charles VI qui parle ainsi dans de curieuses lettres de rémission, de l'an 1384 [2].

On comprend mieux ces vieilles et naïves lois, en voyant l'Echiquier les appliquer ainsi chaque jour à des espèces qui les expliquent; en l'entendant, par exemple, déclarer *déchue* de son douaire une nouvelle mariée, dont l'époux est mort en sortant de l'église, et comme on venait d'y bénir leur union. Mais le *Coutumier* l'avait dit : « Se l'homme meurt après ce qu'il a prins femme, ains (avant) qu'ilz ayent couché ensemble en ung lict, la femme

La femme normande gagnait son douaire au coucher.

---

[1] *Reg. Echiq.*, 24 avril et 19 mai 1464.
[2] Carpentier, *Suppl. Gloss. Cangii*, v° EMANCIPATIO.

n'aura point de douaire ; car au coucher ensemble gaigne femme son douaire, selon la Coustume de Normendie. ¹ » Le *Journal* de Berthelin raconte la catastrophe d'un bourgeois de Rouen, Adrien Vauquelin, marié le 2 mai 1547, à onze heures du matin, bien sain et dispos, et mort le même jour à cinq heures après midi, pour avoir bu du cidre tiré dans un vase de cuivre. Il ajoute qu'on rendit à la femme tout ce qu'elle avait apporté, en sorte que le mariage fut regardé comme non avenu².

Exemple d'une femme de Rouen dont le mari mourut le jour même de leur mariage.

En Germanie, les femmes ayant, aux yeux des hommes, je ne sais quoi de divin, leur sort devait être doux dans ce pays ; et, en supposant qu'elles n'y eussent point l'empire, toujours devaient-elles, ce semble, n'y rencontrer que des égards et des respects. Leur destinée était moins brillante dans notre Normandie. A Rouen, une femme était-elle médisante, querelleuse, et convaincue, en jugement, de ces deux mauvais penchants? on lui passait une corde sous les aisselles, et il lui fallait prendre, bon gré, mal gré, un bain dans la Seine. C'était un article exprès de la charte de commune octroyée par Philippe-Auguste à notre ville³.

Sort des femmes en Normandie.

---

¹ *Coustumier de Normendie:* « *De Brief de douaire à femme* », chap. 101.

² Journal ms. de Berthelin ; Bibl. publique de Rouen.

3 « Si femina convincatur esse litigiosa et maledica, alligabitur « fune subtùs asellas, et tunc in aquam projicietur. » — Charta

En Normandie, la justice n'avait pas le mot à dire à un mari « *pour simple bateure qu'il eust faicte à sa femme* »; car (disait la Coutume) « *l'en doibt entendre qu'il le faict pour la chastier*[1]. » En sorte que, chez nos aïeux, fils, neveu, fille, *femme*, servante, la *mesgnie* (maison) en un mot, relevaient tous ensemble humblement, et à égal degré, du chef de famille, qui les pouvait tous *chastier*. Encore fallait-il, cependant, qu'il n'y eût eu que *simple bateure*; car (disait ailleurs le Coutumier) « si un mary *méhaigne* (blesse) sa femme, ou lui crève les yeulx, ou luy brise les bras, ou a accoustumé de la traicter villainement », elle pourra venir s'en plaindre aux juges, « par ce qu'ainsi ne doibt l'en pas chastier femme[2]. » Ainsi, toutefois, en avait agi messire Jean, bâtard de Grasville, à l'égard de Guillemette d'Etelan, sa femme, fille du bailli de Rouen, Guillaume Picard d'Etelan, personnage qui a tant daté sous Louis XI, et dont le nom figure plusieurs fois dans l'histoire. Mais aussi voit-on, par les registres de l'Echiquier,

Permis aux maris, en Normandie, de battre leurs femmes.

Séparation de corps pour sévices du mari envers sa femme.

---

commun. Rothomag., ann. 1204, ex Reg. 34 bis, Chartoph. reg. part. primâ, fol. 34 v°, col. 1ª; et *Ordonnances des rois de France*, par Secousse.

[1] *Grand Coustumier du pays et duchié de Normendie*; chap. 85 : « *De simple querelle personnelle.* »

[2] *Grand Coustumier du pays et duchié de Normendie*; chap. 100 : « *Du Brief de mariage encombré.* »

qu'elle avait été séparée d'avec lui *en court d'église* « pour les bateries inhumaines qu'il luy faisoit » ; et comme « nul enfant n'estoit issu du dict mariage », l'Echiquier compléta bientôt cet acte de justice, en abandonnant à Guillemette la jouissance de sa terre d'Etelan, celle de ses autres héritages, et la moitié des meubles que possédaient les deux époux au moment de la séparation [1].

Conseil judiciaire.

Un autre jour, l'Echiquier eut à sauver d'une ruine imminente *damoiselle* Jacqueline Le Duc, riche veuve de Rouen, femme de peu de tête, qui, influencée par son chapelain et deux ou trois autres intrigants plus maîtres qu'elle dans sa maison, vendait ses biens et dissipait sa fortune. Main-levée lui fut donc donnée de ses biens, que des héritiers, inquiets, avaient fait mettre sous la main de justice, et pouvoir lui fut laissé de disposer librement de ses meubles et revenus ; mais l'Echiquier décida « que son chapelain vuyderoit hors d'avec elle, avec deffence à luy de converser ne fréquenter avec ne en la maison de la dicte damoiselle. » Défense fut intimée aux autres intrigants qui l'obsédaient, « de luy induire ou conseillier à vendre ne aliéner. » Mais, avant tout, l'Echiquier avait arrêté qu'elle ne pourrait disposer de ses

---

[1] *Reg. Echiq.*, 20 mai 1463.

conquêts, « sans le conseil de trois ou deux gens de bien et notables personnages non suspects ne favorables. » Dans l'hôtel du président de l'Echiquier, où, à ce magistrat, étaient venus se joindre deux conseillers, furent nommés, pour composer ce conseil, quatre des plus honorables personnages de la ville [1].

L'*impéritie*, dans un chirurgien, n'était pas mieux venue à l'Echiquier que devant les tribunaux de nos jours. Comme « par la male diligence, inscience et faulte de Guillaume *Gaste-cuir*, Jehannin Le Sage, qui estoit *méhaigné* (blessé) d'une jambe, en avoit perdu le pié et grant partie des os, et estoit en dangier de mort, par arrêt de l'Echiquier, il fallut que ce *Gaste-cuir*, si bien nommé, vînt, en personne, à l'audience, subir l'examen de plusieurs chirurgiens de Rouen, qui ne le trouvèrent pas *clerc*, tant s'en fallait, quoiqu'il sût lire apparemment, en sorte qu'il fut condamné à payer présentement à l'estropié trente livres, somme assez forte alors [2].

Arrêt de l'Échiquier contre un chirurgien inhabile.

Parlerons-nous d'un procès de *vingt-cinq ans* « pour certain nombre de petis sierges ayans servi à enluminer l'église Nostre-Dame de Rouen, durant le temps que l'en y disoit matines, le jour de

Procès de vingt-cinq ans pour des bouts de cierges.

---

[1] *Reg. Echiq.*, 25 novembre 1497.
[2] *Reg. Echiq.*, 1456.

la feste des Trespasséz », et que se disputaient opiniâtrement le trésorier et le chapitre? Le tout valait *trois sous* (monnaie d'alors à la vérité); et, pour cela, ce n'avait été, chaque jour, pendant longtemps, que cris de *haro* et gens mis en prison. A l'Echiquier, enfin, était intervenue une transaction qui adjugea aux pauvres les trois sous, prix présumé des bouts de cierge, « afin que aucune des parties ne se peust dire possesseur de la chose descordable, ne icelle estre demourée en sa main, de quelque manière [1]. » Ainsi, pour tous, l'*honneur* était sauf, qui est le point principal. A deux cents ans de là, deux Normands étaient en procès pour un nid qu'une pie était allée jucher au haut d'un arbre limitrophe entre leurs deux héritages, et que tous deux voulaient avoir. A Autun, aussi, on se chamailla long-temps, de siége en siége, de prétoire en prétoire, au sujet de l'étourneau du sieur de Suilly, qui, un jour, laissant là son maître, s'était allé héberger chez un gentilhomme voisin, qui le voulait garder. On en peut lire l'histoire, racontée sérieusement et fort au long, par Chasseneuz dans ses *Commentaires sur la Coutume de Bourgogne*. Une particularité nous y frappe, bien étrangère à l'objet même du procès; c'est de le

---

[1] *Reg. Echiq.*, 20 avril 1453.

voir errer, ce procès, d'une première juridiction à une seconde, puis bientôt à une troisième, et de là à une autre encore, sans jamais finir

Or, nos registres de l'Echiquier nous offrent un exemple semblable, au sujet d'une femme que voulait faire entendre comme témoin devant les juges, le sieur Torquet, qui, disait-on, avait eu naguère un enfant d'elle. La partie adverse de Torquet demandait, à cause de cela, que le témoignage de cette femme ne fût point reçu en justice. Ce *reproche* ayant été admis par une sentence de la *sénéchaussée* d'Agneaux, Torquet en appela au *vicomte*, qui « dit qu'il avoit esté *mal jugié* ès plès de la sénéchaussée. » C'était au tour de sa partie adverse d'appeler, et le procès vint aux *assises* du bailliage, où il fut dit : « *mal jugié en vicomté.* » Mais restait encore la cour d'Echiquier, qui, donnant tort au dernier juge, décida « qu'il avoit esté *mal jugié* ès sénéchaussée et assises[1]. » Pensez qu'il y avait à Paris un Parlement, où le dernier perdant tenta peut-être de faire encore porter l'affaire. Ce n'eût pas été le premier appel qu'on y aurait reçu, en dépit de vingt édits ; mais, sans cela même, c'était sans doute avoir bravement plaidé pour un *reproche* de témoins? Et puis, par

Une sentence de la sénéchaussée d'Agneaux, est *infirmée* par la Vicomté, puis *confirmée* au Bailliage, et enfin déférée à l'Echiquier, qui *l'infirme*.

---

[1] *Reg. Echiq.*, 1453.

occasion, admirons tous ensemble la certitude des jugements humains [1] !

Réclamation portée à l'Echiquier par les religieux de Saint-Ouen, contre une renonciation à leurs droits, qui, lors de la Harelle de 1381, leur avait été extorquée violemment par le peuple révolté et armé, qui les menaçait de la mort. — 1386.

Résolu de finir par un procès qui eût trait à l'histoire de notre province, où en aurions-nous pu trouver un plus intéressant que celui porté à l'Echiquier, en 1386, par suite des horreurs de la grande sédition de 1381 ? Qui ne connaît cette fameuse *harelle* [2] *de Rouen*, provoquée par l'excès des subsides, où les gens de boutique, les artisans, les vagabonds, émus et furieux sous un des leurs, Jean Legras, qu'ils avaient fait leur roi malgré lui, mirent cette grande ville sous le joug, jetèrent les riches et les puissants dans l'épouvante, tenant, trois jours durant, dans l'aître de l'abbaye de Saint-Ouen, leurs bruyantes assises; de là, envoyant forcer les archives de ce monastère et du chapitre de Notre-Dame; faisant jurer, par tous, obéissance à la *Charte normande*, qu'eux-mêmes violaient avec tant d'audace et de délire. De là donc, à l'Echiquier, plus tard, un procès qui ne

---

[1] Voici un autre exemple : Guillaume Coustre, en procès avec les Religieux de Saint-Ymer en Auge, avait perdu sa cause à leurs plaids; appel, de sa part, à la vicomté, où il est dit qu'on a *mal jugié en plès*. Les religieux en appellent au bailliage d'Evreux, qui décide qu'il a été *bien jugié en plès*. — La cause, enfin, vient à l'Echiquier, qui prononce : *Bien jugié en Vicomté, et mal jugié en Plès*. — *Reg. Echiq.*, 19 avril 1423.

[2] *Harelle*, émeute, sédition. — Dom Carpentier, *Gloss. français*.

devait pas être oublié dans cette histoire. C'est que, dans le feu de la révolte, les religieux de Saint-Ouen, traînés éperdus et tremblants devant le trône de Jean Legras, s'étaient vus contraints, sous peine de la vie, et de voir dévaster et ruiner l'abbaye, à signer des renonciations à leur baronnie de Saint-Ouen et à d'autres droits aussi anciens que l'abbaye elle-même. En un mot, « pour doubte de mourir, et que, par icelles gens, leur moustier et hostel ne feust gasté et démoly, ilz avoient quittié aux maire, pers, bourgois et habitans de Rouen toute la juridicion et justice que eulx avoient et disoient avoir en leur baronnie de Saint-Ouen ; et, de ce, leur avoient baillé lettres de quittance scellées, soubz telle fourme de parolles comme icelles gens avoient, lors, voulu dire et deviser. » Mais, à cinq ans de là, ces troubles assoupis, et force revenue à la loi, *les gouverneurs et procureurs* de Rouen (car il n'y avait plus de mairie, la ville en ayant été dépouillée par Charles VI, en punition de la *Harelle*), se virent cités à la barre de l'Echiquier, où deux d'entre eux, Jean Pitement et Colin Le Roux, vinrent les représenter. L'abbé de Saint-Ouen y était arrivé avant eux, avec l'*attourné* de l'abbaye. Après avoir lu, en pleine audience, le brouillon qui leur était resté de l'acte arraché, en 1381, à leur frayeur : « Rendez-nous (disaient-ils aux bourgeois), rendez-nous l'original de ceste quictance et rénonciation, faicte par les menaces, force, contrainte, et doubte des gens de la commocion, qui, pour ces causes, ne doibt valoir, et qui pourroit estre, au temps à venir, ramenée à conséquence; qu'elle soit mise en pièces, et déclarée *irrite* et nulle. » Les gouverneurs, procureurs et bourgeois n'avaient garde, on le pense bien, de se prévaloir de cet acte, dont l'original, même, ne se trouva point dans les archives de la ville. « *Nous y renonçons du tout trenchiément et absolument* (disaient-ils); *onques ne l'eusmes agréable, ainçois nous desplest.* » Il fut, en conséquence, décidé par l'Echiquier, du consentement de tous, que « la quictance de 1381 seroit et demoureroit à tousjours cassée, nulle, *irrite* (vaine), et sans effet ou valeur, ainsi comme se onques n'eust esté faite ne passée [1]. »

Du varech.

Quelques mots, maintenant, sur le *varech*, si célèbre dans nos vieilles coutumes, objet, devant l'Echiquier, de fréquents, et longs débats. C'est que nos rivières, la mer surtout, faisaient échouer parfois sur les côtes des objets d'un grand prix. Toutes choses, au reste, précieuses ou non, « que l'eaue avoit gettées ou boutées à terre » étaient appelées *varech* [2]. Les gros poissons qui,

---

[1] *Reg. Echiq.*, 1386.

[2] Le *varech* est une plante marine très commune sur les côtes

jetés au loin par le flot sur la grève, y étaient demeurés faute d'eau à suffire pour les emporter, étaient le *varech* le plus ordinaire; ils appartenaient au seigneur du fief où ils avaient été trouvés, sauf l'*esturgeon*, poisson *royal*, presque toujours réservé au monarque[1]. Mais les marchandises perdues en mer par les vaisseaux naufragés, et poussées par le flot au rivage, étaient *varech* aussi, et appartenaient également au seigneur du fief où elles étaient venues échouer, sauf certaines choses expressément attribuées au roi par le *grand Coustumier*, par exemple l'or ou l'argent excédant vingt livres; les *destriers*, les *francs-chiens* et *francs-oiseaux*; l'ivoire, les pierres précieuses, le gris, l'écarlate, le vair, les peaux de *zébeline* en essence, les ballots de draps et de soieries[2]. Combien de fois, en Normandie, on plaida « pour des *poissons à coucnne* nommés *gras-porcs* », ainsi échoués, et pour des barils, des coffres, des étoffes laissées par le flot

---

de Normandie; on s'en sert pour l'engrais des terres; et, du surplus, on fait une soude employée dans diverses opérations. Ce nom aura passée, des plantes marines excrues sur les grèves, aux objets que le flot y jette parfois.

[1] A l'évêque de Bayeux appartenaient les esturgeons pris, péchés ou arrivés dans la baronnie de Saint-Vigor-le-Grand, près Bayeux. — Reg. Echiq., 12 avril 1453.

[2] *Le grand Coustumier du pays et duché de Normandie*, chap. 17: « De Varech. »

sur la grève! Que de procès entre des seigneurs de fiefs voisins, entre ces mêmes seigneurs et un chapitre qui réclamait sa dîme sur la chose trouvée; entre ces seigneurs encore et les officiers du roi, toujours prêts à disputer au seigneur sa trouvaille, pour peu qu'elle eût de valeur? Rien donc de plus ordinaire, de tout temps, à l'Echiquier, que ces questions de *varech*. Mais la fin du quatorzième siècle devait en voir naître de toutes neuves, dont les siècles précédents ne s'étaient point avisés. Dans cette longue guerre de cent vingt ans entre la France et l'Angleterre, commencée en 1336, sous Philippe de Valois, et qui ne devait finir que sous Charles VII, comment aurait-il pu ne jamais échouer sur nos côtes de barques anglaises armées pour la pêche, mais chargées surtout d'épier nos desseins! Ces navires, ces hommes trouvés sur nos dunes où le flot les avait poussés, et que captureraient en hâte les habitants des côtes, à qui allaient-ils appartenir? Était-ce au premier qui les avait arrêtés? Était-ce au propriétaire du fief où ils avaient été trouvés? Était-ce au roi, comme ennemis de sa couronne, et en guerre avec lui? Était-ce *varech*, enfin, que ces *hommes* échoués, lorsque le *Coustumier* n'avait paru qualifier ainsi que des *choses*! Plus d'une fois, l'Echiquier eut à entendre débattre ces questions et d'autres semblables. On pense bien que les officiers du roi, si âpres, d'ordi-

marginal note: Les Anglais échoués sur nos côtes réputés varech.

naire, en matière de *varech*, n'allaient pas s'endormir maintenant qu'il s'agissait de prisonniers à réclamer, de fortes rançons à percevoir. Mais, au lieu qu'ils auraient dû s'entendre tous pour poser des principes fixes en cette matière, et, après cela, n'en point démordre, ils variaient fort ; et ces Anglais échoués, ils les réclamaient, tantôt comme *varech*, parce qu'ils avaient été trouvés en fief royal ; tantôt comme *prisonniers de guerre*, parce qu'ils avaient été arrêtés sur un fief seigneurial. Il aurait fallu choisir ; mais, dans l'une et l'autre hypothèse, la cause du seigneur normand qui, voyant ces hommes échouer sur son fief, les avait *fiancés prisonniers*, semblait toujours la plus favorable ; car, si ces Anglais étaient *varech*, ils appartenaient donc au seigneur qui les avait pris sur son fief. Étaient-ils, au contraire, prisonniers de guerre ? Pourquoi, dans ce cas, n'auraient-ils pas appartenu à ceux qui les avaient arrêtés ? Permis, alors, sans nul doute, au roi de les réclamer et de se les faire livrer, mais en payant préalablement leur rançon à celui qui les avait capturés. On ne voyait qu'un cas où ces prisonniers pussent appartenir au roi sans conteste : celui où ils auraient été saisis tout d'abord *sur son fief, et par ses gens*. Cette hypothèse (assez rare) exceptée, l'Echiquier adjugea toujours ces hommes échoués à celui qui, le premier, les avait faits prisonniers ; d'autant que, devant ce haut tribunal, le procès ne se débattait guère qu'entre le roi et les seigneurs de fief, qui, moyennant quelque argent, s'étaient toujours arrangés avec les pêcheurs ou villageois, et avaient ainsi tout l'avantage.

Onze Anglais échoués ainsi, en 1386, sur les côtes du pays de Caux, furent adjugés par l'Echiquier à Pierre Duval, écuyer, qui les avait *fiancés* prisonniers. C'était, toutefois, à Saint-Martin-aux-Bunaux, en la haute justice du roi, qu'ils avaient été pris. Le procureur du roi au bailliage de Caudebec les réclamait, donc, fort au nom du roi, d'abord comme *varech* et *varech* trouvé en sa justice, et puis comme *ennemis de sa Majesté*, soumis, partant, à sa seule juridiction royale. Mais, à l'Echiquier, « dit fu et jugié que ce n'estoit pas *varech*; que la haute justice ne debvoit pas tollir son droict à celui qui les avoit pris, et qu'ilz lui appartenoient comme prisonniers[1]. »

Mais le plus grand procès de cette sorte que l'Echiquier eût eu jamais à juger, s'était débattu entre le roi et l'abbaye de Fécamp, au sujet de *trente-six Anglois* qui, *par fortune de temps*, avaient échoué au port de Veulettes, eux et le vaisseau baleinier qui les portait. Veulettes était du domaine des religieux de Fécamp, qui « y avoient tous drois à haux justiciers appartenans, tant de varesc, de

---

[1] *Reg. Echiq.*, 1386.

coustille que autrement. » Toutes prétentions, d'ailleurs, leur avaient été cédées, sur ces Anglais, par un acte en forme, moyennant deux cents francs promis aux villageois qui avaient fait cette importante capture. Mais *trente-six* Anglais à la fois ! on n'en avait jamais tant vu ; et les officiers du roi ne pouvaient se résoudre à laisser aux religieux de Fécamp une si grosse prise, la plus belle dont on eût mémoire. A Vittefleur, donc, puis à Fécamp, où ces enfants de la Grande-Bretagne avaient été menés prisonniers, se succédaient lieutenants, procureurs du roi, sergents envoyés pour faire arrêt sur eux, au nom du roi. Il n'y eut pas jusqu'au bailli de Caux, messire Geoffroy de Charny, chevalier, si connu dans l'histoire, qui n'y vînt *en sa personne*, faire semblable arrêt, en vertu d'un ordre exprès qu'il avait reçu de Charles VI. A l'Echiquier, où finit par aller l'affaire, après de longues procédures, le procureur du roi plaida chaudement la cause de son maître. « Le roy (disait-il) est chef de toute la guerre en son royaume. En quelque lieu qu'ayent eschoué ces Anglois, ils sont à lui, n'ayans pas esté prins en bataille, ni par des gens de guerre, ains estant venus au rivage, par fortune et aventure de temps, et ayant esté capturés par des hommes ses subjets, et en terre qui relève de lui dûment *par ressort*. Comme varech, ils ne peuvent estre réclamés par les religieux de Fécamd, puisque, violant la loi qui ne veut pas que le *varech* soit *changé de place avant d'avoir été vu* par les officiers du roi, ces religieux ont fait transporter les prisonniers de Veulettes à Vittefleur, et de Vittefleur à Fécamp, sans appeler les officiers du roi, comme l'exige le Coutumier de la province. Ces Anglais appartinssent-ils maintenant à l'abbaye, le roi les peut prendre en remboursant aux religieux les 200 livres qu'ils en ont données, et gagner la différence, qui est de 600 livres au moins. *Aux gens d'église* (disait, en finissant, ce procureur du roi, qu'avait échauffé la dispute), *aux gens d'église ne appartient de s'entremettre de tieulx choses, mais debvroient dire leur service* (leur office). » — « Les trente-six Angloiz, avec leur vaëssel (vaisseau) et leurs biens, sont nostres, (répondaient les religieux de Fécamp); ilz nous doibvent appartenir à cause de nostre haulte justice, si c'est varech; car nos chartes de fondation nous donnent tout *varech,* sans exception, depuis la *haye des Tignes* jusques à *l'arrière-gaut*; et nous en avons toujours joui, de temps immémorial. Au contraire, n'est-ce point *varech?* ces Anglois, alors, sont à nous comme nos prisonniers, puisque nous les avons achetés de ceux qui les ont pris; *car il est loisible à ung chacun, se il treuve les ennemys du roy en son royaume, de les prendre et en faire à sa volonté.* » Ils ajoutèrent qu'il n'y avait point d'ordonnance semblable à celle qu'alléguait le procureur du roi. Le souverain, à la vérité, pouvait réclamer les prisonniers qu'avaient faits ses sujets, mais en les payant leur juste valeur. Ces raisons ayant décidé les juges en faveur de l'abbaye, l'Echiquier déclara que « iceulx Anglois estoient et debvoient estre aux religieux de Fescamp; et ilz leur furent mis à pleine délivrance pour en joïr et exploitier comme leur propre chose[1]. »

Ils allaient bientôt devenir maîtres en Normandie, ces Anglais si souvent, depuis trente ou quarante ans, vendus, disputés, achetés, adjugés, tantôt comme *varech*, tantôt comme prisonniers. La France les avait long-temps tenus en échec. Plus d'une fois (les registres de l'Echiquier nous en sont garants), « il avoit esté crié nottorement, de par le roy nostre sire, par toutes les villes et pors de mer de Normendie, que tous mariniers et autres gens de mer, *sur peine de la hart*, allâssent en son armée, mener son navire (sa flotte) pour grever les ennemis du royaulme[2]. » Nos pères, répondant à cet appel, avaient armé en mer, et long-temps repoussé les Anglais qui rôdaient sans cesse autour de nos côtes, cherchant par où ils pourraient nous surprendre. Mais leurs nefs, à la fin, nous les amenèrent en si grand nombre, sur tant de points et si bien armés, qu'il ne pouvait plus être

Occupation de la Normandie par les Anglais.

---

[1] *Reg. Echiq.*, 1386.   [2] *Reg. Echiq.*, 1386.

question de les *fiancer* prisonniers, ou même de leur résister, et que ce fut au tour des Normands d'être prisonniers et *varech*.

Le seize août 1417, débarquèrent à Touques, Henri V et sa formidable armée. Quel déluge de maux fondit, avec eux, sur la Normandie, les registres de l'Echiquier nous le montrent long-temps encore après que la province est délivrée. Devant cette cour, durant longues années, pour être dispensé de produire un titre perdu, de payer (faute d'argent) une année de fermage, il fallut rappeler le sac d'une ville, l'incendie d'une autre, le pillage d'une troisième, le rasement d'un château fort, d'une maison; en sorte que, dans le narré d'un procès indifférent en lui-même, se glisse parfois une particularité qu'on chercherait vainement ailleurs. «Dans Rouen, deux jours aprèz la *rendue* de la ville à Henri V, on n'y povoit trouver logiz, pour la multiplication des gens d'armes estans lors illec; et n'y povoit l'en recouvrer vivres[1] », nous dit un registre. — Le seigneur de Bréauté, s'attachant à la cause du conquérant (nous dit un autre registre), veillait sur la frontière de la mer, «avec des soudoyers, pour la tuition et deffence du pays», c'est-à-dire contre les tentatives que pourrait faire le roi de France, pour recouvrer sa province en-

---

[1] *Reg. Echiq.*, 1424.

vahie. La solde de ces troupes fut assignée sur un emprunt forcé dont Henry V avait frappé toutes les paroisses voisines de Dieppe. — Un troisième registre nous montre de malheureux villageois occupés, dans la forêt de *Quenivet,* « à chauffer ung fournel de caux (chaux) *pour refaire* leurs maisons destruictes à l'occasion de la guerre. » Un fermier se défendait de payer les termes échus des années 1398 et 1399, « pour ce que, à l'occasion de la guerre et du passage des Anglois, fait, de la rivière de la Seine au Pont de l'Arche, et qui avoient couru par plusieurs fois, tant lors que pendant les siéges de Rouen et Gaillart, *le païs estoit demouré, au dit an, tout dépopulé et sans labour ;* et s'en estoient alléz et fouys les gens et laboureurs du pays vers Beauvais et autres lieux, pour doubte de prinses et emprisonnement », en sorte que ce fermier[1] n'avait pu labourer. — Voilà pour le Vexin.

Au pays de Caux (un autre registre nous l'apprend), « y out si grans guerres que le pays demoura inhabité, *depuis 1435, où il fut réduit en l'obéissance du roy,* jusques après les trefves, qui furent l'an 1444[2]. »

Le pays d'Auge avait-il été plus épargné ? Non. — «Au temps que les Anglois occuppoient le païs de

---

[1] *Reg. Echiq.*, 1426.   [2] *Reg. Echiq.*, 1474.

Normendie, estoient faictes au païs d'Auge plusieurs courses, roberies et pilleries[1]. »

<small>Echiquiers tenus à Rouen par les Anglais.</small>

Au sein de tout ce désordre, qu'allait devenir la justice? Dans ce bruyant fracas d'armes qui se heurtent, les lois peuvent-elles se faire entendre? Par le *traité* de la composition de la *rendue* de la ville de Roüen, Henri V avait bien confirmé cette ville dans tous les priviléges, libertés, franchises à elle octroyés naguère, non seulement par les anciens ducs rois d'Angleterre, mais par les rois de France ayant régné avant Philippe de Valois[2]. C'était lui avoir implicitement conservé son Echiquier, qu'en 1304 Philippe-le-Bel lui avait donné, dont il avait ordonné, du moins, que les sessions se tiendraient dans ses murs. Cinq années entières s'étaient toutefois écoulées sans que la haute cour de Normandie eût tenu ses assises. Les affaires, cependant, s'accumulant toujours, il fallait bien se résoudre à les faire juger. Henri V étant mort peu après sa conquête, le duc de Bedfort, régent pour la minorité de Henri VI son neveu, tint un conseil pour y pourvoir; et, « nonobstant toutes les fortunes de guerre, qui estoient grandes alors »,

---

[1] *Reg. Echiq.*, 1455.

[2] Traité de la composition de la rendue de la ville de Rouen, à Henri V, 13 janvier 1418. (Archives de l'hôtel-de-ville de Rouen, *Reg. U.*)

un Echiquier fut fixé à Rouen, pour le terme de Pâques 1423 ; c'est le premier qui ait été tenu depuis la conquête. Nos vainqueurs connaissaient, de longue date, ce vieux nom d'Echiquier ; ils maintinrent chez nous ce que naguère nous avions porté chez eux. Restait de dire où elle tiendrait ses séances, cette cour d'Echiquier qui, depuis plus de deux siècles, n'avait siégé qu'au château de Rouen, bâti en 1205 par Philippe-Auguste ! Pendant un siége de cinq mois, ce château, en butte à la foudroyante artillerie de Henry V, avait beaucoup souffert. Il y avait de nombreuses brèches à ses tours et à ses murailles. Les prisons du roi, les salles d'audience, « estoient arses, abattues et anichillées par le faict des guerres devant passées » ; ce n'étaient que décombres ; on le voit partout dans les titres du temps [1]. Le palais des archevêques de Rouen fut choisi, d'abord, par le conseil du régent, pour le lieu des séances ; «ce que oncques homme n'avoit veu, ne oncques n'y avoit esté », remarque une chronique manuscrite du temps. Il n'avait pas tenu aux chanoines de Rouen ; et il n'y avait protestations qu'ils n'eussent faites ni représentations qu'ils eussent épargnées au conseil du régent, criant que ce palais était *lieu d'immunité* donné à l'église cathédrale, sacré, inviolable comme elle,

L'Echiquier siége d'abord au palais archiépiscopal de Rouen, malgré les réclamations du chapitre.

---

[1] Enquêtes de 1425 ; Ms. des Archives du Département.

et ne pouvant servir à usage profane. Mais il leur avait fallu s'y résoudre pour cette fois ; même, le jour étant venu *d'insinuer* leur privilége de Saint-Romain, force avait été aux chanoines et chapelains députés du chapitre, d'aller, bon gré mal gré, faire cette *insinuation* à l'Echiquier séant au palais de leur archevêque ; nouvelle adhésion forcée à cette entreprise des juges séculiers. Même, et comme ces prêtres, ne pouvant oublier qu'ils étaient là en lieu d'immunité, s'y étaient fait précéder par leur messager portant la verge haute, une amende de vingt sous, prononcée contre eux par l'Echiquier pour cet attentat à la majesté de la justice, leur avait durement appris qu'ils n'étaient plus chez eux[1]. Mais ils devaient y rentrer bientôt ; la session de Pâques 1423 finie, « oncques puis l'Echiquier ne fu à l'archeveschié..... Et jamais n'y ira », ajoute fièrement notre chronique rédigée par un chapelain de Notre-Dame. Bientôt, en effet, par des lettres patentes de mai 1424, « l'Eschiquier fut ordenné et la place esleue as haulles as Pelletiers en la *Vieul Tour*. » La chronique le dit, et la preuve en existe dans plusieurs chartes de l'hôtel-de-ville de Rouen, qui nous apprennent, en même temps, qu'on travaillait alors à reconstruire au château des salles pour l'Echiquier et un local pour les of-

> L'Echiquier siége ensuite à la halle aux Pelletiers.

---

[1] *Reg. capit.* Eccles. rothom., 12 et 26 avril 1423.

ficiers du bailliage¹. Cette session de la Saint-Michel 1424 s'ouvrit à Rouen le treize octobre, et finit le vingt-quatre novembre; on le sait par son registre qui est parvenu jusqu'à nous, ainsi que celui de l'Echiquier de Pâques 1423². Un troisième Echiquier eut lieu au terme de Pâques 1425. Là, prit fin un différend entre les héritiers de Jean du Perron, capitaine de l'abbaye de Sainte-Trinité de Caen, avec l'abbesse de ce même monastère, au sujet du guet de Saint-Gilles; et c'est tout ce qu'on sait sur cet Echiquier, dont le registre nous manque³. Un quatrième Echiquier fut tenu en 1426, encore au terme de Pâques, et nous en avons le registre; puis, un cinquième au terme

---

¹ Chartes des 27 mai 1424, 2 juillet et 21 août 1426. — (Archives de l'hôtel-de-ville de Rouen.)

² Je trouve, à la date du 21 mai 1423, un arrêt curieux, que rendit l'Echiquier au profit des marchands forains qui allaient vendre leurs marchandises à la foire de Guibray. Les marchands de Falaise, jaloux de cette concurrence, cherchaient à dégoûter les *forains*, en exigeant d'eux une *hanse* ou bienvenue arbitraire, dont chacun avait sa part. En 1423, un forain nommé Lévesque, ayant résisté à cette prétention et perdu sa cause à la prévôté de Falaise, en avait appelé à l'Echiquier, qui jugea que les *forains* n'étaient nullement tenus de payer cette *bienvenue*. Même « fu deffendu par la court, que, d'ores en avant, l'en ne souffrist plus telles *hanses* à Guibray, sur paine de grant amende », et on enjoignit aux juges de l'empêcher. — *Reg. de l'Echiquier*, 21 mai 1423.

³ Extraits de M. Léchaudé d'Anisy; *Mémoires de la Société des Antiquaires de Normandie*, tom. VIII, n° 400, pag. 215

de Saint-Michel 1439, dont un seul arrêt nous est connu, mais bien notable, en date du dix-sept décembre, qui décida que le privilége de Saint-Romain, octroyé à un coupable, ne le dispensait pas de la réparation civile due aux parties que son crime avait lésées[1]. Nous y reviendrons plus tard, en parlant du sort de ce privilége au temps des Echiquiers. On trouve, enfin, un Echiquier séant à Rouen, en 1448, au terme de Saint-Michel; et ce fut certainement le dernier que tinrent chez nous les Anglais. — N'y en avait-il eu aucuns autres, pendant les trente ans qu'ils furent maîtres dans notre province? Il paraît difficile de le croire, encore bien qu'on n'en puisse retrouver les registres; car ils nous manquent bien aussi pour les années 1425 et 1439, où, certainement, il y avait eu des assises. Mais, quant à croire que, pendant les trente ans de l'occupation anglaise, l'Echiquier eût siégé exactement chaque année, ou même souvent, il y faut renoncer, un ancien document nous apprenant « qu'au moyen de ce que la Normendie avoit esté par long temps occuppée par les Anglois, et à l'occasion des grans guerres et divisions qui, par ci devant, y avoient eu cours, l'Eschiquier n'y avoit esté tenu que de long temps

---

[1] L'expédition (sur parchemin) de cet arrêt, est dans les anciennes Archives du chapitre de Rouen.

en long-temps »; ce sont les termes d'une ordonnance du roi Charles VIII[1].

Dans ces tenues d'Echiquiers, la domination anglaise devait se faire sentir comme en toutes autres rencontres, et peut-être plus encore, puisqu'il s'agissait de la justice, le plus éminent des droits, le plus sacré des devoirs de la couronne. Il va sans dire que des *commissaires* du roi d'Angleterre siégeaient, comme *maîtres*, à ces Echiquiers. Là, auprès de Français qui avaient adhéré à Henri V, on voyait des Anglais, devenus aussi nos juges. Alain Quirketton, Thomas Olguille, Jehan Pophain, Jehan de Longuevilh, Henry Fitz-Henry, siégeaient au banc des *maîtres* de l'Echiquier de Normandie, avec Raoul Le Saige, Jean de Mailli, Jean Hescourt, Mathieu Courtois, Thomas de Mailli, dont les noms montrent assez l'origine. A l'appel des baillis, on voyait se lever et répondre des Anglais jugés seuls dignes alors (avec quelques Français déloyaux) de ces postes de confiance et d'honneur: Jehan Salvaing, pour Rouen; Jehan de Harppelay pour Evreux; Jehan Bourgh pour Gisors; Guillaume Glacedalle pour Alençon; Laurent Waien pour le Cotentin; Thomas Maistresson pour le pays de Caux. Vinrent aussi comparaître à ces Echiquiers, des prélats et

Les Echiquiers étaient composés, alors, d'Anglais et de Français.

---

[1] Lettres patentes de Charles VIII; *Reg. Echiq.*, 1484.

des barons normands, mais en moindre nombre qu'avant l'invasion de la province; et, ainsi qu'avant la conquête, ces nobles, ces prélats venaient là, non pas seulement *pour parer la cour*, comme l'ont dit quelques écrivains tant anciens que modernes; mais aussi, mais surtout, pour participer à la décision des affaires, en un mot, « *pour jugier les matières* »; il en faut bien croire les registres de 1423, 1424, 1426, qui le disent en termes exprès. Là donc, au banc des *nobles*, paraissaient le vicomte de Roncheville, les barons de Mesnières, de Ferrières et de Tournebu; au banc des *prélats*, les abbés de Sainte-Catherine, de Jumiéges, de Saint-Georges, de Saint-Evroult, de Saint-Taurin, de Saint-Michel, de Grestain, sans parler de nombre d'autres; on y vit même une fois l'évêque d'Avranches.

Ainsi, des Français siégeaient là confondus avec des étrangers; devait-on s'en réjouir, ou rougir pour eux d'une adhésion si manifeste et si honteuse à l'oppression de leur pays ? Mais nos divisions politiques, qui avaient donné aux étrangers un si facile accès en France, leur avaient aussi suscité parmi nous des adhérents prêts à administrer, avec eux et près d'eux, les affaires du pays. Ainsi, en voyant nos Echiquiers, au temps de l'occupation, toujours présidés par un Français, Philippe de Morvilliers, premier président du Parlement de

Ils étaient présidés par Philippe de Morvilliers, premier président du Parlement de Paris.

Paris, revenaient aussitôt en mémoire les honteuses connivences de ce magistrat aux intrigues de l'infâme Isabeau de Bavière, à celles du duc de Bourgogne, et par suite à l'occupation du royaume. Ainsi était-il devenu premier président du Parlement de Paris. Ainsi se trouvait-il appelé à présider l'Echiquier, cette cour souveraine de notre province. Son prédécesseur Henri de Marle, massacré à Paris, par la populace, pour avoir fait son devoir, lui avait donné un autre exemple, que nous devons d'autant moins taire ici, que ce Henri de Marle, lui aussi, était souvent venu à Rouen, présider nos Echiquiers.

Absence de plusieurs barons et prélats normands aux Echiquiers, comment expliquée.

Le peuple de Rouen se portait en foule à ces audiences; il assistait à ces *appeaux* des officiers de la province; et les absences, non moins que les présences, lui rappelaient sans cesse les malheurs du temps et le joug qu'il lui avait fallu subir. Là on venait justifier la non-comparence de quelques barons normands, par de lamentables excuses; le baron du Hommet, par exemple, « pour ce qu'il estoit *au service* DU ROY *en Engleterre* »; le baron de la Haie du Puis, « pour ce qu'il estoit prisonnier aux *ennemis* », c'est-à-dire au pouvoir de Charles VII son maître, qu'il avait trahi; le baron de la Luthumière, « pour ce qu'il estoit au siége du Mont-Saint-Michel », travaillant avec ardeur à ôter cette place au roi de France, pour la donner à un monarque étranger. Des évêques manquaient là, parce qu'ils s'étaient laissés prendre par le roi de France, qu'eux aussi avaient trahi; à moins qu'on n'aime mieux penser que, parmi toutes ces ignominieuses et flétrissantes excuses, il y en avait de mensongères; que des affidés apostés venaient là donner des explications telles quelles, dont l'Echiquier anglais se payait aisément, ne pouvant rien gagner à y regarder de plus près, et à se faire plus précisément expliquer les choses [1].

Quant aux évêques, abbés et barons présents, il leur fallait jurer « d'exécuter et accomplir dilligaument les mandements *du roy de France et d'Angleterre, de monseigneur le régent*, et de la court d'Eschiquier. » On trouve des sceaux de l'Echiquier de ce temps; avec les léopards, attributs de son royaume d'Angleterre, Henri V y avait fait graver les fleurs de lis, antique blason de celui qu'il venait de conquérir; et, avec le titre de roi d'Angleterre, il y prenait celui de roi de France [2].

---

[1] *Reg. des Echiquiers*, de 1423, 1424, 1426.

[2] Expédition (sur parchemin) d'un Arrêt de l'Echiquier, du 17 décembre 1439. (Archives de l'ancien chapitre de Rouen.) — Le contre-scel offrait deux léopards l'un sur l'autre; et, au chef, une fleur de lis, avec cette légende : « *Sigillum regium Scacarii ducatûs Normanniæ.* » — *Traité de Diplomatique*, des Bénédictins, en six vol. in-4°, tom. IV, pages 281, 282.

De cette usurpation agréée par les uns, repoussée par les autres, comment aurait-il pu ne pas naître des procès? La fidélité s'appelait, maintenant, félonie; le parjure devenait féauté; ils étaient menés rudement, ces Français entêtés qui n'avaient point adhéré en hâte à l'occupation anglaise. Être Français maintenant, c'était crime de haute trahison, de lèse-majesté. Souvent, rencontrant dans les registres ces expressions infamantes de *rebelles*, de *traîtres*, d'*ennemis*, d'*adversaires du roi nostre sire*, de *brigands*, on s'indigne, par habitude, et on a horreur de tous ces hommes si déloyaux; mais, la réflexion aidant, on s'avise, aussitôt, qu'il s'agit là de ces hommes fidèles qui, se rapprochant peu à peu, puis se regardant, se comptant, et s'évertuant enfin, devaient, avec le temps, rendre à Charles VII le royaume de ses pères; et on se souvient que, dans les actes qu'un conquérant expulsé laisse après lui, il faut toujours lire infamie là où il a écrit honneur, et fidélité là où il a écrit trahison. C'est ainsi qu'un registre de l'Echiquier anglais parle « de la *rebellion* de l'abbé de Préaulx », qui était demeuré, en 1418, dans la ville de Rouen, assiégée par Henri V. Dans ces temps là, aussi, un mot de regret est un cri séditieux. Ainsi fut malmené, à l'Echiquier de 1448, l'avocat Jean Legay, accusé « d'avoir dict et proféré de certaines paroles contre l'auctorité, seigneurie et prééminence *du roy*

L'Echiquier sévissait contre les Français hostiles à l'occupation.

nostre seigneur (de Henri VI, cela s'entend), et en charge et déshonneur de ceulx de la nation et royaulme d'Angleterre. » On ne voit point ce qu'il en put être, sinon que le procureur du roi fut réservé à le poursuivre pour ces propos et à en faire punition selon le cas. Plus mal pouvait-il en advenir à quelques prêtres et clercs de Rouen, qui avaient été jetés aux prisons du roi, « pour crime de lèze-majesté »; on sait ce que cela voulait dire; mais, après de vifs débats, l'Echiquier finit par donner gain de cause à l'église, qui les avait réclamés comme siens; et on les vit transférer, enfin, des prisons du château, alors reconstruites, à celles de la cour d'église. « Des quelles choses (dit la chronique), estoit courchié (courroucé) ung nommé Jehan Séquent (ou Segneult), advocat du roy; mès n'en povoit plus, car ce estoit par sentence. » La sentence, ou l'arrêt, pour mieux dire, portait plus haut, et semblait proprement une déclaration des droits de l'église, déclaration la plus explicite qu'on eût vue de long-temps. Elle proclamait hautement que l'archevêque et ses officiers « avoient leur justice, comme accoustumée estoit, sans préjudice des parties; qu'ils prendroient les clercs mariés ou non mariés, se ilz faisoient aucun crime; que, de même, s'ils estoient en excommuniche, ilz seroient pris par des sergants de la cour de l'église. sans contredit; que quant aucuns clercs

<small>Arrêt de l'Echiquier anglais, favorable au clergé.</small>

seroient mis ès prisons séculières, ilz seroient restitués après monicion », c'est-à-dire au premier mot des juges d'église [1].

L'Echiquier, à cette fois, était en bonne veine pour l'église. Au lieu qu'à une assise précédente, les juges, trouvant mauvais que l'official de Notre-Dame de Rouen fît porter une verge d'argent devant lui quand il allait par les rues, la lui avaient fait mettre bas ; cette verge, à l'Echiquier de 1426, lui fut restituée par arrêt, « et fu ordené que l'official et ses successeurs auroient auctorité de la porter partout où il leur plairoit ; et de ce furent lettres faictes et données pour le dict official [2]. »

Les Anglais, à la fin, repassèrent la mer ; leurs léopards disparurent et des bannières de France et du sceau de l'Echiquier de Normandie. On avait fait un pont d'or à ces étrangers, dont il fallait purger en hâte notre sol. Par la composition de Caen, ils devaient avoir tous leurs biens. Par celle de Cherbourg, « les Angloys qui s'en voulurent aller furent deschargéz de toutes leurs debtes quelzconques. » Le registre de l'Echiquier qui nous révèle ces deux faits nous apprend aussi qu'il avait fallu forcer Pont-Audemer, et nous parle des « escriptures qui furent arses et perdues à cause de

---

[1] Chronique ms. Bib. royale.
[2] Même chronique.

la prinse de ceste ville, lorsque les gens du roy (Charles VII) y entrèrent par assault¹. »

A la demande des habitans de Rouen, Charles VII promet, par lettres patentes, que l'Echiquier sera, désormais, régulièrement tenu.
1449.

Sous ces étrangers, « l'Eschiquier n'ayant esté tenu que *de long temps en long temps*, le jugement et expédition des causes pendans au dit Eschiquier, avoient esté longuement retardéz au grand intérest du roy, préjudice et dommage de ses subjectz, habitans du païs de Normendie². » C'est encore Charles VIII qui nous l'apprend dans des lettres patentes données trente-cinq ans après le recouvrement de la province. Aussi, l'Anglais parti, et comme Charles VII venait de faire dans Rouen sa première et véritablement *joyeuse entrée*, les habitans, affligés du passé, et voulant assurer leur avenir, parmi les grâces qu'ils sollicitaient du monarque, n'oublièrent pas leur Echiquier si souvent et si long-temps interrompu pendant l'occupation. « L'Eschiquier de Normendie sera ordinairement tenu ainsy comme on faisoit paravant la descente du feu roy d'Angleterre », leur promit Charles VII, dans les articles qu'il leur accorda en cette solennelle rencontre. En même temps, il confirma la Coutume de Normandie, la Charte aux Normands, et assurait, en un mot, que « Rouen demeureroit en tous les droictz, priviléges et franchises

---

¹ *Reg. Echiq.*, 1453.
² Lettres pat. du 26 mai 1484. — *Reg. Echiq.*, 1484.

dont ses habitans avoient joui avant la descente des Anglois[1]. »

Mais, la capitale de Normandie étant reprise, il avait fallu que Charles VII, pour y faire tenir l'Echiquier, attendît la soumission ou la réduction de diverses villes de la province, où l'Anglais s'était opiniâtré; cela demanda quelque temps; et Rouen ne revit qu'en 1453 son Echiquier séant au château du roi. Là, maintenant, plus d'Anglais, avec ces noms barbares auxquels le peuple n'avait jamais bien pu se faire; point de déloyaux Français davantage; les traîtres avaient fait leur temps; les Français fidèles avaient leur tour; et c'était à jamais. Aux hauts bancs des *maîtres*, tous conseillers clercs, tous conseillers *lais* demeurés fidèles naguère au bon droit et au malheur; à leur tête, le loyal et pieux archevêque de Narbonne, Louis de Harcourt, bâtard d'Aumale, qui, dans la suite, devait être

Le premier Echiquier, après le recouvrement, fut tenu en 1453.

---

[1] Articles accordés par Charles VII à la ville de Rouen, en 1449. (Registre de l'hôtel-de-ville de Rouen, $\frac{A}{38}$ fol. 56 v°.

Charles VII tint parole. En 1450, le Parlement de Paris avait envoyé plusieurs fois, à Rouen, des huissiers pour citer devant lui plusieurs bourgeois de cette ville. Sur leurs refus, approuvés par les magistrats de Rouen, un conseiller du Parlement de Paris, Pierre de Tullière, vint à Rouen, ajourner, en pleine audience, le lieutenant général du Bailli. Mais Charles VII intervint en faveur de la commune, et, par une charte du 7 octobre 1450, maintint les priviléges des bourgeois de Rouen. (Archives de l'hôtel-de-ville de Rouen, tiroir 416, n° 6.) — *Histoire de Rouen sous la domination des Anglais*, par M. Chéruel, pag. 164.

évêque de Bayeux, patriarche de Jérusalem, jouir d'un grand crédit en France, dans notre province, surtout dans la ville de Rouen qu'il avait si long-temps habitée, et qui si souvent ressentit ses bienfaits. Le peuple, à cette fois, reconnaît ses baillis; ce ne sont plus des étrangers et des mercenaires, mais des hommes nés dans le pays, qui l'aiment, qui ont puissamment aidé à le reconquérir, ceux-ci dans les négociations, ceux-là dans les combats; leurs noms seuls, au moment de l'appel, excitent dans l'assistance un favorable murmure. C'est que Jacques de Clermont, Jean sire de Montauban, Robert de Floques, Guillaume Cousinot, sont les compagnons des Brézé, des Lahire, des Xaintrailles, des Dunois; qu'auprès d'eux et avec non moins d'éclat, ils se sont signalés dans cent batailles, et qu'eux aussi ils sont des preux de Charles VII.

On publie, à cet Echiquier, une ordonnance de Charles VII qui permet aux Normands de se désister, sans payer d'amende.

Une ordonnance royale, lue dans cette audience, témoigne de la sollicitude du monarque pour la justice. En 1452, plein de regret de voir s'écouler un si long temps sans tenues d'Echiquiers, il a voulu, du moins, ouvrir un champ libre aux transactions sur des procès qu'il ne pouvait faire juger sur l'heure. La forte amende prononcée par la loi contre les plaideurs qui se désistent, ne pouvant qu'empêcher ces désirables transactions, Charles VII s'en est ému; d'autant que plusieurs de ces procès « ont (dit-il) esté meuz et commencez à l'occasion des guerres qui, par ci devant, ont esté au païs de Normendie. » Il a voulu « eschever (éviter) aux plaids et procès, et nourrir paix et amour entre ses subgiès. » Pleine faculté est donc donnée à toutes personnes ayant entre elles des procès pendants à l'Echiquier, « de pacifier et accorder entre elles, et d'elles départir de court et de procès, *sans amende.* » Un pontife ne pouvait qu'applaudir à de tels sentiments. Aussi entend-on sans étonnement l'archevêque de Narbonne, Louis de Harcourt, président de l'Echiquier, louer hautement cet acte royal. Le prélat ne manque pas de « monstrer la bonne voulenté que le roy a à faire justice à son peuple. » Charles VII l'a dit dans une ordonnance qu'il vient de rendre tout à l'heure : « Les royaumes sans bon ordre de justice ne peuvent avoir durée ne fermeté aucune[1]. » Aussi, sous son règne, dans les temps, du moins, qui suivent immédiatement la conquête, voit-on les Echiquiers se succéder régulièrement chaque année, souvent présidés par l'évêque Louis de Harcourt, toujours tenus par des conseillers clercs et laïcs, l'élite du Parlement de Paris, toujours illustrés par la présence de ces preux chevaliers qui ont chassé l'Anglais et rendu la France à son roi. — Aux expéditions de leurs arrêts est appendu l'antique sceau

---

[1] Préambule de l'ordonnance de 1453.

de l'Echiquier, un écu chargé de fleurs de lis sans nombre, avec cette inscription autour : *Sigillum magnum Scacarii ducatûs Normannie*. — Le contre-scel offre seulement trois fleurs de lis, avec cette inscription : *Contra-sigillum ducatûs Normannie*[1].

<small>Charles VII régularise aussi la tenue des sessions de l'Echiquier des comptes.</small>

Mais, avec l'Echiquier *ordinaire* de la justice, l'*Echiquier des causes,* on revoit aussi l'*Echiquier des comptes,* que regarde tout ce qui a trait aux finances, à l'administration des domaines du roi, auquel appartient le jugement des affaires domaniales, devant qui, enfin, tous les vicomtes de la province doivent venir présenter leurs états de recette et de dépense. Les ducs de Normandie avaient eu leur *Echiquier des comptes,* toujours résidant à Caen, et qui, au temps du moins de Jean-sans-Terre, y tenait ses séances près du pont de Saint-Pierre, et y avait une chapelle[2]. Après la réunion de la Normandie à la couronne, les rois, envoyant dans cette province des commissaires pour juger les causes, y en envoyèrent d'autres, en même temps, chargés de recevoir les comptes. On a vu, en 1292, la populace de Rouen, indignée de l'excès des impôts, as-

<small>Il était tenu par des commissaires du roi, pris dans la chambre des comptes de Paris.</small>

---

[1] *Traité de Diplomatique,* des Bénédictins, in-4°, tom. IV, pag. 281, 282.

[2] Les *rôles* de Jean-sans-Terre parlent de cette chapelle : « Capella de Scacario Cadomi. » — « Capella in domo in quâ numerantur denarii. » — De la Rue, *Essais historiques sur la ville de Caen,* tom. I, pages 155 et suivantes.

saillir le château où siégeaient les maîtres de l'Echiquier; ce que dit Nangis des deniers du roi que les mutins dispersèrent dans la rue sans y toucher, montre assez que c'était les *maîtres de l'Echiquier des comptes* qu'avait attaqués ce peuple en colère, et répond à Du Cange, qui s'était demandé si l'Echiquier de Normandie s'occupait de finances? Ce grand homme, qui savait tout, semble, par cette question, n'avoir connu que l'*Echiquier des causes;* une foule de monuments sont là, toutefois, pour témoigner de l'existence de l'*Echiquier des comptes.* On trouve, en grand nombre, les rôles des comptes que lui vinrent rendre, aux XIIe, XIIIe, XIVe et XVe siècles, les baillis, les vicomtes et tous les officiers qui avaient quelque maniement de deniers [1]. Nous avons une ordonnance de Charles VI, adressée à « ses améz et féaulx gens de ses comptes et trésoriers tenant l'*Eschiquier des comptes* à Rouen, du terme de Saint-Michel 1390 », approbative d'un réglement qu'ils avaient fait pour faciliter le recouvrement des amendes prononcées par les juridictions du ressort [2]. Sous les rois, des députés de la Chambre des comptes de Paris venaient à Rouen tenir cet Echiquier, comme des membres du Parlement de Paris venaient tenir l'autre, à moins qu'ordre n'eût été en-

---

[1] De la Foy, *Constitution normande*, page 233.
[2] *Reg. Echiq.*, 1390.

voyé aux vicomtes d'aller compter à Paris, ce qui arriva quelquefois, en 1391 notamment, Charles VI ayant décidé que, cette année-là, son *Eschiquier des comptes ne seroit pas tenu*, et ordonné aux vicomtes de Normandie *de venir compter en sa Chambre des comptes* à Paris [1]. Il en arriva souvent ainsi ; mais ces déplacements des comptables de Normandie étant très onéreux pour eux, Charles VII, lorsqu'après le recouvrement de la province, il eut réglé ce qui concernait l'Echiquier des causes, annonça, par une ordonnance expresse, que, « d'ores en avant, toutes et quantes fois qu'il feroit tenir l'Eschiquier en Normandie, viendroient, *de sa Chambre des comptes de Paris*, pendant et durant le temps de l'Eschiquier, au lieu où seroit tenu le dict Eschiquier, aucuns de ses conseilliers maistres des comptes, et clercs..... pour y tenir l'Eschiquier *des comptes* [2]. » On a une ordonnance de Charles VII, qui enjoint à MM. de la *Chambre des comptes* de Paris « de faire tenir l'*Eschiquier des comptes* du pays de Normendie durant le temps et ès-lieux où se tiendront les Eschiquiers ordinaires d'icelui pays, ainsi que auparavant de la descente des Anglois, il

---

[1] Ordonnance de Charles VI, du 24 mars 1390. — Secousse, tom. XII, pag. 177.

[2] Lettres patentes du 10 janvier 1453.

avoit esté faict et accoustumé[1]. » Bientôt, en vertu de cet ordre, « sont, par les dictz *seigneurs des comptes*, et mesmes par autres lettres d'icelui seigneur, envoyéz à Rouen, pour ilec assister et tenir le dit Eschiquier des comptes; au terme de Pasques 1454, (que l'*Eschiquier ordinaire* siét au dit lieu), des maistres clers et autres officiers d'icelle Chambre, entre autres monseigneur Jehan Le Boursier, chevalier, seigneur de Sternay, conseiller du roy nostre sire et général de ses finances, maistre en la Chambre des comptes; Jehan Hardouin, trésorier de France, et maistre en icelle chambre; maistres Jehan Fromont, Robert de Montmirel, Henry de Dauves, clercs d'icelui seigneur en la dicte Chambre des comptes », etc. Ces officiers, on le voit par le registre, venant à Rouen *« pour besongner au faict de l'Eschiquier des comptes,* tant en l'examen et closture des comptes ordinaires des vicomtes de Normandie (pour ce mandéz), que autres receveurs d'aides et receptes extraordinaires, et aussi pour ordonner et appoincter sur les cas particuliers qui se pourroient offrir touchant les *demaines* et *droictz royaulx*, furent apportéz et envoyéz, de la Chambre des comptes de Paris au dict lieu de Rouen, *les originaux comptes des vi-*

---

[1] *Reg. Echiq.*, 1454.

comtes de Normandie, qui, derrenièrement, avoient esté renduz en la dicte Chambre, ensemble plusieurs autres livres et escriptures servans ou (au) dit cas. » Copions toujours le registre qui nous sert ici de chronique, et disons que « aprèz que iceulx maistres clercs et greffier furent venus au dict lieu de Rouen, ilz commencèrent le dict Eschiquier des comptes, et, de lors en avant, jusques en la fin du dit Eschiquier *ordinaire de la justice,* ils vacquèrent et continuèrent à l'examen et closture des comptes, et mesmement besongnèrent et donnèrent appoinctemens sur plusieurs requestes qui devers eulx furent présentées, sur les autres cas qui se offroient touchant le faict des diz comptes, demaines et droiz royaux.... Et, après le dit Eschiquier finy, les dictz gens des comptes s'en retournèrent et firent remporter avec eulx et en leur compaignie les diz livres, comptes et escriptures qui avoient esté envoyéz par la dicte *Chambre,* et mesmes ceulx qui avoient esté reçeuz ou (au) dict Eschiquier. » C'est avoir, en peu de mots, fait assez connaître l'*Echiquier des comptes ;* et, en parlant d'une seule de ses assises, donné une exacte idée des autres, qui lui ressemblèrent de tous points. C'en est assez sur cet *Echiquier,* étranger à notre plan, et qui n'a de commun que le nom avec l'*Echiquier des causes,* l'*Echiquier* proprement dit, dont nous écrivons l'histoire. Mais nous ne pouvions parler au long de ce dernier sans chercher à montrer ce qu'était l'autre. Charles VII, on le voit, s'était sérieusement occupé de tous deux. Vient Louis XI à son tour ; et, soit que, dans les derniers temps de son règne, Charles VII n'eût plus fait tenir si régulièrement les Echiquiers, dont, en tout cas, on ne retrouve point tous les registres, soit qu'on voulût continuer de jouir, sous le nouveau règne, d'une régularité dont on s'était fait une habitude et un besoin, on voit, à l'avènement de ce monarque, les *États* de Normandie lui demander « que la court de l'Eschiquier soit tenue, désormais, au moins une fois l'an, au terme de Pasques. » A la vérité, ils demandent aussi qu'il soit tenu, cet Echiquier, « *par gens notables du païs, congnoissans les coustumes d'icellui*[1] » ; et, sans doute, c'était là ce qu'ils avaient voulu surtout obtenir du nouveau roi. Depuis la conquête de la province par Philippe-Auguste, cette pensée, en Normandie, était au fond de tous les cœurs ; trois siècles presque s'étaient succédés sans avoir pu l'effacer. Toujours, au contraire, reproduite, de règne en règne, et devenue comme une idée fixe pour les Normands, nous la verrons reparaître bientôt plus pressante encore ; les rois finiront par céder ; et la Normandie, à la fin, aura son Echiquier en propre, non

Les Etats de Normandie demandent à Louis XI qu'il fasse tenir l'Echiquier régulièrement, une fois l'an au moins, et par des hommes du pays, connaissant la coutume de la province 1461.

---

[1] Lettres patentes de Louis XI, du 4 janvier 1461, *Reg. Echiq.*

plus pour un mois, mais stationnaire, permanent, à toujours, composé d'hommes du pays, connaissant ses coutumes, de juges qui ne pourront plus lui être enlevés, et de la juridiction des quels ses habitants ne devront jamais être distraits. Mais ces concessions seront l'œuvre du temps ; et une si grande révolution judiciaire ne s'accomplira, ni sous Louis XI, ni sous Charles VIII son successeur. Sous Louis XI, toujours chaque année, au terme fixé pour l'ouverture de l'Echiquier, arrivent des hommes étrangers la plupart du temps à notre province et à ses coutumes, si l'on en juge du moins par leurs titres et leurs fonctions ordinaires. Chaque année, l'Echiquier est présidé par l'évêque de Saint-Brieuc, ou par Antoine du Bec-Crespin (des barons de Mauny), archevêque de Narbonne, qui, du moins, lui, est né en Normandie. Avec lui siégent, entre autres, l'archidiacre de Josas, en l'église de Paris; Jean du Breuil, archidiacre de Bourges; l'archidiacre de Bayeux; d'autres clercs encore, mais étrangers tous à la province ; puis, des maîtres des requêtes de l'hôtel, peu imbus, je le soupçonne, des institutions coutumières de notre pays.

Louis XI, par une ordonnance, promet que les procès des Normands seront jugés en Normandie. 1461.

Mais, du moins, les Normands seront jugés chez eux; et il ne leur faudra plus, désormais, au gré d'un adversaire puissant, aller hors de la province et au loin, demander en vain la justice à des juges étrangers, sinon prévenus. Hélas! cela ne s'était vu que trop souvent depuis la réunion de la Normandie à la couronne, après même Louis-le-Hutin, et malgré la fameuse *Charte normande;* que dis-je! jusque sous Charles VI lui-même, puisque, après lui, Louis XI à peine monté sur le trône, les États de Normandie vinrent lui en porter plainte, disant que, « contre les coustumes, usages, libertéz et franchises du pays de Normendie, la Chartre aux Normands et *la souveraine court de l'Eschiquier,* plusieurs s'estoient efforcéz et s'efforçoient, de jour en jour, soubz umbre ou couleur de priviléges ou autrement, de distraire et tirer aucunes des causes d'iceluy païs *en plusieurs et diverses cours hors du dict duchié,* en très grant vexation, travail et desplaisance des gens du païs et duché de Normendie. » Le nouveau roi, déférant aussitôt à ces justes plaintes : « nous voulons, (avait-il dit par une ordonnance qui suivit de très près son avénement), « nous voulons que, d'ores en avant, les causes de nostre pays et duché de Normendie *soient traictées et déterminées au dict pays, selon la coustume,* sans, soubz umbre ou couleur de priviléges ou autrement, les distraire ou tirer hors du dict pays [1]. »

Cette ordonnance, lue le 4 mai 1462 à l'audience

Louis XI confirme la Charte aux Normands. 1462.

---

[1] Ordonnance du 4 janvier 1461, enregistrée à l'audience de l'Echiquier, à Rouen, le 4 mai 1462.

de l'Echiquier, publiée dans tous les tribunaux normands, recommandée à tous les baillis, avait, on le pense bien, été accueillie avec enthousiasme dans la province. On vit, avec non moins de joie, à quatre jours de là seulement, et encore à l'audience de l'Echiquier, arriver des lettres patentes pleinement confirmatives de cette fameuse *Charte aux Normands*, si chère à la province, dont une des clauses principales proclamait la souveraineté de l'Echiquier et son entière indépendance de tout autre tribunal, quel qu'il fût. En l'entendant lire, et, avec elle, les lettres patentes des rois successeurs de Louis-le-Hutin, qui, l'un après l'autre, et le roi régnant comme eux, l'avaient solennellement confirmée, les Normands, zélateurs de leurs vieilles institutions, oubliaient les transgressions passées, et prenaient confiance en l'avenir. L'arrêt que rendit l'Echiquier, après avoir entendu toutes ces promesses de tant de rois, montre bien de quel prix était, à ses yeux, cette *Charte,* garant des antiques libertés de la province. « *Vous tous, baillis, vicomtes, ou vous leurs lieutenans, justiciers, officiers et subgéz du païs illec présens* (dit le président de l'Echiquier à tous ces magistrats qui, sur un signe, s'étaient levés), *la court vous commande que gardiez et entretteniez entièrement, sans enfreindre, ne souffrir estre enfraint, le contenu en la dicte Chartre, et confirmacion d'icelle jouxte leur forme et teneur ; et se aucuns faisoient ou s'efforçoient faire ou entreprendre aucune chose au contraire, à vous advocas et procureurs du roy nostre sire, qui présens estes, est expressément chargié et commandé que vous les en approuchiez et contraigniéz par toutes voyes deues et raisonnables, d'en faire amende*[1]. »

Les avocats et procureurs du roi près les divers bailliages de Normandie, étaient tous là, on le voit, assistant aux audiences de l'Echiquier, prêts à parler, à conclure, chacun à son tour, et à mesure qu'étaient plaidés les procès du bailliage près lequel ils exerçaient leurs fonctions; et ainsi en avait-il été usé de tout temps, on le voit assez par les anciens registres de l'Echiquier. Mais cela devait changer sous Louis XI, qui, en tout, cherchait l'unité, lors, du moins, que son autorité pouvait y gagner quelque chose. Une seule loi, en France, et une seule mesure, comme un seul maître, étaient chez lui des rêves favoris qu'il ne put tous réaliser, son siècle ne le permettant pas. Il était plus facile d'instituer en Normandie un homme à lui, chargé de veiller aux intérêts de sa puissance et de son domaine, et dans les débats judiciaires où ces intérêts étaient si souvent aux prises avec ceux des particuliers, et dans les États de Normandie où ils étaient naturellement en op-

Louis XI institue un office de procureur général du roi au pays et duché de Normandie. 1463.

---

[1] *Reg. Echiq.*, 8 mai 1462.

position avec ceux de la province; celle-ci ne demandant qu'à garder; lui, au contraire, étant toujours prêt à prendre. Des gens notables de son conseil, de sa Chambre des comptes et de son trésor, lui avaient représenté (disait-il), que « chose profitable seroit à luy, pour la conduite et augmentation de son domaine, au pays et duché de Normendie, et pour le bien de la justice du dict pays, avoir *un procureur général, de par luy*, en ses dictz pays et duché. » En 1463, donc, fut créé « l'office de procureur général du roi au pays et duché de Normendie. » Guillaume de Cerisay, vicomte de Carentan, en fut le premier investi, avec permission de garder son premier office. Les lettres de provision lui donnaient « povoir, auctorité, commission et mandement spécial de faire et exercer le dit office de procureur général du roy en son Eschiquier, ès assemblées des Estats et Conventions, *et par tous les sièges et auditores de son pays de Normendie où il se trouveroit et besoing seroit* [1]. »

Réclamation des avocats et procureurs du roi contre la création de cet office.

Cette dernière clause, surtout, avait choqué les avocats et procureurs du roi près les bailliages, qui, à l'audience de l'Echiquier, après qu'on y eut lu les lettres de provision, se levant tous ensemble, dirent « que la création du dit office estoit nou-

---

[1] Lettres patentes du 6 septembre 1463. — *Reg. Echiq.*, 1464.

velle, et qu'ilz protestoient que ce ne les préjudicieroit ès drois de leurs offices. » A quoi Guillaume de Cerisay répondit aussitôt : « qu'il protestoit au contraire ; que ce n'estoit point création nouvelle ; mais y en avoit eu anciennement. »

Les maîtres, quoi qu'il en fût, accueillirent ces lettres patentes de création, et le nouvel office continua d'être exercé tant que dura l'Echiquier[1].

Louis XI, on le voit, s'intéressait à notre Echiquier, et s'en occupait autant que roi qui l'eût précédé, ne prévoyant guère que l'instant était proche où l'Echiquier et la Normandie tout ensemble allaient passer sous la domination d'un frère rebelle à qui il devait, lui-même, par de solennels traités, les abandonner pour un temps. Tout le monde sait l'histoire de la *guerre du bien public;* et ce n'est point ici qu'on doit espérer d'en trouver les détails. Les brouillons du temps avaient su habilement réveiller, dans le cœur des Normands, cette vieille chimère de former un petit royaume à part, et les flatter peut-être aussi par la certitude de conquérir bien sûrement, à cette fois, cette souveraine indépendance d'Echiquier, tant désirée, tant de fois réclamée, et à laquelle, néanmoins, on portait toujours fréquemment atteinte. Quoi qu'il en soit, le duc de Bourbon, au mois de

Le duc de Berry, frère de Louis XI, devient maître de Rouen et s'y fait couronner duc de Normandie. 1465.

---

[1] *Reg. Echiq.*, 1464.

septembre 1465, était venu se saisir du château de Rouen au nom du duc de Berry, rebelle; puis la ville elle-même s'était rendue sans résistance; « la quelle, tost, se convertist à ceste mutacion comme trop désirant d'avoir prince qui demeurast au païs de Normendie[1]. » Le reste de la province suivit; tous, presque, avaient prêté serment au prince, hormis quelques Français inébranlables, un Ouate bailli de Rouen, un Guillaume Picard d'Estelan, un Brézé et quelques autres, qui, plus tard, devaient ramener à Louis XI cette province un moment abusée. Louis XI négociait; il accorda tout ce qu'on voulut, comme il faisait d'ordinaire pour gagner du temps. Par le traité de Conflans, il abandonnait, comme apanage, à Charles son frère, le duché de Normandie, avec les hommages des duchés de Bretagne et d'Alençon, et transmission aux enfants du prince, de mâle en mâle. L'Echiquier n'avait pas été oublié. Par des lettres patentes qui suivirent de près le traité, Louis XI délaissait, transportait à son frère « tous droictz de justice et jurisdictions des causes et questions du dict duchié, *le droict et auctorité d'Eschiquier,* avec toutes les prééminences d'iceluy, selon la Charte aux Normands, et les droictz, priviléges et usages dudit duchié[2]. »

Traité de Conflans, par lequel Louis XI cède à son frère le duché de Normandie, à titre d'apanage. Le droict et auctorité d'Eschiquier est cédé au duc, comme le reste.

---

[1] *Mémoires de Comines*, liv. 1ᵉʳ, chap. 13.

[2] Lettres patentes de Louis XI, octobre 1465; collection de Secousse, tom. XVI, p. 394 et suivantes.

Ainsi, la Normandie, changeant de souverain, allait, comme au temps des rois Philippe de Valois et Jean, avoir un duc, une cour, former un état à part; tout ce qu'avaient rêvé, en un mot, de vieux Normands entêtés des antiques prérogatives et des glorieux souvenirs de leur pays. Car, sous ces fils aînés de rois, ducs de Normandie, c'était d'eux que l'Echiquier avait dépendu, et non plus des rois de France. En 1350, le quatre juillet, on voit le *duc* Jean adresser des lettres patentes « *à ses améz et féaulx les gens de son conseil qui tenoient son Eschiquier de Pasques* dernièrement passé, séant à Rouen [1]. » Que dis-je? En 1346, le duc y avait présidé en personne [2]. En 1350, encore, par une autre charte, qui n'a pas été publiée, le prince, reconnaissant que, d'une enquête ordonnée par lui et « apportée aux *gens de son conseil estans en son Eschiquier*, il résulte que Jehannette de Pont-d'Oillie, fille noble, dont les terres sont en sa garde ducale, a accompli l'aage de quatorze ans, par quoy elle puet estre mariée », ordonne de s'informer « si le mary qu'on luy veut donner est aagié souffisamment pour tenir ceste terre selon la coustume du pays [3] », résolu, si cela est,

L'Echiquier, au temps des rois Philippe-de-Valois et Jean, avait été sous la dépendance immédiate des ducs de Normandie leurs fils.

---

[1] *Ordonnances des Rois de France*, tom. II, pages 396 et suivantes.
[2] *Farin, histoire de Rouen*, tom. I, pag. 25, édit. de 1666.
[3] Charte inédite, du 28 avril 1350, ms. Bibl. royale.

d'abandonner la terre aux deux époux. Le dauphin, fils de Jean, en avait usé ainsi. Ces princes, pour tout dire, avaient agi en Normandie comme dans un royaume à part, ne relevant que d'eux seuls. Charles, duc de Berry, allait donc être tout dans notre province, et le roi son frère n'y allait plus être rien. « De mon consentement (disait Louis XI), je n'eûsse jamais baillé tel partage à mon frère; mais, puisque, d'eux mesmes, les Normands font ceste nouvelleté, en suis content[1] »; c'était beaucoup dire.

Charles, frère de Louis XI, se fait sacrer duc, et reçoit, dans Notre-Dame de Rouen, l'anneau ducal. 10 décembre 1465.

Charles, quoi qu'il en soit, après avoir fait hommage au roi son frère pour le duché de Normandie, s'en alla aussitôt à Rouen se faire reconnaître et sacrer duc. Son inauguration eut lieu le dix décembre 1465. On n'avait oublié aucune des cérémonies pratiquées naguère au sacre des anciens souverains de la province; là, donc, paraissaient les antiques insignes de nos ducs, l'épée tenue par le comte de Tancarville, connétable *hérédital* de Normandie; l'étendard, que portait le comte de Harcourt, maréchal *hérédital*; enfin, et surtout, *l'anneau ducal*, que l'évêque de Lisieux, Thomas Bazin, passa au doigt du prince, le fiançant, *le mariant*, pour ainsi dire, avec la Normandie, qui n'allait plus relever que de lui[2].

---

[1] *Mémoires de Comines*, liv. 1ᵉʳ, chap. 13.

[2] *Le Cérémonial françois*, par Théodore Godefroy, tom. I, pag. 602. — Surtout les Registres du chapitre métropolitain de Rouen, 10 décembre 1465.

Durant ces fêtes, Louis XI ne s'oubliant pas, gagnait tout-à-fait le duc de Bretagne, que venait de s'aliéner son frère. Il traitait avec ce duc, puis, montant à cheval, s'en allait par le pays, soumettant, l'une après l'autre, les villes de Normandie mal séparées encore d'avec le royaume de France, et qu'il y eut promptement réunies. Rien ne tenait devant lui; et on le vit bientôt reconnu dans Rouen même, cette capitale du duché, par où avait commencé la révolte. Charles, inquiet, éperdu, invoquait les traités. Mais de quoi servaient ses réclamations et ses doléances! Louis XI lui objectait le vœu des peuples; ce vœu qui naguère avait donné la Normandie à son frère, la lui ôtait aujourd'hui; force était bien d'obéir. Pouvait-il, d'ailleurs, lui, roi de France, abandonner cette province sans compromettre l'indépendance de sa couronne? Vinrent, en 1468, les États de Tours, solennelle rencontre où l'on parla haut contre la disjonction de la Normandie d'avec le reste du royaume; où l'avisé monarque sut si bien se faire dire, sous couleur de remontrances, ce qui flattait ses secrets et plus ardents désirs. « Pour nulle rien sous le ciel (avaient dit ces États), pour faveur ne affection fraternelle, *ne obligation de promesse,* ne opportunité de donation et provision, ne pour menace de guerre, ne regard à nul temporel danger, le roy ne doit acquiescer en la

séparacion de la duché de Normandie ne en son transport en main d'homme vivant que la sienne[1]. »
La Guyenne, donc, fut offerte à Charles, et ce prince s'estima fort heureux encore de l'obtenir en échange d'un duché qui, aussi bien déjà, n'était plus en son pouvoir. De cette Normandie où, un instant, il s'était cru maître, de toutes ces pompes qui l'avaient enivré, il ne lui restait plus maintenant que l'anneau ducal « dont il avoit espousé la duchié de Normendie » ; encore lui fallut-il le rendre, ainsi que tout le reste, au roi son frère, qui l'avait voulu ravoir. Superstitieux comme il l'était, Louis XI avait bien pu attacher à cet anneau, solennellement béni dans Notre-Dame de Rouen, par un évêque, des idées qui l'inquiétaient, et dont il ne crut pouvoir se délivrer qu'en faisant anéantir ce fatal anneau. Mais il y voulut des cérémonies; et il fallait que le divorce, comme le mariage, fût une solennité. A peine redevenu maître de la Normandie, Louis XI avait donné au comte de Saint-Pol, connétable de France, le gouvernement de cette province récemment recouvrée. L'anneau ducal fut remis au comte, comme il s'en allait à Rouen se faire recevoir en son gouvernement. C'était en novembre 1469, et l'Echiquier du roi tenait, alors, ses assises. Le 9 novembre, dans la

L'anneau ducal de Normandie, passé naguère au doigt de Charles, frère de Louis XI, est, par l'ordre de ce monarque, rompu à l'audience de l'Echiquier. (9 nov. 1469.)

---

[1] *Chronique* de Georges Chastellain.

grande salle du château, une solennelle assemblée était réunie dans l'attente d'une communication du roi de France et du gouverneur. Outre tous les maîtres de l'Echiquier, outre les nobles, les gens d'église, les officiers que l'on y voyait d'ordinaire, s'y étaient rendus, ce jour là, « plusieurs nobles et bourgeois, les conseillers de ville de Rouen, des gens d'église, tant du collége Nostre-Dame de Rouen que d'ailleurs, et plusieurs autres notables personnes *pour ce espécialement mandées et assemblées.* » A la tête de l'Echiquier, sur un siége très élevé, était assis l'archevêque de Narbonne, Antoine du Bec-Crespin, des barons de Mauny, abbé de Jumiéges, nommé par Louis XI pour présider ses Echiquiers ; près de lui et au même niveau, on remarquait un siége vide, « de la mesme qualité et haulteur. » Survint bientôt « haut et puissant seigneur monseigneur Loys de Luxembourg, comte de Saint-Pol, connestable de France, lieutenant et gouverneur général, pour le roy, au pays et duchié de Normendie. » Par son ordre, et après qu'il se fut assis auprès de l'archevêque-président, fut lue, au milieu du plus profond silence, une lettre close adressée par Louis XI au connétable. « Très chier et très amé frère et cousin (lui écrivait le monarque) nostre très chier et très amé frère le duc de Guienne nous a, présentement, envoié l'anel dont on disoit qu'il avoit

Le comte de Saint-Pol, connétable de France, vient à l'Echiquier faire briser cet anneau en sa présence.

Lettre de Louis XI au sujet de cet anneau.

espousé la duchié de Normendie ; et afin que les habitans du dit païs en soient advertiz, et congnoissent de plus en plus que nostre dit frère a renoncié à la dicte duchié, nous voulons et vous mandons que en l'Eschiquier qui se tient, de présent, en nostre ville de Rouen, vous monstréz et faictes rompre publiquement le dict anel[1]. » Le connétable, alors, prit la parole, le silence continuant toujours. Il remontra « la grant et persévérant amour et dilection que le roy avoit à ses subgietz du païs de Normendie ; comme il vouloit et désiroit justice leur estre faicte et administrée, repparacion, par effect, estre faicte des maulx, torts et excèz à eulx advenus ; à quoy, par aucun temps, et durant les divisions passées, n'avoit pu estre bonnement pourvu, selon ce qu'il désiroit. Qu'aussi le païs et duchié de Normendie, qui, par aucun peu de temps, avoit esté estrangié et esloingné de la main du roy, avoit esté par luy recouvert, remis et réuni à la couronne. Que, pareillement, le roy avoit réduit et rappellé avec luy et en son obéissance monseigneur le duc de Guyenne son frère, tellement qu'il s'estoit du tout déporté du droict qu'il prétendoit avoir au duchié de Normendie, et délibéré vivre et demourer à jamais en l'obéissance et vraye et perdurable amour et

Discours du connétable.

---

[1] Lettre de Louis XI, datée d'Amboise, 1 novembre 1469. — *Reg. Echiq.*, 9 novembre 1469.

union du roy. En démonstrance de ce (continua le connétable), en signe aussi qu'il est très content du duchié de Guienne que le roy, à sa très instante prière, lui a baillié pour partage, le duc, sans ennortement (suggestion) quelconque de la part du roy, a envoyé au dit roy nostre seigneur *l'anel qui lui avoit esté baillié à Rouen, en prenant possession du duchié de Normendie comme son espouse*, et à quoy il a renoncié, le quel anel le roy m'a envoié, et mandé et escript que, en ce présent Eschiquier, icelui anel soit publiquement cassé et rompu, comme il est apparu par les lettres d'icelui seigneur que venez d'entendre. » Restait à obéir: en entrant dans la grande salle, maîtres, barons, prélats avaient remarqué avec étonnement une enclume et des marteaux; maintenant ils en devinaient l'usage. L'anneau ducal, livré aux sergents des huis, par le président de l'Echiquier, fut, à l'instant, par eux, voyant tous, « *cassé et rompu en deux pièces*, qui furent rendues à monseigneur le connestable[1]. » A cette fois, était consommé le divorce, aussi solennellement qu'avait naguère été contracté le mariage; le charme était rompu, et Louis XI, maintenant, pouvait régner en paix sur sa province de Normandie, recouvrée, paisible et

---

[1] *Reg. Echiq.*, du jeudi 9 novembre 1469.

soumise[1]. De rechef aussi il pouvait s'occuper de sa cour d'Echiquier, et concerter avec elle les moyens de rétablir l'ordre en Normandie. Une si grande crise avait été fatale à ce pays ; et comment notre province aurait-elle pu être impunément l'enjeu d'une dispute à main armée entre un roi puissant et un prince assez bien appuyé, nous l'avons vu, au commencement de la querelle ; son territoire impunément traversé en sens divers par des armées mal disciplinées et pillardes ? Comment aussi, parmi tout ce cliquetis d'armes, ce fracas d'armées diverses se heurtant les unes contre les autres, les lois auraient-elles pu être écoutées et les magistrats reconnus ! Mais la guerre étant finie maintenant, restait à guérir les maux qu'elle avait faits. Le connétable de Saint-Pol n'était pas venu seulement en Normandie pour voir briser solennellement un anneau en deux morceaux. Aux États de Normandie, qui furent tenus cette année, et où présidait aussi l'archevêque de Narbonne, ce descendant des Mauny, des barons du Bec-Crespin, « de grans complaintes et doléances avoient esté faictes tant en général que en particulier par les déléguéz des trois estatz du dict pays. »

Par les ordres de Louis XI, le comte de St-Pol connétable, et l'Echiquier prennent, de concert, les mesures propres à rétablir la tranquillité dans la province.

Plaintes des États de Normandie.

---

[1] Une ancienne gravure représente cette cérémonie. Devant l'Echiquier en séance, deux hommes, le marteau levé, se disposent à briser un anneau placé sur une enclume. Portefeuilles du dépôt des manuscrits de la Bibliothèque royale.

Ils s'étaient plaints vivement « des grandz excedz, pilleries, et maléfices commis et perpétréz par les gens de guerre, francs archiers et autres. » Ils s'étaient plaints aussi « du désordre qui estoit tant ès officiers de la justice ordinaire, des Eaux-et-Forestz, des Aides et Tailles, à la grant charge et oppression du peuple du païs de Normendie »; ils avaient demandé, à grands cris, « qu'on fist punicion des délinquants, tellement que justice peust estre acomplie, le peuple soulagé et vivre en paix et tranquillité. »

Le connétable, envoyé surtout à Rouen pour y porter remède, avait eu, sur cela, *en conseil*, c'est-à-dire secrètement, de longues et graves conférences avec la cour d'Echiquier. Là, avaient été concertées, entre ces magistrats et l'envoyé du roi, bien des mesures propres à rétablir l'ordre en Normandie, et à soulager un pays dont la détresse était si grande. Mais quel autre moyen plus efficace aurait-on pu trouver que celui convenu entre le connétable et l'Echiquier, qu'un appel solennel et public fait, en plein Echiquier, l'audience séante, à tous habitants ayant, par le passé, éprouvé dommage en leurs personnes et en leurs biens; une sommation, pour ainsi dire, à tous les hommes grevés, de se venir, sans délai, plaindre au connétable et aux magistrats, des torts qu'ils avaient soufferts! A l'Echiquier donc, dans une autre et non moins solen-

En pleine audience de l'Echiquier, on fait connaître au peuple ce qui a été imaginé pour lui procurer du soulagement. On invite ceux qui ont souffert à se plaindre. Novembre 1469.

nelle audience, où, encore une fois, auprès de l'archevêque-président, siégeait le connétable, « en jugement, icelle court séant », on dit, à haute voix, au peuple accouru là en foule, tout ce qui a été tenté, tout ce qui a été imaginé pour guérir ses maux et soulager ses souffrances.

« On fait savoir notoirement (dit l'archevêque de Narbonne en finissant), que s'il y a aucuns qui veuillent faire plainte ou doléance, d'aucune malefaçon ou exaction, de coustumes mal usées et non tolérables, ou autrement, qu'ils le remonstrent devers monseigneur le connestable et devers la court, pour leur estre pourveu par justice, ainsi qu'il appartiendra par raison. » Le pays, présent là en la personne de tous ceux qu'il avait députés aux États, exprima aussitôt sa gratitude de ce qu'on faisait pour lui. « Par la bouche de maistre Jehan du Mesnil, vicaire et official de Rouen, *parlant* au nom des genz des trois Estats du dit païs de Normendie, le roy, monseigneur le connestable, et la Court, furent regraciéz et merciéz de leur bon et grant vouloir qu'ilz avoient d'acomplir justice ; ilz furent suppliéz qu'il leur pleust la dicte exposition mectre à exécution, au bien de la justice, de la chose publique, du païs et des hommes et subgetz du roy nostre seigneur[1]. »

---

[1] *Reg. Echiq.*, 7 novembre 1469.

C'était bien aussi le dessein du roi de ne s'en point tenir à des discours. Dans une lettre qu'il adressa, plus tard, aux maîtres de l'Echiquier, on le voit se féliciter de ce que justice a été faite de gens qui troublaient la province. « Vous avez assez sçeu (leur écrivait-il), la bonne justice qui, puis peu de temps, a esté faicte en nostre pays et duchié de Normendie, par plusieurs de nos officiers au dit païs, et autres nos commissaires, que, pour ce, y avons envoyés, de plusieurs gens de guerre et autres qui vivoient sur nostre peuple du dit païs, et qui leur faisoient de grans maulx, oppressions et dommages; dont, et de la diligence qui y fut faicte par nos dits officiers, nous leur savons très bon gré et les en mercions. Et, pour ce que l'une des choses de ce monde que plus désirons est de faire vivre nostre peuple en bonne ordre, police et justice, et les préserver d'exactions et molestations, vous mandons que de tous les malfaicteurs que vous saurez estre en nostre païs de Normendie, vous faictes bonne diligence de les appréhender et de faire leur procès, et en faictes faire telle et si griefve pugnicion que tous les autres y prennent exemple. »

Le monarque enjoignait à ses baillis, vicomtes, procureurs, avocats, d'en faire diligence, chacun d'eux dans son district. « Et leur signifiez (écrivait-il à l'Echiquier), que s'il y a aucuns d'eux qui soient remis (paresseux) ou négligents d'ainsy le

Justice est faite des maraudeurs qui désolaient la province. 1474.

faire, et qui ne face vivre et tenir nostre dit peuple en paix, en manière qu'il ne nous en vienne aucune plaincte, nostre entention n'est pas de les entretenir en leurs offices, ains les feray griefvement pugnir[1]. »

La connaissance du crime de lèse-majesté était réservée au connétable.

Mais l'Echiquier n'aurait pu connaître du crime de lèse-majesté, non plus que de certains autres « cas réservéz et retenuz à la personne du roy »; le connétable de Saint-Pol l'avait bien su dire à cette cour, lorsque, s'y venant faire reconnaître gouverneur de Normandie, et parlant « du grant povoir et commission » que le roi lui avait donné à lui seul, il y comprit expressément « le povoir de congnoistre de ces cas de crime de lèze-majesté et autres réservéz », dont le souverain, dans sa haute confiance, lui avait délégué la connaissance, formellement interdite à l'Echiquier. On voit quel grand

Trahison du connétable de Saint-Pol, et son supplice.

personnage jouait, alors, ce connétable, et de quelle immense autorité son roi l'avait revêtu. Mais, institué, ainsi, juge du crime de lèse-majesté, il alla tomber lui-même dans ce crime qu'il avait reçu mission de punir, et s'y engagea si avant, que rien ne le put soustraire à la fureur de Louis XI, justement irrité. Machinateur infatigable de brigues, de complots, de négociations artificieuses avec tous les souverains de son temps, qu'il trom-

---

[1] *Reg. Echiq.*, 5 novembre 1474.

pait successivement, et parfois au même instant, à la fin il se trouva pris lui-même au milieu de tous ces piéges qu'il avait dressés. Beau-frère du roi, connétable de France, l'un des hommes, enfin, les plus notables du royaume, il lui fallut aller aux halles de Paris, présenter sa tête au bourreau. Ainsi périt honteusement cet homme que notre Echiquier avait vu assis au-dessus de ses maîtres, de ses barons, de ses prélats, et aussi haut, enfin, que l'archevêque de Narbonne, son président. L'Echiquier, ainsi récusé par le roi dans certains crimes, s'efforçait du moins de conserver sa souveraineté si solennellement proclamée par Louis-le-Hutin, si hautement reconnue par le roi régnant. Des plaideurs osaient bien encore tenter de soustraire leurs causes à sa connaissance, et de les faire évoquer ailleurs. Mais l'Echiquier tenait toujours bon et l'emportait la plupart du temps. Ainsi, dans un procès plaidé à Rouen en 1469, au sujet de la chapelle de Saint-Jean-de-Fontenay, comme une des parties « vouloit *tirer la cause hors de Normendie* », l'autre, au contraire, demandant que défense fût faite à son adversaire « de ne le traicter hors du pays, contre la Coustume et Chartre aux Normandz », un sergent de l'Echiquier alla publiquement « faire deffense de par le roy et la court, sur grosses peines, à Reffou et autres, que, touchant la dicte matière, ilz ne

L'Echiquier fait respecter sa compétence.

traictâssent ou fissent traicter Mondehare et autres *ailleurs* que en Normandie, et que, contre la Coustume et Charte aux Normandz ilz ne actemptâssent¹. »

Avénement de Charles VIII. Demandes que les Normands lui adressent, aux États de Tours, relativement à leur Echiquier. 1483.

Si occupé, au reste, qu'eût d'abord été Louis XI de son Echiquier de Normandie, il avait fini par être moins exact à en termer les assises, et à envoyer, chaque année, à Rouen, des commissaires pour les tenir. A la vérité, les courses des *Bourguignons*, qui vinrent ravager la Normandie et assiéger Rouen, avaient bien pu l'en empêcher. Charles VIII, à peine monté sur le trône, aux États de Tours, qui suivirent de si près son avénement, on entendit les députés de la Normandie demander avec instance « que l'Eschiquier de Normandie fust tenu, chacun an, *comme il avoit esté anciennement, du temps du roy Charles VII*, ainsi qu'il avoit pleu au dict seigneur l'accorder, en faisant la réduction de Rouen; et que, pour le dict Eschiquier tenir, feûssent commis présidents et conseillers *cognoissants les coustumes et usages du pays*². Ceci se passait à Tours, en janvier 1483; le roi, aussitôt, avait termé un Echiquier pour la Saint-Michel de cette année même. Au temps dit, l'on vit, en effet, arriver à Rouen les maîtres nommés pour tenir le

Charles VIII condescend à leurs prières.

Echiquier de 1484, où, avec des magistrats du Parlement de Paris, siégent des Normands instruits des coutumes de la province.

¹ *Reg. Echiq.*, 21 novembre 1469.
² États de Tours, janvier 1483; *Collection des anciennes Lois françaises*.

premier Echiquier du règne. Ils étaient en plus grand nombre que de coutume ; et aux commissaires, pris dans le Parlement de Paris, on en avait, contre l'ordinaire, adjoint quelques-uns nés en Normandie, et versés dans la connaissance des lois du pays; maître Jehan Masselin, official de Rouen, entre autres, qui revenait des États de Tours où il avait joué un grand rôle, et dont, en ce moment même, il écrivait l'histoire ; Jean Lenfant, autre chanoine de Rouen; plusieurs membres de divers chapitres épiscopaux de Normandie, et des laïques tels que Roger Gouël, Pierre du Vivier, par les mains desquels passaient, depuis long-temps, toutes les grandes affaires de la province. On commençait à sentir le besoin de juges normands, pour appliquer le droit normand. Parmi les autres, appartenant presque tous au Parlement de Paris, était le conseiller Claude Chauvreux, qui, douze ans après, convaincu, à Paris, en plein Parlement, de prévarications sans nombre, fut ignominieusement dégradé, dépouillé de sa robe écarlate, fit amende honorable, à genoux, nu-pieds, nu-tête, en pleine audience, la torche à la main, puis livré aussitôt au bourreau, jeté sur une charrette, conduit par les rues, tourné *trois tours au pilori*, marqué d'une fleur de lis au front, conduit, enfin, jusqu'à la porte Saint-Honoré, comme banni du royaume[1].

Supplice ignominieux de Claude Chauvreux, conseiller au Parlement de Paris, qui avait, plusieurs fois, siégé à l'Echiquier.

---

[1] Estienne Pasquier, *Recherches de la France*, liv. XIX, lettre 1re.

Particularités de l'Echiquier de 1484.

Ces commissaires n'ayant été envoyés en plus grand nombre qu'eu égard à la multitude toujours croissante des affaires, ce n'était pas le cas, pour les avocats, de se faire attendre, ni de se jeter, en plaidant, dans des divagations à ne point finir. Aussi leur fut-il enjoint, dès la première audience, « de se tenir prests à six heures du matin, en l'auditoire, *d'estre plus briefz que ilz n'avoient accoustumé estre* tant en plaidoiries que en oppinant, quant leurs oppinions leur seroient demandées; de se garder, enfin, de redites, le plus qu'ilz pourroient.[1] » A cet Echiquier furent lues et publiées des lettres-patentes de Charles VIII, octroyées aux habitants de Rouen, confirmatives de leurs priviléges, franchises, libertés, droits, usages, coutume de leur *foire du pardon* (entre autres), *à tenir le jour* Saint-Romain[2]. Le *Traicté* « des amitiéz et aléances faictes par le roy nostre sire avec les soixante douze villes », y fut aussi publié, avec « défense à tous d'aller au contraire ; injonction aux baillis de pugnir les infracteurs, par espécial Jean du Rat, Nicolas Hervieux, et autres qui, déjà, avoient enfraint la dite *amitié*[3]. »

Fête de S. Mellon rétablie.

En cette année, la fête de saint Mellon, chômée

---

[1] *Reg. Echiq.*, 25 octobre 1484.

[2] *Reg. Echiq.*, 19 octobre 1484.

[3] *Reg. Echiq.*, 27 octobre 1484.

au temps des anciens Echiquiers (ainsi l'attestaient « plusieurs saiges qui de ce avoient veu user par cy devant », redevint *fête du Palais,* par arrêt solennel de l'Echiquier. On crut cet honneur dû à « monsieur saint Mellon, archevesque de Rouen », lequel, dit l'arrêt, « *avoit apporté la foi au dict lieu de Rouen.* » Il fut donc décidé que sa fête, « solempnizée en la grant église Nostre-Dame de Rouen, seroit aussi festée et solempnizée par la court de l'Eschiquier de présent et d'ores en avant, et commandé fu icelle déclaration entretenir et garder¹. »

Mais l'année suivante devait être bien autrement mémorable dans les fastes de l'Echiquier de Normandie; et tout, presque, est historique dans l'assise qu'il tint au terme de Pâques 1485. Son président en chef était l'évêque de Lombèz (Jean de Villiers de la Groslaie), abbé de Saint-Denis-en-France, l'un des prélats les plus doctes du temps, auteur de *Commentaires* sur le *Maître des sentences ;* de *Sermons* estimés alors; de *Discours* au pape et au sacré collége ²; commis diverses fois à la garde des sceaux de France, *par intérim;* « ayant servi le roy Louis XI à l'entour de sa personne, en plusieurs loingtains voyages et ambaxades ens³ et

Echiquier de 1485, où Charles VIII siégea plusieurs fois.

---

¹ *Reg. Echiq.*, 21 octobre 1484.
² *Gallia christiana*, tom. VII, col. 406, 407.
³ *Ens*, dedans. — Dom Carpentier.

hors le royaume; négociateur de la paix entre la France et l'Espagne. » Charles VIII donnait ces louanges au prélat dans les lettres de provision qui l'appelaient à la présidence de l'Echiquier, et qui furent lues à l'ouverture de la première audience. Par ces lettres, Charles VIII nommait l'évêque de Lombèz *président en chief de son Conseil et Eschiquier de Normendie*, non pas pour une fois seulement, comme tant d'autres l'avaient été dans les temps passés, mais « avec povoir, commission et mandement exprèz et espécial de tenir, d'ores en avant, *tous ses Eschiquiers de Normendie*, et aussi (notez ce point) *de tenir les Estatz, conventions, conseilz et assemblées qui se feroient au dict païs, et y présider* [1]. » Le prélat, président en chef, ne devait, toutefois, vaquer qu'à l'expédition des affaires civiles; et un autre président, *lay et criminel*, nommé par lettres patentes du 26 mai 1484, avait déjà siégé au dernier Echiquier de la Saint-Michel. Cherchant un homme imbu « des loix, us, stilles et coustumes du païs de Normendie, qui (disait-il) *sont fort différens aus autres*, Charles VIII déclarait l'avoir trouvé dans Christophe de Carmonne, *licencié en loi et en décret*, que l'on avait vu siéger naguère en qualité de conseiller aux derniers Echiquiers; il l'avait donc revêtu de cet office, et avait

---

[1] Lettre pat. 26 mai 1484, *Reg. Echiq.*, 1485.

nommé jusqu'à vingt-sept conseillers, tant clercs que lais, pour tenir l'Echiquier avec eux, nombre plus grand que d'ordinaire. Mais c'était (disait le monarque) « pour les grans charges et affaires de la court, tant ès matières civiles que criminelles. » Les affaires, en effet, avaient dû s'accumuler pendant un si long intervalle écoulé sans qu'il se fût tenu d'Echiquiers. Il fallait donc nommer des magistrats en nombre suffisant pour les pouvoir expédier; et on eut bien soin de déclarer, à l'audience d'ouverture, que « le roy ne la court d'Eschiquier n'entendoient que cela feust ramené à conséquence. »

Ce fut le lundi 18 avril qu'eut lieu l'audience d'ouverture de cet Echiquier, le deuxième tenu sous Charles VIII. On n'avait point mémoire d'avoir jamais vu affluence semblable à aucun des précédents Echiquiers. C'est que tout récemment le jeune roi avait fait, dans Rouen, avec un grand éclat, sa première et *joyeuse entrée*. Le bruit avait couru qu'on le verrait venir siéger en personne à la première audience de l'Echiquier. Un trône dressé dans la grande salle annonçait assez que l'attente publique ne serait point trompée. L'audience commença, toutefois, sans que le monarque eût paru, non plus que sa cour. Il fallait d'abord que les commissions des présidents y fussent lues en public, ainsi que celles des nouveaux maîtres, et des lettres patentes par lesquelles le roi déclarait « avoir vouloir et entention de faire termer et tenir l'Eschiquier, d'ores en avant, par chascun an, *ainsy qu'il souloit estre d'ancienneté.* » On accueillit cette promesse par un favorable murmure, et les premières formalités de l'audience d'ouverture étant, maintenant, remplies, un grand bruit annonça que Charles VIII allait paraître ; et bientôt l'immense salle d'audience du château offrit un imposant spectacle. Tous les barons, les évêques, les abbés, les prieurs de Normandie, les doyens des chapitres, les baillis, les procureurs du roi, les vicomtes, en un mot tous les officiers de justice de la province ; au-dessus d'eux, les maîtres de l'Echiquier, à leur tête Christophe de Carmonne, l'évêque de Lombèz : c'était là déjà, sans doute, une solennelle assemblée. Que fut-ce donc, quand, plus haut encore, furent assis, les uns auprès des autres, le duc d'Orléans, qui, dans la suite, devait être roi de France et Père du peuple ; le duc de Bourbon, connétable de France ; le duc de Lorraine, le sire de Beaujeu, le comte de Richmond, qui, à quatre mois de là, seulement, devait vaincre Richard III à Bosworth, et être proclamé roi d'Angleterre, en son lieu, sous le nom de Henri VII ; puis, les comtes de Vendôme et d'Albret, le prince d'Orange, le seigneur de Bresse, le comte de Riquebourg ; le duc de

Nevers; Guillaume de Rochefort, chancelier de France; grand nombre d'autres seigneurs et gentilshommes; au-dessus d'eux tous, enfin, sous un haut dais semé de fleurs de lis d'or, le roi Charles VIII, séant en son trône et lit de justice. On parlait tant au monarque, des rois ses prédécesseurs qui avaient pris plaisir à rendre eux-mêmes la justice; d'un Dagobert, qui, à Dijon, s'y était livré au point d'en perdre la nourriture et le sommeil [1]; d'un Charlemagne, jugeant sans cesse au milieu même de ses batailles et de ses conquêtes [2]; d'un Louis-le-Débonnaire, appliqué, tous les jours de la semaine, à entendre et à juger les différends nés entre ses sujets [3]; du bon saint Louis, enfin, et de son chêne de Vincennes! Ardent et enclin au grand, le jeune Charles voulait suivre leurs traces et les imiter comme justiciers, avant de les imiter comme guerriers et conquérants.

Cependant, à l'aspect du monarque, il s'était fait un profond silence. Le chancelier Guillaume de Rochefort prit la parole. « Le roy (dit-il), voullant exalter sa souveraine court de l'Eschiquier de Normandie, est venu en icelle, à ceste fin, pour y présider et faire honneur. Le pays de Normandie

Discours du chancelier Guillaume de Rochefort.

---

[1] Fredegarius, *Vita Dagoberti*, cap. 21.
[2] Eginhard, *Vita Caroli Magni*.
[3] Capitul. 819.

est doué très noblement de biens, de prudence et loyal service. Quant au premier point (les biens), pour ce que l'en pourroit dire que ce sont biens de fortune, je me passe d'en parler, pour ce que l'eure est tarde, jà soit ce que (quoique) les subgietz de ce pays en aient bien usé. Quant aux deux autres points (la prudence et le loyal service), par eux, les Normands se sont délivréz des ennemis pour vivre et mourir soubz la couronne de France; et, en ce faisant, ils ont mis tout le royaume hors de soucy et travail. Aussy veut le roy, de tout son cueur, entretenir ce pays de Normendie en toutes ses libertéz, franchises, coustumes et usages. » Puis, montrant à l'assistance une *remembrance* du *Christ en croix,* resplendissante d'écarlate et d'or: pour vous (continua-t-il), présidents, conseilliers et autres qui aurez à faire les jugements, le roy le vous commande, considérez les séremens qu'avez faictz, et que tout ainsy que vous jugerez, vous serez jugiéz. Donc, faictes les plaidoyeries et jugements sans affections, dons corrumpables, et regectéz toutes cavillations (chicanes); entendez à garder les droictz des églises, des femmes veufves, enfin les droictz du roy ainsi que subgietz y estes selon les loiz et coustumes. » — Trois fois encore, pendant son long séjour à Rouen, Charles VIII devait venir prendre séance parmi les maîtres de l'Echiquier. La ville de Rouen, émerveillée, venait en foule voir ce jeune roi de France, assis au milieu des juges, prenant part à leurs travaux, autorisant et encourageant, par sa présence, ces magistrats qui tenaient de lui leurs pouvoirs; elle le voyait chaque jour, et ne s'en pouvait lasser.

Nous ne parlerons point de la dernière de ces audiences, que remplirent les *appeaux* des gens d'église, nobles et officiers tenus à faire comparence en l'Echiquier; les serments des avocats et des attournés; les *respits* (délais) accordés à quelques plaideurs. N'omettons point, toutefois, le solennel et redoutable serment que prêtèrent les baillis et les vicomtes : « Vous jurez (leur dit le chancelier), vous jurez, par Dieu nostre créateur, sur le péril et dampnacion de vos âmes, et par la rédemption que vous actendéz que nostre Seigneur Jésus-Christ vous face, au jour du jugement, que bien et loyaument vous servirez le roy en vos offices, ses droiz et le bien de la chose publicque garderez, et tendrez (tiendrez) le peuple et subgectz en paix à vostre povoir; ferez justice au povre comme au riche et au riche comme au povre, sans acception de personnes, garderez les coustumes et usages du païs de Normendie; ne prendrez ne exigerez sur les subjectz du roy, soubz umbre de vos offices ne autrement, aucuns dons ne autres prouffitz corrumpables; exécuterez et accomplirez diligeaument les commandemens, et garderés et

Serment que prétaient, à l'audience de l'Echiquier, les Baillis et les vicomtes.

ferés garder les ordonnances du roy et de l'Eschiquier; et génerallement, feréz, en toutes choses, loyaument, ce que à vostre office appartient. » La main sur l'*Evangéliaire* que tenait le Chancelier, les yeux fixés sur la *remembrance* du Christ, baillis, vicomtes, répondaient *oui*, et ne se pouvaient défendre d'une émotion profonde en contractant de tels engagements avec les hommes, avec Dieu; qui, alors, était appelé en témoignage de ces redoutables serments.

Les prélats, barons et officiers d'Alençon, et le comte d'Eu ne comparaissent pas. — Ce qui en advient. Audience de l'Echiqnier, 20 avril 1485, le roi Charles VIII y séant en sa chaère.

Cependant, les prélats, barons et officiers d'Alençon, et le comte d'Eu n'ayant point comparu à cette audience, encore que, dès long-temps, ils y eussent été *semons*, les gens du roi avaient requis défaut contre eux. Renvoyées par l'Echiquier au lendemain vingt avril, ces deux affaires y furent débattues en devant de Charles VIII; c'était la troisième audience que le monarque honorait de sa présence.

On s'y occupa d'abord des officiers d'Alençon, qui, non contents de ne point venir comparaître à Rouen, osaient tenir, à Alençon, des *plaids* qu'ils qualifiaient hardiment d'*Echiquier*, et non simplement de *Grands jours*, comme on le leur avait enjoint cent fois; qui (le croira-t-on?) prétendaient étendre leur juridiction « sur les hommes et tenants de Cany-Caniel, Routot, Quatremarre, Montreuil, Bernay, lieux relevant, en première instance, des bailliages de Rouen, de Caux et d'Evreux, et, en derrain ressort, de l'Eschiquier de Normandie séant à Rouen », qui s'efforçaient, enfin, de s'immiscer dans le jugement des cas de souveraineté (des matières bénéficiales, par exemple), et de plusieurs autres dont le roi seul et ses officiers pouvaient connaître. L'Echiquier eut donc à entendre tour à tour, dans cette audience, les plaintes des procureurs du roi près les trois bailliages dont le ressort avait été méconnu; celles, aussi, du procureur général, que regardaient surtout ces transports de juridiction, ces méconnaissances de la souveraineté de l'Echiquier de Normandie. « La duchié de Normendie est, de tout temps (disaient-ils), duchié impériale et souveraine, jointe et unie à la couronne de France, sans qu'elle puisse estre, en tout, ne en aucune partie, transférée, séparée, divisée, ne desmembrée, ne que les subgiectz du dit duchié doibvent estre contrains à faire foy et hommage à autre que au roy nostre dict seigneur. Par la loy et *coustume escripte* de ce pays, si aucun des subgietz faisoit hommage à aucun seigneur pour cause d'aucunes terres qui seroient tenues neuement de luy, devroit tousjours estre réservé par exprès, et dit : *sauf la foy et hommage qu'il doibt au roy.* La Charte aux Normans déclare expressément que, pour quelconque don ou aliénation que le roy fasse de son domaine, les

<small>Plaidoyer des gens du roi au sujet de la non comparence des prélats, barons et officiers du duché d'Alençon.</small>

subgectz du dict païs ne doivent estre transférez ne tenus plaider devant autres juges qu'avant l'aliénation, ne la coustume du païs changer en aucune matière. Le bailliage d'Alençou, de toute ancienneté, est l'un de ceux de Normendie, ressortissant, comme les autres, sans moyen, à l'Eschiquier de la province. Ses prélats, gens d'église, nobles et officiers, *sont subgietz à aider à y faire les jugements*. — Or, la cour est là séante ; quoi plus ? Nostre souverain sire le roy y est séant ; eux, où sont-ils ? »

Ces plaintes des gens du roi, et les réquisitions rigoureuses par lesquelles ils finirent, étaient trop justes, trop favorables, d'ailleurs, aux yeux de l'Echiquier, pour n'être point accueillies. « Leurs requestes, donc, feurent, par le roy nostre seigneur, en sa court de l'Eschiquier, accordées comme deues et raisonnables. » Après qu'on eut pris « l'advis et oppinion de plusieurs princes, prélatz, comtes, barons, nobles, conseilliers et saiges assistans en l'Eschiquier, *défault* (prononça le chancelier Guillaume de Rochefort), *défault est donné sur les officiers, prélats, gens d'église, nobles du bailliage d'Alençon non comparents. Le duc d'Alençon n'a aucun Eschiquier ;* les appels en dernier ressort des sentences rendues dans ce bailliage doibvent venir à Rouen, à l'Eschiquier. Les officiers seront adjournés pour venir céans faire amende de ce que, durant ceste assise, ils ont tenu juridiction, et icelle nommée Eschiquier, pour voir, aussi, déclarer nul tout ce qu'ilz ont fait, et s'entendre défendre de tenir aucune jurisdiction, l'Echiquier de Normandie séant[1]. »

L'affaire du comte d'Eu, dont il fallut s'occuper ensuite, semblait d'une solution moins facile. Ce n'était pas d'aujourd'hui que les comtes d'Eu faisaient défaut à l'Echiquier. On avait bien vu, en 1454, après la réduction de la province par Charles VII, un comte d'Eu y venir répondre aux *appeaux*, et y prendre séance. Même, « pour ce qu'il estoit parent du roy, et de son grant conseil (*et non pas au droit de son comté*) », on l'avait fait « asseoir du costé des conseilliers clercs[2]. » A dix ans de là, le comte ou son descendant ne répondant pas à l'appel, et les gens du roi requérant défaut contre lui, on vit Jean Popincourt, avocat célèbre au Parlement de Paris, dont il devait, dans la suite, devenir l'un des présidents, se lever pour justifier l'absence du comte, *par la qualité de pair de France*. « Au droit de ceste paërie (avait-il dit), le conte, ne aussi les barons et abbéz de son conté ne sont tenus comparoir en la court du duc de Normendie, *qui est son per*, ne ailleurs que en la court de Parlement, la quèle (et non autres juges) a

Non comparence du comte d'Eu à l'Echiquier.

Plaidoyer de l'avocat Popincourt pour le comte.

---

[1] *Reg. Echiq.*, 1485.   [2] *Reg. Echiq.*, 1454.

la congnoissance des matières touchant les pers. Depuis la création de la pairie, il a fait tenir ses *Jours*, au veu et sceu des officiers du roy, au dict païs, et y ont aucuns d'eux patrociné (plaidé); les *appeaux* du conté ont esté relevez en Parlement. Ne peut sergent, ne autres, adjourner monseigneur d'Eu, comme per; et le roy seul l'adjourne par ses lettres, quant le cas eschet. Le conte, donc, ni les barons et prélats de son conté, ne doivent estre appelés en l'Eschiquier, ni mis en défaut ou amende. » L'avocat Popincourt aurait pu invoquer un analogue, dont il ne se souvint pas, l'érection, par Charles VI, en 1408, du comté de Mortain en pairie, en faveur de Pierre de Navarre, avec exemption de la juridiction de l'Echiquier, pour toutes les terres et dépendances du comté-pairie, avec *committimus* (enfin) au Parlement de Paris [1]; ses soutiens, du reste, ne devaient pas demeurer sans réplique.

Réponse des gens du roi.

« *L'Eschiquier* (avaient répondu les gens du roi) EST LA COURT DU ROY, ET NON PAS DU DUC »; le comte ne justifie pas de l'érection de son comté en pairie. La prouvât-il, cela doit ne profiter qu'à sa personne, et non à ses sujets. Si leurs causes allaient par appel au Parlement de Paris, « leurs querelles,

---

[1] Ordonnances de mars 1408. — *Recueil* de Secousse, in-folio, tom. IX, pag. 423 et suivantes.

alors, ne seroient point démenées selon les loix et coustumes de Normendie, et, eux, y seroient fort préjudiciez. »

L'Echiquier, sans statuer définitivement, *appointa* le comte d'Eu et les gens du roi à faire preuve, chacun, de leurs dires contraires[1]. Alors, étant survenues la guerre du bien public, et la cession de la Normandie à Charles duc de Berry, l'Echiquier dut suivre le sort de la province, et les lettres patentes de Louis XI avaient soumis Charles d'Artois et son comté d'Eu à la juridiction de cette cour. Puis, à très peu d'intervalle, avaient paru de nouvelles lettres patentes de Louis XI, du 15 janvier 1465, portant que « Charles d'Artois jouiroit, à cause de son comté-pairie d'Eu, de tous les droits de pairie, et que *lui* ET SES HOMMES ET VASSAUX *ressortiroient au Parlement de Paris, et non à l'Eschiquier de Normandie*[2]. » Comme, toutefois, à l'Echiquier de la Saint-Michel 1466, on appelait le comte d'Eu absent, et qu'on allait y prononcer défaut contre lui, son procureur, présentant à l'Echiquier les lettres patentes du 15 janvier 1465, en demanda la lecture publique, et un arrêt qui dispensât le comte de toute comparence. Mais les pro-

---

[1] *Reg. Echiq.*, 17 avril 1464.
[2] *Ordonnances des rois de France*, publiées par Secousse, tom. XVI, pag. 454 et suivantes.

cureurs du roi aux bailliages de Caux et de Rouen déclarant, sur l'heure « qu'ilz avoient intention de débattre l'effect de ces lettres patentes », l'Echiquier avait ordonné qu'elles leur seraient communiquées, et qu'ils viendraient ensuite « dire, à l'encontre, leurs raisons, et ce qu'ils verroient bon estre [1]. »

Vingt années s'étaient écoulées depuis, sans avoir avancé les choses, lorsque, à l'Echiquier de 1485, à l'audience du dix-neuf avril, le roi étant là en son trône, et, cette fois encore, le comte, appelé, ne comparaissant pas, les gens du roi, jugeant l'occasion bonne pour faire décider irrévocablement l'affaire, requirent, contre le comte absent, défaut et amende. Le jugement ayant été renvoyé au lendemain, comme nous l'avons vu, le bailli d'Eu, ce jour là, après avoir dit « que le comte estoit ancien et maladif », se voyant pressé par le président de l'Echiquier, finit par confesser « *qu'il n'avoit pas eu charge de l'excuser.* » Ce fut donc, alors, aux gens du roi à exposer leurs griefs contre ce comte, qui n'avait point daigné comparaître en la cour du roi, le roi lui-même y étant en personne. Il y avait là matière à dire; sans oublier qu'on avait vu souvent les officiers du comté d'Eu venir rendre la justice à Eu, à Arques, à Blangy, au

---

[1] *Reg. Echiq.*, 14 octobre 1466.

temps où les officiers du roi se rendaient dans ces villages, pour les plaids royaux, que dis-je? à l'époque même où l'Echiquier, cette cour souveraine, tenait à Rouen ses séances, instant où, en Normandie, toutes juridictions autres que cette cour devaient cesser. Toujours aussi on les avait vus s'efforcer, par des appels et par tous les moyens imaginables, de distraire les habitans de la province de leurs juges naturels, et de faire évoquer à Paris les affaires du comté. Cette fois, donc, encore, les gens du roi requéraient défaut et amende. Cette fois aussi « leurs requestes avoient esté jugées deues et raisonnables. » Comme il fallait, néanmoins, que l'absence du comte fût bien avérée, les *sergents des huis* allèrent, à l'entrée de la grande salle, crier à haute voix et à trois reprises : « *Comte d'Eu, venez à l'audience de la court du roy vostre sire et le nostre* »; à ce dernier appel, le comte ne paraissant pas, ni personne pour lui, fut prononcé, le roi toujours séant, l'arrêt qu'avaient provoqué les gens du roi. Outre le défaut et l'amende contre le comte, l'Echiquier faisait défense aux officiers du comté, en la personne du bailli d'Eu (Nicolas aux Colomps), debout là aux pieds de la cour, de tenir désormais aucune juridiction durant les séances des Echiquiers; de tenir plaids à Arques, ou ailleurs, au temps où y siégeraient les juridictions royales ordinaires, au temps surtout où siégerait à Rouen l'Echiquier; de distraire ou laisser distraire hors du pays les habitans du comté ni leurs procès. Enfin « les attemptats faicts précédemment par les officiers du comte, à l'auctorité du roy et de sa cour », ne pouvant demeurer impunis, l'Echiquier ajournait tous ces magistrats à bref jour, pour en venir faire amende, et répondre aux conclusions que les gens du roi voudraient prendre contre eux[1]. Le comte, on l'avait dû croire, allait, ainsi que les officiers, obéir aussitôt à un si solennel arrêt. En 1490, toutefois, à l'Echiquier de la Saint-Michel, (le premier tenu après celui de 1485, si j'en crois l'historien Farin et mes registres) il fait défaut et est condamné à l'amende. En 1497, absent de rechef, de rechef il est mis en défaut et en amende. Alors, encore, les procès des habitans du comté, au lieu d'être portés aux assises d'Arques, vicomté et juridiction royale, et, en dernier ressort, à l'Echiquier, étaient « introduictz en la court de Parlement de Paris, ressort françoys. » De rechef, donc, aussi, les gens du roi se plaignaient à l'Echiquier, « de ce transport de la juridiction du païs; de cet attemptat aux previlliéges et libertez d'icelluy[2]. Ainsi, et l'Echiquier, et le roi lui-même, y avaient perdu leur temps; et le comte d'Eu devait en avoir le dessus; car,

---

[1] *Reg. Echiq.*, 20 avril 1485.
[2] *Reg. Echiq.*, 13 octobre 1497.

après 1497, il ne devait plus y avoir d'Echiquier; partant, plus de comte d'Eu à y semondre; et on verra plus tard que le comté d'Eu ressortit toujours au Parlement de Paris.

Ces trois audiences, si solennelles qu'elles fussent, devaient être encore effacées par la quatrième, qui fut la dernière où l'on vit le roi paraître. Les chanoines de Rouen, voyant s'approcher le jour où, d'ordinaire, leur privilége de Saint-Romain était, chaque année, *insinué* en pleine audience, s'étaient flattés de l'espoir d'être admis à *l'insinuer,* cette fois, à l'Echiquier, le roi y séant. Car, ainsi proclamé en la présence de Charles VIII et par le monarque lui-même, ce privilége n'allait-il pas devenir plus sacré, s'il est possible, et plus irrévocable que jamais? On ne s'attend pas, sans doute, à nous entendre discourir ici longuement sur ce célèbre privilége, dont naguère nous avons écrit l'histoire. De temps immémorial, le chapitre de la Cathédrale de Rouen avait, tous les ans, le jour de l'Ascension, choisi et indiqué aux magistrats un prisonnier qui toujours lui était délivré avec tous ses complices. Ce prisonnier soulevait en public, sur ses épaules, la *Fierte* ou Châsse de saint Romain, saint évêque de Rouen au septième siècle; il aidait à porter la châsse à l'église cathédrale. Cette cérémonie avait valu pour lui des lettres de grâce; désormais il était absous de son crime, et les juges

[marginalia:] Charles VIII siégeant à l'audience de l'Échiquier, les chanoines de Rouen viennent y insinuer le privilége de Saint-Romain. 27 avril 1485.

Ce que c'était que ce privilége.

n'avaient plus rien à lui dire; il avait *levé la Fierte;* il jouissait du privilége de Saint-Romain. Dire brièvement ici le sort de ce privilége sous l'Echiquier, c'est rester dans notre sujet, et remplir même une des obligations qu'il nous impose. Quand l'Echiquier était séant à Rouen, au terme de Pâques, c'était à son audience que, trois semaines avant l'Ascension, les députés du chapitre allaient *insinuer* leur privilége, c'est-à-dire le notifier, le rappeler aux juges, les prier d'en prendre note sur leurs registres, et d'être prêts à leur délivrer le prisonnier qu'ils viendraient lui demander le jour de l'Ascension. Le cérémonial de cette insinuation à l'Echiquier était simple. Trois semaines, environ, avant l'Ascension, l'Echiquier séant, entraient, précédés d'un appariteur, la verge en main, quatre chanoines et quatre chapelains en costume, députés par le chapitre. S'adressant à messieurs de l'Echiquier, le plus ancien des chanoines disait : « Ycy sont les chappellains de monsieur sainct Roumaing, pour vous insinuer l'usage du previlége du dict monsieur sainct Roumaing, le quel est tel que nul prisonnier crimineulx estant ès prisons du roy, ou qui y sera, soit par prise, ou qui se vendra (viendra) rendre, ou aultrement, ne soit transporté, questionné, ne exécuté par quelconque manière que ce soit, jusques à ce que le dict usage ait eu son effect. » *Sommé*, alors, par le président, *de*

<small>Forme de l'insinuation de ce privilége à l'Echiquier.</small>

conclure sur ce, le procureur du roi près le bailliage de Rouen, toujours présent ce jour-là, disait « qu'il ne vouloit pas empescher le dict prévilége. » Les réponses des présidents équivalaient toujours à une adhésion à la demande du chapitre. « La court obéit à l'insinuation (disait l'un), et vous permet joyr de vostre prévilliége, à la manière accoustumée »; ou : « Nous avons oy vostre requeste; et, au plaisir de Dieu, nous ferons tant que l'églize sera contente »; ou bien encore : « Les gens du roy nostre sire feront si bien, se Dieu plest, que le privilége de monsieur sainct Roumaing sera gardé comme l'on a accoustumé. » A dater de cet instant, jusqu'après la fête de l'Ascension, aucun prisonnier ne pouvait plus être exécuté, jugé, mis à la question, ni même interrogé.

Le cérémonial du jour de l'Ascension était simple, aussi, à l'Echiquier, et le public n'en voyait rien. Ce jour-là, trois conseillers-clercs et trois conseillers lais, *commis et ordonnez à ce par la court*, et, avec eux, le lieutenant du bailli de Rouen, le vicomte, les avocat et procureur du roi audit siége, attendaient, réunis *dans la chambre du conseil*, la venue des envoyés du chapitre. Entraient bientôt les deux chapelains, l'échevin et plusieurs frères de la confrérie de Saint-Romain. « Le chapitre de Rouen, disaient-ils, usant du privilége de monsieur saint Romain, a choisi, pour

<small>Délivrance du prisonnier par l'Echiquier.</small>

lever, cette année, la Fierte de saint Romain, un prisonnier détenu à Rouen, dont le nom est écrit dans ce billet scellé. » Remettant, alors, ce billet ou *cartel* à l'ancien des maîtres de l'Echiquier présents, ils demandaient que le prisonnier élu leur fût délivré, et se retiraient dans une pièce voisine pour laisser les magistrats délibérer. Le billet décacheté, et le nom du prisonnier connu, MM. de l'Echiquier prenaient les avis des officiers du bailliage, quant à l'opportunité de délivrer ou non le prisonnier demandé. Pour que ces magistrats s'y opposassent, il aurait fallu que le prisonnier élu fût accusé du crime de lèse-majesté, le seul crime, alors, dont le privilége de Saint-Romain ne pût absoudre. Ce cas ne s'offrant guère, et les aspirants au privilége se faisant, d'ailleurs, presque toujours à cette époque, écrouer sous prétexte de *dette civile* entraînant la contrainte par corps, quel lieu à des procédures, ou même à des discussions? Le prisonnier, donc, était amené dans la chambre du conseil. Le procureur du roi protestait que, « s'il venoit à sa connoissance que ce prisonnier fust coupable du crime de lèze-majesté, il se réservoit de *l'aprouchier* (citer), et faire appréhender s'il voyoit que bon fust, et y procéder ainsy qu'il appartiendroit. » Puis, les envoyés du chapitre ayant été invités à rentrer, « *illec, sans aucunement interroguer le prisonnier : pour quel cas il doubtoit de sa vie?* il estoit délivré et baillé aux chapelains et frères de Saint-Romain[1]. »

Cet usage, si beau et si saint en lui-même, avait toujours rencontré à l'Echiquier un respect et une faveur qu'il ne devait pas retrouver dans la suite au même degré auprès du Parlement de Normandie. Mais, outre qu'au temps de l'Echiquier on en abusait beaucoup moins, de nouveaux commissaires nommés chaque fois par le roi pour tenir nos Echiquiers, arrivant à Rouen dans l'ignorance de ce privilége, étant frappés de sa sainteté, de sa puissance, de son éclat, de son antiquité, ignoraient si on en avait abusé, et y donnaient les mains sans jamais s'en défendre. Il y avait, d'ailleurs, parmi ces commissaires, autant de clercs que de laïques, des abbés, des évêques, des chanoines, des archidiacres ; et ces *clercs*, qui, dans les cathédrales, dans les monastères d'où ils étaient venus à Rouen, avaient souvent aussi leurs priviléges, n'auraient souffert, pour rien au monde, qu'on eût touché à celui de Notre-Dame de Rouen. Toujours, donc, on avait vu les Echiquiers porter faveur au privilége de la Fierte, et le défendre même contre les baillis de Rouen, qui, le connaissant dès long-temps et le voyant de plus près,

L'Echiquier était favorable au privilége de Saint-Romain.

---

[1] *Registres de l'Echiquier*, au terme de Pâques, passim, et *Reg.* du chapitre de l'église cathédrale de Rouen.

se seraient fait moins de scrupule d'en entraver parfois l'exercice. Mais, devant les Echiquiers de Pâques, les baillis avaient presque toujours eu tort. Ainsi, en 1299, le privilége avait été *insinué*, et défense avait été faite, selon l'usage, au bailli et au vicomte, de faire exécuter ou transférer aucun prisonnier détenu pour crime. Quelle n'avait donc pas été l'indignation du chapitre, en apprenant, quelques jours avant l'Ascension, qu'au mépris de ces défenses, le bailli venait de condamner à mort Robert d'Auberbosc, accusé de meurtre, que l'exécution allait suivre, et que ce condamné, attaché à la queue des chevaux, était déjà en route pour le gibet? Mais le chapitre avait, en hâte, averti les maîtres de l'Echiquier, et l'évêque de Dole, leur président, qui, aussitôt, lui vinrent en aide. Comme Robert d'Auberbosc arrivait au pied du gibet, et que le bourreau le saisissait, survinrent les envoyés de l'Echiquier, avec un arrêt énergique qui ordonnait de surseoir jusqu'après l'Ascension, le choix du chapitre pouvant tomber sur D'Auberbosc comme sur les autres détenus, et toute latitude devant être laissée au privilége de Saint-Romain. Force était bien au bailli d'obéir, d'autant que la multitude accourue là en hâte n'aurait pas souffert, maintenant, qu'on passât outre. Le bourreau dut donc lâcher prise; et Robert d'Auberbosc fut reconduit aux prisons, accompagné et comme porté en triomphe par la foule [1].

En 1342, les chanoines alléguant sans fondement un prétendu attentat à leur privilége, l'Echiquier, tout en repoussant leur plainte, qui, aussi bien, n'était pas soutenable, avait voulu, toutefois, manifester son respect pour le privilége, en enjoignant aux bailli et vicomte « de garder et mectre à effect le dict privilége, de poinct en poinct, si comme accoustumé estoit chascun an [2]. »

De même, en 1439, tout en proclamant, pour la première fois, ce principe que, pour avoir levé la *Fierte*, le gracié n'en était pas moins tenu à réparation civile envers les parties lésées par son crime, l'Echiquier avait protesté de son respect profond pour cette prérogative de l'église de Rouen. C'était au sujet de Sulpice Le Mire, coupable de viol, admis, en 1431, à lever la *Fierte;* poursuivi, depuis, en dommages-intérêts par la fille qu'il avait violée, et s'en prétendant dispensé par le bénéfice du privilége, il se vit condamné par l'Echiquier, en 1439, à 250 livres de *dommages-intérêts*, et même à tenir prison jusqu'après le paiement de cette somme [3].

---

[1] *Codex eburneus* (*le Livre d'ivoire*); ms. de la Bibl. publique de Rouen.

[2] *Reg. Echiq.*, 1342.

[3] Arrêt de l'Echiquier, 17 décembre 1439. — L'expédition de cet arrêt (sur parchemin) est aux anciennes Archives du chapitre. On

L'Echiquier, pour tout dire, était favorable au privilége de Saint-Romain ; mais on était toujours en peine des baillis et des vicomtes; Louis XI, d'ailleurs, il y avait douze ans, ayant eu l'air d'y trouver à redire¹, une confirmation royale était chose désirable. Or, Charles VIII étant dans Rouen, quelle propice occasion pour faire reconnaître authentiquement le privilége par ce monarque, en l'*insinuant* devant lui dans un lit de justice !

Le 27 avril, donc, comme l'Echiquier tenait une solennelle audience, « le roi y séant en sa chayre », entouré de princes, de pairs et de barons, furent annoncés et introduits dix chanoines de Notre-Dame, avec autant de chapelains, et nombre de bourgeois, *frères servants de la confrérie de Saint-Romain*. Une députation plus solennelle que d'ordinaire, ayant paru de haute convenance pour une si auguste audience, Etienne Tuvache, chancelier de Notre-Dame, l'un des dignitaires les plus éclairés du chapitre, était à la tête de ses collègues, et avait reçu mission de haranguer le monarque.

« Sire, (dit-il, après s'être profondément incliné),

---

lit au dos : « *Qualiter Privilegium sancti Romani non tollit satis-*
« *factionem civilem parti læsæ faciendam.* »

¹ *Histoire du Privilége de Saint-Romain*, tom. I, pag. 178 et suivantes.

nous vous remonstrons par grande humilité le prévillége dont a esté, de grant ancienneté, usé en
nostre église, par les mérites de monsieur saint
Romain. Ce grant saint, durant le temps qu'il
régna archevesque de Rouen, délivra icelle ville
et le païs d'environ d'un serpent ou dragon qui
dévouroit, chacun jour, plusieurs personnes, à
la grande désolacion du dit païs; le quel serpent
ou dragon fut, en la vertu de Dieu, mis par le dit
monsieur saint Romain en telle subjection, qu'il
en délivra la dicte ville et le païs. Plusieurs personnes, craignans la mort et danger du dict serpent, avoient esté reffusans d'aler avecques lui.
Et, ce voiant le dict monsieur saint Romain,
pour ce qu'il trouva que deux prisonniers avoient
esté condempnéz à mort pour leurs démérites,
iceulx prisonniers lui furent bailliéz pour aler
avecques lui, dont l'un d'iceulx prisonniers fist
reffuz. Et, néantmoins, mon dict sieur saint Romain procéda oultre. Et, après qu'il eust conjuré
la dicte beste ou serpent, luy mist une estolle au
col, et la bailla à mener au dit prisonnier qui estoit en sa compaignie, jusques au pont de Saine,
et de dessus icelui pont, fut gectée en la rivière;
et, à ce moyen, depuis ne fist aucun mal ne
inconvénient au peuple. Et octroya le roy qui
estoit en icelui temps, que, au nom de Dieu et
d'icelui monsieur saint Romain, seroit délivré ung

prisonnier tous les ans au vénérable chapitre de Rouen[1]. »

Que pensait, au fond, de cette légende, le chapitre lui-même qui la faisait raconter au roi de France? Je n'en saurais rien dire, sinon qu'à trois semaines de là, lorsqu'ils lurent, dans le registre de l'Echiquier, à la date du 27 avril, le récit merveilleux de maître Tuvache sur l'origine du privilége de la Fierte, les chanoines, réclamant aussitôt contre cette narration circonstanciée du miracle de la Gargouille, insérée tout au long dans l'arrêt, tombèrent tous d'accord que c'était là une mention superflue, et qu'on n'eût point dû raconter ce miracle dans le registre [2]; en deux mots, que telle chose, bonne à dire, pouvait ne l'être pas à écrire. Quoi qu'il en soit, l'orateur du chapitre, sa narration finie, ajouta que, de temps immémorial, l'église de Rouen avait joui de ce privilége. « Nous supplions, dit-il, et requérons à sa Majesté icy présente qu'il luy plaise permettre que ce prévilliége ait lieu, et

---

[1] *Reg. Echiq* , 27 avril 1485.

[2] « Perlectâ quâdam minutâ capitulariter per quemdam Graffarium compositâ super insinuatione Privilegii sancti Romani, in Scacario, præsidente regiâ majestate, factâ, ad effectum Litteræ obtinendæ, et regratiandi ipsam insinuationem, domini nichil conclûserunt; et visa fuit narratio inutilis de primordiali privilegio, in quo describebatur prolixius miraculum, *debere que conticeri.* » — *Reg. capit. Eccles. rothom.*, 16 mai 1485.

ordonner que les clefz des prisons seront délivrées aux députéz du chapitre, toutes foiz qu'ilz vouldront aller interroger et examiner les prisonniers durant le temps dessus dict, aux fins de l'exécution du prévilliége. » Le procureur du roi ayant déclaré ne point s'opposer à la requête du chapitre, la cour d'Echiquier prononça, par l'organe du chancelier de France, Guillaume de Rochefort, qui était allé au trône prendre les ordres du roi, « qu'elle ne mectoit aucun contredict que le prévilliége sainct Romain n'eust lieu et sortist son effect, à en user de la manière accoustumée; et, de ces choses, fu octroyé acte au chapitre, à fin deue. »

Un arrêt semblable, prononcé au nom du roi, en présence du roi lui-même, n'était-il pas la reconnaissance la plus authentique qu'eût pu souhaiter le chapitre pour un privilége qui lui était si cher?

Les chanoines, donc, se retirèrent comblés de joie; les beaux jours de la *Fierte* n'étaient pas finis.

L'audience royale avait continué après leur départ. Comme elle touchait à sa fin, le procureur du roi au bailliage de Rouen, Jean Gouël, se leva. Les prélats, nobles, barons, gens du tiers-état de la province, l'avaient chargé d'offrir à Charles VIII des actions de grâce et des vœux. En leur nom, il remercia le roi « de ce qu'il luy avoit pleu assister en son Eschiquier de Normendie, et conserver les lois, coustumes, usages, prévilliéges et chartres du païs. » Il lui demanda « que, en entérinant ces lois, coustumes et chartres, il ne voulsist souffrir ne permettre estre faict ne permis aucune distraction des subgiectz de ce païs ne de leurs causes et querelles hors du dict païs, et qu'il fust deffendu à tous ses officiers et autres, ne tollérer ne souffrir icelle distraction estre faicte. » Le chancelier Guillaume de Rochefort était, de rechef, allé au conseil. Revenu *à sa chaîre*, et debout, « le roy (dit-il à l'assemblée tout entière) est bien content de ce que vous le remerciez. Desjà il vous a faict dire, et encore me faict-il vous dire, qu'il a entretenu et entretendra tousjours les dictes coustumes, usages, prévilliéges et chartres, et que, en toutes choses licites et honnestés, il gardera la Chartre de ce païs[1]. »

Acte est délivré aux chanoines de Rouen, sur leur demande, de l'insinuation faite par eux de leur privilége, en présence de Charles VIII.

Charles VIII ne vint plus assister aux audiences; mais il devait rester à Rouen quelque temps encore, et tout n'était pas dit entre le monarque, la Fierte et l'Echiquier. Après une confirmation si éclatante de leur privilége, les chanoines demandant avec instance un acte en forme qui en perpétuât la mémoire, on ne le leur avait pu refuser. Expédition authentique, narrative de tout ce qui s'était passé à la solennelle audience du 27 avril,

---

[1] *Reg. Echiq.*, 27 avril 1485.

était, maintenant, dans le trésor de Notre-Dame, scellée du scel et contre-scel de la cour d'Echiquier; c'étaient, sur le grand sceau, des *fleurs de lis sans nombre*, et *trois fleurs de lis* seulement sur le contre-scel. Qu'ils étaient loin, ces prêtres charmés et confiants, de soupçonner qu'on allait vouloir attenter à leur privilége confirmé tout à l'heure avec tant d'éclat, et qu'il suffirait d'une rixe obscure entre gens du peuple, pour tout mettre en péril! Mais un roi, une régente, tant de princes et de seigneurs, n'avaient pu quitter Paris sans une suite innombrable de soldats, d'officiers et de valets. Sous un roi jeune et facile, ces gens-là se croyaient tout permis. Aussi n'étaient-ce, chaque jour, que maisons forcées par eux pour s'y héberger, bourgeois malmenés ou insultés; pour tout dire, ils traitaient Rouen en pays conquis. Il n'y eut pas jusqu'à deux palefreniers des écuries de l'amiral de France, qui, par manière de passe-temps, se mirent en quête d'un niais, et, rencontrant, dans le faubourg Saint-Gervais, un jeune homme nommé Cornelay, de Bonneville-sur-Touques, se prirent à deviser avec lui, et lui présentèrent des tenailles brûlantes, qu'il saisit avec une sotte confiance; il ne les tint pas long-temps; ses cris perçants témoignèrent de la vive souffrance qu'il ressentait; sa main droite portait la trace d'une douloureuse et large brûlure, et il put ne pas épargner les invec-

Le prévôt de l'hôtel condamne à mort et veut faire exécuter un meurtrier malgré l'insinuation du privilège de Saint-Romain.

tives aux deux palefreniers qui, ayant imaginé ce tour aussi sot que cruel, le raillaient ensuite, au lieu de le soulager. Mais ces deux hommes, qui s'en étaient allés d'abord, revinrent dès le soir, à cheval, caracoler autour de Cornelay, le raillant encore, et le bravant; même, un de leurs chevaux lui foula les pieds. Outré, alors, de fureur, Cornelay fondit sur ces deux insolents, un bâton à la main, leur en assénant des coups, sans regarder où il frappait, en sorte que l'un d'eux tomba de cheval, mortellement blessé, et expira presque sur l'heure. Ceci s'était passé le 2 mai, quinze jours avant l'Ascension, après l'insinuation du privilége, pendant cette espèce de *Trève de Dieu*, où, de temps immémorial, on n'avait vu, à Rouen, juge criminel prononcer des sentences, ni bourreau les exécuter, où, en un mot, pas un officier de Rouen n'eût osé entreprendre contre le privilége de l'église. Mais le prévôt de l'hôtel du roi, venu à Rouen, à la suite de la cour, au premier mot qu'il avait su du meurtre de Saint-Gervais, procédant en hâte, selon sa coutume, contre Cornelay, qui avait été écroué dans ses prisons, entendait le juger, le condamner et le faire exécuter le jour même. Dire l'étonnement du chapitre, à cette nouvelle si imprévue, son indignation, ses démarches multipliées près du prévôt, de l'Echiquier, du sire de Beaujeu et du roi lui-même, serait entrer dans de trop longs détails. Je ne sais si les chanoines seuls en fussent venus à chef. Le prévôt, sans tenir compte de leurs doléances, verbalisait et procédait toujours en hâte. Mais, messieurs de l'Echiquier, prenant en main la cause du privilége, et en ayant fait leur affaire propre, les chances semblaient tourner en faveur de l'église; ces magistrats furent, toutefois, à peine écoutés d'abord, dans ce qu'ils purent dire au prévôt, de la *trêve* qui ne permettait pas qu'après l'insinuation, aucun juge, dans Rouen, prononçât une sentence criminelle, qu'aucun homme fût mis à mort, ou puni, en quelque manière que ce fût. Le prévôt ne voulait entendre à rien. En vain, le sire de Beaujeu présent, ils lui dirent de ne point attenter au privilége; en vain ils lui rappelèrent la solennelle audience de l'Echiquier, où le roi lui-même l'avait défendu en personne. Déjà l'obstiné prévôt avait prononcé la fatale sentence, la charrette était arrivée; le bourreau demandait qu'on lui livrât Cornelay; à la vérité, le geôlier voulait s'y refuser; mais les archers se débattaient avec lui, et ne pouvaient tarder d'avoir le dessus, lorsqu'arrivèrent des maîtres de l'Echiquier, porteurs d'une *défense* expresse du roi, que le monarque n'avait pu refuser à leurs vives instances; car ils étaient allés jusqu'à lui, Christophe de Carmonne, leur président criminel, à leur tête,

L'Echiquier vient au secours du chapitre et du privilége de Saint-Romain.

lui dire énergiquement, et au long, ce que c'était que le privilége de la *Fierte* de saint Romain, lui remettre en mémoire ce qui s'était passé, peu de jours avant, à l'Echiquier, touchant ce privilége qu'il avait si authentiquement confirmé, lui témoigner combien, en tout temps, avait été respectée cette prérogative de l'église de Rouen. A la vue du brevet du roi, le prévôt, enfin, baissa la tête ; on ramena dans son cachot le condamné, déjà lié, entraîné, à demi-mort de saisissement. Désormais il était inviolable et sacré jusqu'après la fête de l'Ascension ; ainsi l'avait déclaré l'acte royal.

Le meurtrier qu'avait condamné le prévôt de l'hôtel est élu par le chapitre, délivré par l'Echiquier, et lève la Fierte.

Elle approchait, cependant, cette fête solennelle, et on se demandait si la mort de Cornelay n'était que différée ; si un chapitre, un Echiquier, les seigneurs, les princes, et jusqu'au roi lui-même, ne se seraient tant émus que pour prolonger de quelques jours l'agonie d'un malheureux dont le crime, après tout, était d'avoir usé du droit de défense légitime. Ajouterons-nous que Cornelay, âgé de vingt-six ans seulement, était père d'un enfant en bas âge, que sa femme était grosse du second, menacé, avant de naître, de ne jamais connaître son père ; qu'il était né en Normandie, point principal ; car, si les vieillards de Rouen ne pouvaient se consoler d'avoir vu, au temps de la domination anglaise, la Fierte fréquemment levée par des enfants de la Grande-Bretagne, on n'aimait guère mieux à voir des hommes originaires des autres provinces de France, jouir du privilége par préférence aux gens du pays. Dans les prisons, enfin, il n'y avait point, cette année, de prisonnier qui excitât plus de sympathie. Toute la ville, en un mot, s'intéressait vivement au sort du condamné; et peut-être n'y avait-il pas une demeure où l'on ne fît des vœux ardents pour lui voir accorder la Fierte.

Vint, enfin, le grand jour de l'Ascension, si impatiemment désiré de tous. Le matin, les cinquante chanoines de Notre-Dame, assemblés dans la salle capitulaire, sous la présidence de Robert de Croismare leur archevêque, allaient procéder à l'élection d'un prisonnier, lorsqu'un envoyé du roi survint, et fut introduit aussitôt. C'était le bailli de Rouen, De Mouy; son message se rapportait au fameux privilége du jour, dont le roi avait entendu dire des merveilles; car il était écrit que chacune des circonstances du cérémonial de la Fierte aurait, cette année-là, quelque chose de plus solennel qu'à l'ordinaire. Charles VIII, donc, voulant voir la fameuse procession du prisonnier, envoyait prier le chapitre de la faire sortir de bonne heure de Notre-Dame, et passer devant le château, d'où il la pourrait voir à l'aise, avec toute sa cour. Jamais, de mémoire d'homme, la procession n'avait pris ce tour; mais ce message royal comblait de joie le

Charles VIII, désirant voir la procession de la Fierte, cette procession, change son itinéraire, et traverse les cours du château où était logé le monarque.

chapitre, qui n'eut garde de rien objecter au désir du monarque. Le bailli De Mouy alla dire à Charles VIII et aux princes, qu'ils allaient, dans peu, voir cette procession si vantée. Le chapitre, cependant, avait procédé à son élection; toutes les voix avaient demandé Cornelay, l'élu de la ville; l'Echiquier avait applaudi, et force avait bien été au prévôt de l'hôtel de livrer, enfin, son condamné. Aussitôt, les mille cloches de la ville avaient été mises en branle, pour ne se plus taire que quand tout serait fini; la procession s'était mise en marche vers la Vieille-Tour. Cornelay, la tête ceinte d'une couronne de fleurs, avait soulevé trois fois sur ses épaules la châsse de saint Romain, aux cris répétés : *Noël! Noël! vive le roy!* Restait à condescendre aux vœux du monarque désireux de voir cet imposant cortége, qu'étaient venus grossir encore, ce jour-là, par son ordre, tous les religieux du prieuré de Saint-Lô et tous ceux de la royale abbaye de Saint-Ouen. Les trente-six paroisses de la ville étaient là avec leurs splendides et lourds ornements, où l'or se relevait en bosse, avec leurs majestueuses bannières, leurs croix d'or, leurs *gargouilles* aux gueules béantes, leurs châsses au milieu desquelles la célèbre *Fierte* de saint Romain et le prisonnier qui la portait attiraient tous les regards. Puis venaient les cinquante chanoines, avec leurs riches fourrures, leurs robes de soie violette; les *dignités*, avec leurs soutanes écarlates; on eût dit des cardinaux et des évêques. L'archevêque Robert de Croismare suivait, la mître en tête, sa crosse en main, précédé de sa croix primatiale. La procession, remontant par la rue *du Grand-Pont* et celle *aux Gantiers*, avait peine à se frayer passage à travers les flots d'un peuple que ces pompes émerveillaient sans le lasser jamais. Elle parvint, enfin, à entrer dans le château, dont elle traversa les cours et les vastes jardins. Là, de toutes les terrasses, de toutes les tours, de toutes les *verrières* ouvertes, plongeaient avidement sur elle d'innombrables et nobles regards. A tous ces princes, à tous ces pairs, à tous ces seigneurs qu'on avait vus séant naguère à l'Echiquier, étaient venus se joindre les gentilshommes de la cour, plusieurs princesses; parmi elles et au premier rang, la régente Anne de France, dame de Beaujeu, sœur du roi, qu'environnaient toutes les dames de sa suite. La procession, une fois bien admirée par ces hommes, par ces femmes l'élite de la France, sortit du château, et rentra à Notre-Dame, les cloches tonnant toujours. C'est là, sans doute, la plus belle journée du privilége de Saint-Romain; due, en partie, aux présidents et maîtres de l'Echiquier; elle ne pouvait être oubliée dans son histoire [1].

---

[1] *Reg. de l'Echiquier*, et du chapitre de l'église cathédrale de Rouen, avril et mai 1485.

Charles VIII rendit souvent la justice.

Charles VIII, alors, n'avait que quinze ans; ardent, et enclin aux grandes choses, comment cet office de souverain *justicier*, ainsi rempli par lui dans de si solennelles conjonctures, n'aurait-il pas laissé dans son esprit des impressions durables? Lorsqu'après ses courses aventureuses dans l'Italie, je le vois, revenu en France, faire chercher dans les archives « la forme que avoient tenue ses prédécesseurs roys à donner audience au pauvre peuple, et surtout comme monsieur saint Louis y avoit procédé [1]; » quand, ensuite, à la fin d'un règne, hélas! si court, je le vois tenir, chaque jour, de longues audiences, « y escoutant tout le monde, et, par espécial, les pauvres, et faire de bonnes expéditions [2], » je me prends à croire que ses audiences de l'Echiquier, en 1485, lui étaient toujours depuis revenues en mémoire, et que, dans tout son rôle de roi, rien ne lui avait paru plus auguste que l'office de juge.

Dans les derniers temps du règne de Charles VIII, l'Echiquier n'est pas tenu régulièrement chaque année.

Toutefois, de la part d'un monarque si épris de la justice et qui avait vu l'Echiquier, on a peine à s'expliquer l'oubli où, dans les derniers temps de sa vie, il parut laisser cette cour souveraine de la province. Lui qui, en 1483, avait promis à la Normandie un Echiquier tous les ans, je l'entends,

---

[1] Ordonnance du 22 décembre 1478.
[2] *Mémoires de Comines*, livre VIII, chap. 25.

vers la fin de son règne, avouer que cette province « est demourée plusieurs années sans Eschiquier » ; c'est en septembre 1497, et dans des lettres patentes accordées à Jean évêque de Valence, président en chef de l'Echiquier, en remplacement de l'évêque de Lombèz, devenu cardinal, et nécessaire ailleurs. Appelé à cet office, dès le vingt-neuf septembre 1493, quatre années entières s'étaient écoulées sans que le prélat eût prêté serment à ce titre. Pourquoi ? Le roi le dit lui-même : « pour ce que le dit Eschiquier *ne séoit* (siégeait) *lors, et n'estoit en espoir de seoir.* » En 1497, il vient, enfin, de prêter serment, mais dans une forme irrégulière ; et c'est pour valider ce serment, que Charles VIII donne ses lettres patentes du 29 septembre. Mais l'Echiquier va tenir enfin une assise dont l'ouverture est fixée au treize octobre ; la conjoncture est pressante, et il a bien fallu passer sur des irrégularités de forme.

A cette assise, affluent innombrables les procès demeurés là pendant tant d'années qui se sont écoulées sans Echiquier ; deux énormes registres tels qu'on n'en avait point vu jusque là, suffisent à peine à contenir les arrêts qu'ont rendus les maîtres ; encore n'ont-ils pu juger toutes les affaires.

Aussi les Normands sont-ils dégoûtés de leur Echiquier, qui, au temps passé, leur avait été si cher. Souvent, mais en vain, ils ont prié les rois de le

<small>Les Normands se dégoûtent de leur Echiquier.</small>

faire tenir « par tous gens notables du pays de Normendie, congnoissants la coustume d'icelui[1] »; et toujours on a continué de ne leur envoyer guère que des étrangers, des conseillers au Parlement de Paris, des archidiacres de Bourges, de Chartres, de Paris, qui en savent peut-être moins encore sur nos institutions normandes que ces prélats, que ces barons normands appelés à siéger avec eux ; en sorte que, souvent, il faut faire constater par *tourbes*, et à grands frais, les lois du pays mises en question à chaque assise, et enseigner, en un mot, la Coutume de Normandie, article par article, à tous ces juges qui ont à l'appliquer chaque jour, et qui l'ignorent.

Si encore il tenait, cet Echiquier, tous les ans, comme les Normands l'ont demandé de règne en règne, et comme, de règne en règne aussi, on le leur a promis; mais, malgré la solennelle promesse de Philippe-le-Bel, et tant d'autres paroles royales renouvelées depuis, il s'en est bien fallu, comme on l'a pu voir, que l'Echiquier tînt chaque année; il n'a siégé qu'à intervalles, malgré le besoin, toujours plus pressant, des affaires; et, pour ainsi dire, l'état le plus ordinaire était de n'en point avoir. Quelquefois, après que le roi avait termé et fait *crier* un Echiquier, des empêchements

---

[1] Lettres pat. du 4 janvier 1461.

survenant, le monarque envoyait contre-ordre; et les commissaires, déjà arrivés à Rouen, s'en retournaient à Paris sans avoir rien fait. On le voit par une ordonnance inédite de Charles VI, en date du 26 novembre 1399[1]. Et quand, enfin, un Echiquier avait été termé, et qu'arrivaient à Rouen les maîtres, les barons et les prélats, combien de temps durait l'assise de la cour souveraine d'une si vaste province où les procès étaient sans nombre! Un mois, ou quarante jours au plus, comme le prouvent plusieurs documents qui sont sous nos yeux.

Non pas qu'il faille croire, avec Basnage, « que *les juges de l'Echiquier servoient* GRATUITEMENT, *et, par ce motif,* PRÉCIPITOIENT LA SÉPARATION DE L'ASSEMBLÉE[2]. » C'est là une allégation hasardée légèrement, et que réfutent nombre de documents authentiques conservés à la Bibliothèque royale. Que dire, en effet, contre les quittances en forme des présidents et des maîtres, pour les gages à eux payés à raison de leur séjour à Rouen, plus ou moins

Des *gages* et indemnités de voyage et de séjour étaient alloués aux *commissaires* envoyés à Rouen, pour y tenir l'Echiquier.

---

[1] « Comme naguère nous eûssions ordoné que nostre Eschiquier de Normendie se tenist en ceste nostre ville de Rouen.... et, pour certaines causes qui à ce nous ont meû, ayons volu que icelui nostre Eschiquier ne se tenist mie à ceste foiz, etc. » — Ordonnance ms. de Charles VI, 26 novembre 1399, datée de Rouen. — Ms. de la Bibl. royale.

[2] Basnage, *Commentaire sur la Coutume de Normandie*, article XII : « *De Jurisdiction.* »

prolongé, et de la durée plus ou moins grande des Echiquiers? C'est Simon de Bucy (ou Bussy), premier président du Parlement de Paris, recevant, pour cela, « *six francs d'or pour chascun jour*, sans aucune déduction, diminution ou rabaiz de ses gaiges ordinaires de mille livres parisis par an. » En 1366, après qu'il a présidé l'Echiquier de la Saint-Michel, 198 *francs d'or* lui sont accordés pour sa mission qui a duré trente-trois jours. Une autre fois, on lui alloue 500 livres tournois[1]. Avec le temps, ces *gages* s'étaient accrus; et, en 1454, Louis de Harcourt, archevêque de Narbonne, eut 3000 livres pour avoir présidé l'Echiquier[2]; mais peut-être avait-il aussi présidé les États de la province.

Aux simples *maîtres* étaient alloués, au commencement, cinquante sous par jour; plus tard, trois francs, comme le prouvent nombre de rôles des XIVe et XVe siècles, que nous avons consultés.

Ces *gages* n'empêchaient pas, on le pense bien, que le roi ne défrayât les présidents et les maîtres des énormes dépenses que leur causaient le déplacement et le voyage. Ni le public, ni les particuliers, même les plus éminents, ne soupçonnaient, alors, ce que c'était qu'une voiture. On venait à cheval; à chacun des commissaires il en fallait plusieurs;

---

[1] Ms. de la Bibl. royale.   [2] *Gallia christ.*, tom. VI, col. 103.

on trouve des quittances du premier président Simon de Bucy, « pour les despens à sept chevaux, pour venir et retourner. » Pour cela seulement, lui sont allouées 125 livres 19 sous 3 deniers tournois, somme assez notable alors. Les autres maîtres sont indemnisés à proportion. A Rouen, enfin, logés par le roi, dans son château, présidents et *maîtres* y étaient aussi nourris à part, servis, fournis de tout à ses dépens, comme l'archevêque Eude Rigaud le dit plusieurs fois dans son journal[1], et comme le montrent de vieux rôles et comptes manuscrits que l'on conserve à la Bibliothèque royale. Transcrire ici ces *rôles*, où l'on voit combien coûtèrent le blé, la chair, le poisson, le vin, les épices, servis, en 1349, à MM. de l'Echiquier, serait chose puérile aux yeux de beaucoup de lecteurs ; le tout coûta, une année, 550 livres environ ; et c'est, sans doute, en avoir dit assez sur cet objet. Le *vin* y figure pour une somme assez forte ; la ville, toutefois, en fournissait aux maîtres de l'Echiquier, du moins à la fin du xive siècle ; les registres de l'hôtel-de-ville de Rouen, pour l'année 1390, attestent qu'on se pourvut, cette année-là, « de six queues de vin bon et suffisant pour présenter

Les maîtres de l'Echiquier étaient logés au château, nourris et défrayés par le roi.

---

[1] *Liber Visitationum Odonis archiepiscopi rothomagensis;* ms. Bibl. reg., n° 1245.

aux seigneurs tenans l'Eschéquier[1] »; et on voit, en effet, que, dans la suite, « des *juistes*[2] de vin furent portées à nos seigneurs de l'Eschiquier par le messaiger de la ville»; mais c'était là, sans doute, la cérémonie du *vin de ville*; et ce qu'on en offrait à tant de magistrats qu'avaient suivis de nombreux valets, n'aurait pu suffire, apparemment, pour un si long séjour[3].

Chapeaux de fleurs dûs, le 1er mai, par les officiers de ville, aux maîtres de l'Echiquier.

L'hôtel-de-ville devait aussi, le premier jour de mai, envoyer des couronnes de fleurs aux seigneurs de l'Echiquier, même aux anciens avocats; d'où il faut conclure qu'outre les commissaires du roi, les barons aussi et les prélats, les officiers du roi, enfin, avaient part à cet honneur, puisque, en 1395, on voit l'hôtel-de-ville ordonner une somme de cent sous tournois « pour plusieurs cappiaux tant de roses que de violète, qui, par l'ordenance de monseigneur le président tenant l'Eschéquier de Pasques, ont esté donnéz aux seigneurs estans ou dit Eschéquier, et à pluseurs advocas d'iceluy[4]. »

Durée des sessions de l'Echiquier.

L'Echiquier, enfin, par quelque motif que ce

---

[1] *Reg. de l'hôtel-de-ville de Rouen*, 1er août 1390.

[2] *Juistes*, pour *justes*, pintes, mesures. — Dom Carpentier, *Suppl. français de Ducange*, au mot : JUSTE.

[3] *Reg. de l'hôtel-de-ville de Rouen*, 23 janvier 1390.

[4] Archives de l'hôtel-de-ville de Rouen; titre sur parchemin, du 29 mai 1395.

pût être, ne tenait point de bien longues assises.
Au temps de saint Louis, il n'avait jamais siégé que
huit jours environ; à la vérité, il allait, alors, tenir
ses sessions d'une ville dans l'autre[1]. En 1338, il
n'avait siégé que vingt-deux jours; en 1349 et
1366, l'assise dura un mois; trente-huit jours, en
1401; six semaines étaient le temps le plus long
qu'on l'eût jamais vu durer[2]. Aussi, combien peu
d'affaires y étaient expédiées, au prix de celles qui
demeuraient indécises! En 1563, au fameux lit de
justice tenu à Rouen pour la majorité de Charles
IX, lorsque L'Hospital vint dire au Parlement :
« qu'au temps passé, l'Eschiquier, en trois sepmaines
ou un moys, vuydoit et dépeschoit tous les procèz
de la province[3] », ces magistrats savaient bien
qu'en penser. L'ancien Echiquier, au contraire,
n'avait jamais pu, surtout dans les derniers temps,
« expédier *la centiesme partie* des matières introduictes en icelluy » (le *Stille de procéder* le dit en
termes exprès[4]); et, la cérémonie finie, prési-

---

[1] *Liber Visitationum Odonis archiepisc. rothom.*, ms. Bibl. reg., n° 1245.

[2] Titres ms. de la Biblioth. royale. — Quittances de présidents et de maîtres de l'Echiquier.

[3] Discours du chancelier L'Hospital au Parlement de Rouen, (Charles IX présent), le 17 août 1563.

[4] *Stille et ordre de procéder en la court de Parlement de Normendie*, ordonné en l'an 1515, (à la suite du *grand Coustumier du pays et duché de Normendie*), édit. de 1539, 2ᵉ partie, fol. 51 v°.

dents et conseillers purent bien faire voir au chancelier ce passage du *Stille de procéder*, qui montrait qu'en cela il avait parlé en l'air, contre sa coutume. Ajoutons, et c'est encore le *Stille de procéder* qui nous l'apprend, que, pour convoquer tous ces prélats, comtes, barons, juges, officiers, praticiens, c'étaient d'incroyables embarras et d'énormes dépenses.

Parlerons-nous encore de l'ignorance de la plupart des commissaires du roi, relativement à nos institutions coutumières; de celle de nos prélats, et, plus encore, de nos barons, sur tout ce qui ne touchait point à leur état? Au XIIIe siècle, nous l'avons vu, le *Droit* devenant une science, bientôt avait paru, dans tout son jour, l'insuffisance de ces hommes de guerre et d'église. Alors, les jurisconsultes, assis *à leurs pieds*, leur étaient venus en aide; et on vit toujours, dès-lors, les jugements rendus *de l'advis de l'assistance*; c'est la deuxième époque de nos fastes judiciaires. Les hommes de pouvoir, cependant, demeuraient toujours fermes sur leurs hauts bancs. Mais, à la fin du XVe siècle, la chicane augmentant toujours, les procès se multipliant à l'excès, tout, enfin, se compliquant, un cri universel s'élevait pour que barons et prélats renonçassent à des fonctions auxquelles, aussi bien, ils ne pouvaient plus suffire; pour qu'ils descendissent de ces siéges où beaucoup d'entre eux ne servaient guère que de montre, et les abandonnassent aux docteurs ès lois, aux hommes connaissant les affaires. Était-ce injustice? Au temps d'Alain Chartier, sous Charles VII, ce *fol langage* ne courait-il pas entre hommes de cour, que « *noble homme ne doit point sçavoir les lettres?* » Ne tenait-on point *à reproche de gentillesse* de bien lire et bien écrire [1]? Sous Louis XII, encore, Balthazar de Châtillon, dans son livre du *Courtisan*, reprochant à notre noblesse d'en être toujours au même point qu'au temps d'Alain Chartier, y avait-il moyen de l'en dédire [2]?

Ce n'étaient pas là de médiocres griefs contre l'organisation de la cour souveraine de notre province. Qui, toutefois, en aurait voulu croire un vieux magistrat breton, c'était chose merveilleuse que cette cour, toujours ainsi composée d'étrangers et de nouveaux personnages, qui se renouvelaient sans cesse. Il fallait, pour plaire à ce vieux juge, « que trente ou quarante magistrats allassent ainsi exercer justice *au pays dont ils n'estoient natifz ny originaires*. — C'est le seul moyen (disait-il) d'empescher toutes brigues, faveurs et corruptions qui coustent plus aux parties que le principal et accessoire du procès.... Devant (ajoute-t-il) que

L'Echiquier, composé de juges étrangers au pays, n'en rendait que mieux la justice, au dire de quelques-uns.

---

[1] Étienne Pasquier, *Recherches de la France*, livre VIII, chap. 13.
[2] Idem, *ibidem*.

les meschants juges ayent desployé leurs vénalitéz et passé par la forest de *Grip*, leur temps de service sera escoulé et finy. Si bien que les fuyards seront contrainctz rengaîner leurs récusations, renvois et évocations qui brouillent tant ceste France, joindre et baisser les lances, et venir droict au jugement et décision de leurs procèz[1]. »

Inconvénients des Echiquiers temporaires. Il en était bien ainsi de l'Echiquier, on le doit croire ; mais, du moins, aurait-il fallu qu'il siégeât assez long-temps ; car qu'était-ce que de laisser indécises la plupart des causes qui, la session finie, se trouvaient dévolues à la cour du grand sénéchal, où il ne se faisait guère justice ? Et puis, qu'était-ce, encore une fois, que tous ces maîtres de l'Echiquier, ces prélats et ces barons, pour décider des points un peu difficiles de notre droit coutumier ? « Les lois, us, stilles et coustumes du païs de Normendie estoient fort différans aux autres ; » c'était le roi Charles VIII qui l'avait dit, dans des lettres patentes, lues, en 1485, en plein Echiquier. Et si, par ces lettres patentes, il donnait à l'Echiquier deux présidents perpétuels dans la personne de l'évêque de Lombèz et de Christophe de Carmonne, c'était, disait-il aussitôt, « pour que, d'ores en avant et continuellement, ils feûssent et assis-

---

[1] *Contes d'Eutrapel*, par Noël du Fayl, 9e conte : « *Que les juges doivent rendre justice sur les lieux* », fol. 46 v°, édit. de 1597.

tâssent aux dicts Eschiquiers qui seroient tenus, et à ce qu'ilz congnûssent ces lois, us, stilles et coustumes de Normendie, *si différants aux autres.* » Mais suffisait-il d'un ou de deux présidents, versés dans la connaissance de ce Droit? et pourquoi les justiciables de la province n'auraient-ils pas trouvé les mêmes lumières dans tous les officiers appelés à juger leurs différends? L'œuvre donc était incomplète; et il fallait l'achever en donnant aux Normands des juges « sçachans, congnoissans et entendans les loix, coustumes, usages, stilles et chartres de Normendie » ; des juges, aussi, stationnaires, permanents et toujours là comme les besoins de la justice, dans une province si vaste, si peuplée, où le commerce devenait, de jour en jour, plus actif, et où fourmillaient les affaires. Ce vœu de toute la province allait éclater bientôt. L'assise de 1497 devait être le dernier acte des Echiquiers temporaires, des Echiquiers tenus par des commissaires étrangers à la Normandie. Charles VIII ne vécut guère après; et une grande révolution dans l'ordre judiciaire de notre province, devait être un des premiers événements du règne de Louis XII, son successeur.

PARLEMENT
DE NORMANDIE.

RÈGNE
DE LOUIS XII.

ÉCHIQUIER PERPÉTUEL.

La dernière moitié du xve siècle fut, en France, l'époque d'une révolution immense dans les mœurs, dans les idées, dans la constitution même du royaume. Les Anglais expulsés sous Charles VII; les grands vassaux abaissés, anéantis par Louis XI; les lettres et les arts apportés d'Italie par les armées de Charles VIII; les lois, la justice remises en honneur par Louis XII : tels sont les traits principaux qu'offre le tableau de cette période si notable dans l'histoire. Heureuse révolu-

Révolution judiciaire à la fin du quinzieme siècle.

tion qui profite, à la fois, et à l'autorité royale et au bien-être de la nation, aux peuples et aux rois, à l'ordre et à la liberté! Car, sans crainte, désormais, des ennemis du dehors, et de ceux, plus dangereux, du dedans, la puissance souveraine se meut à l'aise; tandis que, délivré, lui-même, d'oppresseurs non moins cruels pour lui qu'ils étaient menaçants pour la couronne, le peuple obtient des juges éclairés autant qu'équitables, et a désormais auprès d'eux un libre et continuel accès.

À peine, en effet, le sol français est-il purgé des armées ennemies et des tyrans du dedans, que nos rois, jaloux d'être présents et sentis partout où ils ont des sujets, créent, à de certaines distances, dans le royaume, de grands corps de magistrature, « des corps respectés, formant dans tout l'Etat, qu'ils gardent, pour ainsi dire, d'espace en espace, une chaîne continue, une barrière insurmontable aux ennemis du bon ordre [1] »; des Parlements, en un mot, chargés, à l'instar de celui de Paris, de proclamer les lois, de les garder en dépôt, de faire respecter l'autorité royale, de protéger le peuple contre les entreprises d'une noblesse accoutumée, dès long-temps, à ne connaître d'autre loi que la force; de tenir en échec les gouverneurs de provinces, qui voudraient s'en faire

---

[1] Remontrances du Parlement de Normandie, 26 juin 1756.

accroire et trancher des souverains[1]. De toutes les sciences qui sont venues en France se disputer l'attention d'un peuple impatient de se civiliser et de s'instruire, la science des lois, *la science du juste et de l'injuste,* est la première dont les bons esprits se montrent avides. En peu de temps ont surgi, en grand nombre, des hommes capables de bien rendre la justice, ou d'éclairer, par leurs conseils, le peuple qui l'implore et les magistrats chargés de la rendre. Ces légistes, qu'on semblait dédaigner naguère, on les prise maintenant, on les comble d'honneurs[2]. Alors, les ignorants, baillis d'épée, ces simulacres de juges, doivent descendre des *chaires* où trop long-temps on les a vus assis et abusant de leur puissance. Car, sans parler de leur peu de savoir, « on doit bien se garder de donner des emplois civils à des hommes pareils; il faut, au contraire, qu'ils soient contenus par les magistrats civils, et que les mêmes gens n'aient pas, en même temps, la confiance du peuple et la puissance pour en abuser[3]. » Il y a, dé-

---

[1] « In instituendis curiis, eorum qui provincias obtinent moderandæ potentiæ reges studuisse aïunt, huic alteram opponendo. » — Labardæus, *De Rebus gallicis.*

[2] Et jam Legistæ populo placuére volenti,
  Quorum nemo, alio tempore, gratus erat.
— J.-B. Candelarii, *Virorum omnium consularium, in Senatu rothom. hactenùs ordine promotorum*, lib. II, encom. 7.

[3] Montesquieu, *Esprit des Lois*, liv. v, chap. 19.

sormais, divorce éternel entre le droit et la force. L'autorité des rois de France a fait de grands progrès; car, selon l'énergique expression de l'un d'eux, « *la lumyère de leur justice est veue reluyre en tous lieux et endroictz de leur royaulme, païs et seigneurye* [1]. » Leur pouvoir, en un mot, est reconnu et respecté d'une extrémité de la France à l'autre; mais sans qu'on puisse, toutefois, en entrer en crainte, car, à la porte de la grand'chambre d'audience du Parlement de Paris, le peuple voit une image qui le rassure : un énorme lion de pierre, non point rugissant et terrible, mais qui, les jambes pliées, la tête inclinée, la queue basse, et comme aux abois, semble dire « que celuy qui entre léans, tant grand soit-il et vestu d'or, il faut qu'il s'humilie et obéisse à la justice [2]. » Charles VII a érigé en Parlement le conseil delphinal de Grenoble (1453); a rendu sédentaire le Parlement de Toulouse (1443); et institué celui de Guyenne; Louis XI a conservé, à la Franche-Comté, celui qu'avait créé Philippe-le-Bon (1471); Charles VIII en a accordé à la Bourgogne et à la Bretagne [3]; Louis XII,

---

[1] Lettres patentes du 3 juillet 1540, ordonnant la tenue de *grands Jours* à Coutances. Elles furent rapportées peu après.

[2] *Le Théâtre des Antiquitéz de Paris*, par Jacques du Breul, 1612, in-4°, liv. Ier, pag. 228.

[3] Le Parlement de Bretagne fut déclaré permanent, par édit du 22 septembre 1485. — *Preuves de l'histoire de Bretagne*, par dom Morice, tom. III, pag. 478.

à son tour, en donne un à la Provence (1501); il octroie à la Normandie celui dont nous avons entrepris de publier l'histoire. Il convient que nous racontions comment il fut établi.

Nous avons amplement parlé, ailleurs, de l'ancien *Echiquier* de Normandie, institué par ces puissants ducs qui, pendant près de trois siècles, régnèrent en maîtres absolus dans notre province que Rollon avait conquise. Là, des barons, des prélats, des chevaliers, tous originaires de la contrée, avaient, jusqu'au recouvrement de la Normandie par Philippe-Auguste, rendu la justice en dernier ressort aux habitants du pays. Après la conquête, la Normandie avait conservé son Echiquier; et les barons, les prélats continuèrent d'y venir siéger, mais sous la présidence, sous l'influence active, à coup sûr, de grands seigneurs, de prélats et de magistrats, *commissaires du roi,* choisis, la plupart, dans le Parlement de Paris, et qui, chaque année, à de certaines époques, étaient envoyés en Normandie par nos rois pour y tenir cet Echiquier. Dans les derniers temps, Rouen était toujours le lieu des séances de cet Echiquier temporaire; le terme de Pâques, celui de Saint-Michel étaient les époques les plus ordinaires de ses sessions, qui ne duraient guère qu'un mois, cinq semaines, ou six au plus. Qui n'aperçoit, tout d'abord, les inconvénients d'un pareil état de choses dans une province si vaste et si peuplée, si adonnée à l'agriculture, au commerce, et où, plus qu'ailleurs peut-être, étaient fréquents les débats judiciaires, s'il en faut croire maints auteurs (Gaguin, entre autres[1], et La Roche-Flavyn[2]), qui l'ont classée parmi les « plus contentieuses et litigieuses de France. » Qu'était-ce donc, pour la Normandie tout entière, qu'un tribunal souverain et de dernier ressort, n'y apparaissant qu'à intervalles mal réglés, et n'y demeurant, d'ailleurs, que si peu de temps? Comment aurait-il pu suffire à vider d'innombrables procès dont la multitude allait croissant toujours, surtout depuis l'expulsion des Anglais, et, dans les derniers temps, par suite de la réunion de la Bretagne à la couronne, événements qui avaient donné au commerce de la Normandie un plus rapide essor! Aux dernières sessions de l'Echiquier temporaire, les procès abondent et se pressent en foule dans d'énormes registres qui sont venus jusqu'à nous; encore n'était-ce que la moindre partie de ceux qui avaient été inscrits sur ses rôles. Toutes les sessions finissaient sans qu'on eût pu « expédier la *centiesme partie* des

---

[1] Gaguin qualifie ainsi les Normands : « Gens... doli et litis, ad primè gnara. » Gaguin, *Histor.*, lib. VII.

[2] La Roche-Flavyn, *Trèze Livres des Parlements de France*, liv. VIII, pag. 444.

matières introduictes en l'Eschiquier¹. » Des praticiens avides, intéressés à perpétuer les instances, traînaient en longueur pour gagner la fin de la session de l'Echiquier²; après quoi, maîtres absolus d'une infinité d'affaires non jugées qu'ils étaient parvenus à lui soustraire, ils multipliaient à leur gré les procédures et les frais. Quelques juges connivaient avec eux, dans l'intérêt des riches et des puissants. « Toutes choses se faisoient par la volonté des baillifz et par la practique d'aucuns advocatz; et ceulx à qui les dictz advocatz et officiers estoient contraires, ne pouvoient avoir aucun remède de justice³. » Il s'était souvent écoulé plusieurs années entre deux sessions de l'Echiquier; et, durant ce temps, quel vaste champ ouvert à l'intrigue, à l'astuce, à la chicane ! Les prélats et les barons « avoient accoustumé, de tout temps, à estre comme princes en Normandie pendant ces inter-

---

¹ Prologue du *Stille et ordre de procéder en la court de Parlement de Normendie*, ordonné en l'an 1515, imprimé à la suite du *grand Coustumier du pays et duché de Normendie*.

² « Id tempus, quia expediendis judiciis haud quaquàm sufficeret, restantibus multis causis quibus, patronorum culpâ, finis dari non posset. Patronis enim, qui consuetudinarii à Normannis dicuntur, suum que à litibus lucrum augurant, id interstitium maximè conducebat. » — Gaguin, *Histor.*, lib. XI, fol. 302, édit. 1521.

³ *Histoire de Louis XII, roy de France, Père du peuple, et des choses mémorables advenues de son règne, depuis l'an 1498 jusques à l'an 1515*, par Claude de Seyssel. — Paris, 1615, in-4°, pages 15 et 16.

valles; ayant grosse familiarité avec les baillifs et juges du pays, ils faisoient ce qu'ils vouloient et faisoient absouldre ou punir ceulx qu'il leur plaisoit. Plusieurs estoient contraincts de renoncer à leurs bons droictz, et acquiescer aux sentences des baillifz du pays [1]. » D'autres procès, en grand nombre, restaient pendants, durant ces longs intervalles, et « demeuroient sans décision comme immortels [2]. » D'ailleurs, dans un pays régi par des coutumes particulières, et dont, même, plusieurs localités avaient leurs usages propres, devait-on en attendre une bien exacte application, de la part de magistrats étrangers que ne pouvaient guère éclairer les barons, les chevaliers, les prélats normands, peu familiers eux-mêmes, on le conçoit, avec les règles, même générales, de la jurisprudence [3] ? Or, on ne s'était encore avisé *d'écrire,* ni cette coutume, ni ces usages, qui, chaque jour, étaient en dispute dans les prétoires. Il fallait donc, outre les enquêtes pour prouver les faits incertains, d'autres enquêtes pour constater des lois locales inconnues aux juges. Quelle ruine

---

[1] *Histoire ms. des deux premières années du règne de François Ier*, par Barillon; ms. Béthune, Bibliothèque royale, n° 8168.

[2] Edit d'avril 1499, érigeant l'Echiquier perpétuel de Rouen.

[3] « Nec ampliùs admittuntur tales prælati, barones, milites, et similes, ad judicandum, *cùm sint sæpissimè juris ignari* ». — Glose de Guillaume Le Rouillé, avocat d'Alençon, sur le titre du *grand Coustumier du pays et duché de Normendie,* édit. de 1539, folio 19 v°.

pour les parties ! « Devant ces juges ne sachants coustumes, il fault fraiz et mises trop plus grandz que devant les juges ordinaires du pays », disait, en 1494, l'archidiacre d'Evreux, Jean Fave, haranguant, à Rouen, au nom et en présence des trois états, Georges d'Amboise qui venait de prendre possession du siége primatial de la province. « Par exemple (ajoutait l'orateur), les clameurs coustumières, au possessoire et au pétitoire, pourroient estre décidées sans grands frais par les juges des lieux, sachants le droit coustumier; mais, pour les juges de l'Eschiquier, estrangers à nostre coustume, il convient faire *tourbes* pour prouver les coustumes, ce qui entraîne de grands frais. » — *Faire turbes* ou *tourbes,* (le mot ne le dit-il pas assez?) c'était assembler en grand nombre, en foule (*turba*), les *prudhommes,* les *sages* d'un pays, qui, réunis au lieu indiqué par la *semonce,* prêtaient serment de déclarer fidèlement la loi cherchée; se retiraient ensuite à l'écart, s'aidaient mutuellement à retrouver les espèces dans lesquelles la question pendante avait, déjà, précédemment dû s'offrir, les décisions qu'ils avaient vu rendre, le lieu où elles avaient été prononcées, puis rédigeaient en commun, par écrit, leur réponse qu'ils venaient, enfin, remettre aux juges, ou qu'ils leur envoyaient close et scellée de leurs sceaux[1]. Des indemnités

Marginal note: Enquêtes par *turbes* ou *tourbes.*

---

[1] Du Cange, *Gloss. med. et inf. Latin.*, v° : 2 TURBA.

étaient dues à tous ces hommes notables qui s'étaient déplacés. Que de frais pour les parties, d'embarras et de lenteurs dans les affaires ! Aussi (disait l'archidiacre d'Évreux, continuant sa harangue), en Normandie, « *mieulx vauldroit à ung homme quicter son droict que de en faire la poursuilte.* » Cependant (continuait-il), « les causes ne peuvent estre terminées sans faire ces *tourbes*, quelque bon droict que l'on ait. Ainsy, par crainte des fraiz, plusieurs perdent leur bon droict ; malheur irréparable[1] ! » Étrange état de choses, sans doute, où il fallait, à la fois, chercher le fait, le juge et la loi ! De si scandaleux abus avaient indigné Louis XII, lorsque, simple duc d'Orléans, il était venu, en 1491, administrer la province en qualité de gouverneur. Long-temps après, encore, devenu roi de France, on l'entendait répéter que du temps qu'il était gouverneur « *il avait veu en Normandie* DEFFAULTE DE JUSTICE[2]. »

Aussi, dès-lors, de concert avec l'archevêque Georges d'Amboise, son lieutenant, il avait fait d'incroyables efforts pour le soulagement d'une province qu'ils aimaient tous deux. A son arrivée à Rouen, « trouvant le peuple en grand désespoir pour la pillerie des gens d'armes », il avait solliciter

---

[1] *Reg. de l'hôtel-de-ville de Rouen*, 23 septembre 1494.

[2] Discours de messire Robert Destin, chevalier, sieur de Villerez, à l'hôtel-de-ville de Rouen, 18 mai 1499.

té et obtenu, du roi, les moyens d'y mettre un terme[1]. Faisant, alors, pour une province, ce que plus tard ils devaient faire pour la France tout entière, ils avaient travaillé avec tant d'ardeur à réprimer les violences et les brigandages en Normandie, à *refréner* les baillis et autres hommes puissants qui vexaient le peuple, que, dénoncés à Charles VIII jaloux (le duc d'Orléans comme agissant, dans la Normandie, moins en gouverneur qu'en souverain, et Georges d'Amboise comme y exerçant, sans ménagement, une autorité absolue), il leur fallut expier, tous deux, par une sorte d'exil à Blois, le tort d'avoir voulu rétablir l'ordre dans la province confiée à leurs soins[2]. Ils étaient parvenus, du moins, à remédier en partie à l'insuffisance de l'Echiquier, en réorganisant la *sénéchaussée*, ancienne juridiction du pays, dont ils étendirent les attributions, et « qu'ils décorèrent et amplifièrent de notables personnages tant d'église que laiz, gens lettréz, riches et puissants auxquelz il fut donné *gaiges*, afin qu'ilz ne prenîssent plus aucunes espices. » La sénéchaussée, ainsi instituée cour souveraine, avait charge de vider, dans

La Sénéchaussée réorganisée.

---

[1] Lettre du duc d'Orléans à Charles VIII, en date du 9 juin 1491, et Ordre du roi, du 9 juillet suivant. — *Histoire de Charles* VIII, par Godefroy, in-folio, pages 613 et 614.

[2] *Histoire de Louis* XII, par Saint-Gélais, pag. 103 et suivantes.

l'intervalle d'un Echiquier à l'autre, toutes les causes ressortissant à l'Echiquier lorsqu'il était séant, et dont la décision ne pouvait souffrir de retards[1]. L'installation solennelle de la nouvelle cour avait eu lieu le treize juin 1497, à la *cohue*[2], sous la présidence de Georges d'Amboise; le discours que prononça le prélat, en cette conjoncture, fit voir combien le duc d'Orléans et lui avaient la justice en recommandation; et on put espérer, pour la province, dans un avenir assez prochain, des améliorations plus notables encore[3].

<small>Avénement de Louis XII. Il songe à rendre perpétuel l'Echiquier de Normandie.</small>

Louis XII ne devait point oublier les promesses du duc d'Orléans. Jamais, depuis saint Louis, la couronne n'était échue à un prince plus ami des lois, et en qui dominât davantage cette *soif de justice* dont parlent les saints livres. « Mectre les foibles à l'abri de l'injustice des puissants », était le plus pressant besoin de son cœur[4]. « Mectre ordre au faict de la justice », avait été sa première pensée en s'asseyant sur le trône. Pour cela, « il avoit fait assembler plusieurs gens de

---

[1] Ordonnance de Charles VIII, avril 1497. — (*Ordonnances des rois de France*, tom. XX, publié, en 1840, par M. le marquis de Pastoret, membre de l'Institut, pag. 577 et suivantes.)

[2] *Cohue*, audience, prétoire; de « *co-ire* », aller ensemble, la foule se portant alors aux audiences.

[3] *Registres de l'hôtel-de-ville de Rouen*, 13 juin 1497.

[4] Paroles de Louis XII, à un lit de justice de 1510.

bien de toutes les cours du royaume¹. » De ces conseils étaient nés de mémorables ordonnances, où se montre, selon l'expression d'un historien de nos jours, *une pensée organisatrice*, le désir de tirer le royaume du chaos pour le soumettre à des règles de gouvernement à peu près uniformes² ; l'édit, entre autres, donné à Blois, pour la réformation de la justice et l'utilité générale du royaume³.

Les paternels desseins de l'ancien gouverneur et de son lieutenant pouvaient-ils être effacés dans l'esprit du monarque et du premier ministre ? A peine parvenu au trône, Louis XII mandait, à Blois, des députés de tous les bailliages de Normandie. « Le roy (leur disait le chancelier Guy de Rochefort, en présence du monarque lui-même), le roy est debteur, et doibt justice à son peuple; son intention est d'y mectre ordre ; il veult mectre ordre en toutes les courts et jurisdictions; il vous veult bailler ung Parlement. Vous avez esté mandéz pour le conseiller comment il le pourra faire ? » Puis, le chancelier et Georges d'Amboise, énumérant, devant ces députés, tous les inconvénients de l'Echiquier temporaire, très incomplètement ré-

Des députés de Rouen, mandés à Blois, et pressentis par Louis XII, s'en réfèrent aux Etats *de la province.*

---

¹ *Reg. de l'hôtel-de-ville de Rouen*, 16 mars 1498.
² Simonde de Sismondi, *Histoire des Français*, tom. XV, p. 363.
³ Ordonnance de mars 1498, en 162 articles.

parés par la réorganisation de la grande sénéchaussée : « On se plaint fort de la court de l'Eschiquier (disait le cardinal) et que les expéditions y sont longues... Ès matières criminelles il y a trop peu de solempnité.... Le roy vous veult bailler ung Parlement.... Le roy est votre debteur (ajoutait le chancelier), il vous doibt justice; et son intention est de y mectre ordre. » Sur tout cela, « y eut grandes débatures », qui, pour l'heure, n'amenèrent encore aucun résultat. La Normandie était un *pays d'Etats*, ses députés pouvaient-ils l'oublier? « En telle matière (répondaient-ils), on ne sçauroit faire chose sans appeler les *Estats*. Sans iceulx nous ne avons point intention de donner responce ; quant il plaira au roy nous mander pour mendre (moindre) chose, disaient-ils, nous serons bien assembléz ; mais, en cecy, sans y appeller les Estatz, nous n'avons pas puissance [1]. » A la vérité, c'était sur la demande des États que Philippe-le-Bel avait ordonné, en 1302, que désormais l'Echiquier de Normandie siégerait à Rouen, et y tiendrait, deux fois chaque année, ses séances. C'était encore aux pressantes instances des États, qu'en 1315, Louis X avait accordé la célèbre *Charte normande* [2], où

---

[1] *Reg. de l'hôtel-de-ville de Rouen*, 10 mars 1498.

[2] « Gravem quærimoniam prælatorum, ecclesiasticarum persona-
« rum, baronum, militum, aliorum nobilium et subditorum ac
« popularium ducatûs nostri Normaniæ recepimus, etc. » *Charte
normande*, in præmio.

était solennellement proclamée la souveraineté du ressort de l'Echiquier temporaire. Il semblait, donc, qu'on n'y pouvoit rien changer sans eux. Etait-ce, au reste, le vrai mot des députés? Eux, Normands, savaient apparemment combien les Normands tenaient à leurs vieux usages et avaient de peine à s'en déprendre. C'est un trait de caractère que n'ont omis aucuns des écrivains qui parlent de notre province. Gaguin l'avait signalé le premier; L'Estoile, en son temps, vint dire « que les Normands ne sont pas aisez à ranger à choses nouvelles[1]. » Au milieu du XVIII° siècle, encore, D'Aguesseau nous montre les Normands « accoutumés à respecter leur coutume comme l'évangile », et va jusqu'à dire « qu'un changement de religion serait peut-être plus aisé à introduire en Normandie, qu'un changement de jurisprudence[2]. » Et, ce qu'étaient les Normands pour leur législation, nul doute qu'ils ne le fussent pour leurs mœurs et leurs manières de faire. Les députés, donc, connaissant le génie du pays, n'avaient garde de prendre des engagements, que leurs commettants désavoueraient peut-être.

Les Normands sont attachés à leurs anciens usages.

Apparemment on eût voulu, à la cour, éviter une réunion des États provinciaux, où l'idée d'éri-

Les États de Normandie sont convoqués.

---

[1] L'Estoile, *Journal de Henri III*, juin 1584.

[2] *Lettres inédites du chancelier D'Aguesseau*, publiées par M. Rives, tom. II, pag. 225.

ger un Parlement en Normandie, semblait devoir soulever tous ces barons, tous ces prélats, en possession, depuis si long-temps, d'influer beaucoup dans l'Echiquier temporaire, et d'être les maîtres dans la province, durant l'intervalle des sessions. Mais, les députés s'opiniâtrant à ne rien vouloir prendre sur eux, il fallut bien se résoudre; les États de Normandie furent convoqués « pour mectre ordre au faict de la justice »; et l'ouverture en fut fixée au vingt mars 1498.

L'affaire était une des plus importantes qui, de long-temps, se fussent agitées dans les conseils de la province. A l'Hôtel-de-Ville de Rouen, où il s'agissait de l'élection des députés à envoyer à ces États, on répéta souvent « que cela touchoit grandement le pays, et qu'il falloit n'élire que des gens qui sçeûssent respondre à ce qui leur seroit demandé [1]. »

Les États s'assemblent. 20 Mars 1498.

Les États s'ouvrirent le 20 mars, à Rouen, où le cardinal d'Amboise s'était rendu de Blois, tout exprès, avec l'archevêque d'Alby et « bon nombre de notables personnages du conseil du roy », envoyés par le monarque, pour délibérer sur cette affaire. Avec ces envoyés du roi et les députés des trois États, siégeaient « plusieurs prélats, barons, seigneurs, et la plus grand'partie des baillis de

---

[1] *Reg. de l'hôtel-de-ville de Rouen*, 16 mars 1498.

Normandie¹ » ; les assemblées se tenaient au palais de nos archevêques. La *proposition*, faite par le cardinal d'Amboise, fut un exposé complet et étendu des inconvénients, des abus de l'Echiquier temporaire ; et ces abus, ils étaient si criants et si notoires, qu'apparemment il ne se trouva là personne pour les nier non plus que pour les défendre. Mais les moyens d'y remédier n'étaient pas chose sur laquelle on dût si aisément demeurer d'accord.

« Par plusieurs journées, donc, on débattit ces moyens². » L'érection d'un Parlement était celui proposé par le cardinal, au nom du roi. A ce mot seul, des murmures d'approbation s'étaient fait entendre sur quelques bancs. « *Ouy* (s'était écrié le procureur du roi au siége de Pont-Audemer, Jean Le Bienvenu), *ouy, les Normans se doibvent juger par eulx mesmes ; cela leur fu ainsi accordé ; et l'épitafe de Rou* (Rollon) *le dict* ³. » Ce Le Bienvenu désirait fort, dans le Parlement à créer, un office de conseiller, qui lui avait été promis, et qu'en effet il obtint plus tard. Mais les routiniers, et ceux qui n'avaient rien à espérer de la création projetée, ne prenaient pas feu comme lui, à beau-

La majorité des députés demande que l'Echiquier soit fait perpétuel.

---

¹ Edit d'avril 1499, portant érection de l'Echiquier perpétuel de Normandie.

² Même édit.

³ *Reg. de l'hôtel-de-ville de Rouen*, mars 1498.

coup près. Il paraît même que cette idée d'Echiquier permanent avait rencontré, d'abord, une assez vive résistance, puisque le débat *dura plusieurs journées*; mais, sans doute, il faut attribuer surtout ces répugnances aux prélats, aux barons menacés de perdre, par le nouvel établissement projeté, une grande part de leur pouvoir et de leur influence. Heureusement, il y en avait qu'animaient de plus généreux sentiments; aux États, d'ailleurs, étaient venus des bourgeois, des habitants des campagnes, qui avaient tout à gagner dans les réformes proposées. A la fin, donc, la majorité se prononça énergiquement, et l'opposition dut céder. Dans des articles signés du greffier des États, les représentants de la province « requirent *très instamment* que le plaisir du roy fust, pour le bien de justice, habitants et subjects du pays, et généralement de la chose publique d'iceluy, que la cour souveraine de l'Eschiquier du dict pays qui, par cy devant, n'avoit pas esté ordinairement tenue, et pour laquelle tenir n'y avoit aucun temps arresté ne déterminé, fust, d'ores en avant, *assise ordinairement et continuellement tenue* par des présidents et conseillers. » Ils demandaient un Parlement, pour tout dire; mais, fidèles au génie du pays, ils tenaient à cette appellation d'*Echiquier*, depuis si long-temps en usage dans la Normandie, et désiraient conserver le mot, en renonçant à la chose.

Le cardinal d'Amboise et l'évêque d'Alby, quoique pouvoir leur eût été donné de tout régler et conclure, avaient voulu, l'affaire étant si grave, en référer à Louis XII, qui était aux Montils-lèz-Blois. Là, de rechef, « la chose fut débattue au conseil; le roy prit l'avis des princes et seigneurs de son sang et lignage »; après quoi, il rendit enfin, au mois d'avril, un édit conforme, de tous points, à la demande des États de Normandie. Tous les inconvénients justement reprochés à l'Echiquier temporaire disparaissaient dans cet acte royal. A des assises d'un mois, de six semaines au plus, irrégulièrement tenues, et qu'avaient séparées parfois plusieurs années d'une entière inaction, succédait une cour souveraine permanente, qui allait « estre, d'ores en advant, *à tousjours, tenue ordinairement et continuellement, au nom du roy.* » Ces *commissaires du roy*, étrangers à la province, ces prélats même et ces barons normands, dont les uns ignoraient notre coutume, et les autres toute loi, quelle qu'elle fût, allaient faire place à « quatre présidents et vingt-huict conseillers, vertueux, jurisconsultes, et sçachants, connoissants et entendants les loix, coustumes, usages, stiles et chartres de Normandie. ». — C'était, depuis deux siècles, le vœu ardent, l'instante prière, le plus pressant besoin de la province. Mal prenait, enfin, à nos gentilshommes « d'avoir esté (quelques-unz réservéz) ignorants

<small>Louis XII, par un Edit, rend perpétuel l'Echiquier de Normandie, et le compose d'officiers inamovibles, qu'il institue. Avril 1499.</small>

des bonnes-lettres... Car, en peine de ce, l'administration de la justice leur tomboit des mains, et estoit transférée, peu exceptéz, aux gens du tiers-estat[1]. » Ces derniers, dès-lors, comme aux États généraux de 1614, pouvaient dire aux gentilshommes, trop enclins à d'injustes mépris : « Nous somme parvenus, par la grâce de Dieu, aux charges et dignitéz, *et portons le caractère de juges ;* et, comme vous donnez la paix à la France, nous la donnons aux familles qui ont entre elles quelque division[2]. » C'en était fait des menées, des intrigues et iniquités des baillis, des vicomtes, et surtout des praticiens. « D'icy en avant, avec l'ayde de Dieu, justice alloit estre distribuée et administrée *ordinairement, esgalement et publiquement au pauvre comme au riche.* » La grande sénéchaussée, qui, naguère, dans l'intervalle des sessions des Echiquiers temporaires, expédiait les affaires urgentes, devenue inutile désormais, était supprimée par l'édit; seulement, on laissait à Louis de Brézé, comte de Maulévrier, son titre de *grand sénéchal* de Normandie, ses *gages,* ses marques d'honneur, et jusqu'au droit de venir siéger, quand il lui plairait, au nouvel Echiquier, d'y prendre séance

---

[1] *Contes d'Eutrapel,* par Noël du Fayl, sieur de la Hérissaye, au conte : « *N'entreprendre trop haut, et hanter peu les grands* ».

[2] États généraux de 1614. Paroles du président de la députation du tiers-état à la noblesse. *Recueil des États généraux,* t. VII, p. 95, 96.

immédiatement après les présidents, d'y « *donner oppinion*, enfin, *comme les conseillers d'icelle cour*[1]. »

L'édit d'avril 1499 contient les noms de tous les officiers institués par Louis XII pour composer le nouvel *Echiquier*. Car, ainsi que l'avaient demandé les États, cette antique appellation était conservée à la cour souveraine de Normandie, réorganisée. Grâce à un magistrat, leur collègue, nommé quelques années après eux, et qui les avait tous connus, nous savons combien ils étaient dignes, pour la plupart, de siéger dans ce sénat naissant. Le conseiller-poète, Baptiste Le Chandelier, lauréat des Palinods, célèbre alors par des poésies latines et françaises qu'on a peine à trouver aujourd'hui, et qui même n'ont pas toutes été données au public, après une longue et belle vie, partagée entre les travaux du palais et les délassements des Muses, voulant laisser un monument de sa tendre vénération pour une cour souveraine où, depuis longtemps, il siégeait avec honneur, consacra à chacun des magistrats qui s'y étaient succédé pendant près d'un demi-siècle, un poème, ou, pour mieux parler, une *Revue* en vers latins, où tous ces anciens de l'Echiquier paraissent, l'un après l'autre, selon la date de leurs réceptions, dépeints sous

Ouvrage en vers latins du conseiller Le Chandelier, à la gloire de l'Echiquier perpétuel et des présidents et conseillers qui y siégèrent dans les premiers temps.

---

[1] Edit d'avril 1499. — Brézé vint siéger à l'Echiquier, le 26 juin 1512. — *Reg. secr.* dudit jour.

des traits propres à les faire assez bien connaître[1]. C'est une galerie où se pressent les portraits de près de deux cents magistrats, peints par un homme qui avait passé sa vie au milieu d'eux. Dans cet ouvrage du conseiller-poète, les anciens de l'Echiquier sont plus souvent loués que blâmés, soit que la plupart ne méritassent, en effet, que des éloges, soit que le poète n'ait pu se défendre assez d'un enthousiasme qui, dès le début de son livre, les lui fait qualifier tous, en masse, de *héros* et de *demi-dieux*[2].

> Mais, à l'humanité, si parfait que l'on fût,
> Toujours par quelque faible on paya le tribut.

Parmi ces *héros*, donc, et ces *demi-dieux*, il y avait (et Le Chandelier lui-même nous en est le garant), il y avait un Jean de Cormeilles, trop âpre à amasser des richesses; un Claude du Fresnoy,

---

[1] Cet ouvrage inédit est intitulé : *Virorum omnium consularium, ab instituto rothomagensi Senatu hactenùs ordine promotorum*, libri IV. — Il en existe à la Bibliothèque royale un ms. du temps. M. A. Le Prévost, membre libre de l'Institut, en possède une copie, qu'il a bien voulu me confier. Outre Louis XII, François Ier et les deux cardinaux-archevêques Georges d'Amboise, Le Chandelier y a célébré vingt présidents et cent trente-trois conseillers, en comptant le poète lui-même, dont *l'Encomium* est le 2e du livre III. Le Chandelier, reçu conseiller le 31 mai 1519, mourut le 15 mai 1549.

[2] Sunt mihi semi-dei, heroës, sunt clara virorum
 Nomina carminibus concelebranda meis.
  — B. Candelarius, *Operis propositio*. —

emporté à l'excès contre tout ce qui blessait la droiture, partant sans cesse en colère au palais, où tant de fraudes, tant de révélations honteuses sur l'humanité, viennent, à chaque instant, contrister le cœur du juge. Aussi, après l'avoir comparé au grand-prêtre Phinéès, et à Mathathias, Le Chandelier conclut-il que la fureur est chose mal séante aux juges[1]. Il y avait encore un Guillaume Jubert, un Jean de Barolà, verbeux tous deux et prolixes à l'excès en opinant; un Mathieu Pascal, tyran au palais, abondant en son sens, et n'en pouvant supporter d'autres, interrompant ses collègues, et les troublant quand ils ouvraient un avis qui ne lui agréait pas; un Maignard de Bernières, brutal, inaccessible pour les plaideurs, leur fermant sa porte; Le Chandelier l'en blâme: ailleurs, au contraire, il en loue d'autres toujours prêts à recevoir les parties, à les écouter avec douceur. Le Chandelier tenait pour les visites du plaideur à ses juges. La Rocheflavyn voulait, lui aussi, « que les portes des

---

[1] Acer et audaci constans Frenaïus ore,
    Restitit in faciem dùm male gesta videt....
Justitiam... ardens... sitit.....
Indignata nefas virtus succenditur ultró,
    Attollitque graves triste minata manus...
His indulgemus faciles quos impetus egit
    Justus, et ad bilem præcipitavit amor...
Sed modus interdùm gliscentem comprimit iram
    Quàm procul à nobis debet abesse furor.....
      — B. Candelarius, lib. II, Encom. 40. —

magistrats fûssent, dès le matin, ouvertes à tous les justiciables, pour les ouyr et escouter en leurs plainctes, doléances, et discours de leurs affaires et procès[1]. » Que dis-je ? « Les magistrats (selon lui), ne devoient tenir en leurs maisons des chiens mordants et malfaisants, pour ne mordre ou faire peur aux parties[2]. » Nos mœurs, contraires à ces visites, s'indignent de les voir ainsi ériger en dogme, et veulent que le juge ne connaisse les parties qu'à l'audience. Mais, que l'on y songe, il ne se plaidait alors que le moindre nombre des affaires; tout, presque, se jugeait sur *rapport,* dans le secret du *conseil.* Au Parlement étaient, chaque jour, apportées des requêtes sans nombre; des explications semblaient indispensables; « un mot du fait est nécessaire », disait Le Chandelier[3]; d'ailleurs, les portes de la maison du juge étant ouvertes au défendeur comme au demandeur, les impressions que l'appelant avait données, l'intimé les pouvait détruire. Fermer sa maison à tous les plaideurs, n'eût été, au fond, que refuser d'entendre l'homme pauvre, obscur et sans crédit; les puissants et les riches, bien venus du monde, trouvant toujours le

---

[1] *Trèze Livres des Parlements de France,* par Bernard de la Roche-Flavyn, livre VIII, chapitre 73, n° 9.

[2] La Roche-Flavyn, *Trèze Livres,* etc., livre XIII, ch. 88, n° 19.

[3] « ... Causæ præstat cognitio brevior. » — B. Candelarius, lib. II, Encom. 22.

moyen de rejoindre leurs juges, ou de se faire recommander à eux.

Baptiste Le Chandelier était aussi trop ami des lettres et trop attentif à ce grand mouvement intellectuel qui signala l'époque de la renaissance, où il écrivait, pour ne pas avoir vu avec chagrin, dans quelques-uns de ces anciens de l'Echiquier perpétuel, des restes de l'ignorance et de la barbarie du moyen-âge, trop sensibles, peut-être, en des hommes revêtus d'un pouvoir si étendu, appelés à résoudre des questions si ardues, à statuer sur de si grands et si nombreux intérêts. Deux, surtout, de ces conseillers, Guillaume Capel et Guillaume de Perrières, lui avaient paru illettrés entre tous les autres; et il ne peut s'en taire; il les excuse toutefois : il s'en prend à l'époque qui les avait vus naître et grandir. « Ton âge est ton excuse (dit-il à l'un d'eux); la barbarie régnait alors; toute terre était inculte et en friche; tu naquis en un temps malheureux; tu es d'un siècle qui ne connut point les Muses[1]. » Il accorde à l'autre, Guillaume de Perrières, d'avoir été bon juge autant que le comportaient son temps et le peu d'études que l'on faisait alors. D'ailleurs, ajoute-t-il, on ignorait dans ce temps-là toutes les subtilités qui obscurcissent aujourd'hui la jurisprudence; la probité dans un

Renaissance des lettres en Normandie.

---

[1] B. Candelarii, lib. II, Encom. 5.

juge suffisait presque aux besoins de cette époque. Plus heureux que nous, peut-être (continue-t-il), de n'avoir pas eu l'esprit embarrassé de tant de textes et de gloses! Mais notre siècle, il faut le reconnaître, est plus fécond en lumières, et plus favorisé des Muses; les études renaissent, les intelligences se réveillent; on cultive avec succès des arts dont naguère on ignorait jusqu'au nom même [1]. Heureuse révolution, qui s'était fait sentir en Normandie, à Rouen surtout, révolution dont notre poète fut le témoin, qu'il hâta lui-même par ses travaux, et qu'il ne peut se lasser de célébrer dans ses vers! Les études en honneur dans son pays; les Normands épris des idiomes de Rome et d'Athènes, étudiant avec ardeur les monuments de ces deux grands peuples; Rouen, cette ville autrefois si grossière, se signalant à son tour aujourd'hui par l'éloquence et le savoir, se vouant à des travaux qui ne peuvent manquer de l'honorer un jour : c'était,

---

[1] Tàm populus vestræ fuerat probitatis amator.
    Obscuri nondùm juris acervus erat.
Nunc ætas agitur quæ nos meliore minervà
    Instruit, et musas urget amare suas.
Jàm studia ingeniis surgunt gravissima nostris,
    Quæ nos insolitis artibus instituunt.
Sed vos fortè velim magis exaudire beatos
    Quorum tot legum nescia mens viguit.

— B. Can-lel., lib. II, Encom. 23. —

pour notre poète, un beau spectacle qui le fit tressaillir et sut lui inspirer de beaux vers[1].

C'étaient de grands noms, en Normandie, que ceux des Le Roux du Bourgtheroude, des Toustain, des Destin de Villerèz, des Du Bosc de Coquereaumont (de cette grande famille des Du Bosc d'Emandreville et des Du Bosc de Radepont). On voit le poète se montrer sensible à l'éclat que jettent ces magistrats sur la cour naissante. Leur savoir et leur vertu recommandaient, d'ailleurs, ces descendants de nobles familles. Le Roux du Bourgtheroude est loué de n'avoir point regardé ses immenses richesses comme un titre pour se dispenser d'un religieux accomplissement des devoirs de sa charge[2]. Pierre de Croismare, respecté de tous pour son équité, pour sa piété, sut s'honorer encore en déposant la toge à l'âge où il ne la pouvait

---

[1] Sic passim induitur peregrinis Neustria formis,
   Romanumque probat suaviter eloquium.
  Hinc decus est studiis, hinc magno parta labore
   Extollet celebres littera multa viros.
  Et jàm legistæ populo placuere volenti,
   Quorum nemo alio tempore gratus erat.
  Jam quoque Normanni lepidas venerantur Athenas,
   Contenduntque pari per monimenta gradu.
  Rothomagus se se ostentans sermone disertam,
   Floret patriciis æmula magna viris.
     — B. Candelarius, lib. II, Encom. 7. —

[2] Nec minùs officio incumbis, virtute decorus...
     — Candel., lib. II, Encom. 12. —

plus porter aussi utilement pour son pays[1]. Robert Destin, chevalier, sieur de Villerèz, célèbre sur les champs de bataille, avait naguère brillé aussi dans les Universités, et nul mieux que lui ne connaissait les lois romaines[2].

Ils étaient en petit nombre dans l'Echiquier, ceux qui, comme lui, avaient puisé aux vraies et pures sources du droit. A un peuple régi par des coutumes et des statuts locaux, on avait voulu surtout donner des juges nés dans la province, imbus de ses usages et du style usité dans ses *cohues*. Car, n'est-il pas juste (s'écrie Le Chandelier), de confier le timon de la charrue à ceux qui, dès long-temps, ont appris à connaître le sol?[3] On dut donc s'applaudir de voir appeler à ces fonctions un Robert de la Fontaine ; un Charles, dont le nom devait, à deux siècles de là, reparaître dans le Parlement avec éclat; un Jean Le Bienvenu, ce procureur du roi à Pont-Audemer, qui, aux États de 1498, avait tant applaudi à la création du nouvel Echiquier, où il espérait prendre place un jour; un Jean Le Carpentier ; un Thomas Postel

---

[1] Candelar., lib. II, Encom. 14. [2] Candelar., lib. II, Encom. 2.

[3] Justum erat auspiciis rerum primoribus illos
  Qui fora tractarent sollicitare viros ;
Hos primùm agricolas princeps immisit aratro
  Naturam patrii qui tenuère soli.
— B. Candelarius, lib. II, Encom. 20. —

des Minières ; un Guillaume Carrey, tous hommes imbus des principes coutumiers, tels, enfin, que les avait promis Louis XII, dans son édit, « jurisconsultes, sçachants, connoissants et entendants les loix, coustumes, usage, stille et chartre du pays[1]. » Mais en était-ce assez ; et dans combien d'affaires ne fallait-il pas, outre les règles locales, une connaissance profonde de ce droit supérieur, fait, non point pour un temps, pour un peuple, pour une province, pour un canton, mais éternel, universel, pour tous les pays et pour tous les temps, cette raison écrite, enfin, source intarissable de lumières sur tous les différends qui peuvent naître entre les hommes ?

Le magistrat-poète, tout Normand qu'il était, préconise souvent, dans son poème, la sagesse des lois romaines, vante les magistrats qui en étaient imbus, loue Jean Heuzé, profond jurisconsulte normand, d'avoir, dans un âge mûr, embrassé avec ardeur l'étude des Institutes, du Code et du Digeste, et reconnaît hautement qu'à la cour souveraine de Normandie, il faut, et la connaissance des coutumes, des usages que lui léguèrent les hommes du Nord, et celle des lois éternelles que Rome a données au monde pour le régir à jamais[2].

---

[1] Edit d'avril 1499.
[2] B. Candelarius, lib. II, Encom. 20.

Mais, avant tout, Louis XII avait entendu nommer des juges intègres et remplis d'équité. « *Le roy* (disait un de ses envoyés aux officiers de l'hôtel-de-ville de Rouen), *le roy m'a chargé de dire qu'il veult que le povre comme le riche ait justice*[1]. » C'était le chevalier Robert Destin de Villerèz, chargé par le monarque de veiller à l'organisation de l'Echiquier récemment créé, et dont lui-même était membre. Du mois d'avril au 1er octobre, jour de l'installation du nouvel Echiquier, Destin alla souvent à l'hôtel-de-ville exciter les échevins, les conseillers de ville et les bourgeois notables à construire un palais digne de sa noble destination. « Le roy veult que le palais soit magnifiquement édifié et faict en grande sumptuosité (leur disait-il), sinon il ne seroit point content; il veult que, dès à présent, on mecte l'édifice en ouvrage; si avez affaire de son ayde, il est prest de y aider. » — « Pour si grant bien comme il en peult advenir à la ville, disait le cardinal d'Amboise, on n'y doibt point espargner les deniers communs. » Le bienfaisant prélat offrait d'y contribuer largement de sa part; et comme, à des bourgeois, marchands la plupart, il fallait, pour en obtenir des sacrifices, montrer un intérêt appréciable et prochain : « Pensez, Messieurs (reprenait Robert Destin), qu'il y aura

Destin de Villerèz, chevalier, envoyé à Rouen par Louis XII, pour organiser l'Echiquier perpétuel.

---

[1] *Reg. de l'hôtel-de-ville de Rouen*, 18 mai 1499.

chancellerie en ceste cité, où tout le pays et les seigneurs qui tiendront la jurisdiction feront grant despence; et en adviendra de grands prouffictz de 80,000 liv. par chascun an, en ceste communauté. *Aulcuns d'autres villes de Normandie ont offert au roy de grans deniers pour avoir la dicte court.* Le roy, plain de bon vouloir, qui ayme Rouen, a voullu que l'Eschiquier y soit, d'ores en avant, tenu; *et autres luy ont requis, où il n'a voulu entendre*[1]. » La ville de Caen avait seule pu, ce semble, disputer sérieusement à la capitale de la Normandie, l'Echiquier devenu perpétuel et sédentaire. Caen était, en importance, la seconde ville de la province. Là, naguère, autant qu'à Rouen, avait siégé l'Echiquier temporaire, du moins avant Philippe-le-Bel, qui, en 1302, désigna Rouen comme lieu des séances de cette cour souveraine *ambulatoire* avant lui, et voulut que, désormais, elle y tînt, chaque année, deux assises. Là étaient des chaires renommées de droit civil, de droit canon; et, auprès de l'école où des docteurs enseignaient la loi, quoi de mieux, pouvait-on dire, qu'une cour souveraine qui l'applique? La ville de Caen, frustrée, alors, dans son désir, ne s'en devait jamais bien déprendre. A un siècle de là, lors des troubles

D'autres villes de Normandie avaient demandé que le nouvel Echiquier siégeât dans leurs murs.

---

[1] *Reg. de l'hôtel-de-ville de Rouen*, des 12 avril, 19 mai, 7 et 8 juin 1490.

de la ligue, et après la révolte déclarée de Rouen, Henri III, ayant transféré provisoirement le Parlement à Caen, ville demeurée fidèle[1], les *gouverneurs, échevins* et bourgeois de cette ville, surprirent à Henri IV des lettres patentes qui y établissaient le Parlement à toujours. Présentées, alors, au Parlement, ces lettres, repoussées d'abord, sous prétexte d'un défaut de forme[2], le furent encore, en 1591, « à cause d'autres grands et importants affaires, dont la *court estoit chargée,* et qui ne pouvoient souffrir remise ne dilacion[3]. » On arriva ainsi au mois d'avril 1594, où, Rouen s'étant soumis à Henri IV, le Parlement, rappelé dans cette ville[4] et pressé de s'y rendre, remit aux échevins de Caen des lettres patentes obtenues sans son aveu, et auxquelles il avait pris, tout d'abord, la résolution de ne déférer jamais[5]. Sous Louis XIV, on vit Colbert prêt à l'y transférer, la résidence d'un Parlement à Rouen lui paraissant très fâcheuse pour le grand commerce, en ce que les familles que le négoce avait enrichies, au lieu de le continuer, allaient assiéger les avenues

---

[1] Déclaration de février 1589, datée de Blois.

[2] *Reg. secr. du Parlement* séant à Caen, 22 octobre 1589.

[3] *Reg. secr. du Parlement* séant à Caen, 17 juin 1591.

[4] Lettres patentes du 8 avril 1594.

[5] *Reg. secr. du Parlement* séant à Caen, 15 avril 1594.

du palais pour y jeter leurs fils ou y marier leurs filles; d'où il résultait que le commerce de Rouen perdait ainsi l'ascendant immense qu'il aurait emprunté d'anciennes familles se transmettant, de générations en générations, l'esprit de négoce, ses traditions, les lointaines et précieuses relations qu'il leur avait faites; une probité connue au loin, et des richesses propres à exciter encore chez d'autres le goût pour une profession lucrative autant qu'honorable. A en croire Ségrais, qui, au reste, aimait avec passion la ville de Caen sa patrie, cet état de choses, rêvé par Colbert, « auroit rendu la ville de Rouen beaucoup plus marchande; elle seroit devenue comme Hambourg, comme Lubeck, et comme Anvers, parce que les marchands n'auraient pas songé à faire leurs enfants conseillers ni à marier leurs filles à des gens de robe. » Il ajoute que « le Parlement se seroit bien trouvé en la ville de Caen, laquelle, n'étant pas une ville de grand commerce, y auroit beaucoup profité [1]. » L'idée de Colbert, quoi qu'il en soit, ne se réalisa jamais; et Rouen devait toujours garder son Parlement, que Louis XII lui avait donné. En 1771, toutefois, revenant à cette idée, « la situation de notre ville de Rouen (disait Louis XV), et le génie de ses habitants semblaient ne l'avoir destinée qu'à

---

[1] *Segraisiana*, édit. de 1721, page 40.

être une place de commerce. La réunion de toutes les cours souveraines dans son sein n'a pu que *retarder le progrès de l'industrie,* et arrêter cet esprit qui l'anime et l'encourage. » Ainsi parlait Louis XV, ou plutôt ainsi le faisait parler Maupeou, qui, lors de la suppression des Parlements, n'osant, au commencement, créer à Rouen un conseil supérieur à la place du Parlement supprimé, fit réunir au Parlement de Paris la partie de l'ancien ressort normand la plus rapprochée de la capitale, et créa, pour l'autre, un conseil supérieur, qu'il établit à Bayeux[1]. Montesquieu, apparemment, n'en aurait point jugé ainsi, lui qui pensait « que la manière de *s'avancer par les richesses inspire et entretient l'industrie.....* chose dont les états monarchiques ont, dit-il, tant de besoin[2]. »

Le nouvel Echiquier siége au château, depuis son installation jusqu'en 1506.

Mais revenons à notre Echiquier, et au palais qu'il s'agissait de lui bâtir. Ce projet de la construction d'un palais avait donné lieu, pendant un temps, à de longs et interminables pourparlers; pourtant, à la fin, on s'était mis à l'œuvre, l'habile architecte Roger Ango dirigeait les travaux, et tout promettait un édifice imposant digne de servir de sanctuaire

---

[1] Préambule de l'édit du 14 septembre 1771, portant suppression du Parlement de Normandie. — L'édit de création du conseil supérieur de Bayeux est du même mois. — L'édit de création d'un autre conseil supérieur à Rouen, ne fut rendu qu'au mois de décembre de la même année.

[2] Montesquieu, *Esprit des Lois*, livre v, chap. 19.

aux lois et de siége à la première cour souveraine de la province. Mais une telle entreprise demandant des années, l'édit de création avait ordonné que l'Echiquier siégerait provisoirement dans la grande salle du château de Rouen, où, depuis Philippe-Auguste, l'Echiquier temporaire avait toujours tenu ses séances. Ce fut le 1ᵉʳ octobre que le nouvel Echiquier, après avoir entendu une messe solennelle dans l'église cathédrale, se rendit en corps, et en grand appareil[1], au château, pour y être installé par Emeric d'Amboise, grand prieur de France, chevalier de l'ordre de Saint-Jean de Jérusalem, délégué par son frère le cardinal, qui, chargé par le roi de présider la cérémonie, se trouvait retenu en cour pour les affaires du royaume. Ministre et ami du roi, son lieutenant général en Normandie, moteur, en grande partie, de cette érection de l'Echiquier perpétuel et sédentaire, le cardinal d'Amboise s'y était vu assigner une place digne de sa haute importance dans la province et dans l'État, digne, enfin, de la pourpre romaine dont il était revêtu. Le roi avait voulu que nul autre n'y eût une séance égale à

Rang donné au cardinal-légat Georges d'Amboise, dans le nouvel Echiquier.

---

[1] « Domini præsidentes et consiliarii, missâ completâ pro præmissis, *cum magnificentiâ processerunt* ad castrum regium ubi erat locus apparatus ad eorum susceptionem et deputatus ad ipsum Scacarium ordinarium tenendum. » — *Reg. cap. Eccles. rothom.*, 1ᵉʳ octobre 1499.

celle du cardinal ministre. Le prélat devait « y présider quand il luy plairoit d'y venir; y avoir place au-dessus de tous présidents présents et advenir; y appoincter, déterminer et juger des causes et matières qui, en sa présence, seroient déduites et délibérées..... Le tout sa vie durant, et sans pouvoir tirer à aucune conséquence après lui[1]. » Au château, et les nouveaux magistrats étant en séance, fut lu et solennellement publié l'édit d'avril, qui opérait une si importante révolution dans l'organisation judiciaire de la province. Après quoi, les présidents et conseillers nommés par l'édit, descendant de leurs siéges, allèrent s'agenouiller devant le grand prieur de France, et, la main étendue sur le livre des Évangiles que le prélat tenait ouvert, chacun d'eux jura de bien remplir les devoirs de son office[2]. Ce serment avait alors

---

[1] Edit d'avril 1499.

[2] Dans une gravure ancienne, consistant en plusieurs médaillons où sont représentés les faits les plus importants de l'histoire de l'Echiquier et du Parlement de Normandie, cette cérémonie n'a pas été oubliée. Dans une salle gothique ornée de pendentifs, et tendue de tapisseries fleurdelisées, est un trône pour le roi ; il est vide ; quelques degrés au-dessous, est assis Emeric d'Amboise ; il reçoit le serment d'un président, qui, agenouillé, étend la main sur le livre des Évangiles. A la droite du grand prieur, sont assis les autres présidents revêtus de leurs manteaux fourrés d'hermine ; à gauche, sur deux bancs, les conseillers. Au-dessous de ce médaillon, on lit : « Senatus à Ludovico XII, per Ambasium cardinalem, perpetuus redditus. 1499. »

quelque chose de vraiment solennel, de religieux et d'auguste. Au lieu qu'aujourd'hui tous officiers, en France, debout, la main en l'air, répondent, distraits, à une courte et sèche formule qui ne dit rien au cœur non plus qu'à l'esprit, la même, d'ailleurs, pour tout homme que le gouvernement rétribue, depuis le chancelier de France jusqu'au plus subalterne agent de la douane et au dernier garde-champêtre, il y avait, alors, un serment spécial pour chaque office, serment où étaient définis les devoirs qui allaient incomber à l'officier entrant en charge. Mais, pour ne parler que des cours souveraines, le président, le conseiller, au jour de sa réception, le genou en terre, la main sur l'évangile, qu'il *touchait* « *tactis* sacro sanctis evangeliis », contractait, Dieu présent, des engagements redoutables. « Vous jurez (lui disait le premier président), vous jurez par Dieu et son sainct évangille, que bien et loyaument vous servirez le roy en vostre office, *ses droicts* ET LE BIEN DE LA CHOSE PUBLIQUE, vous garderez; tiendrez le peuple et subjectz du roy en paix à vostre pouvoir; *ferez justice au pauvre comme au riche, sans acception d'aulcun;* les ordonnances royaulx *publiées en la court* garderez et ferez garder; garderez les coustumes et usages de Normandie; tiendrez secrètes les délibérations de la cour; ne prendrez, ne exigerez, sur les subjectz du roy, soubz umbre de

Serment que prêtaient les présidents et conseillers du Parlement, lors de leur réception.

vos offices, ne aultrement, aulcuns dons ne aultres proufictz corrumpables; ne prendrez charge des affaires d'aulcuns seigneurs, chappitres, communaultéz ne aultres personnes quelconques[1]. » L'officier le jurait, et allait prendre séance; c'est ce que firent, au château, tous les membres du nouvel Echiquier. « A l'heure même, fu commenchié à plaider et juger les causes et matières de l'Eschiquier, en chambre, comme l'on faisoit au Parlement du royaume de France[2]. » La multitude, faut-il le dire? s'était pressée sur le passage des nouveaux magistrats, dans leur trajet de la cathédrale au château, regardant, bouche béante, toutes ces robes écarlates, spectacle nouveau pour elle, et dont elle ne se pouvait lasser. Le poète Le Chandelier lui-même, jeune encore alors, en avait été ébloui; on le voit par ses vers où respire le charme qu'il a ressenti à contempler les mortiers et les royales fourrures des présidents, les robes rouges des conseillers, parmi lesquels il devait lui-même s'asseoir un jour[3]. Il en faut croire un témoin ocu-

---

[1] *Registres du Parlement*, passim.

[2] Chroniques mss. de la Bibliothèque royale.

[3] Il dit au président Christophe de Carmonne:

... Populus dominum te cupit esse suum,
Ac *fulsisse in te trabeatos gaudet amictus*,
Qui fueras nostri gloria prima chori.
Undè quirinali vestit te PURPURA ritu

laire si bien instruit; il en faut croire surtout les registres du temps de Louis XII, plutôt qu'Hercule Grisel, un jeune poète de Rouen, qui, à cent quarante ans de là (sous Louis XIII, en 1631), veut, à tort, que l'*Echiquier,* fait *Parlement* par François 1ᵉʳ en 1515, n'ait pris qu'alors les robes d'écarlate [1]. Ces habillements de pourpre et d'hermine dont les rois gratifiaient leurs Parlements, semblaient n'avoir pas été donnés sans mystère aux cours souveraines de justice. C'étaient les insignes de la majesté royale. Pasquier, La Roche-Flavyn, D'Orléans, De Fréauville, Le Paige, que dis-je? tous ceux qui se sont mis en peine de ces cours souveraines, nous montrent les rois de France leur faisant part de leur costume royal, « afin qu'estant habilléz comme le roy, on comprist que les arrests qu'elles prononçoient estoient *arrestz du roy,* et qu'ilz eûssent pareille auctorité que celx prononcéz par le roy [2]... Ainsy, ilz représentoient

---

    Præcingitque tuum vitta decora caput.
  Hoc ornamento ostendis, etc.....
Hæc toga visa recens quanto suscepta favore
    Illuxit nostris inclyta luminibus,
Sub quâ credidimus multum residere decorem,
    Virtutis summæ dùm foret indicium.
        — B. Candelarius, liber I, Encom. 2. —

[1] *Induit hanc ostro* Franciscus nomine primus,
    Et *Parlamenti* singula jura dedit.
  — Herc. Griselii rothom., *Fastor. rothom.* lib. XI (novemb.) —

[2] La Roche-Flavyn, *Trèze Livres,* etc., liv. X, chap. 25, n° 1.

ès audiences publiques la majesté royale¹. » — « Le *Parlement est* LE ROY MESME (dirent un jour les députés de Rouen à Charles IX), *puisque c'est le roy qui parle ès arrestz qui se donnent en la dicte court*². » Et ce n'était point là, qu'on le sache bien, une vaine imagination suggérée à ces cours de justice par un sentiment d'orgueil; nos rois eux-mêmes en demeuraient d'accord avec elles. « Les roys, nos prédécesseurs, en instituant les Parlements (disait Louis XIII dans un édit), ne se sont pas contentéz de déposer entre leurs mains leur justice distributive ; mais, afin d'obliger les peuples vers eux à une plus grande révérence, ilz les ont honoréz des plus augustes marques de leur grandeur, *et des ornements mesmes de la royauté*³. » A Paris, il les avaient logés dans *leur palais;* celui que Louis XII fit bâtir à Rouen pour l'Echiquier sédentaire de Normandie fut long-temps appelé *le Palais royal.*⁴ » Rien de plus magnifique, de plus imposant que ces grands édifices bâtis par les rois pour leurs Parlements, que ces temples élevés par eux à la justice. Ces magistrats, éblouis eux-mêmes

---

¹ Estienne Pasquier, *Recherches de la France.*
² *Reg. de l'hôtel-de-ville de Rouen*, 28 juin 1563.
³ Déclaration de Louis XIII, du 17 décembre 1639.
⁴ Archives du Palais.

d'une somptuosité si grande, pouvaient se dire les uns aux autres : « Contemplons incessamment la grandeur et majesté du lieu que nous occupons, pour ne conseiller, faire, ny dire rien de indigne d'iceluy[1]. »

Nos mœurs s'étonnent de voir, parmi les quatre présidents qu'avait donnés Louis XII au nouvel Echiquier, Geffroy Hébert, évêque de Coutances, et surtout Antoine Bohier, abbé du monastère royal de Saint-Ouen de Rouen. Pour Antoine Bohier, le crédit de cette famille était grand alors. L'abbé de Saint-Ouen était, d'ailleurs, le premier des abbés de la province; et, aux anciens Echiquiers, il avait toujours siégé à la tête des autres abbés, celui de Fécamp lui ayant, seul, et en vain, disputé la préséance[2]. Quant à la convenance de le voir maintenant sortir tous les jours de son cloître, pour écouter des plaideurs, Le Chandelier ne s'est point épargné pour le justifier. « Le bien qu'on fait en public n'est-il pas (dit-il), de beaucoup préférable à celui qui se cache dans le secret de la maison? Savant et lettré comme l'était Bohier, mieux ne valait-il pas, pour lui, gouverner le peuple que des cénobites; appliquer les lois, qu'il connaissait si bien,

Geffroy Hébert, évêque de Coutances, et Antoine Bohier, abbé de Saint-Ouen, sont, d'abord, présidents du nouvel Echiquier.

---

[1] *Les treize Livres des Parlements de France*, par La Roche-Flavyn, livre VIII, chap. 79, § 13.

[2] *Reg. Echiq.*, 1451, et 2 nov. 1492.

et aider les hommes de ses lumières? La religion veut que l'on mêle, lorsque le bien du monde l'exige, le sacré au profane. Quelles idées s'allient mieux ensemble que celles de religion et de justice? Les prêtres ne sont-ils pas des juges, et les juges, eux-mêmes, n'exercent-ils pas un sacerdoce?[1] »

Pour Geffroy Hébert, premier président de l'Echiquier, comment Le Chandelier aurait-il pu refuser à un évêque ce qu'il venait d'accorder à un abbé? Dans l'antiquité, Moïse, Aaron, Samuel, à la fois magistrats et pontifes; à Rome, le grand prêtre décoré des insignes du consulat, précédé du glaive et des faisceaux: c'étaient là des exemples décisifs pour un poète[2]. Geffroy Hébert, apparemment, était versé dans la science du droit; la présidence, en tous cas, ne fut pas en ses mains un vain titre; tous les jours, presque, on voyait ce prélat siégeant à la tête de l'Echiquier; et les registres des premières années sont remplis des arrêts qu'il prononça. Toutefois, ni l'évêque ni l'abbé ne devaient demeurer bien long-temps dans ces postes élevés, dont leur mérite éminent les avait fait juger dignes, mais auxquels leur caractère sacré paraissait devoir les laisser étrangers. Les religieux, en quelque dégré qu'ils fussent, étant *comme morts*

---

[1] B. Candelar., lib. I, Encôm. 3.
[2] B. Candelar., lib. I, Encom. 2.

au monde[1], comme parle le vieux Coutumier de Normandie, en voyant Antoine Bohier, un moine, rendant la justice, on s'était souvent dit : « *Le mort juge le vif*[2]. » Louis XII mit un terme à ce contre-sens, en rendant Bohier à son cloître de Saint-Ouen, qu'il devait quitter plus tard pour aller s'asseoir dans la chaire archiépiscopale de Bourges. Pour Geffroy Hébert, la loi de la résidence l'appelait à Coutances; et on se souvint alors du roi Philippe-le-Long, qui n'avait point voulu de prélats dans le Parlement de Paris, « se faisant conscience (disait-il), de eux empeschier au gouvernement de leurs expérituautéz[3]. » Geffroy dut donc, aussi, abandonner sa présidence; et elle échut au fameux Jean de Selve, dont nous allons bientôt parler.

Les offices de présidents ne furent plus donnés qu'à des laïques

Les prêtres et les évêques se virent ainsi, à la longue, exclus des présidences. Terrien parle d'une déclaration de 1522, qui ordonne que les quatre présidents du Parlement de Normandie seront des laïques[4]. « De nostre temps, tous présidents sont

---

[1] *Grand Coustumier de Normendie*, tit. 37 : « *De Empeschementz de succession.* »

[2] *Histoire de l'Abbaye royale de Saint-Ouen de Rouen;* par un religieux bénédictin de la Congrégation de Saint-Maur (Pommeraye). In-f°, Rouen, 1662, p. 329.

[3] Edit de Philippe-le-Long, sur la composition du Parlement de Paris, 3 décembre 1319.

[4] Terrien, livre xv, chap. 2.

lays », disait La Roche-Flavyn, sous Henri IV et Louis XIII[1]. Même, dans tous les Parlements de France, en l'absence des présidents, le plus ancien conseiller laïque présidait toujours, par préférence aux conseillers clercs plus anciens que lui en réception[2]. On en était venu à ces idées; et elles ont prévalu, malgré tout ce que voulurent dire le docteur Petitpied[3] et le chanoine Bordenave[4], pour prouver que « les ecclésiastiques pouvoient exercer les offices de présidents en Parlement, et ès cours séculières. » Mais, à Rouen, l'archevêque-primat et l'abbé de Saint-Ouen furent héréditairement *conseillers nés* en l'Échiquier perpétuel, puis en Parlement, quand eut cessé le nom d'Echiquier (1515). Des lettres patentes de Louis XII (mars 1507) avaient déféré ce titre à l'archevêque Georges d'Amboise et à l'abbé Antoine Bohier, ainsi qu'à *leurs successeurs*[5]. Après leur *joyeuse entrée*, ils venaient, à ce titre, prêter serment au Parlement, *à genoux* comme les autres

Les archevêques de Rouen et les abbés de Saint-Ouen étaient conseillers nés *au Parlement de Normandie.*

---

[1] *Les treize Livres des Parlements de France*, par La Roche-Flavyn, livre 1er, ch. 9.

[2] La Roche-Flavyn, livre II, ch. 1er.

[3] *Traité du Droit et des Prérogatives des Ecclésiastiques dans l'administration de la justice séculière.* In-4°, Paris, 1715.

[4] *Bibliothèque ou Thrésor du Droit françois*, par Bouchel, au mot : PRÉSIDENT.

[5] *Histoire de l'Abbaye royale de Saint-Ouen*, livre II, chap. 15.

officiers, jusqu'à l'archevêque De Saulx de Tavannes, pour qui fut changé l'usage, et qui, le premier, prêta son serment *debout*, comme l'ont fait, du reste, à dater de ce temps-là, tous les membes du Parlement de Normandie, au jour de leur entrée en charge. A une heure convenue d'avance entre l'archevêché et le Parlement, le prélat, revêtu de ses habits pontificaux, arrivait, en grand appareil, au palais, montait les dégrés de la grande salle, précédé de sa croix primatiale, portée haut devant lui, mais qu'il lui fallait laisser dans la chapelle, cette marque de juridiction ne pouvant paraître en un lieu où le Parlement tenait ses séances[1]. Il s'acheminait vers la grand'chambre *du conseil*, précédé par deux huissiers d'audience du Parlement tenant en main la verge d'argent, et accom-

---

[1] Le 5 août 1631, averti que M. de Harlay, archevêque de Rouen, devait bientôt venir au palais prêter serment et prendre séance en qualité de *conseiller né*, le Parlement arrêta que « ledict sieur archevesque, entrant dans la grand'salle des Procureurs, dès l'entrée d'icelle, *sa croix seroit déposée dans la chapelle, sans qu'elle pust estre portée au-devant de luy dans ladicte salle des Procureurs....* » Le 8 août, à huit heures du matin, le prélat arriva dans la cour du palais, monta les degrés de la grand'salle, *précédé de sa croix, jusques à l'entrée de ladite salle, où sa croix fut mise et déposée dans la chapelle;* puis il se rendit à la grand'chambre. (*Reg. secr.* des 5 et 8 août 1631.) — Il en fut de même le 10 juin 1734, lors de la réception de M. l'archevêque De Saulx de Tavannes; et le 31 janvier 1760, lors de celle de monseigneur de la Rochefoucauld, le dernier des archevêques nommés avant la révolution de 1789.

pagné de quatre conseillers *anciens*, envoyés au-devant de lui, par honneur. Là, il jurait « de bien et fidèlement faire les fonctions de *conseiller né* au Parlement, de rendre la justice aux pauvres comme aux riches, de soutenir les intérêts du roi et du public, de tout son pouvoir, de respecter la compagnie, observer et faire observer les ordonnances, arrêts et règlements de la cour, et de tenir ses délibérations closes et secrètes. » Ce serment fait, le prélat prenait séance après les présidents; puis, le moment venu de l'audience, se rendait, avec les autres, dans la grand' chambre dorée (*du plaidoyer*), assistait aux plaidoiries, et opinait en son rang. Ainsi en usèrent encore les cardinaux De Tavannes et De la Rochefoucauld, les derniers de nos archevêques, avant la révolution de 1789 [1]. Ainsi en usaient aussi les abbés du monastère royal de Saint-Ouen.

Les marquis du Pont-St-Pierre étaient conseillers d'honneur nés au Parlement de Normandie.

Les marquis de Pont-Saint-Pierre, aînés de la maison de Roncherolles, furent aussi, de père en fils, jusqu'aux derniers temps, *conseillers d'honneur nés* au Parlement de Normandie. Henri III les avait reconnus tels, par lettres patentes enregistrées au Parlement [2], confirmées par Louis XIII, le 20 mars 1623, et par Louis XIV, en février 1692.

---

[1] *Registres secrets* des 10 juin 1734 et 31 janvier 1760.
[2] Lettres patentes de mars 1577.

Eux seuls, dans la noblesse de la province, avaient cet honneur, que voulurent, en vain, leur disputer les barons d'Heuqueville en Vexin, se disant *premiers barons normands*, et, depuis, les Rouville, à cause de cette baronnie d'Heuqueville qui, à la fin, leur était échue. Mais les rois et le Parlement se déclarèrent pour les Roncherolles [1]. Ce privilége était cher à cette noble famille. L'aîné des Roncherolles, son père étant mort, le réclamait presque aussitôt, et demandait qu'on l'en mît en possession. Au jour fixé pour sa réception à cette *dignité*, on voyait ce descendant des barons de Roncherolles entrer dans la chambre du conseil, « habillé de noir, revêtu d'un manteau noir, garni de dentelle d'or, au collet plissé orné aussi de dentelle d'or, ayant sur la tête un chapeau garni d'une plume blanche. » A genoux dans les commencements, debout dans les derniers temps, la main levée, il prêtait son serment, semblable, à peu de chose près, à celui des archevêques de Rouen et abbés de Saint-Ouen, conseillers d'honneur. Reprenant, alors, son épée qu'il avait déposée en entrant, et la ceignant à son côté, il s'allait asseoir après les présidents, mais au-dessus du doyen des conseillers, et opinait avant

---

[1] *Reg.* des 15 juillet 1621, 2 juillet 1728, 22 juillet 1755, 31 janvier 1760.

lui¹. Un archevêque, un abbé, un baron normand venant au Parlement, en cérémonie, y apparaissant rarement et dans quelques occasions solennelles, voilà tout ce qui nous était resté des anciennes *comparences* de tant de prélats, de tant de barons normands ; souvenir pâle et terne de nos anciens Echiquiers temporaires, mais le seul qui leur eût pu survivre.

Christophe de Carmonne et Jacques de Calenge avaient été nommés présidents laïques. Carmonne, on s'en souvient, avait été l'un des présidents des derniers Echiquiers temporaires ; et nous avons vu Charles VIII, dans des lettres patentes, rendre à sa capacité, à son rare savoir, un éclatant hommage. Pour Jacques de Calenge, né à Rouen, profondément versé dans la science des lois, nul n'était plus digne de siéger à la tête de doctes jurisconsultes, imbus du droit coutumier de la province.

Des doutes s'élèvent sur la stabilité du nouvel Echiquier.

Des doutes, le croira-t-on ? s'étaient élevés, au commencement, sur la durée du nouvel Echiquier.

---

¹ *Reg. secr.* des 22 et 24 juillet 1755. — Froland, *Recueil d'arrêts de réglement*, p. 78. — Dom Toussaint Duplessis, *Description de la Haute-Normandie*, tome II, p. 351.

Dans le *Manifeste aux Normands*, publié en décembre 1771, on lit : « Il existe encore des descendants de notre *premier baron de Normandie*, le *marquis du Pont-Saint-Pierre*, etc. » (*Manifeste*, p. 13.) — Le dernier des Roncherolles du Pont-Saint-Pierre est mort à Paris, en février 1840.

Le Chandelier parle de la froideur, de la défiance qui avaient paru dans les premiers temps; il loue un chanoine de Rouen, nommé conseiller clerc, de n'avoir point tenu compte des craintes qu'on lui voulait inspirer, et d'être venu résolument siéger, des premiers, au château. « Tes secrets pressentimens (s'écrie le poète) promettaient à ce sénat une éternelle durée; ils ne t'ont point déçu. Eh! qui pourrait anéantir un si bel ouvrage? Cet établissement, si récent qu'il soit, sera, croyons-le, solide et durable; les dons d'un roi sont sans repentir; la justice en permanence est un besoin trop pressant des peuples; l'Echiquier ne périra pas [1]. »

Nul doute, au reste, que ces défiances n'eussent été suggérées par les prélats, les barons de Normandie qui, de toute leur ancienne puissance judiciaire, n'avaient retenu que le droit « d'estre et assister,

---

[1] Prima senatorem normannæ turba cathedræ
    Te vigiles rostris vidit habere oculos.
Dùm frigeret adhùc tantæ censura coronæ
    Resque novæ dubiam continuère fidem,
Impiger et constans collata ad munera pergis,
    Nec rerum potuit te revocare metus.
Et tunc certus eras tacitâque in mente videbas
    Mansurum æterno tempore concilium.
....
    Quis, quæso hoc ingens impediisset opus?
Firma erit hæc statio, quamquàm sit nata recenter.
    Perpetuum munus principis esse decet:
Quod populis saltem statuendo in jure necesse est
    Eximium hoc nullo fine peribit opus.
        — B. Candelarius, lib. II, Encom. 5 et 26. —

quand ilz voudroient, aux audiences de l'Eschiquier, *sans y estre compellez*[1] » (contraints), c'est-à-dire sans y être, désormais, nécessaires et importans; au lieu que, depuis tant de siècles, « *l'Eschiquier, sans eulx, ne povoit seoir ne estre tenu*[2]. » En Normandie, comme aux autres provinces où étaient créées des cours souveraines sédentaires, les gentilshommes, les abbés et les évêques, peu curieux du rôle obscur et passif qui leur y était assigné désormais, s'en retiraient d'eux-mêmes, « pour ne s'asservir ou assubjectir aux lois des palais, soit de la résidence, assiduité, brevet ou autres, auxquels ils préféroient le repos et plaisir des champs[3]. »

Joie qu'excite, en Normandie, l'érection de l'Echiquier perpétuel.

Mais, quoi qu'ils eussent pu penser ou dire, le nouvel établissement avait causé une grande joie dans la province; ce sentiment respire dans les énergiques actions de grâces adressées par Le Chandelier à Louis XII, auteur de cette création, et à Georges d'Amboise, qui lui en avait inspiré l'idée. Il montre le monarque assurant une demeure fixe,

---

[1] Edit d'avril 1499.

[2] Ordonnance de Charles VIII, avril 1497, rendue pour réorganiser la Sénéchaussée de Normandie. — *Ordonnances des Rois de France*, tom. XX (publié, en 1840, par M. le marquis de Pastoret, membre de l'Institut), pages 577 et suivantes.

[3] *Les treze Livres des Parlements de France*, par La Roche-Flavyn, livre VI, chap. 15, § 4.

inamissible, à la justice du pays, errante, naguère, et sans asile. Il le loue d'avoir fait, pour la Normandie, ce qu'en des temps reculés Cécrops avait fait pour Athènes, et Numa pour la ville aux sept collines. Ses actions de grâces à Georges d'Amboise font mieux voir encore l'importance du bienfait, par l'énumération des maux auxquels le nouvel établissement avait mis un terme. « Par toi (dit-il au prélat), par toi revivra cet âge d'or, ce règne de Saturne, dont les anciens ont exalté si magnifiquement le bonheur. On ne verra plus le laboureur fuir dans les campagnes devant une soldatesque insolente; le riche insulter le pauvre, puis échapper au châtiment, à force d'or; l'impiété n'osera plus paraître; le puissant opprimer le faible. Le règne de la ruse et de la fraude est fini. Un sénat auguste rend une justice égale à tous; la loi règne, et à ses yeux tous sont égaux[1]. »

Deux mois à peine après la solennité du 1ᵉʳ octobre, Louis XII étant à Orléans, de retour du Milanais, qu'il venait de conquérir, vit un grand nombre de personnes entrer ensemble au cloître

Une députation du nouvel Echiquier va saluer Louis XII à Orléans.

---

[1] Agricolam non miles aget, non divus egeno
    Jactatis opibus seditiosus erit;
Impius effugiet, miserorum oppressor abibit;
    Cessabunt fraudes actaque plena dolis;
Conscriptique patres cunctos ad jura vocabunt.
    Lex omnes æquo lumine respiciet
        — B. Candelarius, lib. I, Encom. 1.

de Saint-Aignan, où il était logé; informé que c'étaient des députés de tous les ordres de la province de Normandie, « envoyéz là, pour le remercier de la constitution de la court de l'Eschiquier à Rouen, et des grands personnages qu'il y avoit constituéz », le monarque « monstra grant signe de joie, tesmoignant qu'il amoit le pays », et donna l'ordre d'introduire, aussitôt, les délégués de la province. Ce fut le premier président, Geffroy Hébert, qui porta la parole; sa harangue fit du bruit alors [1]; « et si magnifficquement fist la proposition et si copieuse, que jamais on n'en vist faire de telles », disaient, à leur retour à Rouen, les députés de l'hôtel-de-ville, qui avaient accompagné le prélat et admiré sa harangue [2]. Mais, tout ce qu'ils en purent dire, c'est « qu'il avoit parlé de la justice, *de la force en gardant justice*, et des autres biens qui en naissent; qu'il avoit allégué le saige Salomon, en donnant louenge au roy; qu'il l'avoit mercié de sa court de l'Eschiquier et de sa chancellerye; parlé de la *Chartre aux Normans, de la distraction des causes, et supplié que aucuns ne fussent permis à demander des lettres au contraire;* » c'était à dire qu'il avait parlé contre les *évocations*, toujours combattues, et malheureusement toujours en usage. Hélas, elles

---

[1] *Gallia christiana*, tome XI, col. 897.
[2] *Reg. de l'hôtel-de-ville de Rouen*, 10 décembre 1499.

ne devaient jamais cesser; nous les verrons, sous Louis XV, plus fréquentes que jamais; et le Parlement, enfin, en souffrit, et s'en plaignit, depuis sa création jusqu'à ce qu'il eût cessé d'être. Le chancelier Guy de Rochefort avait eu charge de répondre au nom du roi. Tout ce que l'on sait, aujourd'hui, de sa harangue, c'est « qu'il donna louange à justice », et qu'il assura fort que « le roy avoit intention de s'y entretenir. »

Plus tard on devait, mieux encore, apprécier les bienfaits de l'institution nouvelle. Plus tard on devait reconnaître et proclamer bien haut que, « de ceste court ordinaire de l'Eschiquier, estoit advenu bien, prouffict et utilité près inestimable aux hommes et subjectz et chose publicque du dict pays [1]. » Au reste, Louis XII, en rendant perpétuel l'Echiquier de Normandie, outre qu'il avait voulu améliorer le sort d'une province jusqu'alors privée, pour ainsi dire, du bien inestimable de la justice, avait songé, en même temps, à l'extension de l'autorité royale. Grande idée qui saisissait tout d'abord, à cette époque, les rois qui se succédaient sur le trône de France, depuis l'expulsion des Anglais et l'anéantissement des grands vassaux. En tous lieux, le roi présent par l'appareil solennel

L'Echiquier, à la demande de Louis XII, enregistre, mais tardivement, l'ordonnance de mars 1498; encore est elle modifiée notablement, du consentement du monarque.

---

[1] Prologue du *Stille et ordre de procéder en la court de Parlement de Normandie*. Rouen, le 21 janvier 1515.

de la justice souveraine, par de grands corps de magistrature recevant directement de lui des lois et des ordres, puis les transmettant aux magistrats inférieurs, jusqu'aux confins de leur vaste ressort, et ceux-ci aux peuples de tous leurs districts. De là, l'unité d'action, le mouvement, parti du centre, se faisant facilement et bientôt sentir aux extrémités les plus éloignées. Un jour, des lois uniformes pouvaient régir souverainement toutes ces parties si distantes d'un vaste empire, qui différaient encore entre elles par des coutumes particulières, par des statuts locaux; et combien, alors, il serait facile aux rois de se faire obéir ! Louis XI, tourmenté d'un immense besoin d'être partout le maître, avait vu, dans sa pensée, un seul code, servant de loi à la France tout entière, y régnant du nord au midi, du levant au couchant de son royaume[1]; et un monarque si absolu avait tressailli d'aise à cette idée. Ce royal désir n'avait guère moins préoccupé ses successeurs immédiats; mais les temps n'étaient point encore venus. Du moins, avait-on vu Charles VIII, et on vit Louis XII, après lui, les préparer, les hâter par de sages ordonnances qui embrassent tous les points importans du gouvernement d'un État; Charles VIII, par son édit de juillet 1493, sur l'administration

---

[1] *Mémoires de Comines*, liv. VI, chap. 6.

de la justice; Louis XII, à son tour, par plusieurs ordonnances, par celle, entre autres (en 162 articles), donnée à Blois, au mois de mars 1498, ordonnance qui comprenait tant de matières, mais réglait, surtout, en grand détail, les points les plus importants de l'organisation judiciaire; et, toutefois, le croira-on? cette vaste ordonnance, à laquelle Louis XII avait entendu soumettre tout son royaume, l'Echiquier de Rouen, attaché apparemment au vieux style normand, n'avait pas même paru savoir qu'elle existât; en sorte qu'enregistrée et suivie dans tout le reste de la France, en 1507 encore, elle n'était point reçue dans notre province, si voisine, pourtant, de la capitale du royaume. Une lettre close de Louis XII vint, enfin, arracher l'Echiquier à cette apathie, sans doute un peu volontaire. « En érigeant l'Eschiquier stationnaire de Rouen, il avoit entendu (disait-il) que la justice y fust administrée ainsi que dans toutes les autres juridictions de la province, selon l'ordre, forme et teneur de ses édits. » Pourquoi donc, neuf ans après que *son ordonnance sur le faict de la justice* régissait tout le royaume, n'y avait-il que la Normandie qui ne s'y voulût point soumettre? L'Echiquier pouvait d'autant moins tarder d'obéir, que Louis XII, ne voulant point trop brusquer de vieilles habitudes, en bouleversant à l'improviste tout l'ancien style normand, avait donné, au cardinal d'Amboise, le pouvoir de combiner, autant qu'il se pourrait, les règles anciennes et les règles nouvelles, sans, toutefois, changer la substance de celles-ci. De là un code d'organisation judiciaire, qui, rédigé ou compilé sous les yeux du cardinal-ministre, offrait une fusion de ce qui avait pu être maintenu des usages normands, avec des dispositions puisées dans l'ordonnance rendue par Charles VII, au mois d'avril 1453; dans celle de Charles VIII, de mars 1493; enfin, et principalement dans celle de Louis XII, de mars 1498, si long-temps négligée par les Normands. Après que ce nouveau code eut été rédigé, et trouvé conforme, tout ensemble, à la volonté du monarque et aux besoins de la province, une audience solennelle fut indiquée pour l'enregistrement et publication de cette compilation, qui allait être loi tout à l'heure; et, le 22 décembre 1507, après que cette loi, en 257 articles, eut été lue à la grande audience, les portes ouvertes, et que l'enregistrement en eut été ordonné par arrêt, tous les membres de l'Echiquier, se levant, jurèrent solennellement « de bien et loyaument icelle observer [1]. »

L'Echiquier propose des candidats pour des offices de conseillers vacants.

Louis XII avait pu et dû nommer, de son propre mouvement et en vertu de sa seule autorité royale,

---

[1] *Reg. de l'Echiq. perpétuel.*

tous les membres du nouvel Echiquier de Normandie. Mais, une fois fondée, cette cour s'était vue investie du droit d'*élire*, et de présenter au roi des candidats pour les offices qui viendraient à vaquer dans son sein. Car, outre que c'était une prérogative donnée, en mars 1498, aux Parlements, par une solennelle ordonnance de Louis XII; de plus, son édit d'avril 1499, institutif de l'Echiquier perpétuel, autorisait expressément cette cour, en cas de vacances d'offices, « à envoyer au roy les noms de trois personnages suffisants, ydoines (capables), sçaichants et entendants les droicts, usages et coustumes du pays », dont l'aptitude aurait été attestée à la cour par les officiers des bailliages. Dès le troisième mois de sa création, l'Echiquier de Normandie dut user de son droit, plusieurs offices de conseillers vaquant déjà dans son sein, tant par une omission de Louis XII, dans son édit de création, que par le refus qu'avaient fait de ces fonctions, cinq ou six jurisconsultes nommés par le roi pour les remplir. Les édits étant clairs, la chose avait été toute seule. Parmi les candidats désignés, alors, au roi pour chacun des cinq ou six offices vacants, Louis XII avait déclaré[1] « prendre, accepter et retenir, pour et au lieu de ceulx qui manquoient, les sieurs Carré, Adoubart, Pierre

---

[1] Lettres pat. du 21 décembre 1499.

Le Lieur ; Thomas Postel, Robert de Boislévesque, et enfin Jean Le Bienvenu », ce procureur du roi qui, à l'archevêché, avait naguère applaudi si fort à la création du nouvel Echiquier. Ainsi cette cour s'était retrouvée bientôt au nombre fixé par l'édit des Montils-lès-Blois. Ces désignations de candidats devaient se faire « publicquement », c'est-à-dire en assemblée générale, « de vive voix et non autrement. » Avant tout, les présidents et conseillers électeurs « juroient, l'un après l'autre, sur les sainctes évangilles de Dieu, d'eslire, sur leur honneur et conscience, celuy qu'ilz sçauroient et congnoistroient le plus lettré, expérimenté, utile et proffitable pour les dictz offices exercer au bien de justice et chose publique du royaulme[1]. » Le moyen qu'avec de telles précautions il pût s'introduire dans le sanctuaire des lois, sinon par surprise et fort rarement, des sujets incapables ou indignes! D'autres fois encore, l'Echiquier de Normandie eut à faire au roi des présentations semblables, et nos mémoires ne donnent que des louanges à ceux qu'avaient désignés ses suffrages. *Tiraqueau, Le Rey* (Regius), d'autres hommes non moins doctes, et enfin le grand *L'Hospital* lui-même, faillirent appartenir au Parlement de Normandie, qui, au scrutin, les avait appelés à venir siéger

---

[1] Ordonnance de mars 1498, article 31.

dans ses rangs[1]. Mais, comme tout pouvoir, et plus qu'aucun autre sans doute, l'autorité royale est envahissante, Louis XII, tout en accordant à l'Echiquier perpétuel la faculté de lui désigner des sujets, s'était réservé le droit « d'en ordonner après, et d'en disposer ainsy qu'il verroit estre à faire par raison, au bien de luy et de sa dicte court », c'était à dire d'en agir à sa guise. Souvent donc, l'Echiquier devait voir se présenter à lui, pour entrer dans son sein, des sujets qu'il n'avait point désignés, et qui, même, lui étaient tout-à-fait inconnus. A la vérité, l'édit de mars 1498 voulait que le sujet nommé ainsi du *propre mouvement* du roi, fût *examiné* par des présidents et des conseillers, reçu s'il était digne et capable, mais refusé, sans merci, dans le cas contraire, et le roi immédiatement averti « pour y pourveoir d'autre personnage habile, ydoine et suffisant. » Combien de fois (surtout avant que la vénalité des charges eût été érigée en principe), les rois firent de ces nominations spontanées, et donnèrent des provisions d'offices à des sujets sans mérite, cela ne se pourrait dire. Dans la règle, ils auraient dû, en tous cas, n'envoyer aux Parlements que des hommes jugés dignes, par les chanceliers de France, qui avaient charge de les examiner. Sous un Michel L'Hospital,

<small>Examens des pourvus d'offices de conseillers.</small>

---

[1] *Reg. secr.*, 10 et 11 janvier 1550.

par exemple, il n'y avait guère de chances pour les ignorants. Grâce à Brantôme, nous savons comment le grand chancelier avait compris ce devoir si important de son office. La cour étant à Moulins, on voit deux ignorants fraîchement pourvus de charges de conseillers, se présenter à lui pour être examinés sur leur suffisance. Aussitôt, sans s'embarrasser de Brantôme et de Strozzi, qui venaient de partager son modeste repas (son *bouilli*, il faut dire le mot), L'Hospital « fit apporter un livre du Code sur la table, l'ouvrit luy-mesme, et monstra aux deux récipiendaires, l'un après l'autre, une loy à expliquer, leur faisant, sur ce texte, des demandes, interrogations et questions. » Les deux pauvrets « lui respondirent si impertinemment et avec un si grand *estonnement*, qu'ils ne faisoient que vaciller, et ne sçavoient que dire; si bien qu'il fut contrainct de leur en faire une leçon, et puis leur dire que ce n'estoient que des asnes, et qu'encores qu'ils eûssent près de cinquante ans, qu'ils s'en allâssent encore aux escolles estudier. » Enfin, il les renvoya, leur disant « qu'il remonstreroit au roy leur ignorance, et lui diroit qu'il en mît d'autres en leurs places. » Après quoi, s'adressant à Strozzi et à Brantôme, qui, la tête sous la cheminée, riaient sous barbe tout leur soûl : « *Voilà de grands asnes* (leur dit-il), *c'est charge de conscience au roy, de constituer ces gens-là en sa justice.* »

— « *Mais, Monsieur,* (s'écrièrent, à la fois, les deux convives), *peut-estre leur avez-vous donné le gibier trop gros, et plus qu'il n'estoit de leur portée.* » — « *Non, sauf vostre grâce* (leur répondit L'Hospital), *ce ne sont que choses triviales qu'ils devoient savoir*[1]. »

Mais où trouver des chanceliers résignés, comme L'Hospital, à dévorer cet ennui? Il fallait donc que les Parlements examinassent eux-mêmes et de près tant de gens qui se présentaient à eux sans autre garantie que des lettres de provision dues peut-être à la faveur, à la protection, que dis-je? à l'argent seul quelquefois; nous le verrons plus tard. A le bien prendre, un sens droit étant nécessaire, avant tout, dans un juge, et le savoir n'étant, sans lui, qu'une arme périlleuse, l'Echiquier souverain du pays de *sapience* eût dû, ce semble, éprouver d'abord, par cet endroit, les pourvus d'offices, en leur présentant le jugement de quelque cause. Plusieurs des Parlements de la France le faisaient, et Montaigne les en loue, « car, dit-il, encore que le savoir et le jugement soyent qualitéz nécessaires à un officier de justice, et qu'il faille qu'elles s'y treuvent toutes deux, si est-ce qu'à la vérité celle du sçavoir est moins prisable que celle du jugement; ceste cy se peult passer de l'aultre, et non l'aultre de ceste cy. A quoy faire la science, si l'en-

Examens des conseillers avant leur réception.

---

[1] Brantôme, *Digression sur le chancelier L'Hospital.*

tendement n'y est ¹ ? » La Roche-Flavyn, lui aussi, ne craignait rien tant « qu'un sçavant homme sans expérience », et disait « que les testes les plus pleines ne sont pas les mieux faictes ². » Il ne paraît pas, toutefois, qu'à l'Echiquier de Normandie, du moins dans les premiers temps, les pourvus d'offices aient eu à justifier jamais d'autre chose que de leur savoir. Une commission s'assemblait, composée de quelques présidents et conseillers. Là, après que le récipiendaire avait prononcé une harangue latine, comme pour faire preuve de sa littérature, le Code de Justinien, le Livre des décrétales étaient ouverts au hasard ; une loi, un texte, lui étaient donnés ; il lui incombait d'expliquer ces textes, de répondre aux questions qui en naissaient, de résoudre les arguments dont s'avisaient les magistrats examinateurs. Après quoi, un rapport était fait aux chambres de l'Echiquier, assemblées, sur la manière dont le candidat avait soutenu cette épreuve ; et ces rapports ne sont pas sans intérêt pour l'histoire intime des mœurs judiciaires de cette époque. Pour nous borner à un exemple du règne suivant, mais qui doit trouver sa place ici, plusieurs commissions faisant, en 1543, au Parlement de Rouen assemblé, leur rapport sur l'examen

---

[1] Montaigne, *Essais*, liv 1ᵉʳ, chap. 24.

[2] *Trèze Livres des Parlements de France*, liv. VIII, chap. 6, § 11.

de quinze pourvus de nouveaux offices de conseillers, créés par François 1ᵉʳ, on y voit que quelques-uns n'avaient guère contenté leurs examinateurs. Jean de Quiévremont, par exemple, « avoit bien froidement respondu; avoit esté débile en l'argumentation, et estoit demeuré sans y satisfaire aucunement; quant à la praticque, luy-mesme avoit dict et confessé qu'il n'en avoit aucune, et requis qu'on ne l'argumentast sur icelle. » Nicolas de la Place « estoit honneste homme, qui promectoit quelque espoir; mais de response nulle ou petite. » Jean Le Brun, sieur de Bois-Guillaume, « avoit esté trouvé foible et débile. » Centsols, Briselet, Le Roux sieur de l'Esprevier, avaient été médiocres ou nuls à l'envi. Parmi les autres candidats, ceux-ci avaient montré une médiocrité plus tolérable, ceux-là de l'intelligence et du savoir. Mais l'un de ces derniers, Lallemant, le plus jeune de tous, avait étonné les commissaires par sa science et ses talents. Devant les chambres assemblées, « les examinateurs, par tous moyens, l'un après l'autre, et l'un par-dessus l'autre, l'extollèrent en profondité et préexcellence de sçavoir, bien posant et tirant ses arguments, adjoutant à ceulx qui luy estoient faictz grant nombre d'autres concordants, et satisfaisant à toutes choses; après avoir escouté en grande modestie les arguments qui luy estoient faictz par chacun de messieurs les interrogantz, Lallemant s'arrestoit un peu, ce qui luy donnoit bonne grâce, et démonstroit son sçavoir; car souvent qu'il lui estoit faict quatre argumentz à la fois, il déployoit ce qu'il avoit projecté, et donnoit solution proprement à chacun des dictz poinctz, les déduisant par ung bon ordre. Tous s'esmerveilloient, et leur estoit tourné en admiration que le dict Lallemant, en si jeune aage qu'il estoit, eust acquis ung si grand sçavoir; il estoit digne de plus grand'charge et estat que l'office de conseiller, et estoit non seulement recevable, mais désirable[1]. » Aussi fut-il reçu à bras ouverts, et devint-il président plus tard. Ainsi en advint-il d'Emeric Bigot de Thibermesnil. Après « une bien élégante oraison », examiné « depuis sept heures du matin jusqu'à dix », on trouva, tout d'une voix, « qu'il avoit très bien faict son debvoir et respondu.... » Il fut reçu par acclamation, et lui aussi devait devenir président un jour[2]. C'était le condisciple et l'ami d'Estienne Pasquier; et on a des lettres que s'écrivaient ces deux grands magistrats.

Que le Parlement ne se recrutait-il toujours de sujets semblables? Mais le moyen de résister à des familles considérées, que désespéraient et irritaient de trop légitimes refus? De ces quinze, parmi lesquels il s'en était trouvé de si faibles,

---

[1] *Reg. secr.*, 1543.
[2] *Reg. secr.*, 27 août 1551.

pas un seul ne fut à jamais exclu. Après des ajournements, des deuxième et troisième examens aussi peu glorieux pour eux, et pires même que les premiers ; après des rapports tels quels, sur de petits procès qui, par forme d'essai, leur avaient été donnés à étudier (car, dans la suite, on en était enfin venu à cet usage), les plus nuls même finirent par être reçus. A la vérité, l'accueil qui leur était fait n'avait rien qui pût beaucoup flatter leur orgueil. On leur témoignait énergiquement combien leur insuffisance avait étonné la cour ; il leur était enjoint d'étudier ; on leur disait crûment qu'ils n'avaient été reçus que par grâce. Encore devaient-ils, pendant un assez long temps, assister aux jugements sans y prendre part. Mais, enfin, ils étaient reçus ; et, à la longue, qu'ils eussent ou non étudié, et peu ou point profité de ces tardives études, leur voix finissait par compter comme celle des plus habiles. On en avait vu de ces ignorants se faire recevoir à la sourdine pendant les vacances ; un, entre autres, si authentiquement ignare, qu'à la Saint-Martin, les gens du roi, s'indignant tous trois ensemble d'une admission si ridicule faite sous la cheminée, sans qu'on leur en eût seulement parlé, offraient de prouver que le nouveau conseiller « n'avoit ny droict ny littérature, ne sçavoit mesme pas lire une *bulle*, une *cléricature* ou tout aultre acte en latin, le mettant au défi de dire sur l'heure ce que c'étoit, en droit, qu'*emptio et venditio*. » Ajoutez « qu'il *avoit joué scènes mimiques sur les eschaffauds*, à cause de quoy il estoit noté dans l'oppinion de plusieurs. » Les gens du roi y devaient perdre leur rhétorique ; et qu'y faire, en effet, l'arrêt de réception étant déjà couché tout au long aux registres? Ce maître ignorant demeura donc en charge. Même sa famille fit souche dans le Parlement jusqu'aux derniers temps, et elle existe encore aujourd'hui[1]. Combien d'autres exemples il nous serait facile d'alléguer encore ! Et peut-on ne pas s'écrier, ici, avec L'Hospital, que « c'estoit charge de conscience au roy, de constituer ces gens-là en sa justice ? »

<small>Conseillers reçus par ordre exprès des rois.</small>

Qu'aurait servi, du reste, qu'un Parlement s'opiniâtrât à fermer à des sujets si nuls les portes du sanctuaire, que, plus tard, ils ne manquaient guère de forcer, trouvant de l'appui, si peu dignes qu'ils fussent? On pense bien que, parmi tous ces pourvus d'offices, il dut s'en présenter, parfois, en qui l'ignorance et l'ineptie se rencontraient à un degré qui semblait ne point comporter de grâce. Mais avaient-ils en cour quelque protecteur puissant et écouté? le Parlement ne tardait guère à recevoir du roi l'ordre exprès d'admettre le protégé. Et alors, quel moyen de s'en défendre? En

---

[1] *Reg. secr.*, 14 nov. 1542.

1542, dans un premier examen, Guy de Cailly, nommé conseiller laïque, ayant répondu « *frigidè et frigidissimé* », protesta « qu'il s'estoit trouvé tellement estonné de la copiosité des loix alléguées par le président Feu, que, pour les réduire à mémoire, il n'avoit peu et n'avoit sçeu respondre, comme il feroit si le plaisir de la court estoit l'interroger sur telle loy qui s'offriroit *à la fortuite ouverture du livre.* » De fait, le président Feu, ancien professeur en droit à l'Université d'Orléans, un des plus grands docteurs du temps, et auteur de plusieurs bons livres sur la science, eût paru un rude joûteur à de plus robustes athlètes. « Pour entendre (donc) ce qui en estoit », on fit subir à ce Guy de Cailly un second examen; il n'y réussit pas davantage, quoiqu'on eût eu soin « de ne l'enquérir que par faciles et légères argumentations. » Quoi plus? Un *léger* et *facile procès* lui fut alors donné à rapporter devant les commissaires; mais, au jour dit, il s'en tira si bien, qu'il fut décidé tout d'une voix « qu'il n'estoit suffisant, et que de ce le roy seroit adverty, suivant l'ordonnance » ; ce qui, de vrai, fut fait sur l'heure. Cependant, à six semaines de là, arrivait une lettre close du roi, qui ordonnait au Parlement de recevoir Guy de Cailly, ou d'envoyer en cour un député qui expliquât au roi ce refus. Un conseiller était donc parti pour Paris, en hâte; mais, en cour, ce député eut à essuyer la mauvaise humeur du chancelier De Montholon, « qui ne trouvoit pas bonne l'exclusion de Guy de Cailly, attendu qu'il l'avoit tesmoigné au roy suffisant; il y avoit de la menée contre le sieur de Cailly (prétendait Montholon), et bientost la cour entendroit le vouloir du roy. » Que faire? Cailly fut reçu avec les plus dures semonces qui se pussent imaginer, à la charge expresse que sa voix ne compterait de long-temps; encore ne fut-ce que par grâce qu'elle finit, plus tard, par être « reçeue en compte »; mais, enfin, il était conseiller au Parlement[1].

Il fallut encore, en 1554, en vertu de deux lettres de Henri II, qui arrivèrent coup sur coup, admettre un sieur Denis Duval, dont l'ignorance avait paru dépasser toutes les bornes connues[2]. Les rois aimaient ainsi à forcer la porte; et Charles IX, aussi, sut bien faire admettre un sieur de la Rève de Saint-Martin, qui, examiné deux fois, en grande patience, et toujours jugé incapable, avait, par grâce très spéciale, obtenu de subir encore un examen « avec advis, toutefois, de résigner son estat à homme capable. » Mais des seigneurs étant allés dire à Charles IX que ce sieur de la Rève était très fort en droit coutumier, et qu'on ne l'avait interrogé, à Rouen, que sur le droit romain (quoiqu'effectivement il fût aussi

---

[1] *Reg. secr.* de 1542.   [2] *Reg. secr.*, 30 mars 1554.

ignorant en l'un qu'en l'autre droit), grand fut l'étonnement du Parlement en recevant une lettre close du roi, qui lui enjoignait de recevoir le sieur de la Rève, « personnage d'aage, de littérature et de grande expérience au faict de la justice, *selon la coustume et style de procéder du pays*, et surtout de bonnes mœurs, probité, sincérité de vye, et louable conversation, *qui sont les poincts principaulx requis a ung bon juge* », ajoutait la lettre close. Les édits et ordonnances selon lesquels il avait été examiné à la rigueur, étaient « faictz spécialement (disait le roi) pour les pays de droict escript »; le monarque déclarait « *l'en dispenser*, attendu son aage, qui approchoit de cinquante ans, probité, et louable conversation. » Le sieur de la Rève eut-il plus de succès au troisième examen, qui, apparemment, ne porta que sur ce droit coutumier, dont on le disait si imbu? Le doute est permis, lorsque l'on voit le premier président Bauquemare de Bourdény lui dire, en le recevant conseiller (car, enfin, il avait bien fallu en passer par là et obéir au monarque) : « *La court ne treuve en vous telles choses qu'elle désireroyt bien tant en la prononciation que aultrement. Toutesfoys, meue d'autre considération, qui est du rapport faict par aulcuns de Messieurs, de vostre* PREUDHOMMIE (combien que ce ne soit assez que cela, d'aultant qu'il fault que elle soyt assistée de science, qui n'est si grande en vostre endroict qu'elle désire), *elle vous reçoyt, vous admonestant de vous rendre obséquieux et humble, prompt et dilligent à escouter et entendre les choses et de continuer à estudier*[1]. » Il n'y avait pas là matière à s'enorgueillir. Mais, qu'était-ce au prix du compliment dont le premier président De Saint-Anthot salua, un jour, le sieur de Quintanadoine, qui, en son examen, n'avait fait que bégayer et battre les champs : « *La court dict que vous avez très mal estudié, que vous estes très ignorant, non seulement des choses ardues et requises à l'estat où vous prétendez estre reçeu, mais aussy des petites choses, dont ceulx qui, nouvellement, ont commencé à estudier ne sont pas ignorants. Elle ne vous reçoit, ains vous renvoye à estudier tant en théoricque que praticque par l'espace de deux ans; si, alors, vous estes trouvé capable, serez reçeu;* AULTREMENT NON[2]. »

Il y eut de ces médiocres sujets que le Parlement se résigna parfois à admettre, sous l'expresse condition de n'opiner point pendant six mois, deux ans, ou même un temps indéterminé. La Roche-Flavyn ne pouvait approuver ces conditions. « C'est le moyen (disait-il) de leur oster le pouvoir de se rendre capables, et de recognoistre leur capacité et

---

[1] *Reg. secr.* des 29 novembre 1572, 18 juin et 6 juillet 1573.
[2] *Reg. secr.*, 18 juillet 1554.

le progrès d'icelle.... De mesme qu'on ne sçaura jamais escrire ny peindre en le voyant faire seulement, si on ne prend la plume et pinçeau, ny prescher en oyant les prédicateurs, si on ne s'y exerce; de mesme, pour ouyr opiner simplement les autres, on ne se rendra capable conseiller [1]. » Souvent, quoi qu'il en soit, on vit le Parlement de Normandie en agir ainsi, à l'égard, entre autres, de ce Guy de Cailly déjà mentionné plus haut, à qui on dit « que sa voix ne seroit comptée, jusqu'à ce que, par bonne diligence d'estude, la court le trouvast capable et suffisant, pour sa voix estre comptée [2]. » Il va sans dire qu'à quelque temps de là, « il fut conclu, *de grâce*, que Cailly auroit, désormais, voix pour estre comptée [3]. »

Parlerons-nous des fraudes qui s'étaient glissées dans les examens; de ces ruses d'écoliers, pratiquées parfois par les récipiendaires pour n'être guère interrogés, ou pour ne l'être que sur les deux ou trois seuls textes qu'ils connussent un peu, s'y étant préparés à l'avance? L'examen devant durer trois heures, ce qui était un siècle pour gens peu ou point pourvus de savoir, ils récitaient, à perte

<small>Fraudes usitées dans les examens.</small>

---

[1] *Les treze Livres des Parlements de France*, par La Roche-Flavyn, liv. VI, ch. 28, § 8.

[2] *Reg. secr.*, 18 décembre 1542.

[3] *Reg. secr.*, 4 avril 1543.

d'haleine, de longues et interminables harangues latines, que, par aventure, ils n'entendaient guère. Après quoi il restait peu de loisir pour les interroger à fond; dix heures sonnaient toutefois; il fallait aller dîner, et, pour en finir, on admettait ces harangueurs au serment, comme ils en avaient fait leur compte; jusqu'à ce qu'un jour, l'heure sonnant ainsi, comme Charles Le Verrier, récipiendaire, n'avait guère fait encore que discourir en l'air, sans en venir à l'effet : « *La court a veu*, s'écria l'avocat-général Laurent Bigot, *la court a veu comme en extravaguant celui-cy a consommé l'heure.* » Puis, comme toute loi naît d'un abus, à partir de ce jour, les harangues finirent à huit heures; et la *dispute* commençait alors, pour ne finir plus qu'à dix heures sonnantes[1]. D'autres, qui avaient fait la dépense d'étudier, pour tout, deux ou trois lois, avaient grand soin de les faire marquer en telle sorte, dans les *volumes de droict* de la chambre de Tournelle, servant, d'ordinaire, à ces examens, qu'il fallait, de nécessité, que les livres s'ouvrissent tout d'abord à l'endroit marqué. Alors, c'était au récipiendaire de débiter, sans broncher, toute sa science de fraîche date; et pensez que voilà un monde bien examiné. Ou mieux encore, après que, cette ruse ayant été éventée, on eut changé les

---

[1] *Reg. secr.*, 29 août 1551.

livres, et pris ceux du Parquet au lieu de ceux de la Tournelle[1] », le récipiendaire, ouvrant le Code, se mettait à réciter de mémoire, comme s'il l'eût eue sous les yeux, une loi apprise à l'avance et tout autre que celle ignorée de lui, qui s'était offerte à l'ouverture du Code ou du Digeste[2]. Cela arriva à Antoine de Civile, entre autres, que, par malheur, les conseillers Le Roux et Raoullin de Longpaon surprirent en flagrant délit, ce qui valut à ce récipiendaire la plus dure semonce qui se pût imaginer. C'était le troisième examen qu'il eût eu à subir; et, cette fois, on lui dit « qu'encore qu'il eust prémédité et préveu les textes, il avoit par trop froidement respondu, et nullement faict son debvoir ès choses mesmes qui estoient des premiers éléments du droict[3]. » C'est en avoir trop dit sur ces espiégleries, plus dignes d'une petite école que d'une cour souveraine de justice.

Pour y mettre un terme, on avait fini par indiquer, à l'avance, aux récipiendaires, une loi romaine et un texte de droit canonique, sur lesquels

---

[1] *Reg. secr.*, 9 juillet 1554.

[2] *Reg. secr. du Parlement de Normandie*, des 2 et 7 juin 1544, 29 août 1551, avril 1553, 2 et 8 juin 1554, 24 juin 1555, et aliàs passim.

[3] *Reg. secr.*, 8 juin 1554.

ils devaient se préparer à répondre quelques jours après. On appelait cela *bailler loy et chappitre.* A Rouen, on en vint tard à cette forme reçue dans tous les autres Parlements du royaume. Dès 1550, plusieurs conseillers l'avaient voulu faire introduire. « Elle donne au candidat (disaient-ils), espace de préveoir ; à ce moyen, s'il est du sçavoir requis à l'estat, il peut estre, par là, mieulx vu et entendu[1]. » Mais l'ancienne *usance,* toujours si chère en Normandie, prévalut plus de vingt ans encore ; et, le 9 décembre 1570, Michel de Monchy, neveu du cardinal De Pellevé, demandant *qu'on luy baillast* LOY ET CHAPPITRE, *ainsy qu'il se faisoit à Paris et à Tholoze,* on décida, sans même en délibérer, que *la loy ne se debvoit rompre pour luy*[2]. » A la fin, toutefois, reconnaissant que, « par l'examen à la *fortuite ouverture* des livres, on ne pouvoit au certain veoir et entendre la capacité et suffisance ou ignorance des candidats, » le Parlement décida, *unanimi voto,* qu'à l'avenir « il seroit baillé loy et chappitre aux pourveus d'offices de conseillers[3] », sans exclusion, toutefois, de l'ancienne forme, qui fut maintenue en concurrence. Ainsi en usa-t-on à Rouen jusqu'à la suppression des Parlements.

Revenons à notre Echiquier naissant, qui, au-

---

[1] *Reg. secr.*, 10 juin 1550.
[2] *Reg. secr.*, 9 décembre 1570.
[3] *Reg. secr.*, 19 février 1571.

guste et pur qu'il était encore, comme le sont toujours les institutions humaines à leur berceau, était loin d'imaginer, sans doute, que de tels scandales et une si grossière ignorance dussent jamais envahir ce sanctuaire où il rendait la justice avec autant de science que d'intégrité. Un chef lui avait été donné, en qui brillaient au plus haut degré la vertu, la science et le génie; car l'évêque Geffroy Hébert n'ayant pu garder la première présidence, Jean de Selve, simple président depuis peu de temps, fut appelé au poste le plus élevé dans un sénat où sa gravité et ses lumières lui avaient, à l'avance, assigné la première place. Il faut reconnaître, dans Jean de Selve, un des hommes les plus éminents du commencement du XVIe siècle. Qui ignore les éclatants services qu'il rendit, dans la suite, à la France, sous le roi François Ier; son administration dans le Milanais nouvellement conquis, où, vice-chancelier du sénat, il sut établir, en peu de temps, une organisation admirée même de ceux-là du pays à qui déplaisait le plus la conquête [1]; ses succès éclatants dans les fréquentes et épineuses négociations dont il fut chargé, tantôt à Londres (1514), où il déjoua les menées

<small>Jean de Selve, premier président.</small>

---

[1] *Histoire de France*, par Velly, Villaret et Garnier, tom. XXIII, p. 102 et suivantes, édit. in-12.

des émissaires de Ferdinand et de Maximilien[1]; tantôt à Calais (1521), où, encore une fois, il eut raison de Wolsey[2]; surtout, enfin, à Madrid (1525), où, stipulant pour une nation découragée et au nom d'un roi prisonnier, qui ne parlait que d'abdiquer, on le vit tenir tête à Charles-Quint, qui voulait démembrer la France, et où il sut montrer que, dans les plus rudes conjonctures, avec de la conduite et du génie, on peut espérer encore contre toute espérance[3]. Tant de services devaient, un jour, être récompensés par la première présidence du Parlement de Paris, où il lui était réservé de paraître avec éclat; grand homme, profondément respecté de François Ier, qui, lorsqu'on lui annonçait sa visite, se levant aussitôt, contre son habitude, lui allait au devant par honneur; on le sait par L'Hospital qui l'avait vu[4]. Pour

---

[1] *Histoire de France*, par Velly, Villaret et Garnier, tom. XXII, édit. in-12, p. 518 et suivantes.

[2] *Idem*, tome XXIII, p. 344 et suivantes.

[3] *Mémoires de Du Bellay*, collection Petitot, 1re série, tome XVIII, p. 11. — *Les Éloges de tous les premiers Présidents du Parlement de Paris*, par Jean-Baptiste de L'Hermite-Souliers. Paris, 1645, in-folio.

[4] Franciscum memini primo quo tempore regem
Sive salutatum Balius seu SELVA veniret,
Assolitum dubitare prior ne assurgeret illis,
Majestas adeo virtuti regia cedit......
— *Michaëlis Hospitalii Epistol.*, L. III, epist. 1.

l'heure, il préludait à ces hautes destinées par les fonctions de premier président de l'Echiquier de Rouen, qui jamais, jusqu'au docte et loyal Groulart, ne furent exercées avec tant de conscience, de succès et d'éclat. Les registres du temps sont remplis des décisions rendues sous sa présidence; et quelle garantie de la sagesse et de l'équité de ces arrêts! A en croire des *Mémoires* que nous avons sous les yeux, Jean de Selve, écolier infatigable, adolescent et pauvre, avait été vu souvent, dans la place Maubert, debout, dans la rue, exposé au froid, dévorant les lois et leurs commentateurs, à la lueur de la lampe d'un artisan [1]; et il avait dû à tant d'ardeur une connaissance profonde des lois, du droit des nations, et de toutes les sciences nécessaires au juge et à l'homme d'état. Né dans le pays de droit écrit, et versé surtout dans les lois romaines, il ne tarda guère, tant son esprit était prompt et pénétrant, et son ardeur infatigable, à étonner, dans l'application journalière du droit normand, ceux-là même qui en avaient fait l'objet des études de leur vie tout entière. Le Chandelier devait une place d'honneur, dans sa Galerie,

---

[1] Mss. Bibliothèque royale. Titres originaux. Cabinet généalogique. — D'autres documents le font naître d'une famille noble et riche. Voyez Bayle, au mot: SELVE (Jean de). — *Les Éloges de tous les premiers Présidents du Parlement de Paris*, par J.-B. de l'Hermite-Souliers, chevalier de l'ordre du roi. Paris, 1645, in-folio.

au portrait d'un homme si éminent entre les autres ; et, à la vérité, après ce qu'il en a dit, il ne reste plus qu'à se taire. C'est (nous dit-il) « un Caton-le-Censeur à la tête du sénat ; pour lui les lois n'ont point d'ambages ; et il trouve, aussitôt, le texte applicable et décisif. Le droit normand et nos usages locaux semblent lui être familiers dès l'enfance ; les édits de nos rois lui sont tous connus ; il siége avec éclat dans leurs conseils ; en quelque sens que se retourne le procès qu'il va juger, quelque forme qu'il prenne, dans quelque inextricable labyrinthe que la difficulté ait été se cacher, son œil perçant et aguerri a vu tout d'abord le point vulnérable de l'affaire ; il y vise sur l'heure ; le trait d'un archer n'est pas plus sûr. Merveilleusement concis dans son langage, il résume et pose nettement, en peu de paroles, un point de fait qui semblait insaisissable et obscur ; sans hésiter un instant, il va droit et vite au point de décision. Rien n'égale la gravité, la sainteté de ses mœurs. Son front rayonne d'une antiquité prématurée[1]. » Après le départ de ce premier magistrat, dont la Normandie avait été, à bon droit, si fière, le conseiller-poète nous la montre suivant avec un incroyable intérêt la marche toujours plus brillante de Jean de Selve, et pour-

---

[1] B. Candelarii, lib. 1, Encom. 5.

suivant ce grand homme de ses vœux, de son admiration, de ses regrets [1].

Quel éclat donnaient, aux corps judiciaires, des chefs d'un tel mérite ! quel exemple pour les magistrats leurs collaborateurs ! quelle émulation inspiraient de tels exemples à des compagnies tout entières ! C'est la plus belle époque des Parlements. Piété, vertus, science, administration de la justice, depuis l'aube jusqu'au coucher du soleil ; le soir, dans le silence de leurs modestes et pacifiques demeures, l'examen des affaires qu'ils devaient juger bientôt, l'étude des lois et de ses interprètes ; quelques instans aux historiens, aux orateurs, aux poètes qui, naguère, avaient réjoui leur jeunesse, et qui, maintenant, revenaient de plus en plus en honneur ; puis, après une journée si pleine et si sainte, le repos de bonne heure, pour recommencer le lendemain, dès l'aurore, une nouvelle journée non moins utile, non moins pleine que la dernière. De quelle vénération les peuples se sentaient pénétrés à la vue d'un tel spectacle ! Quelle confiance dans des juges qui

Manière de vivre des anciens magistrats.

---

[1] Le Chandelier, en parlant de Jean de Serre, parent et compatriote de Jean de Selve, dit :

Unica *Selvaniæ* gloria familiæ,
  Præsidis illius nostra excedentis ab urbe,
  Solamen nobis dulce relictus erat.
      — B. Candelar., lib. II, Encom. 47. —

vivaient loin de lui, loin de ses préoccupations étroites, de ses familiarités qui engagent; pour des juges qui n'apparaissaient à ses regards que dans l'exercice imposant de leur auguste ministère, et dont les décisions, empruntant la plus grande autorité d'une vie si grave, si mystérieuse et si pure, lorsqu'elles retentissaient dans la grand'chambre, lui semblaient des oracles, et étaient accueillies de tous comme des lois saintes, auxquelles il fallait se hâter d'obéir ! — Elle était si auguste alors, et si imposante, cette fonction du juge, qu'on voyait les rois jaloux de l'exercer souvent en personne. Eux, de qui émanait toute justice, de qui était empruntée l'autorité des juges, ils ne la leur avaient pas tellement déléguée, qu'ils ne voulussent parfois, sinon la reprendre, du moins la partager avec eux. On conçoit quel éclat empruntaient ces corps judiciaires, de la présence d'un roi de France, siégeant, délibérant, jugeant avec eux, et combien redoublait le respect du peuple pour des magistrats dont ses rois, eux-mêmes, aimaient à se faire les collaborateurs. Déjà la ville de Rouen avait joui de ce spectacle. Dans les premières années de l'Echiquier perpétuel, les anciens aimaient à raconter qu'ils avaient vu naguère Charles VIII, après sa joyeuse et brillante entrée dans Rouen, venir au château, siéger à l'Echiquier temporaire, environné de tous les princes, de tous les seigneurs

Louis XII, étant à Rouen, vient siéger à l'Echiquier, le confirme par une charte, et donne aux membres de cette cour les mêmes droits et priviléges qu'à ceux du Parlement de Paris. (Octobre 1508.)

de sa cour, des pairs du royaume, des barons, des prélats, et de tous les officiers de justice de la province. Plusieurs jours de suite, la ville de Rouen émerveillée avait vu un jeune roi de France, assis au banc des juges, prenant part à leurs travaux, autorisant et encourageant par leur présence ces magistrats qui tenaient de lui leurs pouvoirs. C'était en cette solennelle rencontre que le chancelier de France, Guy de Rochefort, avait proféré ces graves paroles, qui avaient tant frappé la multitude, et que l'on aimait à répéter encore : « *Présidens et conseilliers* (avait-il dit), *et vous tous qui aurez à faire les jugemens, considérez les serments que vous avez faictz, et que tout ainsy que vous jugerez vous serez jugiéz. Entendez à garder les droiz des églises, des femmes, des veufves, les droiz du roy, ainsy que subgietz y estes selon les lois et coustumes*[1]. »

Que si un Echiquier ambulatoire, ne tenant qu'à des époques incertaines, et où ne siégeaient que des *commissaires* nommés pour un temps, avait reçu tant d'honneur, une cour souveraine permanente devait, ce semble, n'en pas attendre moins du monarque, surtout, qui l'avait créée. En 1508, revenant de Gênes qu'il avait réduite, étant, avec Anne de Bretagne, au château de Gaillon, chez Georges d'Amboise, et à la veille de se

---

[1] *Reg. de l'Echiq.*, tenu à Rouen en 1485 (18 avril.)

rendre à Rouen, comme Louis XII s'étonnait, avec le cardinal, « que les présidents et conseillers de la court de l'Eschiquier ne l'estoient encore venus veoir [1] », en ce moment même arriva la députation désirée ; et elle apprit, de la bouche de Louis XII, que, voulant, comme Charles VIII, « exalter sa souveraine court de l'Eschiquier de Normandie, il viendroit en icelle, pendant son séjour à Rouen, pour y présider et faire honneur. » On s'était attendu à cette séance royale d'un monarque qui, à Paris, logé près du palais, « montoit souvent au Parlement, et quelquefois assistoit aux plaidoiries, jugeoit les causes, son chancelier prononçant les arrests en sa présence [2]. »

Le Palais de justice de Rouen.

Grâce à lui et à son généreux ministre Georges d'Amboise [3], il y avait maintenant à Rouen un lieu digne d'une telle solennité. Le *palais royal* n'était pas encore achevé [4] ; mais sa grand' chambre du plaidoyer et celle du conseil, où, depuis deux ans [5],

---

[1] *Reg. secr.*, 26 septembre 1550.

[2] *Les treize Livres des Parlements de France*, par Bernard de la Roche-Flavyn, livre IV, chap. 1, §§ 31, 39, 40 et suivants.

[3] *Gallia christiana*, tome XI, col. 94.

[4] « Istâ die (24 octobre 1508), regia majestas... adiyit palatium « *novum* hujus urbis *quod ædificatur adhùc pro loco sessionis Scaccarii ordinarii.* » — *Reg. capitul. Eccles. rothom.*, 24 octob. 1508.

[5] *Chronologia rothom.*, auctore Lamare, advocato in Parlamento. Le 26 janvier 1506, l'Echiquier siégeait encore *au château*. Ledit jour, Richard Violette, trouvé « prenant argent en la bourse

l'Echiquier rendait la justice, avaient une majesté et brillaient d'une splendeur qui imprimaient le respect. A peine sut-on, au reste, de quelle solennité ce palais allait être le théâtre, que, sous le dais fleurdelisé, qui avait été appendu, suivant l'usage, dans la grand'chambre du plaidoyer, au moment de l'entrée du monarque sur le territoire de la province[1], on se hâta de dresser un trône magnifique. Ce ne fut, toutefois, que le vingt-quatre octobre, plus de trois semaines après sa *joyeuse entrée,* que Louis XII vint, un matin, en grand appareil, tenir au palais son lit royal de justice, environné d'une cour nombreuse où brillaient, entre tous les autres, les Stuart d'Aubigny, les Lautrec, les Gaston de Foix, tout couverts des lauriers moissonnés en Italie. Après y avoir « tenu son siége royal au prétoire, environ deux heures[2] », à la vue d'une multitude qui ne pouvait se lasser

---

d'un homme, *en la salle de ce chasteau, fu battu de verges en la court dudit* chasteau, *à l'issue de la court.* » — *Registre de Tournelle*, 26 janvier 1506.

[1] Le 21 juin 1786, le Parlement, averti que Louis XVI était en Normandie, fit (*suivant l'usage observé jusqu'à ce jour, lorsqu'il plaît au roy d'honorer de sa présence sa province de Normandie*) placer, dans la grande salle des audiences, sur les hauts siéges, un dais fleurdelisé..... *qui doit y rester* (dit le registre) *tant que le séjour de Sa Majesté durera dans cette province.* — *Reg. secr.*, 13 juin 1786.

[2] *Registre de l'hôtel-de-ville de Rouen*, du 24 octobre 1508.

de le voir, le *Père du peuple* se retira, pressé de tous côtés par une foule ivre de joie, qui lui prodiguait les bénédictions et les témoignages bruyants et flatteurs de son respect et de son amour[1]. Accueil bien doux et bien mérité par sa bonté, son application à toujours réduire les charges du peuple ; surtout par son ardent amour de la justice. Car « la justice ne fut oncques tenue en si grande vigueur, qu'elle le fut du temps de ce règne..... Le plus petit avoit justice contre le plus grand, sans faveur aulcune[2]. » Dans nos campagnes de Normandie, comme, deux ans après, dans celles de la Bourgogne et de la Champagne, les villageois délivrés, grâce à lui, de cette soldatesque insolente qui, long-temps, l'avait désolée, s'écriaient, accourant sur son passage : « *Il est si saige, si bon ! il maintient justice, et nous faict vivre en paix, a osté la pillerie des gens d'armes, et gouverne mieulx que jamais roy ne fit*[3]. » Pendant ce séjour à Rouen, Louis XII, à la prière des *États* de Normandie, avait, par un édit, confirmé solennellement la *Charte aux Normands*; et, voyant les *États* en peine de leur *Echiquier perpétuel* (odieux aux grands de la pro-

---

[1] « Cum omni plausu et lætitiâ populi assistentis. » — *Reg. du chapitre de la Cathédrale de Rouen*, 24 octobre 1508.

[2] Saint-Gélays, *Histoire de Loys XII.*

[3] Idem, *ibidem.*

vince), il l'avait *confirmé* par une *charte* nouvelle, qui attribuait aux présidents et autres officiers de cette cour « tous, telz et semblables priviléges, franchises, libertez et exemptions.... qu'à ceulx du Parlement de Paris[1]. »

A trois siècles de là, le Parlement gardait encore le souvenir de ce bon roi qui l'avait créé, du premier souverain qui l'eût honoré de sa visite. Un présent de Louis XII, du *Père du peuple*, religieusement conservé d'âge en âge, rappelait incessamment ce monarque à une cour souveraine qu'il avait instituée, et dont il avait daigné venir honorer le berceau. Un crucifix, tel qu'on les entendait alors, c'est-à-dire un tableau où étaient peints Marie et saint Jean, navrés de douleur, aux pieds de Jésus en croix, était appendu dans une des chambres du palais. Le nom de Louis XII, écrit en bas de l'image, annonçait que le monarque avait voulu orner ce *palais royal*, dont la construction était due, en grande partie, à ses largesses. David, Salomon, représentés au-dessus de cette scène, exhortaient les juges « à terminer les différends, à faire justice, à délivrer par leurs équitables sentences les opprimés des mains des oppresseurs, à venger l'innocent calomnié ; ils promettaient une

Anciens tableaux du Christ en croix, qui décoraient les salles d'audience du Parlement de Normandie.

---

[1] Charte d'octobre 1508, datée de Rouen. (Archives de l'hôtel-de-ville.)

infaillible récompense à celui qui *semait la justice*[1]. On admirait, autrefois, dans les salles du Parlement, d'autres tableaux plus beaux encore, et qui, sans doute, étaient aussi des présents de Louis XII. Dans l'un d'eux, étaient représentés le monarque et le cardinal d'Amboise son ministre fidèle, s'exhortant mutuellement à ces vertus qui assurent le bonheur des nations[2].

Dans ces débats solennels, où une immense fortune, où la vie d'un homme semblaient à la merci de ce qu'un autre homme allait dire, avant d'entendre son témoignage, le juge l'adjurait de regarder l'image de l'Homme-Dieu mort pour la vérité. Alors, et sous l'empire d'une foi vive et profonde, qui regnait en ces temps-là sur le trône comme dans les chaumières, l'homme le plus audacieux et le plus passionné, hésitant tout-à-coup, se sentait saisi de frayeur, et rendait hommage, en frémissant, à la vérité, qu'un instant il avait été tenté d'altérer peut-être. Mais, devant la divinité rendue présente, et prise à témoin de ce qu'on allait dire, bien peu, alors, auraient osé mentir.

---

[1] Un des personnages tient un rouleau où sont écrits ces mots : « *Facite judicium et justitiam, et liberate vi oppressum de manu calumpniatoris.* » — Jérémie, cap. 22, vers. 3.
L'autre tient aussi un rouleau où on lit : « *Seminanti justitiam merces fidelis.* » — Proverb., cap. XI, vers. 18.

[2] « *Pontifices, agite* », disait Louis XII. — « *Et vos, reges, dicite justa* », répondait le cardinal.

Ainsi les rois honoraient la magistrature ; et les magistrats, à leur tour, ne laissaient jamais échapper l'occasion de prêter leur appui à l'autorité royale, si peu qu'elle en eût de besoin. Avant la venue de Louis XII, et à peine établi, l'Echiquier avait paru en peine d'un droit exorbitant qu'exerçaient, chaque année, les chanoines de l'église cathédrale de Rouen. On voit bien que c'est du privilége de la *Fierte* que nous entendons parler ; ce privilége, en vertu duquel, de temps immémorial, le chapitre de Notre-Dame de Rouen demandait, chaque année, aux juges, un grand coupable, qu'ils devaient lui livrer aussitôt, et qui, emmené processionnellement à la Vieille-Tour, y levait la *Fierte* ou Châsse de saint Romain, puis s'en allait gracié, libre, tous ses crimes, quels qu'ils fussent, lui étant à jamais remis. Déjà nous en avons parlé ailleurs ; mais notre sujet nous contraint d'y revenir encore. Un collége de prêtres délivrant ainsi tous les ans un homme condamné à mort, ou digne de cette peine, et relâchant avec lui ses complices, en quelque nombre qu'ils fussent, faisant *défense* à tous juges, à ceux même de l'Echiquier, jusque dans leur prétoire, et en face de tous, de juger, de torturer, d'interroger même, pendant le temps nécessaire à son option, aucun des criminels entassés dans sa conciergerie, c'était là, aux yeux de ces magistrats, un privilége bien

L'Echiquier de Normandie cherche à restreindre le privilége de St-Romain.

étrange, une usurpation monstrueuse du droit royal de grâce. Or, dit un vieil auteur, « il n'y a chose de laquelle nos roys soient plus jaloux[1]. » Encore, si le pardon eût été seulement accordé à des meurtriers dont le crime offrît quelques circonstances propres à en atténuer l'énormité ; mais non ; pour manifester avec plus d'éclat la puissante efficacité de leur privilége, souvent on avait vu les chanoines de Rouen désigner, avec prédilection, les plus scélérats d'entre les prisonniers, des hommes coupables des crimes les plus atroces et les plus prémédités. Comme si ces grands criminels, « en offensant les hommes par leurs forfaits, n'avaient pas, à plus forte raison (dit Montesquieu) offensé la divinité[2] », au nom de laquelle on les rendait abusivement à la vie et à la liberté ! Ce n'était pas la première fois que le privilége de la *Fierte* étonnait, à Rouen, les magistrats. Dès 1210, sous Philippe-Auguste, qui venait de recouvrer la Normandie, régie trois siècles durant par des ducs souverains, le gouverneur du château de Rouen, en fonctions depuis peu, et qui, jusque-là, n'avait jamais ouï parler de la *Fierte,* s'était refusé, le jour de l'Ascension, à délivrer aux chanoines le prisonnier qu'ils venaient lui demander au nom du

---

[1] *Republique* de Bodin, livre I, chap. 10.
[2] *Esprit des Lois*, livre XXV, chap. 3.

chapitre. A la vérité, Philippe-Auguste, après une enquête qui établissait l'antique possession des chanoines, s'était empressé de leur faire livrer leur prisonnier[1]; et ils avaient continué, ainsi, d'exercer tous les ans leur droit de grâce, jusqu'à l'année 1420, où Henri V, roi d'Angleterre, venant de conquérir la Normandie, Gauthier de Beauchamps, son bailli à Rouen, refusa, aussi, le jour de l'Ascension, de livrer un prisonnier au chapitre, disant ignorer ce privilége « dont le roy son maistre et luy n'avoient eu aucune congnoissance, depuis la joyeuse conqueste de la duchié de Normandie et la réduction de la ville de Rouen. » Mais deux nouvelles enquêtes, ordonnées par Henri V, ayant encore établi « qu'un prisonnier debvoit estre délivré à l'église de Rouen », Henri V, par une charte datée de Mantes, « bien informé du dict privilége, et comme les dicts chanoynes en avoient accoustumé jouyr », déclara vouloir, « en l'honneur et révérence du glorieux confesseur monsieur sainct Romaing, yceulx chanoynes estre maintenus et gardez en leur possession et saisine au droit du dict préviliége, et qu'il feust inviolablement gardé[2]. » Que dirons-nous de plus? sous

---

[1] *Histoire du Privilége de Saint-Romain*, tome 1er, pages 31 et suivantes, et tome II, page 602.

[2] Idem, tome 1er, pag. 116 et suiv., et tome II, pag. 628 et suiv.

Charles VII, le privilége avait continué d'être exercé sans contrôle; il avait fallu que Louis XI, lui-même, laissât en paix un Etienne de Baudribosc, gracié par le chapitre, en dépit de l'expresse défense de l'ombrageux monarque[1]. Enfin, en 1485, dans une de ces solennelles audiences de l'Echiquier auxquelles présida Charles VIII, les chanoines de Rouen, nous l'avons vu, avaient su faire confirmer solennellement leur privilége par le jeune monarque, émerveillé du récit qu'ils lui firent de la miraculeuse histoire du dragon de saint Romain[2]. Mais l'Echiquier perpétuel ne l'en vit pas, pour cela, d'un œil plus favorable; il paraît même qu'il n'avait pas perdu de temps; car, dès 1500, les chanoines de Rouen se plaignaient à Louis XII de ce que « puis naguères, on s'estoit efforcé de les inquiéter et troubler dans la jouissance de leur privilége[3]. » C'est que l'autorité royale allait toujours faisant des progrès, se montrant de jour en jour plus jalouse des prérogatives inhérentes à la couronne, et les reprenant partout où elle les retrouvait dispersées et usurpées. Les gouverneurs des provinces, eux aussi, avaient eu long-temps la hardiesse de donner, dans leurs gouverne-

---

[1] *Histoire du Privilége de Saint-Romain*, tome 1er, p. 178 et suiv.

[2] Idem, tome 1er, pag. 189 et suivantes.

[3] Idem, tome 1er, pag. 205 et suivantes.

ments, « des lettres de grâce, de pardon, de légitimation, d'anoblissement »; mais Louis XII, le roi régnant, avait bien su les en empêcher. « A nous seuls appartient de donner grâces, pardons et rémissions », avait-il dit dans une récente ordonnance par laquelle il faisait défense aux gouverneurs de délivrer, à l'avenir, de semblables lettres, déclarant « *nulles toutes grâces et rémissions* qu'ils oseroient donner à l'avenir [1]. » Le respect du monarque pour l'église irait-il jusqu'à maintenir la prérogative du chapitre de Rouen ? Mais un fait plus récent encore semblait garantir que Louis XII n'y regarderait point à deux fois. En 1499, n'avait-il pas, sur l'invitation du cardinal d'Amboise lui-même, ôté à toutes les églises de France le droit d'asile ? En sorte que les hommes poursuivis pour dettes et les criminels avaient cessé de trouver, à l'ombre du sanctuaire, ou un refuge inviolable contre leurs créanciers, ou l'impunité de leurs crimes [2] ?

L'Echiquier paraissait donc avoir bien pris son temps pour attaquer le privilége de la Fierte. Mais

Le cardinal-légat G. d'Amboise vient en aide au Privilége.

---

[1] *Ordonnance de mars* 1498, article 70.

[2] *Vie du cardinal d'Amboise*, par Legendre, livre VI, pag. 351 et 352. — *Abrégé chronologique de l'Histoire de France*, par le président Hénault, année 1515. — Merlin, *Répertoire universel de Jurisprudence*, au mot : ASILE.

il s'agissait là d'une église dont le cardinal d'Amboise était le chef, le protecteur et le père ; d'une prérogative royale exercée par des chanoines dont il était le collègue, le zélé patron et l'ami chaleureux. Aussi l'Echiquier rencontra-t-il, tout d'abord, une résistance que, peut-être, il n'avait point attendue si énergique. Par des lettres patentes du 5 mars 1501, envoyées à tous les officiers de justice de Rouen, aux magistrats de l'Echiquier comme aux autres, Louis XII ordonnait que « s'il leur apparoissoit que les chanoines de Rouen et leurs prédécesseurs eussent accoustumé de jouir et user du privilége de Saint-Romain, par tel et si long temps qui pût attribuer possession valable, ils eussent à les en laisser jouir pleinement et paisiblement, en ses circonstances et dépendances, ainsi qu'ilz en avoient jouy de tout temps[1]. »

L'Echiquier perpétuel s'obstine à vouloir restreindre le Privilége.

Ces lettres ne contentaient guère l'Echiquier, dont le procureur général, Robert de Villy, protesta « que si, aux prisons du roy, y avoit quelques criminels chargéz de crime de lèze-majesté, ou contre le bien public, ou autre grant crime, il empescheroit qu'ilz ne feussent délivréz au moyen du dict prévillége. » Pour le crime de lèse-majesté, il n'en pouvait pas être question dans ce débat ; jamais, en aucun temps, le chapitre n'ayant son-

---

[1] *Histoire du Privilége de Saint-Romain*, tome 1ᵉʳ, pag. 205.

gé à délivrer des prisonniers accusés de ce crime;
même, l'exception était écrite dans l'enquête de
1210, le titre le plus ancien, encore existant,
dont ils pussent étayer leur privilége [1]. Pour les
autres grands crimes, en général, dont on voulait
les empêcher de gracier, à l'avenir, les auteurs,
on avait imaginé de les amener, à force de difficultés, à demander au roi une confirmation de leur
privilége, dans l'espoir, ou que le monarque ne la
leur voudrait point donner, ou qu'il ne l'accorde-
rait, du moins, qu'avec des modifications qui ex-
clueraient ces grands crimes dont l'impunité indi-
gnait les magistrats et effrayait la société. Mais
c'était à quoi les chanoines de Rouen ne pouvaient
se résoudre. A leur sens, ce privilége, qu'ils faisaient remonter à Dagobert, et auquel ils donnaient
une origine céleste, était, par cela seul, perpétuel,
inamissible. En demander la confirmation au roi
même le plus bienveillant, c'était, dans le présent,
méconnaître la source toute divine de leur droit,
et, pour l'avenir, mettre tout à l'aventure. Car ce
qu'un roi aurait bien voulu consentir à confirmer,
un autre roi n'aurait-il pas la fantaisie et, en tout cas,

---

[1] « Et quemcumque illorum canonici deliberare volebant, elige-
« bant, *si non esset captus pro proditione Domini regis.* » —
Lettre de Robert Poullain, archevêque de Rouen, et de Guillaume
de la Chapelle, châtelain d'Arques, à Philippe-Auguste, 1210. —
(*Histoire du Privilége de Saint-Romain*, tome II, pag. 601.)

Lettres patentes de novembre 1512, pleinement confirmatives du Privilége.

le pouvoir de le détruire? Toutefois, poussés à bout par l'Echiquier, ils finirent par s'exécuter, tant ils espéraient de leur archevêque Georges d'Amboise « qui gouvernoit du tout le roy et le royaume de France, pour avoir esté l'un de ses plus familiers lorsqu'il estoit Monsieur d'Orléans [1]. » Le cardinal étant mort, toutefois, en 1510, sans que le chapitre eût encore reçu de réponse, Georges d'Amboise, deuxième du nom, neveu et successeur du défunt sur le siége primatial de Rouen, obtint du roi, en novembre 1512, des lettres patentes si pleinement confirmatives du privilége de Saint-Romain, et conçues en termes si exprès, si explicites, que le chapitre, lui-même, eût été en peine pour les rédiger autrement. Ces lettres lui reconnaissaient et lui conservaient solennellement le droit « de délivrer, tous les ans, un prisonnier... *pour quelconque cas et crime qu'il fust détenu...* le quel, alors, seroit absoulz de tous cas et crimes précédemment par lui commis... et avec luy tous ses complices et participans des dictz crimes... sans que jamais on en pust contre eulx, par justice ou aultrement, faire poursuilte ou réclamation aulcune. » Défense expresse était faite aux Parlements de France, *Eschiquier,* Baillis et tous autres

---

[1] Brantôme, *Illustres capitaines françois*, Discours 22ᵉ.

officiers de justice, d'y donner aucun empeschement[1].

L'étonnement, l'indignation de l'Echiquier, lors- *L'Echiquier obtient un édit (12 décembre 1512), au moyen duquel il entend restreindre le Privilége.*
que lui parvinrent ces lettres patentes, furent plus
grands qu'on ne le saurait dire; ni les ordres exprès du
roi, ni les instances réitérées du chapitre, ne purent
les lui faire enregistrer sur l'heure ; et la publication
en fut ajournée sans que ces magistrats eussent voulu dire les motifs de ce retard. Mais bientôt on put
deviner, enfin, leur dessein, lorsqu'on les vit, le
quatorze janvier suivant, faire publier, à l'audience
de la grand'chambre, un édit de bien fraîche date,
peu conciliable assurément avec ces lettres patentes de novembre, si énergiquement confirmatives du privilége de Saint-Romain. Louis XII, dans
ce nouvel édit, en date du 12 décembre 1512,
disait avoir appris « que aucuns chappitres des
églises métropolitaines cathédrales de son royaulme
prétendoient avoir, par privilége, ou ancienne
coustume, soubz l'honneur et tiltre des saincts révéréz ès dictes églises, droict de délivrer, tous les
ans, à certaine journée, ung prisonnyer criminel...
et de le mectre à pure et pleine délivrance...
qu'abusant de ces prétendus priviléges, *ilz avoient
faict délivrer aucuns criminelz de grandz et griefz
crimes ;* au très grand dommaige et scandale de

---

[1] *Histoire du Privilége de Saint-Romain*, tome 1ᵉʳ, page 209.

la chose publicque... chose desplaisante à Dieu et aux dictz sainctz. » En conséquence, il déclarait défendre que « ces priviléges et coustumes se pûssent jamais estendre à la délivrance, grâce et rémission des criminels détenus pour crimes de *hérésie, de léze-majesté, faulse monnoye* et *homicide commis et perpétré par industrie et de guet apensé*..... Voulant que de ces grands et exécrables cas, justice et punition fust faicte telle qu'il appartenoit, *sans avoir regard aux dictz us et coustumes....* que l'on pouvoit dire et réputer abbuz et corruptèles [1]. »

Arrêt du 26 janvier 1513, limitatif du Privilége.

Que cet édit eût été inspiré ou même dicté par l'Échiquier de Rouen, ceux qui en avaient pu douter d'abord durent enfin se rendre à l'évidence, lorsqu'à la grande audience du 26 janvier, après qu'on eut lu, enfin, les lettres patentes de novembre, si pleinement et si explicitement confirmatives du privilége de l'église de Rouen, et qui le déclaraient perpétuel et irrévocable, on entendit le premier président, Jean de Selve, prononcer un arrêt qui en anéantissait tout l'effet. « *La Court* (dit ce magistrat)*, ordonne l'enregistrement de l'édict qui vient d'estre leu, pour en jouyr par les impétrans, selon sa forme et teneur ; saufz les crimes d'hérésye, de lèze-majesté, de faulse mon-*

---

[1] *Histoire du Privilége de Saint-Romain*, tome 1ᵉʳ, pages 212 et suivantes.

noye et d'homicide pourpensé, lesquelz (dit-il en appuyant sur les mots) *sont réservéz et exceptéz par l'édict publié céans le 14 du présent moys. De plus,* ajouta-t-il, *les complices du prisonnier admis à lever la Fierte ne jouyront,* COMME LUY, *du privilége, que pour le crime à raison duquel il aura levé la Fierte, et non pour les autres crimes qu'ils pourroient avoir commiz.* » Suspendre, sans mot dire, la publication des lettres patentes de novembre, pleinement confirmatives du privilége; publier bientôt, en hâte, avant ces lettres, un édit postérieur d'un mois, et évidemment sollicité pour en neutraliser l'effet; puis, lors de l'enregistrement tardif des lettres de novembre, si spéciales, si expresses, « pour quelconque cas ou crime que ce fust, mesme pour tous crimes précédentement commis, et pour tous complices et participants », les modifier dans leur essence par un édit conçu en termes généraux et qui ne parlait pas de la Fierte, c'était, de la part de l'Echiquier, avoir manœuvré habilement, sinon avec franchise; mais c'était, aussi, s'être pris à forte partie; et Georges d'Amboise neveu était bien résolu à n'en point avoir le démenti. A peu de temps de là, par des lettres closes datées de Blois, Louis XII blâmait son Echiquier, et Jean de Selve en particulier, d'avoir voulu « *soubz umbre et couleur d'ung mandement conçeu en termes généraulx,* OBTENU DE LUY, AU POURCHATZ

Louis XII blâme l'Echiquier et Jean de Selve.

D'AULCUNS, limiter et restraindre le préviliége de Sainct-Romain, récemment confirmé par ses lettres en forme de chartre. »

« Jamais n'entendismes (disait le roi) que ainsy se deubst faire. » Il ordonnait donc, par un nouvel édit, du 25 février, «perpétuel et irrévocable», que le privilége du chapitre de Rouen « auroit lieu et sortiroit son plein et entier effect, juxte la teneur de ses précédentes lettres de confirmation, sans que la déclaration du 20 décembre ny l'enregistrement d'icelle à l'Eschiquier de Rouen, ny la forme du *lecta et publicata* mis sur icelles peussent tourner à aucune diminution du dict privilége, en quelque manière que ce feust. » La déclaration de décembre était *révoquée*, *« en tant qu'elle pouvoit toucher au dict privilége de Saint-Romain*,*»* et avec elle était annulé l'arrêt du 26 janvier, qui, au lieu d'enregistrer les lettres patentes de novembre, les avait si étrangement modifiées. Enfin, disait le roi, «nous ne voulons dyminuer le privilége de l'églize de Rouen, *ains iceluy augmenter*, à l'honneur de Dieu, louenge et récordation du glorieux sainct Romain, auquel le chapitre, tout le peuple de Rouen et païs d'environ ont grande dévotion et affection[1]. »

La facilité déplorable du gouvernement à se lais-

---

[1] Anciennes archives du chapitre métropolitain de Rouen.

ser ainsi surprendre des édits qui se détruisaient les uns les autres, atténuait beaucoup, on le conçoit, l'autorité de ces actes royaux. Aussi jamais ne put-on amener l'Echiquier à enregistrer ce dernier édit, ni même à témoigner, par écrit, qu'il l'eût reçu ; et nous en resterions là de notre récit sur le privilége de la Fierte, s'il ne valait pas mieux en finir, d'une fois, sur cette matière, pour n'y plus revenir dans la suite de cette histoire. Disons donc que, dans tout le temps qui s'écoula de 1512 à 1596, ce ne fut que démêlés entre le chapitre de Rouen, qui voulait exercer largement tous les droits que lui avaient donnés les lettres patentes de novembre 1512, ainsi que l'édit du 25 février suivant, et les magistrats qui ne se lassaient point d'opposer les modifications de l'arrêt du 26 janvier 1513 ; mais c'était la plupart du temps sans succès. Car que répondre à de nouvelles confirmations obtenues par le chapitre, plus expresses, s'il se peut, que les deux édits de Louis XII ; à deux édits de Henri II¹, par exemple (des 14 juin 1557 et 9 mars 1559), inspirés par Diane de Poitiers, dont un neveu, le sieur d'Auzebosc, avait levé la *Fierte*, grâce à la protection de sa tante ; à une autre confirmation que l'on était parvenu à obtenir de Fran-

L'Echiquier s'obstine, et le Parlement après lui.

Le Privilége confirmé par les rois successeurs de Louis XII.

---

¹ *Histoire du Privilége de Saint-Romain*, tome 1ᵉʳ, pages 274 et 283.

çois II¹, pendant les quelques mois de son règne ; à des édits de Charles IX², que l'on vit solliciter la Fierte pour les barons de Pellevé de Flers, qu'il n'osait gracier ; à des édits de Henri III, de ce roi qui s'était interdit à lui-même le droit de faire grâce des grands crimes, défendant aux juges d'avoir égard aux lettres de rémission qui pourraient lui être arrachées, même aux lettres de jussion qu'il leur enverrait en conséquence³, et qui, plusieurs fois, cependant, par lettres patentes, confirma le privilége de Saint-Romain, sans aucune modification ou restriction, par le motif assez étrange que « si les homicides pourpenséz estoient exceptéz, le privilége de Sainct-Romain seroit du tout inutile, et la grâce du tout abolie, ESTANT (disait-il) LES AUTRES HOMICIDES REMIS PAR LA VOYE ORDINAIRE DE NOSTRE PUISSANCE⁴ ! ! ! »

Le chapitre abuse du Privilége.

Tout ce que le Parlement pouvait faire en enregistrant ces édits, après trois ou quatre jussions, était de se réserver « d'avoir esgard, en jugeant les cas particuliers, aux circonstances d'iceulx, ainsy qu'il appartiendroit par raison⁵. » Cependant, les

---

¹ *Histoire du Privilége de Saint-Romain*, tome 1ᵉʳ, pag. 284.
² Idem, tome 1ᵉʳ, pag. 294 et suivantes.
³ Ordonnance de Blois, de 1579, article 190.
⁴ *Histoire du Privilége de Saint-Romain*, tome 1ᵉʳ, pag. 334.
⁵ Arrêt du Parlement, 14 mai 1577.

chanoines de Rouen, ainsi soutenus et autorisés, avaient tant de fois et si étrangement abusé de leur privilége, qu'on en murmurait tout haut au conseil du roi, et qu'on leur avait dit, un jour, « que si leur compaignye n'y regardoit de plus près, et ne faisoit en sorte que, pour le moins, il y eust *une meûre entre deux verdes,* ce seroit cause de faire casser et annuler le privilége[1]. » En 1583, dans une solennelle assemblée tenue à Saint-Germain, pour la réforme des abus de l'État, un président au Parlement de Paris, Jean de la Guesle, n'avait pas craint d'attaquer de front le privilége de Saint-Romain et ses abus, en présence du cardinal de Bourbon, archevêque de Rouen, dont l'indignation et le courroux, en l'écoutant, éclatèrent avec une violence qu'expliquait assez la grande part que le faible prélat avait eue, lui-même, à ces scandales[2]. Il ne fallait rien moins, pour y mettre un terme, que l'autorité prépondérante de l'assemblée des notables, tenue à Rouen par Henri IV, à la fin de 1596, après les troubles qui, si long-temps, avaient agité le royaume. A cette fois, ni les plaintes, ni les instances, ni les bouderies du chapitre, ne purent prévaloir ou même se faire

Edit du 25 janvier 1597, restrictif du Privilége.

---

[1] Lettre du 26 avril 1580. (*Histoire du Privilége de Saint-Romain,* tome 1er, pag. 346.)

[2] De Thou, *Histoire universelle,* livre LXXVIII.

écouter. Un édit du 25 janvier 1597 vint soustraire à l'action de l'antique privilége de la Fierte, non seulement les crimes de lèse-majesté et d'hérésie, toujours exclus jusque-là, mais, en outre, la fausse monnaie, l'assassinat de guet-apens (c'était, depuis long-temps, l'objet du débat); et, enfin, le *viol* même, dont aucun édit n'avait parlé jusqu'à ce jour. Le privilége subit encore, en cette conjoncture, d'autres modifications importantes; et ce fut sans retour; car, depuis lors, l'édit du 25 janvier 1597 ne cessa d'être, quant au privilége de la *Fierte*, la loi suprême du Parlement et du chapitre.

Le Privilége de St-Romain, limité et restreint par l'édit de 1597, fut toujours, dans la suite, protégé par le Parlement.

Désormais, les beaux jours de la *Fierte* étaient passés; et, à de fréquents intervalles, on entend les chanoines de Rouen se plaindre « des insultes réitérées qu'a à subir, de la part des officiers du bailliage et de la cour des aides, leur privilége altéré, diminué, retranché comme il est, réduit seulement pour les cas les plus rémissibles, c'està-dire à rien, au prix de ce qu'il avoit été autrefois[1]. » Encore purent-ils craindre de se le voir enlever entièrement, lorsqu'en 1753, Louis XV anéantit presque sans ressource le privilége dont avaient joui les évêques d'Orléans, depuis des siècles, de délivrer, au jour de leur *joyeuse entrée*

---

[1] Lettre du 9 juillet 1701. (Archives de la Préfecture).

dans la capitale de leur diocèse, tous les criminels
détenus dans les prisons de leur ville épiscopale.
Cet édit proclamant si haut « qu'il n'appartenoit
qu'à la puissance souveraine, *seule*, de faire grâce
et d'user de clémence envers les coupables »,
quelle ne dut pas être la sollicitude du chapitre de
Rouen, lorsque, à peu d'années de là, Louis XV fit
demander au Parlement, par le ministre Bertin,
« sur quoi reposoit le privilége de Saint-Romain ;
si c'étoit sur quelques titres, ou seulement sur
l'usage ? » Heureusement, depuis les modifications de 1597, qui rendaient presque impossible,
désormais, un abus scandaleux du privilége, le
Parlement n'avait plus vu, dans cette prérogative,
qu'un usage touchant qui montrait au monde la
religion désarmant la justice, et la miséricorde
divine venant en aide à la pitié des hommes. Sa
réponse au ministre Bertin était l'apologie la plus
complète qui se pût faire du privilége de la *Fierte*,
en l'état où l'avaient mis la jalousie des rois et le
zèle des magistrats pour la justice. « Ce privilége
est trop beau (écrivait au ministre Bertin, le premier président Hue de Miromesnil) ; il est trop
précieux à l'église de Rouen, *au Parlement* et à
la province, pour que je néglige de vous prier
d'engager S. M. à n'y donner aucune atteinte [1]. »

---

[1] Lettre du 18 septembre 1766, au *Registre secret du Parlement*.

L'assurance du ministre « qu'il ne seroit rien changé, quant au privilége, à ce qui s'étoit pratiqué jusqu'à présent », eut bientôt tranquillisé le chapitre de Rouen, un instant alarmé. En 1775, peu après le rappel du Parlement, on avait entendu le procureur général Godart de Belbeuf déplorer les chicanes qu'avait eu à essuyer le privilége, pendant l'éphémère existence du *conseil supérieur ;* se réjouir de voir « un privilége aussi précieux à l'humanité, retrouver ses *protecteurs,* et le Parlement *le remettre en honneur,* après qu'il avoit été méprisé dans un temps qu'on ne pouvoit trop oublier. » Peu après, le conseil, (le roi *Louis XVI y séant*), ayant, par un arrêt, confirmé encore une fois le privilége de Saint-Romain, il semblait inattaquable et inamissible désormais, lorsque survint l'immense révolution de 1789, torrent qui entraîna violemment dans son cours toutes les prérogatives de l'autel et du trône. En 1791, aux magistrats de Rouen qui, avertis que le peuple de cette ville ne pouvait se résoudre à regarder le privilége de Saint-Romain comme anéanti, avaient écrit au ministre de la justice, pour le consulter sur le sort de ce privilége, Duport répondit « *qu'il n'y avoit plus de privilége aux yeux de la loi* », et les renvoyait à *la clémence* du roi, pour les condamnés dignes d'intérêt et de pitié. Trois jours après qu'il avait écrit cette lettre, Louis XVI était dépouillé de son droit

<small>Abolition du Privilége de Saint-Romain.</small>

de grâce; et ainsi, pour les malheureux condamnés, il n'y avait plus rien à attendre, désormais, ni de l'autel, ni du trône. « Le privilége de Sainct-Romain (avait dit un auteur du xvii° siècle) demeurera tant que l'honneur de Dieu et de ses saints, auquel il est attaché et joinct inséparablement, trouvera place dans le cœur des François, *la plus pieuse et la plus dévote nation du monde*[1]. » En se rappelant ce qui se passait en 1791, et les désastreux événements qui suivirent, on voit quel pas avait fait, en deux siècles, la plus pieuse et la plus dévote nation du monde; et les paroles de Monstreuil semblent vraiment une prophétie.

Pour en revenir à l'Echiquier, trop de passion s'était mêlée à ces débats au sujet de la Fierte, pour qu'il n'en perçât rien dans les rapports qu'avaient entre eux les membres de cette cour souveraine et le chapitre. Nous nous bornerons à un seul fait, entre cent autres trop puérils pour être mentionnés dans cette histoire. On avait donc vu, un jour (en avril 1504), cette antipathie entre les deux corps se manifester publiquement jusqu'au scandale. L'inhumation d'un chanoine conseiller clerc en l'Echiquier (Jean Le Monnier) fut, le croira-t-on, l'occasion déplorable

Débats entre l'Echiquier de Normandie et le chapitre de la Cathédrale de Rouen. Scènes scandaleuses.

---

[1] Plaidoyer de l'avocat Monstreuil, au conseil du roi, pour le privilége de Saint-Romain, en 1607.

I.

de ce conflit scandaleux autant que ridicule. L'Echiquier avait été convié à la cérémonie par les parents et amis du défunt. Dans la rue *Saint-Nicolas*, à la porte de la maison mortuaire, en présence du cadavre gisant dans la bière, au conspect du peuple accouru là en foule, une dispute violente s'était élevée entre l'Echiquier et le chapitre, sur cette question : à laquelle des deux compagnies appartiendrait l'honneur de tenir les coins du *poêle* ou drap funèbre; l'Echiquier réclamant cet honneur, parce qu'il s'agissait d'un conseiller, et le chapitre le lui contestant parce qu'il s'agissait d'un chanoine. Et comme, pour finir le débat, quatre *chanoines conseillers clercs*, par l'ordre de l'Echiquier, s'étaient saisis des quatre coins du poêle, que déjà le cortége était en marche et le chant commencé, un chanoine, Jean de Batencourt, « branlant la teste, et soy contenant arrogamment en gestes et paroles : *Ce n'est à ceulx de la court à porter le drap* (s'écria-t-il), *et c'est novalité qui ne sera permis ne souffert* »; et cinq ou six autres chanoines d'applaudir, et d'arrêter le convoi, en s'écriant : « *Nous ne passerons oultre, se les conseillers qui tiennent le drap ne le laissent aux chanoines.* » L'Echiquier tenant bon, et le premier huissier, au nom de la cour, enjoignant aux chanoines et aux chapelains, sous des peines sévères, de se contenir et de *marcher oultre sans scandale*, « NON

FERONS, s'étaient-ils tous écriés avec violence;
C'EST UNE TYRANNIE DE MESSIEURS DE L'ESCHIQUIER »;
et aussitôt, faisant cesser le chant, éteindre les
cierges, se dépouillant de leurs habits d'église, et
se séparant du reste du cortége, la croix du chapitre en tête, laissant là le mort dans la bière, ils
étaient rentrés à Notre-Dame, jusqu'à ce que, avertis
que MM. de l'Echiquier, retournés au château,
étaient en train de juger un procès, ils ne tardèrent guère à revenir en grand costume, la croix en
tête, lever le corps du chanoine Le Monnier, qui,
par les soins de l'Echiquier, avait été rentré dans
la maison mortuaire; puis, chantant les prières
d'usage, étaient retournés à Notre-Dame, sans
messieurs de l'Echiquier, et maîtres, désormais,
de se partager les coins du poêle, de terminer
enfin à leur gré la cérémonie funèbre qu'ils avaient
si indécemment troublée.

Peut-être eût-ce été une punition suffisante pour
le chapitre que la réprobation générale et la
risée publique inévitables à la suite d'une pareille
action; mais l'Echiquier, indigné, crut devoir prodiguer les procédures, les assignations aux chanoines Batencourt, Chuffles, Le Gras, De Lestré,
Sarrazin et De Sandouville, qui s'étaient le plus
signalés dans la mêlée. Nouvelle occasion, pour
ces prêtres orgueilleux, de braver l'Echiquier; car,
aux huissiers envoyés du château pour les semon-

dre, « *la raison est pour le chappitre,* répondaient-ils, *et la force pour la court; nous n'y irons point.*» Les plus modérés alléguaient des maladies pour excuses; et il se trouvait, tout bien éclairci, qu'ils avaient dîné ou s'étaient promenés, ces jours-là, par la ville, mieux portants et plus allègres que jamais. Plurent, alors, sur les plus récalcitrants, les réquisitoires et les amendes; les uns étant condamnés à 300, les autres à 500 livres; tous à de grosses aumônes au profit des ordres mendiants.

Mais qu'avait pu espérer l'Echiquier de tous ces arrêts? le cardinal-ministre Georges d'Amboise, prêtre avant tout, n'en voulait croire que son chapitre, quoi qu'on lui pût dire; et, tout puissant auprès de Louis XII, après lui avoir fait évoquer l'affaire, malgré le mouvement que se donna l'Echiquier pour l'empêcher, se fit déléguer par le monarque pour la juger, s'il ne pouvait concilier les parties; et comme, ni de part ni d'autre, on ne voulut jamais entendre à un accord, une sentence du cardinal-lieutenant du roi dans la province, qui donnait tort à l'Echiquier, et annulait toutes les condamnations d'amendes prononcées contre les chanoines, fut pleinement confirmée par des lettres patentes du roi, revêtues du sceau royal, dont le chapitre, comblé de joie, fit faire des expéditions authentiques par des tabellions, en pleine assemblée capitulaire; et ces lettres, il fallut que l'Echiquier les laissât transcrire sur ses registres. Connaissant la puissance de Georges d'Amboise, son engouement pour son chapitre, la condescendance de Louis XII pour le prélat « qui gouvernoit paisiblement le cœur et oreille du roy son maistre [1] », peut-être les magistrats eussent-ils dû s'épargner à eux-mêmes cet inévitable échec; et, encore une fois, laisser à sept ou huit chanoines turbulents l'irrégularité et la honte de leur action, et le blâme de leurs collègues plus modérés qu'eux, c'eût été les en punir assez [2].

Au reste, il n'était pas donné à tous de manquer ainsi impunément au respect dû à la première cour souveraine de la province; et les habitants de Quillebeuf devaient l'apprendre à leurs dépens. Car, en 1511, comme l'Echiquier venait de rendre, relativement au possessoire de la cure de cette ville, un arrêt qui ne leur agréait pas, avertis que le premier huissier de l'Echiquier venait d'arriver à Quillebeuf pour le faire exécuter, ils avaient osé se réunir tous tumultuairement dans l'église, les portes fermées, y *tenant fort* contre le messager de la cour; et, à peu de jours de là, faire un accueil tout semblable à un conseiller de l'Echiquier,

Habitans de Quillebeuf, punis de leur résistance à un arrêt de l'Echiquier.

---

[1] Estienne Pasquier, *Recherches de la France.*

[2] *Reg. du chapitre de Rouen*, du 17 avril au 28 juin 1504. — *Reg. de l'Echiquier*, 20 avril 1504. — Rapports civils, n° 5.

commissaire envoyé par cette cour, pour faire, enfin, exécuter l'arrêt; mais l'Echiquier sut faire justice de tant d'insolence et d'audace; et, après une enquête rigoureuse sur ces scènes de désordre, les coupables, en grand nombre, furent punis de leur rébellion, les uns par la prison, les autres par la confiscation de leurs biens, ceux-là par le fouet, ceux-ci par le bannissement, et tout le reste par de fortes amendes [1].

Les drapiers de Louviers, punis pour résistance à un arrêt de l'Echiquier.

Une tentative semblable ne réussit pas mieux aux drapiers de Louviers, qui, furieux d'avoir perdu, à l'Echiquier, un procès important contre la communauté des tisserands, avaient tenté d'exciter une sédition dans Louviers. La peine suivit de près la faute; car d'abord tous les gardes-scel, reconnus coupables d'avoir excité, sous main, ce mouvement populaire, furent mulctés de lourdes amendes; mais, en outre, les nommés Duval et Durand, plus coupables que tous les autres, conduits, chacun une torche ardente à la main, depuis la place où avait eu lieu l'émeute, jusque devant l'image de Notre-Dame de la ville de Louviers, furent contraints de demander à genoux « mercy à Dieu, au roy et à la court de l'Eschiquier » qu'ils avaient insultés [2].

---

[1] *Reg. secr.*, 24 juillet 1511.

[2] *Reg. secr.*, 13 décembre 1511.

Au reste, la haute impartialité de l'Echiquier le faisait respecter autant, au moins, que ses rigueurs l'avaient fait craindre. Fidèles à leur serment, ces magistrats en agissaient avec le puissant comme avec le faible, avec le riche comme avec le pauvre. On l'avait bien vu dans l'affaire du baron de Coulonces, qui, ayant obtenu du roi des lettres de rémission pour un crime par lui commis, demandait qu'on lui épargnât la honte de venir, en audience publique, assister, à genoux, à l'entérinement de ces lettres de grâce, et suppliait l'Echiquier de les entériner à huis clos. Ses parents, « *tous grands personnages, ayant faict et faisant* chaque jour de grandz services au roy », assiégeaient l'Echiquier, demandant, avec instance, « *qu'on ne les diffamast point* par un enregistrement à huis ouverts. » L'évêque de Lisieux s'était mis de la partie ; et, enfin, le fameux La Trimouille, qui pressa vivement Jean de Selve. Celui-ci alléguait l'ordonnance qui voulait que ces sortes de lettres fussent présentées *en jugement;* et comme La Trimouille objectait qu'il n'avait point été dit : *publiquement*, tout ce que purent obtenir ces gentilshommes et ces grands si émus, fut qu'on en délibérerait, les chambres assemblées. Mais là, le baron de Coulonces fut débouté des fins de sa requête ; et bientôt, dans la chambre dorée du *Plaidoyer*, en audience à huis ouverts, le puissant ba-

<small>Impartialité de l'Echiquier. Le baron de Coulonces, puissant, recommandé énergiquement par La Trimouille, ne peut obtenir que ses lettres de rémission soient lues à huis clos.</small>

ron, agenouillé, tête nue, comme aurait pu l'être le plus obscur de ses vassaux, entendit le greffier en chef lire, à haute voix, pour le public comme pour les juges, les lettres qui lui pardonnaient son crime. Au défaut de la peine qu'il avait méritée, du moins eut-il la honte ; l'Echiquier ne rendait point de services [1].

Nous ne finirons point cette histoire de l'Echiquier sous Louis XII, sans dire ce que firent ces magistrats pour la chose publique, en 1512, après que les Français eurent été expulsés d'Italie, et lorsque la France elle-même était menacée de tous côtés par des nations liguées contre elle ; l'Aquitaine par les Espagnols ; la Bourgogne par les Suisses ; la Normandie et la Picardie par les Anglais. Car, comme le roi eut envoyé, dans nos parages, en qualité de lieutenant général en la province, La Trimouille (*le Chevalier sans reproche*), et le grand sénéchal Brézé après lui, pour la défendre et la mettre à l'abri d'un coup de main [2], l'Echiquier seconda énergiquement ces deux hommes de guerre de ses conseils, de son autorité et de son concours. Un appel avait été fait à tous hommes

---

[1] *Reg. secr.*, 22 août 1512.

[2] *Reg. secr.*, 21 avril 1512 et jours suivants.
Le Panégyrique du Chevalier sans reproche, ou Mémoires de La Tremoille, par Jean Bouchet, procureur de Poictiers, chapit. 23, collect. Petitot, 1re série, t. XIV, p. 470 et suivantes.

en état de porter les armes ; et, dans quelques villes, à Louviers entre autres, les habitants n'obéissant pas aux baillis, et s'assemblant tumultuairement pour leur résister, l'Echiquier, par des arrêts sévères, les sut bien rappeler au devoir[1]. Mais on vit même tous les magistrats qui le composaient, et, à son instigation, tous les avocats et tous les légistes de la ville, sans exception, rivaliser de zèle et de sacrifices pour former une garde nombreuse et formidable, prête à défendre la ville, à la première attaque. Une *monstre* ou revue solennelle eut lieu, où se pressaient, les uns contre les autres, des hommes d'armes et des archers en grand nombre, accourus, comme par enchantement, au premier signe qu'avait fait l'Echiquier. Présidents, conseillers, gens du roi, greffiers, avocats, procureurs, même les *solliciteurs de procès*, tous avaient contribué, de leurs deniers, à la solde de ces milices improvisées, à l'achat des chevaux que montaient les hommes d'armes et les archers ; des *hallecrets*, des *brigandines*, dont ils étaient armés[2]. Que dis-

---

[1] *Reg. secr.*, 18 mai 1512.

[2] Le premier président, Jean de Selve, fournit un homme d'armes et cinq hommes armés de brigandines et hallebardes, tous à cheval. Le président Bordet un homme d'armes et quatre hommes armés de brigandines.... Le conseiller Du Fresnoy, un homme d'armes avec deux autres hommes armés de hallecrets et de brigandines, à cheval, etc. — *Reg. secr.*, 17 juin 1512.

je ? dans leurs rangs paraissaient des membres de l'Echiquier en personne, Jean de Selve, le premier de tous, lui que, treize ans plus tard, après la déroute de Pavie (1525), les Parisiens, dont il était devenu le premier président, virent, en habit de guerre, monter la garde sur leurs remparts [1]. On reconnaît ici *l'arrière-ban*, service militaire qui, aux jours de péril pour l'État, appelait et faisait armer en hâte tous Français, les tenants-fiefs surtout, si peu compatible que pût être leur profession avec le maniement des armes [2]. Les évêques mêmes et les abbés ne s'en seraient pu défendre ; combien moins les magistrats ; la ligne de démarcation entre les diverses classes n'étant point, alors, tant s'en faut, tranchée comme elle le fut depuis !

Si zélés, au reste, que fussent les membres de l'Echiquier, on les entendit tous déclarer alors, (et les registres en sont chargés) « qu'ils n'entendoient, pourtant, estre assubjectis en plus avant que la valeur de leurs fiefs, et que tenus y estoient par leurs adveux et dénombrements... qu'ilz n'entendoient aussy aller ni estre envoyéz ailleurs, mais que, seulement, ilz demoureroient pour la garde et deffence de la ville. » Les magistrats ne

---

[1] *Histoire de France*, par Velly, Villaret et Garnier, tome XII, p. 333 et 334 de l'édition in-4°.

[2] *Cang. Gloss.*, V° SERVITIUM MILITARE ; et v° RETROBANNUM.

se devaient voir affranchis de cette charge que sous le règne de François Ier, dont les divers édits rendus pour les en exempter sont assez connus pour que nous nous bornions à en mentionner un seul, celui du 19 juin 1542, « qui, ayant esgard aux peines et travaux que les membres du Parlement de Rouen avoient, chacun jour, pour l'administration de la justice », les déclarait « francz, quittes et exempts du ban et arrière-ban dernièrement ordonné estre mis sus et publié dans le royaulme [1]. »

---

[1] *Reg. secr. du Parlement.*

RÈGNE

DE FRANÇOIS I.

PARLEMENT DE NORMANDIE.

<small>L'Echiquier perpétuel fut, dès sa création, et long-temps, en butte à des haines, à des hostilités.</small>

Il ne faut pas croire que l'Echiquier perpétuel eût traversé sans obstacle les quinze années écoulées depuis l'édit des Montils-lès-Blois. La haute suprématie d'un corps investi de si grands pouvoirs pesait à l'orgueil d'anciennes compagnies en possession, dès long-temps, de jouer, chacune en sa sphère, des rôles importants dans la province. La cour des *Généraux* ou des *Aides* n'était plus, désormais, le premier corps souverain permanent du pays. Le bailli de Rouen et son lieutenant-général;

les échevins et conseillers de ville, ces *officiers du peuple,* naguère si écoutés, si influents, s'étaient vus, à regret, dépouillés du droit d'administrer la ville presque sans contrôle, et de se mêler seuls de sa police. « *Vous avez l'œil sur le particulier des affaires* (leur disait un jour le président Maignart); *le Parlement, luy, a l'autorité générale et souveraine; il est comme* UNG SURVEILLANT GÉNÉRAL, qui pense et regarde sans cesse, comme faisoient les antiens consuls, que la chose publique ne souffre aucun dommage[1]. » On a vu le chapitre métropolitain, indigné des atteintes portées à son privilége de Saint-Romain, montrer à découvert son dépit et son mauvais vouloir. Ces barons, ces prélats, en possession si long-temps « d'estre comme princes en Normandie », au temps des Echiquiers temporaires, n'avaient pu se résoudre si vite au rôle insignifiant et subalterne qui leur était assigné désormais. Ces corps, ces hommes puissants et leurs nombreux adhérents, se montraient, en toutes rencontres, peu favorables à l'Echiquier devenu perpétuel et sédentaire. Par les écrits du temps, on voit combien cette cour naissante eut à lutter contre des dispositions hostiles, et combien même on doutait, d'abord, de sa durée. A en croire

---

[1] *Reg. sec.*, 21 juillet 1617.

l'historien de Georges d'Amboise, ce prélat avait été blâmé, dès le commencement, « d'avoir donné dans cette nouveauté... Et ses amis même avoient regretté qu'il n'eût pas pris un temps suffisant pour examiner mûrement ce qui pouvoit en arriver de mal [1]. » Les plaintes continuèrent et redoublèrent même après sa mort. Que les bourgeois, les marchands, les habitants des campagnes entrassent tous dans ces vues de résistance, nous ne le pouvons penser; car le moyen de croire qu'ils méprisassent à ce point l'avantage, si nouveau pour eux, d'être égaux aux puissants devant les juges! Tous les monuments de l'histoire nous montrent la bourgeoisie favorable aux Parlements, comme la noblesse l'était aux gouverneurs des provinces [2]. Mais cette égalité même devant les tribunaux, ce dogme qui, s'il n'était pas nouveau, n'avait, du moins, jamais été prêché si hautement, devait indigner des gentilshommes accoutumés la plupart à regarder les lois comme faites pour d'autres, et à ne reconnaître pour juge que leur épée? Les premières années de la cour de l'Echi-

---

[1] *Histoire de Georges d'Amboise*, par Le Gendre, in-4°, p. 76 et 77 ; 1725.

[2] « Curiis... plebs quæ se curiarum judiciis adversùm nobilitatis « potentiam atque injurias munitam vult, favere solet. » — Labardœus, *De Rebus gallicis*.

quier permanent furent donc pénibles pour elle. Le conseiller-poète Le Chandelier (il avait vu ces temps difficiles, et son témoignage est d'un grand poids), reportant ses regards vers cette époque, nous peint une noblesse orgueilleuse et une soldatesque sans frein, frémissant à l'aspect d'un joug si nouveau pour elles, et la multitude abusée appuyant leur résistance par ses murmures[1]. Il nous montre le doute dans tous les esprits sur la durée de l'institution nouvelle, et loue les anciens du sénat de leur constance dans ces temps d'épreuve. Intimidée, sous Louis XII, par l'énergie du sénat naissant, la fureur de ses ennemis semble se tempérer quelque temps ; l'Echiquier est florissant ; le plus grand calme règne dans tout le pays. Quel moyen, d'ailleurs, de résister à l'immense crédit du cardinal D'Amboise ? Mais, après la mort de ce ministre et celle de Louis XII, l'espoir revient aux ennemis de la cour sédentaire ; et, aussitôt, ils mettent en jeu tous les ressorts pour faire anéantir par François Ier cette cour de justice que son prédé-

Efforts des gentilshommes normands pour faire révoquer l'Echiquier perpétuel.

---

[1] Hinc variæ populi voces malè sana frementis
 Aegre qui tantum nosset obire jugum.
 Hinc quoque nobilium prætextatæque cohortis,
 Imperium nescit ferre superba manus....
 ....
 Q. (Scacario) florente suos illi posuére furores,
 Et procul hæc labes urbibus acta fugit.
  — B. Candelarius, Proemium, lib. II. —

cesseur a créée. Il fallait, alors, qu'à chaque avénement de roi, toutes les cours souveraines sollicitassent l'institution du nouveau monarque; non pas que, comme aux premiers siècles de la monarchie, et encore sous le roi Jean [1], leur autorité finît en même temps que le roi cessait de vivre. Louis XI, sévèrement puni pour avoir méconnu et violé le dogme de l'inamovibilité des offices, l'avait rendu inattaquable et sacré par son ordonnance du 21 octobre 1467, jurée, lui mourant, et le voulant ainsi, par le jeune dauphin Charles, qui allait être roi tout à l'heure [2]. Dès-lors, la justice ne cessait plus par la mort des rois. *Jamays la court ne meurt* (disait, après la mort de Charles IX, le fameux Christophe de Thou, premier président du Parlement de Paris), *jamays la court ne meurt, et nous avons tousjours nos robbes rouges* [3]. » Que dis-je? Elles resplendissaient aux funérailles des rois, ces robes écarlates, « en signe que la justice ne cessoit, ains estoit en force et vigueur [4] » ; et ce fut revêtus

---

[1] *Histoire de France*, par Velly, Villaret et Garnier, tom. X, pag. 38 et suivantes de l'édition in-12.

[2] Fontanon, tome II, p. 557, édit. de 1611. — Loyseau, *Traité des Offices*, livre Ier, chap. 3, n°s 96, 97, 98, 99 et 100.

[3] *Registre secr. du Parlement de Rouen*, 11 avril 1575.

[4] La Roche-Flavyn, *Trèze Livres des Parlements de France*, livre XII, chap. 3, § 8.

de leurs robes de pourpre que les magistrats de l'Echiquier perpétuel de Normandie allèrent, à Notre-Dame de Rouen, assister aux *vigiles* et au service funèbre célébrés pour le roi défunt. Mais comme, au temps de l'amovibilité, les officiers en exercice avaient toujours financé, à chaque avénement nouveau, « pour s'asseûrer de leurs offices, afin que, les tenant désormais du nouveau roy, *il n'eust pas tant d'occasion de les révoquer* »; après que l'inamovibilité eut été érigée en dogme par Louis XI, les officiers, quoiqu'assurés de leurs charges, continuèrent long-temps encore de demander leur confirmation et de payer finance, « parce que, en France, le fisc ne démord et ne quitte jamais un droict qu'il a eu autrefois, et qu'il ne faut qu'un léger prétexte pour y maintenir tousjours ce qui a une fois apporté du proffict[1]. » Sous Louis XIII, néanmoins, et même dès le temps de Henri IV, après l'établissement de la *Paulette*, on ne demandait plus rien aux Parlements pour le droit de confirmation des offices, mais c'était par exception; La Roche-Flavyn nous l'assure, et remarque expressément que c'était le privilége des *seuls Parlements*[2].

---

[1] Loyseau, *Traité des Offices*, livre III, chap. 3, §§ 39 et 40; chap. 10, § 54.

[2] *Les treze Livres des Parlements de France*, par La Roche-Flavyn, livre X, chap. 14.

François I conserve l'Echiquier perpétuel, et maintient les membres de cette cour en possession de leurs offices.

Dans ces temps où l'arbitraire se donnait toute carrière, on s'était flatté, à la mort de Louis XII, d'amener le nouveau roi à anéantir l'Echiquier, ouvrage du roi défunt; et les nobles, non plus que les prélats de Normandie, n'y épargnèrent pas leurs peines; mais leur illusion ne dura guère; car les députés de l'Echiquier, partis en hâte de Rouen pour saluer le monarque, furent reçus avec honneur; et, dès le 7 janvier 1515, le sixième jour après son avénement au trône, François Ier, « deuement informé des science, litérature, preudhommie et grande expérience, ainsy que des grands, louables et vertueux services qu'avoient faict et faisoient, chaque jour, à la chose publique, les présidents, conseillers et autres officiers de la court de l'Eschiquier de Normandie », déclarait, par un édit où ils étaient nominativement indiqués, « les retenir tous ès dictz estats et offices de sa dicte court de l'Eschiquier, les confirmer en iceulx, *et leur donner, en tant que mestier* (besoin) *estoit, les dictz estatz et offices, pour l'y servir d'ores en avant* [1]. »

François I donne à l'Echiquier la qualification de *Parlement*. Février 1515.

C'était une défaite complète pour ceux qui avaient fait de si grands efforts pour l'anéantissement de l'Echiquier, puisqu'en confirmant l'Echiquier lui-même, le roi maintenait, en même temps, sur leurs

---

[1] Edit du 7 Janvier 1515. (Archives du Palais.)

siéges, tant d'officiers qui avaient déplu à des hommes en crédit. Au reste, un autre édit de François I*er*, rendu à un mois de là seulement [1], vint ôter aux opposants ce qui avait pu leur rester d'espérance. Jugeant convenable « que les cours souveraines, *qui sont d'une mesme nature, qualité et auctorité, eûssent aussi une semblable dénomination*, François I*er* donnait à la cour d'Echiquier le titre de PARLEMENT, » ordonnant que, « d'ores en avant, aux expéditions, actes et arrestz, on la nommast *court de Parlement de Normandie*, ainsy que les autres courts souveraines de son royaume. » L'Echiquier lui-même avait fait solliciter cette commutation de nom, par un président et un conseiller députés vers François I*er*, à Compiègne, après son sacre [2]. Ce vieux nom d'*Echiquier*, qui reportait à des temps si éloignés l'existence de la première cour de justice de Normandie, et en faisait une des plus anciennes du royaume de France, eût dû, ce semble, lui être plus cher; aussi lui devait-on reprocher dans la suite d'y avoir renoncé; mais, avide, avant tout, d'être au même rang que les Parlements et de jouir de tous leurs priviléges, exemptions, prérogatives, la même qualification lui avait semblé pouvoir, seule,

---

[1] Edit du 6 février 1515, enreg. à Rouen le 13 dudit mois.

[2] *Histoire ms. des deux premières années du règne de François I*, par Barillon. — Ms. Béthune, Bibliothèque royale, n° 8618.

lui assurer une entière parité de droits et d'honneurs.

Les barons et les prélats s'étaient efforcés de l'empêcher, et même d'obtenir la suppression de l'Echiquier perpétuel.

Vainement, alors, « les barons et prélats vindrent devers le roy, et luy remonstrèrent que ceste commutation de nom d'*Eschiquier* en nom de *Parlement* estoit contre les libertéz et priviléges du pays de Normandie » ; vainement « ils le supplièrent que son plaisir feust la révocquer, et (notez ce point) QUE L'ESCHIQUIER NE FEUST PLUS ORDINAIRE. » Renvoyés au chancelier de France, « après qu'ilz eurent esté amplement oys, ils feurent déboutéz de leurs requestes ; et, entre gens sçavantz et grandz personnages, furent peu estiméz, comme gens qui n'entendoient qu'à leur proffict particulier et non au bien public[1]. » Ce fut un événement, à Rouen, que cette confirmation si expresse, et ce grand nom de *Parlement* donné à une cour qui, depuis des siècles, avait eu le nom d'*Echiquier*. Cela fit sensation à l'hôtel-de-ville même ; on le voit par ses mémoriaux. « C'est icy le commencement d'appeler la court de l'Eschiquier la court de Parlement », dit le registre du 8 février 1515[2]. Charles IV, duc d'Alençon, premier prince du sang, alors, avait contribué à ce changement de dénomination[3],

---

[1] *Histoire ms. des deux premières années du règne de François I*, par Barillon. — Bib. royale, ms. Béthune, n° 8618.

[2] *Reg. de l'hôtel-de-ville de Rouen*, 8 février 1515.

[3] *Reg. secr. du Parlement de Rouen*, 19 août 1572, fol. 122, recto.

soit qu'il n'eût cherché qu'à favoriser une province dont il allait devenir le gouverneur [1], soit qu'il ne voulût plus d'autre *Echiquier*, en Normandie, que son tribunal souverain séant à Alençon, où se portaient directement les appels de toutes les sentences rendues dans son duché, sans que la cour souveraine de la province eût rien à y voir. Nous en parlerons quelque jour.

Les membres du Parlement de Normandie ne pouvant avoir une condition inférieure à celle des magistrats des autres Parlements de France, un édit ordonna bientôt « qu'ils jouiroient et useroient pleinement, paisiblement, perpétuellement et à tous jours, de tous, tels et semblables priviléges, franchises, libertéz et exemptions dans tout le royaume, que les présidents et officiers de la court de Parlement de Paris [2]. » Ainsi l'avait espéré cette compagnie en renonçant à son nom d'Echiquier. Déjà, au reste, on l'a pu remarquer, Louis XII avait, par des lettres patentes données à Rouen, mis l'Echiquier perpétuel de Normandie sur la même ligne que les Parlements de France. La Normandie n'avait donc plus rien à envier à Paris, non plus qu'aux autres provinces, maintenant

---

[1] *Mémoires historiques sur la ville d'Alençon et ses seigneurs*, par Odolant Desnos, tome II, p. 234.

[2] Edit de janvier 1518, enreg. le 3 mars suivant.

qu'elle avait, elle aussi, un Parlement immuable, puissant comme ceux créés avant lui.

Érection de la Tournelle, pour le jugement des accusés de crimes. 1510.

A un Parlement devenu l'égal de tous les autres, et créé à leur image, il fallait aussi une *chambre* spécialement chargée du jugement des criminels en grand nombre qui affluaient à Rouen, de tous les points de la province, « la Normandie estant maritime et frontière, où gens de toutes contrées, dissolus et de mauvaise vie, affluoient ; à raison de quoy, la justice estoit fort chargée de prisonnyers[1], » qui, entassés dans la conciergerie du palais, étaient là des mois, des années à y attendre leur jugement ; dans quel état ? Les registres de l'hôtel-de-ville nous les

Situation des prisonniers dans la conciergerie du Palais, à cette époque.

montrent, « dans des lieux remplis d'obscurité et d'immundices, sans eaue pour leur boyre, ou pour laver leur menu et paouvre mesnage ; puis survenoient souvent malladyes à raison du fort air et humidité qui estoit là. Dans ceste angoisse, ces povres prisonnyers pertourboient les seigneurs du Parlement *par leurs hurlements* et cris qu'ils faisoient, et soufferte qu'ilz portoient, tant de nuyt que de jour[2]. » Pour accélérer, donc, le jugement de tous ces malheureux, les rendre à la liberté ou les envoyer au supplice, moins affreux que l'enfer où ils vivaient, on résolut de créer une *Tournelle*,

---

[1] Edit de mars 1516.

[2] *Reg. de l'hôtel-de-ville de Rouen*, 11 mai 1531.

c'est-à-dire une chambre où les juges se succéderaient *tour à tour* et d'année en année. Mais il fallut, pour cela, créer huit nouveaux conseillers et un président ; car, encore bien que, dès le temps de Louis XII, l'Echiquier, surchargé d'affaires, se fût partagé en deux chambres, « tant de matin que de relevée », pour les expédier plus vite [1], ces deux chambres, occupées sans cesse, avaient peine à y suffire, « les procès et matières civiles affluant en grande multitude. » Les crimes, hélas! *affluant* aussi, bientôt la chambre nouvelle n'eut pas moins à faire que les deux autres. En mai 1519, donc, fut rendu l'édit qui créait la *Tournelle* [2]. D'énormes registres sont remplis des durs arrêts qu'elle rendait chaque jour ; et, en les lisant, on frémit de voir quelles peines horribles avaient à subir, alors, les condamnés. Ainsi, toute fille infanticide était brûlée sans pitié, pour l'exemple, sans doute ; hélas! en dépit des bûchers, non moins souvent qu'aujourd'hui (les registres en font foi), des filles abusées anéantissaient, dans leur désespoir, les fruits de

Il y avait deux chambres pour le jugement des affaires civiles.

Cruauté des peines alors en usage.

---

[1] Prologue du *Stille et ordre de procéder en la court de Parlement de Normandie*.

[2] Edit de mai 1519, enreg. le 31 dudit mois.
Annum dùm traheret Curia hisdecimum,
Ecce senatores aucti ; et lachrimabile ab octo
Judicium miseris sontibus injicitur.
— B. Candelarius, lib. III, Proemium. —

leur faiblesse. Sans cesse, donc, au Vieux-Marché, on rallumait le feu, qui s'éteignait aujourd'hui pour se rallumer dès demain peut-être. Les faux monnoyeurs « estoient faictz mourir et suffoquéz en eaue chaulde » ; ils étaient *bouillis touts vifs*. Supplice fréquent sous François Ier, et que nous retrouverons encore sous Louis XIII ! Six brigands, pour un seul jour, *traînés à nud au Vieux-Marché*, y avaient le poing droit coupé, étaient « tenailléz de tenailles chauldes par le mollet de haulz de l'autre bras, tellement qu'il leur estoit arraché du dict bras », puis, ensuite, on leur coupait la tête [1]. Un meurtrier, après avoir eu le poing droit coupé, au carrefour de la *Crosse*, était traîné devant le portail de Notre-Dame, et « illec, avoit les molletz des deux bras tenailléz de tenailles chauldes » ; puis était traîné à l'échafaud du Vieux-Marché, où on lui perçait la langue d'un fer chaud ; enfin « lié d'une chaîne à un piller, ung feu allumé à l'entour de luy, il estoit faict mourir et consumé. » Ces peines ne paraissant point encore assez dures, un édit fut rendu le 11 janvier 1534, pour créer le fameux supplice de la *roue*. Pierre Simon, *enfondreur de maisons*, devait, le premier, en faire, à Rouen, la rude épreuve. « Couché sur un râtelier de bois, il eut les bras rompus en quatre endroictz, les jambes

Supplice de la roue.

---

[1] *Reg. de Tournelle*, 9 janvier 1515.

et cuisses en quatre autres, après quoi on lui rompit aussi les reins et les flancs. » Il fut mis, alors, « sur une *roë*, pour vivre tant qu'il pourroit vivre », l'édit l'ayant voulu ainsi. Mais si les Dracons inventeurs de cet édit, n'avaient pas prévu qu'un homme ainsi brisé pourrait vivre plus de trois jours en cet état, qui ferait peur aux damnés eux-mêmes, l'exemple de Pierre Simon le leur put apprendre; car, attaché sur la roue le mardi 17 juin à cinq heures après midi, le vendredi 20, à dix heures du soir, ce malheureux fut entendu qui geignait encore[1]. Aux horloges de Notre-Dame, des églises de Saint-Sauveur, de Saint-Georges, de Sainte-Marie-la-Petite, de Saint-Eloi, de Saint-Michel, toutes voisines du Vieux-Marché, soixante-dix-sept heures avaient sonné, l'une après l'autre, lentes, espacées comme des siècles, sans apporter ni fin ni adoucissement aux inimaginables douleurs du *patient*. On avait voulu terrifier par ces épouvantables tortures. Toutefois, les *enfondrements* de maisons, les vols de grands chemins, les assassinats, plus rares un instant, bientôt recommencèrent comme avant; Montesquieu l'a dit[2], et la

Le premier condamné qui, à Rouen, fut rompu vif, demeura en vie sur la roue pendant trois jours et cinq heures. 1534.

---

[1] *Journal manuscrit du* XVI*e siècle, de l'ancienne bibliothèque des Bigot*, appartenant aujourd'hui à M. Édouard Frère, qui a bien voulu me le communiquer.

[2] Montesquieu, *Esprit des Lois*, livre VI, chap. 12.

preuve en est dans nos registres. Au reste, peu après, la roue n'avait plus semblé suffire. Le 4 décembre 1557, au Vieux-Marché, on vit le bourreau, saisissant un condamné, lui couper la main droite et la main gauche, « le coucher sur une croix de fer en forme de croix Sainct-André, *chaulde, toute rouge*, et, ce faict, luy rompre et casser tous les membres, » puis le mettre « sur une roë où il demeura quelque temps », et, enfin, « le jecter vif en ung feu ardent, la face la première, où son corps fut mis en cendre qui fut jectée au vent. » Hâtons-nous de dire que ce malheureux avait « commis ung meurdre et parricide en la personne de son père, par insidiation et de propos délibéré[1]. »

A ces horribles spectacles, et sur le Vieux-Marché où ils étaient offerts au peuple, des méchants s'endurcissaient dans la foule, devenaient insensibles, experts, savants en barbarie, en cruauté; et, après avoir vu ces infernales angoisses, ne regardaient guère à répandre le sang. Il se trouvait, hélas! dans notre Parlement, des magistrats prêts sans cesse à infliger de telles peines sans sourciller; le président Camille des Corciatis, entre autres, un Napolitain, la terreur des prisons, où son nom seul faisait pâlir et tomber en défaillance les hommes qui montaient un escalier intérieur

---

[1] *Reg. du Parlement*, 14 décembre 1557.

qui menait alors de la conciergerie à la Tournelle. Le Chandelier voyait en lui Némésis, les verges en main, flagellant les méchants, et les mettant en lambeaux. Les temps étaient durs, apparemment, et les forfaits une habitude de chaque jour, puisque Le Chandelier, un poète, un homme si éclairé, loue cet implacable juge, dont les rigueurs ont pu, seules, dit-il, intimider un peu les méchants[1]; puisqu'il reproche au conseiller Robert de Croismare l'excès de sa clémence pour les criminels mis en jugement[2].

Quelquefois, le condamné, au moment suprême, montrait des lettres de *rémission* arrachées au roi par un zélé protecteur, par une mère éplorée. Mais combien il y en eut de ces grâces surprises, dont le Parlement ne voulut tenir aucun compte, on le voit, à chaque instant, dans ses registres. Ce ne sont, sous Louis XII, et encore sous François Ier, que roturiers et gentilshommes *déboutés* et *évincés* de l'effet et entérinement de leurs lettres de rémission, et que l'on livre à l'exécuteur, qui, le jour même, va les rouer, les pendre, ou leur couper la tête[3]. Il valait mieux avoir des lettres de *clérica-*

Le Parlement déférait rarement aux lettres de rémission.

---

[1] B. Candelarius, lib. I, Encom. 6.

[2] B. Candelarius, lib. III, Encom. 35.

[3] *Registres criminels*, 30 janvier 1506, 2 septembre 1513, 2 septembre 1514, et alias passim et frequenter. — Voir aussi La Roche-Flavyn, livre Ier, chap. 14.

ture en bonne forme; car les juges y déféraient bien souvent encore; et, sous Louis XII, surtout, les registres criminels nous en offrent de nombreux exemples. Restait, enfin, au condamné la ressource d'échapper aux geôliers et aux sergents qui le conduisaient au supplice, en gagnant *franchise* dans quelque église. Rien de plus fréquent, encore, alors, que ces évasions, que ces *immunités* auxquelles les Parlements déféraient souvent aussi : Saint-Lô, Saint-Antoine, Saint-Jean, Notre-Dame-de-la-Ronde, Saint-Michel, Saint-Georges, Saint-Sauveur, Saint-Eloi, églises voisines du palais et du Vieux-Marché, furent bien souvent des ports de salut pour des malheureux prompts à rompre leurs liens, agiles à s'élancer, à gagner le sanctuaire [1].

Au même temps où il affermissait et complétait ainsi l'Echiquier de Normandie, le monarque réparait une injustice éclatante commise, le croira-t-on? par l'équitable Louis XII, dans les derniers temps de son règne. Avec tous ces magistrats de Rouen, venus en cour pour demander à François Iᵉʳ l'institution royale, était un ancien président de l'Echiquier, Robert de Bapaume, né dans la province, naguère destitué sans jugement, sans motifs

---

[1] *Reg. criminels*, 26 février 1507, 11 avril 1516, 4 juin, 7 septembre 1515, et alias passim.

connus, envoyé même en exil au fond de l'Avranchin[1], et remplacé, sur l'heure, par Pierre de Burbenon (Lyonnais), qui avait obtenu cet office « en rescompense de plusieurs services qu'il avoit faictz au dict roy delà les montz », dans le sénat de Milan, sans doute, dont, quelque temps, il avait été membre. Que devenait donc la mémorable ordonnance par laquelle Louis XI avait déclaré qu'aucun office de juge ne vaquerait jamais que par mort, résignation volontaire et bien constatée, ou par forfaiture préalablement jugée et déclarée judiciairement, selon les termes de justice, et par un juge compétent[2]? Que devenait le serment par lequel Charles VIII, sur l'ordre et en présence de son père expirant, avait solennellement juré de suivre cette ordonnance, sans l'enfreindre jamais[3]? Que devenait la nouvelle ordonnance faite bientôt par lui-même (1484), presque dans les mêmes termes, à la demande des États assemblés à Tours; car (avaient dit les députés de ces États) « un magistrat tousjours en danger de se voir oster son office, ne seroit si vertueux ne si hardy de garder et

De l'inamovibilité des juges.

---

[1] « Exul ad extremas abiit proscriptus Abrincas. »—B. Candelarius, lib. I, Encom. 7.

[2] Ordonnance du 21 octobre 1467; *Recueil* de Fontanon, tome II, p. 557.

[3] Loyseau, *Des Offices*, livre Ier, chapitre 3.

bien deffendre les droicts du royaume[1] »; car, disait encore un publiciste du règne même de Louis XII, « la justice est d'autant plus auctorisée, en France, que les officiers sont perpétuels, et qu'il n'est en la puissance des roys de les déposer, sinon pour forfaicture. Dont il advient (ajoute-t-il), qu'iceulx juges et officiers, sçachant non pouvoir estre déposez s'ils ne meffont, plus asseûrément s'acquittent de l'exercice de la justice, ou, s'ils ne le font, sont inexcusables[2]. » — « Un président, disait Etienne Pasquier, un président subsiste tousjours, jusques à ce qu'il ait pleu à Dieu l'appeler à soy »; et ce que Pasquier dit là des présidents, il l'aurait pu dire des conseillers, inamovibles comme eux[3]. Louis XII, quoi qu'il en soit, ayant sciemment violé cette loi devenue fondamentale en France, François Ier, à son avènement, vit Robert de Bapaume, « prosterné un genouil en terre, luy supplier très humblement que son plaisir feust le restituer en l'office de président, attendu que sans cause il en avoit esté destitué par le feu roy Louis. » Mais son successeur, Pierre de Burbenon, témoin de cette scène, n'était pas d'humeur à se laisser

---

[1] *Collection de Décisions nouvelles*, par Camus-et Bayard, in-4°, v° AMOVIBILITÉ.

[2] Claude Seyssel, *Monarchie de France*, chap. 10.

[3] Estienne Pasquier, livre VII, lettre 7e.

ainsi déposséder. Lui qui, en 1512, s'était défendu quelque temps d'accepter la dépouille de Robert de Bapaume; lui à qui il avait fallu dire alors « que si le roy sçavoit qu'il en fist difficulté, il s'en pourroit mal contenter [1] », et qui, enfin, s'était décidé à grand' peine, aujourd'hui il demandait, avec instance, à « estre maintenu en son office, et compris en la confirmation générale de la court de l'Eschiquier », allant jusqu'à dire, dans sa mauvaise humeur, « qu'à juste cause le dict office avoit esté, par le feu roy, osté au dict De Bapaulme. » Le bon droit devait finir par l'emporter; car le chancelier Duprat, à qui François Ier avait renvoyé l'affaire, ayant reconnu dans Robert de Bapaume un magistrat vénérable, victime de calomnies qu'avait trop facilement accueillies Louis XII, le fit rétablir dans son office, et comprendre dans l'édit confirmatif de l'Echiquier, « moyennant, toutefois, certaine rescompense que ce président fist à Pierre de Burbenon [2]. » — Aussitôt, Le Chandelier se hâta d'applaudir à cet acte de justice, déplorant le funeste penchant du peuple à épier ses juges, à les accuser, à en médire, gémissant de la facilité

---

[1] *Reg. secr.*, 12 novembre 1512.

[2] *Histoire des deux premières années du règne de François I*, par Barillon; ms. Béthune, Bibliothèque royale, n° 8618.

avec laquelle l'innocence et le mérite sont souvent opprimés par l'injustice et l'envie[1].

<small>François I lui-même destitue illégalement le conseiller Jean de Cormeilles. 1530.</small>

Mais cette loi de l'inamovibilité, dont il avait si bien su venger la violation, François Ier l'osa violer à son tour; et, à cette fois, l'injustice ne fut jamais réparée. Car l'ardeur à amasser des richesses, seul grief que l'on voie imputer au magistrat qu'il avait destitué, était-elle un motif légal de révocation, aucun procès, aucune enquête judiciaire, aucun jugement n'étant venus établir qu'il eût acquis sa fortune par des voies illicites? C'était le conseiller Jean de Cormeilles, d'une famille normande, magistrat dont Le Chandelier loue hautement l'ardeur infatigable au travail, qu'il nous montre absorbé jour et nuit dans l'étude des lois et l'examen des affaires, et n'omettant aucun devoir de son office. Seulement, ajoute-t-il, il avait amassé une grande fortune. « Pour qui, s'écrie le poète, accumulons-nous tous ces trésors? Nos richesses ne nous suivront pas dans la tombe; notre réputation nous survit, au contraire[2]. » A la bonne

---

[1] ... Videat princeps quantis nos turba querelis
Urgeat, et quales astruat insidias.
Longe omissitiis spatiatum vulgus ocellis
Si quid peccamus protinus ore fremit.
— B. Candelarius, lib. I, Encom. 9. —

[2] B. Candelarius, lib. II, Encom. 34.

heure; mais si les richesses de Jean de Cormeilles étaient le fruit de la prévarication, pourquoi ne point lui faire son procès; pourquoi le dépouiller de son office arbitrairement, et non « pour *forfaiture* préalablement jugée, et déclarée judiciairement, selon les termes de justice, par juge compétent », comme le voulait l'ordonnance du 21 octobre 1467, renouvelée en 1484, par Charles VIII, à la demande des Etats? Aussi ne fut-ce qu'un cri au Parlement, lorsqu'un matin, arriva, dans une lettre close de François Ier, la défense expresse « de plus laisser entrer Jean de Cormeilles, en quelque façon et manière que ce feust, en sa court de Parlement, ny en icelle exercer aucunement son office de conseiller », jusqu'à ce qu'on eût reçu de lui, à cet égard, de nouveaux ordres qui (on ne le prévoyait que trop) ne devaient jamais venir. Et quel motif donnait le monarque, d'un ordre si arbitraire? « Plusieurs cas que l'on disoit avoir esté commis et perpétréz par Jean de Cormeilles, et l'intention de les éclaircir, pour, après, en ordonner ce qui conviendroit. » Tout le Parlement, se rappelant alors des démêlés anciens entre Jean de Cormeilles et le monarque, n'en trouva pas moins ces lettres closes « d'une dangereuse ouverture et conséquence, n'y estant faict aucune mention qu'il y eust eu information des cas imputéz à M. de Cormeilles, ny commission décrétée pour ce faire¹. » En haine de cet arbitraire, auquel on ne pouvait croire, le chevaucheur qui avait apporté les lettres allait être envoyé prisonnier à la conciergerie, s'il ne fût demeuré constant, enfin, que le roi lui-même les lui avait remises, avec ordre d'aller en hâte, à Rouen, les porter à sa cour de Parlement. Charge fut donnée au président Feu, qui était en cour, d'en parler au chancelier, au grand-maître, et à l'archevêque de Bourges. Mais jamais Jean de Cormeilles ne devait être relevé de cette disgrâce, que ne suivit point sa mise en jugement, et qu'il est permis, dès-lors, de regarder comme imméritée.

François I vient siéger au Parlement de Rouen. 1517.

En 1517, François Ier, qui, le 2 août, avait fait, en grande pompe, sa *joyeuse entrée* à Rouen, voulut honorer la cour souveraine qui lui devait le nom auguste de Parlement, et alla, comme naguère Louis XII, tenir, le 11 août, son siége royal au palais, qui, récemment achevé, brillait alors de tout l'éclat de ses splendides ornements, de ses tapisseries fleurdelisées, et de ses riches pendentifs où étincelaient le vermillon, l'or et l'azur; « pallays *royal*, somptueux et de grant coust, qui avoit cousté plus de trois cent mille livres² »; surtout, on admirait la salle d'audience, « la plus

---

¹ *Reg. secr.*, 15 novembre 1530. ² *Reg. secr.*, 16 novembre 1531.

ample, spacieuse et belle qui fust en Parlement ny autre bastiment de France, sans excepter la chambre dorée de Paris[1]. » C'était dans cette magnifique salle qu'avait été dressé le trône de François Ier. Autour du monarque se pressait la cour la plus brillante, élite de la noblesse, du clergé, de la magistrature et de l'armée. Jean de Brinon, qui avait succédé à Jean de Selve dans la première présidence, adressa au monarque « une belle et éloquente oraison, que le dict seigneur print bien[2]. » C'est tout ce que nous savons de cette audience royale. Mais n'oublions pas la prière que les officiers de l'hôtel-de-ville adressèrent alors au roi, par la bouche de Robert Langlois, procureur de sa majesté au bailliage de Rouen : « Que son plaisir feust, désormais, pourveoir en la court de Parlement, *de gens du pays*, quant il y auroit aulcunes conseilleryes vacquantes[3]. » C'est que Louis XII, en appelant à siéger dans l'Echiquier un assez grand nombre d'officiers étrangers à la province, avait ainsi enfreint lui-même son propre édit de création, qui promettait, désormais, aux Normands, des juges

François I est supplié de ne nommer aux offices du Parlement de Normandie que des gens du pays. 1517.

---

[1] De Bras de Bourgueville, *Recherches et antiquitéz de la province de Neustrie*, p. 36.

[2] *Reg. sec.*, 3 octobre 1550.

[3] *Reg. de l'hôtel-de-ville de Rouen*, 5 août 1517.

On comptait alors dans le Parlement beaucoup de magistrats qui n'étaient point Français.

« cognoissans et entendans les lois, coustumes, usages, stille et chartre du pays[1]. » Car, à part des hommes extraordinaires, tels qu'un Jean de Selve et quelques autres, des docteurs dont la portée était au-dessus de l'ordinaire, et dont le génie avait bientôt embrassé une législation ignorée d'eux dans leur jeunesse, comment espérer cette intime connaissance du droit normand, de magistrats venant, les uns de l'Auvergne, les autres du Limousin, d'Orléans, de Poitiers, de Paris, de Narbonne, du Forèz, de l'Anjou, du Dauphiné, de la Guyenne, que dis-je ? de l'Italie même, et de l'Ecosse. Car, sur les *rôles* du Parlement de Normandie, au temps de Louis XII et de François Ier, paraissent des officiers de tous ces pays. Louis XII, trop oublieux de son édit des Montils-lès-Blois, donna, non pas seulement des charges de conseillers, mais des présidences même, à des étrangers, à des Napolitains, à des Gênois, dont il s'était aidé en Italie, et qui, lui retombant sur les bras après la suppression des sénats précaires où il les avait placés, sollicitaient et obtenaient, sans peine, les places vacantes dans les divers Parlements de France. Encore destituait-on, parfois, pour eux, sous d'assez vains prétextes, des titulaires du pays, dont on leur donnait les offices,

---

[1] Edit d'avril 1499.

comme on l'avait vu pour le président De Bapaume, révoqué et exilé sans jugement, puis remplacé par Pierre de Burbenon, qui, lui du moins, était français. Et l'embarras des Parlements n'était pas médiocre, lorsqu'après avoir admis tous ces étrangers (car le moyen d'y résister toujours?) il s'agissait, ensuite, de les mettre à l'œuvre, les présidents surtout, qui, ignorant nos institutions coutumières, allaient avoir à prononcer tous les jours et à rédiger des arrêts sur des points difficiles d'un droit spécial, particulier à la province. Lorsque vint Pierre de Burbenon, par exemple, envoyé de Milan à Rouen, pour remplacer un président normand injustement destitué, il fallut examiner mûrement « en quelle chambre il seroit mis en commençant, n'ayant esté en aucun des Parlements de France, et, selon toute apparence, le stile et façon de faire de Milan estant aultre que celui de ces cours souveraines. » Il fut convenu, à la fin, « qu'il assisteroit aux audiences et plaidoiries de la grand' chambre; et que, selon ce que l'on verroit qu'il gousteroit la façon et manière de faire du pays, on le mettroit en la 2ᵉ chambre, quelque temps, avec le président Bordel, qui, lui, était de Limoges; qu'ensuite on feroit, à son esgard, ainsy que la raison le vouldroit [1]. » Et maintenant, on peut reconnaître combien était

---

[1] *Reg. secr.*, 12 novembre 1512.

fondée la prière adressée à François Ier, par Robert Langlois, son procureur au bailliage de Rouen. Mais quel en fut l'effet ? vous l'allez voir tout à l'heure. François Ier, lui aussi, avait eu besoin, en Italie, des bons offices d'une multitude d'hommes de loi, de magistrats doctes et entendus dans les affaires. Lui aussi avait vu ses armées refoulées en France; ses créatures expulsées des sénats de Milan, de Gênes et de Turin, où il les avait placées, venir, en foule, lui demander d'autres offices. De nouveau, donc, et plus encore que sous Louis XII, le Parlement de Rouen vit se présenter à lui, leurs lettres de provision à la main, des officiers étrangers à nos mœurs, à nos institutions, à notre droit provincial, que dis-je ? qui ne pouvaient parler la langue française, mais que, toutefois, il fallait admettre aussi, parce qu'ils étaient censés l'entendre; un Nicolas Panigarola, par exemple, bon Génois, et qui, constamment, ne parlait point français. Lorsqu'il vint, de si loin, à Rouen, se faire recevoir, il n'y avait pas trois jours que le procureur général, Robert de Villy, mû peut-être par un pressentiment secret, et qui même savait Panigarola en route pour Rouen, avec ses provisions de conseiller, avait présenté au Parlement une requête « contenant opposition à ce que, désormais, on reçeust conseillers ou présidents en la court. s'ilz n'estoient sçavantz des lois et coustu-

<small>Nomination de conseillers italiens qui ne pouvaient parler français.</small>

mes de Normandie, *et n'entendoient le langage françoys et commun du pays.* » Quelle chance, dès-lors, pour Nicolas Panigarola, qui, de sa vie, n'avait jamais parlé que l'italien ? Il passa, toutefois, à la majorité des voix, que, « sans avoir esgard à la dicte opposition, si le sieur Panigarola estoit trouvé *entendre* le langage françois, *combien qu'il ne le parlast*, si seroit-il reçeu [1]. » Et, de fait, qu'il l'entendît ou non, il fut admis, en effet; si bien qu'à vingt ans de là, son nom figurait encore sur les rôles du Parlement, et qu'allant souvent jouir de ses vacances en Italie, la Saint-Martin se passait, et Noël aussi quelquefois, sans qu'on eût reçu de ses nouvelles, et qu'il lui fallait donner des congés *de six mois* [2].

Avec ce Panigarola, il nous était venu un Camille des Corciatis, Italien aussi, dur et sans pitié en matière criminelle, et dont nous avons déjà parlé ; un Bernard de Bullis, de Pise ; un Innocent Piole, de Milan, qui, installé conseiller, s'en alla, à trois jours de là, pour ne plus revenir, ennuyé, comme on peut croire, de n'entendre point les autres et de ne se pouvoir faire entendre lui-même. On devait, dans la suite, ne plus nous renvoyer de ces Italiens; car, vers la fin du règne de Henry II,

---

[1] *Reg. secr.*, 15 décembre 1525.

[2] *Reg. secr.*, 5 avril 1529 et 24 juillet 1539.

comme un chevalier de l'ordre de Saint-Jean de Jérusalem, Paul Gallata, porteur d'*indulgences*, avait des communications à faire au Parlement, et qu'il se trouvait ne savoir ni le français ni le latin, mais le grec seulement et l'italien, la grand'chambre, dont un seul conseiller, Isambart Busquet de Caumont, savait l'italien, se vit forcée, pour lui trouver un second, d'en prendre un aux enquêtes, nommé Thibout, « pour ce qu'il sçavoit aussi et entendoit la langue italienne[1]. » Pensez qu'il n'y avait plus là de Des Corciatis, de Bernard de Bullis, ni de Panigarola.

François I songe à ne plus nommer de Normands aux offices vacants dans le Parlement.

La remontrance du procureur du roi, Robert Langlois, avait, du reste, si peu profité à François Ier, que, plus tard, non content d'envoyer au Parlement de Rouen nombre de magistrats étrangers, le monarque sembla résolu à n'y plus nommer, désormais, de Normands[2]. C'eût été comme au temps de Rome, où nul ne pouvait être juge en sa province[3] ; et cela « pour l'amitié, affinité, parentage et cognoissance qu'il est à présumer que le

---

[1] *Reg. secr.*, 16 et 23 novembre 1556.

[2] Vulgò nuper erat regis sub mente sedere
Nostros indigenas his procùl ire choris...
Sed sileat vox dura nimis.....

B. Candelarius, lib. IV, Encom. 2.

[3] Leg. fin., Codice: *De Crimine sacrilegii.* — Lege 3^a, Cod. : *De diversis Officiis.*

juge peut avoir avec ceux de son pays; lesquelles alliances et confédérations corrompent ou pervertissent les jugements[1]. » Toutes ces vieilleries de Rome ne nous allaient plus guère; et il n'y eut qu'un cri, en Normandie, quand on y connut ces desseins de François Ier. Le Chandelier ne peut s'en taire, lui qui, très-souvent, on le voit par son poëme, avait accueilli de bonne grâce toutes ces nominations de *horzins*, et admiré leur promptitude à se familiariser avec nos coutumes[2]; mais c'est qu'on avait fini par en nommer trop; ajoutons que le bon vieillard, ayant, maintenant, et un fils et un gendre[3] à pourvoir, il lui tardait de les voir siéger tous deux parmi les conseillers. Or, qu'allaient-ils devenir si on excluait toujours du Parlement les indigènes ? S'élevant donc, à cette fois, contre le

---

[1] *Trèze Livres des Parlements de France*, par La Roche-Flavyn, livre x, chap. 42, n° 1.

[2] Par fuit ex omni Normannum gente Senatum
  Cogere, et externos annumerare viros;
 Sic notos nobis alienos ducimus usus,
  Communique omnes utimur orbe simul...
    — B. Candelarius, lib. I, Encom. 10. —
 Nil que refert.... quis legum munia tractat,
  Barbarus, an civis, vel magis indigena.
 Omnes hi certè communia regna frequentant
  In quibus acceptum est justitiæ solium....
    — B. Candelarius, lib. I, Encom. 18. —

[3] Georges Le Brun, sieur du Bois-Guillaume-lès-Rouen, reçu conseiller en 1543. — B. Candelarius, lib. IV, Encom. 9.

dessein du monarque, qui avait fait bruit, « cette loi d'exclusion (s'écrie-t-il) serait dure à l'excès; et à quoi bon pousserons-nous nos fils à l'application et à l'étude, s'il nous faut renoncer à l'espoir de les voir un jour servir leur pays dans les offices [1]? Vous craignez les dangers de l'intimité, les liens de la nature et du sang? Eh bien! choisissez des hommes vertueux et éprouvés; ceux-là jugeront, n'en doutez pas, sans acception de personnes; l'amitié, la parenté ne pourront rien sur eux [2]. »

François Ier revint, en effet, dans la suite, d'une idée si outrée; mais long-temps il l'avait suivie, en nommant aux offices vacants dans le Parlement de Normandie. En janvier 1541, une présidence à mortier et la charge de procureur général étant vacantes, comme le premier président De Marcillac, alors en cour, désignait, pour l'office de président, des conseillers de Rouen, et, pour celui de procureur général des avocats de renom, il vit bien, aux réponses du chancelier Poyet, « que le roy n'avoit pas vouloir d'y pourveoir aucuns de Normandie. » Aussi la présidence fut-elle donnée à un Écossais, Etienne de Tournebulle, qui, notez

---

[1] Nos frustrà urgemus studiis incumbere natos
Si patriæ tandem munera nulla obeant.
— B. Candelarius, lib. IV., Encom. 2. —

[2] B. Candelarius, lib. IV, Encom. 2.

ce point, avait autrefois servi dans les *gens d'armes* du sieur d'Aubigny, comte de Beaumont[1] ; à la vérité, l'office de procureur général fut donné à Morelon, l'un des avocats désignés par la cour. En somme, de quatre-vingt-cinq membres du Parlement de Rouen, nommés par François Ier, de 1515 à 1543, il y en avait trente inconnus à la province, et plusieurs même qui n'étaient point français. On tremble en songeant aux méprises sans nombre qui durent échapper à ces hommes venus de loin, chargés d'appliquer, chaque jour, des lois locales, qu'en Normandie même, ceux-là seuls connaissaient et entendaient à grand peine, qui les avaient étudiées dès long-temps, s'en étaient comme imprégnés de bonne heure, étaient enfin devenus familiers à la longue avec une langue toute technique, barbare, disons le mot, et qui n'était parlée qu'au palais. « Ce pays (disait, un jour, le célèbre avocat du roi Laurent Bigot), ce pays se gouverne par coustumes, usages, stille et ordonnances, lesquelles ne se peuvent comprendre, sinon par ceulx qui ont vacqué à la praticque; et *l'ignorance des choses susdictes est fort périlleuse;* car les advocatz, en plaidant et escripvant les matières, usant de termes propres, lesquelz ont une certaine emphase et signification, si les conseillers

Inconvénients de ces nominations de magistrats étrangers à nos coutumes, à nos usages.

---

[1] *Reg. secr.*, 7 et 8 janvier 1553.

n'entendent les dictz termes, impossible est qu'ilz puissent comprendre le faict pour en donner jugement, par ce qu'ilz auront ouy ou veu d'eulx, mesmes du plaidoyé escript et pièces du proceds[1]. » Si encore la coutume de Normandie eût été écrite alors ! Mais elle ne devait l'être que vers la fin du règne de Henri III. En attendant, pour toute loi en Normandie, on avait le *grand Coustumier*, vieux presque de trois siècles, à peine intelligible déjà pour les régnicoles, qui, sous Henri III, ne l'entendaient presque plus ; code informe et mutilé d'ailleurs, offrant nombre de lacunes, rempli de dispositions abrogées maintenant, auxquelles suppléaient les arrêts rendus naguère par les Echiquiers, la jurisprudence des divers bailliages de la province, et des usages controversés qu'attestaient des témoins dans les *enquestes par turbes*, qui avaient continué sous le Parlement comme au temps des Echiquiers temporaires. En un mot, « le Coustumier de Normendie *n'estoit du tout escript ;* ains l'on jugeoit *par les usances reçeues par mains, et suivant les arretz de l'Eschiquier*[2]. » Chaos effrayant, inextricable labyrinthe où tâtonnaient et se perdaient les hommes même les plus doctes du pays, mais où les étrangers, perplexes, éperdus, de-

Alors la coutume de Normandie n'était pas (à proprement parler), écrite.

---

[1] *Reg. sec.*, 2 juin 1554.

[2] *Reg. sec. du Parlement de Rouen*, 12 juin 1571.

vaient nécessairement broncher et tomber à chaque pas!

Il était impossible, au reste, que, parmi tous ces hommes venus de si loin, il ne s'en trouvât pas à qui leur mérite assignât aussitôt un rang éminent dans le nouveau sénat. Comment, par exemple, ne point parler avec honneur du président Jean Feu, que peu de magistrats de son temps égalèrent en savoir; célèbre en France par de doctes traités sur le droit, qu'applaudit le XVI⁰ siècle, que le XVII⁰ vit reparaître, et accueillit avec non moins de faveur[1]; Jean Feu, qui, d'Orléans, où il s'était montré juge profond autant qu'intègre, et avait professé le droit avec un succès inouï; de Milan, où, plus tard, il avait siégé

Le président Jean Feu.

---

[1] *Johannis Ignæi opera*, Lugduni, 1509; 3 vol. in-folio. — 2⁰ édition, 1607.

Le premier de ces ouvrages est un traité *De Senatus-consulto sylaniano et Senatus-consulto claudiano*.

Le second consiste en des commentaires sur les lois: *Contractus*, et *Quatenùs*, au Digeste: *De Regulis juris*; sur la loi: *Dudùm*, au Code: *De contrahendá Emptione*; sur la loi 1ʳᵉ, au Digeste: *De bonorum Possessionibus*; et sur le titre, au Code: *De Liberis præteritis*.

Le troisième est une dissertation pour prouver que l'empereur Justinien n'a jamais régné sur les Français, au lieu que Charlemagne a été roi de France et empereur d'Occident.

Terrasson, *Histoire de la Jurisprudence romaine*, partie IV, § 9, pag. 450.

Estienne Pasquier, *Recherches de la France*, livre IX, chap. 39.

cinq ans dans le sénat dont il faisait tout l'honneur, vint enfin à Rouen, précédé d'une éclatante réputation, qu'il lui était réservé de dépasser encore, et qui, des rangs des conseillers, s'éleva au banc des présidents où, durant trente-sept années, il fit admirer la vigueur de son esprit, l'immensité de son savoir de jurisconsulte, auquel rien n'était étranger ; une gravité qui saisissait de respect, et lui avait fait donner, tout d'une voix, le surnom de *Caton-le-Censeur*.

La Normandie, qui, au témoignage de Le Chandelier, avait tressailli de joie en voyant le docte Jean Feu s'asseoir parmi les conseillers, conçut un légitime orgueil lorsqu'elle le vit, le mortier en tête, et revêtu du manteau d'hermine des présidents[1]. Sa mort, dans un âge très avancé, fut un

---

[1] Ignee, qualis eras in majestate senator
  Omnes cæsareo vidimus antè foro.
 Seu tecum manibus versantem jura diurnis
  Sive aliis dantem subsidium studiis.
 Undique doctus eras, dextro pede munia currens,
  Undique diffusus, undique magnificus....
 Post luctas legum et varii certamina juris
  Cum quibus Ausonio victor ab orbe redis.
 Ut tandem veniens optatá in parte maneres
  Sessurus quo tu dignus eras solio.
 Læta animis magnoque tumens Normannia fastu,
  Purpureis stantem te vidit in trabeis.
 Tum magis exultat cùm, te jam præside, noster,
  Mos cum Cæsareis legibus aptus erit.
 Indè maritatos cum jure videbimus usus,
  Sic ritum et morem Justinianus amat

— B. Candelarius, *Virorum omnium consularium*, etc., lib. 1, Encom. 15 et 16. —

jour de deuil au palais et dans la ville. Trois conseillers avaient été, selon l'usage, invités par la famille à aller *semondre* (inviter) le Parlement aux funérailles du vieux président, qui allaient se faire à l'église de Saint-Laurent de Rouen. Il y eut comme un saisissement dans tous les rangs de la compagnie, lorsqu'on vit entrer les trois magistrats éplorés, suivis des huit domestiques du défunt, « vestus de robes de deuil et de chaperons de deuil sur leurs espaules. » Pour toute harangue (car il était d'usage d'en prononcer une dans ces tristes conjonctures), le conseiller Boullenc de Garembouville se prit à « réciter, en latin, les funérailles de Jacob, insistant longuement à comparer la mort du deffunct président à la mort du sainct patriarche »; et, dans sa réponse, le premier président Rémon sut bien exprimer aussi les sentiments de sa compagnie tout entière, lorsqu'il dit, en finissant, qu'il n'y avait pas un membre du Parlement *qui ne le pleurât dans son cœur*[1].

D'autres encore de ces étrangers méritent d'être cités ici avec honneur. Le premier président Jean de Brinon, celui que nous voyions, en 1517, haranguer François Ier; négociateur habile qui, d'abord en Italie (1521), puis en Angleterre (1524),

Le premier président Jean de Brinon.

---

[1] « Quem quisque luget interiùs. » — *Reg. secr.*, 18 novembre 1549.

rendit d'éminents services à la France[1]; homme des anciens temps, que le poète Le Chandelier compare aux Aristides, aux Fabricius, aux Scipions; qui, comme eux, après une vie passée dans les hauts emplois et dans le maniement des plus importantes affaires, n'était pas plus riche qu'à son entrée en charge; que dis-je? voulant être, encore après sa mort, utile à son pays, affectait, par testament, trente acres de terre au soulagement des prisonniers de la conciergerie de Rouen, dont la détresse, dont les indicibles souffrances l'avaient touché[2]. François de Marcillac, son successeur dans la première présidence, digne gendre du fameux Jean de Selve, qui sembla revivre en lui; célèbre par ses succès à Gênes, où il avait été notre ambassadeur; adoré à Rouen pour sa bonté, pour l'aimable et facile accès que trouvaient, auprès de lui, tous ceux qui avaient à lui parler d'affaires; toujours premier président, toujours en fonctions, soit au palais, soit dans sa demeure; toujours prêt à recevoir les requêtes et à les répondre; à écouter les plaideurs avec une impartialité, une douceur, une bienveillance, une égalité d'humeur qui lui avaient gagné tous les

François de Marcillac, premier président.

---

[1] *Histoire de France*, par Velly, Villaret et Garnier, tome XII, p. 358, 359, de l'édition in-4°.

[2] *Reg. secr.* du 23 mars 1571.

cœurs, et ne permettaient ni plainte, ni soupçon à ceux qui perdaient leur cause, tant ils connaissaient les lumières et l'inflexible équité de leurs juges[1]! Pierre Rémon, premier président après lui, enlevé au barreau de Paris, dont il était la gloire, pour la place de premier avocat-général, où il fut reçu par acclamation, sans examen, et qu'il tint avec éclat pendant dix années; puis négociateur habile et infatigable, et, après trois tentatives où il avait déployé une habileté rare, auteur principal de la paix conclue en 1546 entre la France et l'Angleterre; grand parmi les premiers présidents qui ont le plus illustré le Parlement de Normandie[2]; Jean Vialard, qui, d'avocat fameux, devenu conseiller, puis président, était admiré de la magistrature et du barreau, comme le type des jurisconsultes et le plus consommé des praticiens[3].

Pierre Rémon, premier président.

Jean Vialard président.

Notre province, confessons-le, n'avait guère, jusqu'alors, produit de tels hommes, quoique plusieurs de ses enfants figurassent aussi dans le Parlement avec honneur : François de Bordeaux,

---

[1] B. Candelarius, lib. 1, Encom. 14.

[2] *Les Présidents au mortier du Parlement de Paris*, par François Blanchard, bourbonnais. Paris, 1647, in-folio. — Mss. de la Bibliothèque royale.

[3] B. Candelarius, lib. 1, Encom. 19.

baron de Coulonces, par exemple, né à Vire, long-temps ambassadeur, qui était parvenu à conclure une paix honorable pour la France, et dont les services avaient été récompensés par une présidence ¹; Robert de Villy, procureur général d'abord, puis président, que l'on vit souvent (Le Chandelier nous l'atteste) défendre sa patrie, lutter pour la liberté, braver pour elle de grands dangers ², homme antique, à la vie désintéressée, frugale et simple, méprisant les richesses, adorateur des lois, profondément versé dans la connaissance de nos coutumes, et (Le Chandelier nous l'apprend) ne pouvant supporter tous ces commentateurs qui s'évertuaient, alors, à embrouiller la loi par leurs gloses; pour toute règle ne voulant que la loi même, et non les imaginations des auteurs, et, au lieu de lumière, ne trouvant qu'éblouissement dans ce pêle-mêle de couleurs diverses et d'opi-

Robert de Villy, procureur général.

---

¹ Hic Dacos abiit, gelidi qui Strymonis undas
  Potant, et gelidi Bystonis arva colunt.
Firmavit pacem, et fecialia pacta reportans,
  Barbaricas Francis conciliavit opes.
            — B. Candelarius, lib. 1, Encom. 12. —

² Deffendit patriam, summàque acerrimus arte,
  Pro libertate multa pericla subit.
....
Consuetudinibus, nostrisque in moribus, audax,
  Quod fuerat dubium judicium dirimit....
            — B. Candelarius, lib. 1, Encom. 13. —

nions bigarrées¹; Pierre Monfault, surtout, né à Rouen, dont il était l'orgueil, orateur fécond et brillant, dont l'éloquence vive et chaleureuse faisait les délices du sénat et du peuple; le Carnéades, l'Hybréas, le Pithée, que dis-je? le Périclès de son temps. La persuasion était sur ses lèvres; le dieu de l'éloquence l'inspirait et semblait parler par sa bouche; sa parole tenait les esprits et les cœurs en suspens; éloquence abondante et généreuse, qui ne pouvait être qu'un présent des dieux²!

    Nommons, enfin, à son tour, celui qui nous a si bien appris à connaître les magistrats de ces premiers temps, le poète Baptiste Le Chandelier, l'orgueil de la ville de Rouen, qui l'avait vu naître, la gloire des Palinods, dont il fut, plusieurs fois,

Pierre Monfault de Fontenelles.

Baptiste Le Chandelier, (de Rouen), conseiller. Son ouvrage en vers latins sur les présidents et conseillers du Parlement.

---

¹   Callida scriptorum somnia despiciens.
  Ecquid, enim (aiebat) tot commentaria prosunt?
    Cùm veri exemplum qui vis habere studet,
  Tam diversorum vana est mixtura colorum
  Quæ premit attonitos officiens oculos...
  Hæc ita suadebat præses dignissimus ille,
    Tot rerum anfractus ex animo fugiens.
        — B. Candelarius, lib. 1, Encom. 13. —

²   Deliciæ nostræ et populi spectata voluptas,
    Omnibus acceptus nostra theatra regis.
  Sæpè est visa tuis Pitho considere labris,
    Sæpè tuo eructas pectore Mercurium.
  Undè ætas alium mirata est nostra Periclem.
    Tecùm Carneades, Hybreas, et Pitheas;
  Cùmque diserta tuam exornet facundia linguam,
    Suspensos retines quâ novitate animos.
        — B. Candelarius, lib. 1, Encom. 16. —

le lauréat, dont il devint l'un des plus illustres princes, et auxquels il a consacré un poème latin très curieux [1]. Conseiller depuis 1519 jusqu'à 1549, ayant connu les anciens de l'Echiquier et tous les officiers qui s'y succédèrent pendant les trente ans qu'il y siégea lui-même, il crut que des louanges décernées à la vertu de ces sénateurs seraient un exemple et un encouragement pour ceux qui devaient les remplacer un jour. De là ce nouveau poème, cette galerie où se succèdent, dans l'ordre des temps, les portraits de ces premiers membres du sénat normand. Documents précieux, les seuls, presque, qui nous restent sur ces anciens du Parlement de notre province. Agé, infirme, perclus de goutte, et comme inutile au palais dans les derniers temps de sa vie [2] (il s'en plaint du moins dans

---

[1] *Baptistæ Candelarii, clarissimi viri, et regii* (dùm in vitâ esset), *in senatu rothomagensi, consiliarii, Partheniorum liber unus.* Rothomagi, apud Richardum Allemanum (1593), petit in-8°. — *Reg. civils* (rapports) *du Parlement de Rouen*, n° 369, 22 septembre 1593.

[2] Cùm tunc exciperer, qui pœnè novissimus essem,
   Hæc ego nunc scribens pœnè prior sedeo....
Et sum qualis eram, mea vix est aucta facultas,
   Nil superest opibus plusve minusve meis.
Jam propè bis denos, adjectis quatuor, annos,
   Tot noctes studiis totque dies dedimus.
Per que illa errantem invenit nodosa podagra,
   Compressitque meas dura chiragra manus...
Cæsareæ postquàm sum factus inutilis aulæ,
   Otia me, posito munere, lenta vocant.
   — B. Candelarius, lib. III, Encom. 2. —

ses vers), le docte vieillard se consolait en traçant ainsi, de souvenir, les images des anciens d'un sénat qu'il avait vu naître, et dont il allait devenir le doyen ; il plaignait ses collègues, plus jeunes que lui, de ne les avoir pu connaître. Grand magistrat, du reste, tant que ses forces l'avaient permis ; tenant une place distinguée parmi ces hommes éminents dont il s'occupait d'écrire les éloges ; désintéressé, peu soucieux de ces *épices* dont d'autres magistrats se montraient avides ; très honoré dans ce Parlement qu'il aimait tant ; vengé, un jour, avec éclat, par sa compagnie, d'un manquement de respect qu'un gentilhomme nommé D'Eudemare s'était permis envers lui[1] ; mort en 1549, aussi peu riche qu'à son entrée en charge ; et, dans la tombe, protégeant, du souvenir de ses talents, de ses vertus, de son savoir, un fils médiocre qui, après deux examens pitoyables, ne fut reçu conseiller « qu'en considération de son feu père, qui avoit esté longuement conseiller céans, et s'y estoit contenu en telle dignité, honneur et réputation qu'il appartenoit[2]. »

Le Chandelier était trop sincère ami des lettres pour n'aimer pas ceux qui les cultivaient avec lui. Conseiller, poète, heureux *tenant* du *Puy de l'immaculée Conception*, il vante David de Bures (de

David de Bures, (de Dieppe), conseiller, poète des Palinods.

---

[1] *Reg. secr.*, 26 février 1546.   [2] *Reg. secr.*, 8 août 1556.

Dieppe), conseiller comme lui, reçu le même jour, poète aussi, son émule de gloire aux Palinods ; il le loue avec amour, ainsi que ses beaux vers, admirés alors, ignorés aujourd'hui[1]. De Bures mort, et son fils venant lui succéder dans le Parlement, Le Chandelier recommence les louanges du père ; il le montre, aux Carmes, tenant avec succès sa place sur le *puy* ou *théâtre*, lisant aux auditeurs émerveillés des vers brillants, nombreux et faciles[2].

Ainsi éclairé et fortifié par des présidents et conseillers auxquels leur mérite éminent assurait une grande et légitime influence, le Parlement poursuivait sa carrière, non sans éclat, toujours prêt à défendre les libertés publiques, les droits de la couronne, les intérêts de la province, et, enfin, sa propre dignité, sans laquelle cette cour n'eût pu remplir la haute mission qui lui avait été confiée. Son zèle pour les libertés parut en 1526, alors que l'on sut qu'un concile provincial allait s'assembler prochainement en Normandie. Car le procureur général, Muterel de Cauville, s'étant

Zèle du Parlement pour les libertés de l'église gallicane. 1526.

---

[1] B. Candelarius, lib. III, Encom. 6.

[2] Buresius sic alter erat notissimus illis
   Quos fama illustres docta minerva facit....
Vidimus *orchestris stantem* et sua verba sonantem
   Florida facundo quæ dabat ore loquens....
            — B. Candelarius, lib. IV, Encom. 19.—

empressé de l'annoncer au Parlement, un arrêt intervint, qui prohibait toute tenue de concile ou même toute assemblée du clergé, quelle qu'elle fût, jusqu'à ce que les évêques de la province, en indiquant au procureur général les points (*autres que ceux de religion et de morale*) sur lesquels la discussion allait s'ouvrir, il eût été reconnu par la cour qu'il ne se préparait rien où fussent intéressés l'autorité du roi, les priviléges de l'église gallicane, le bien du royaume, les saints décrets; et, sans doute, cet arrêt dut avoir du retentissement alors, puisqu'à cent ans de là, le docte La Roche-Flavyn le mentionnait encore, avec louanges et en détail, dans son grand ouvrage sur les Parlements de France[1].

L'inaliénabilité du domaine était encore un dogme que le Parlement de Normandie ne cessait de défendre, dans l'intérêt des rois, contre les rois eux-mêmes, toujours prêts à le violer au grand dommage de l'État. Dès 1505, Louis XII ayant engagé le comté de Beaumont-le-Roger, à Robert Stuart, seigneur d'Aubigny, si célèbre dans l'histoire par ses exploits dans les guerres d'Italie, et que Brantôme appelle « le grand chevalier sans

Opposition du Parlement aux aliénations du domaine de la couronne.

---

[1] *Les trèze Livres des Parlements de France*, par Bernard de la Roche-Flavyn, livre XIII, p. 755, édition de 1617. — *Abrégé historique ms. du Parlement de Normandie*, par le procureur général Pavyot Du Bouillon, 4 vol. in fol. (Bibl. publ. de la ville de Rouen.) — *Reg. secr. du Parlement de Rouen*, novembre 1526.

reproche¹ », on avait vu l'Echiquier perpétuel tout faire pour rompre l'effet de cet acte, prétendant, avec raison, qu'un pareil engagement ne pouvait être fait que pour apanage. Forcé, enfin, par l'opiniâtreté du roi, du moins n'avait-il voulu enregistrer l'acte d'engagement qu'avec la mention la plus énergique de sa répugnance, ainsi que de la contrainte exercée sur lui par le monarque, et encore sous des conditions qui conservaient entière la dignité de la couronne, en réservant, par exemple, au roi l'hommage des nobles et ecclésiastiques tenant des fiefs dans le comté ; la garde des mineurs et des églises ; les droits de tiers et danger, de patronage et de fouage. Le procureur général lui-même, Robert de Villy, avait hautement demandé ces réserves, remplissant, ainsi, la plus noble fonction de son délicat ministère. Encore, avant d'en venir là, n'y avait-il eu efforts qu'ils n'eût tentés pour faire repousser entièrement cet acte royal².

Mission des gens du roi.

C'était bien comprendre sa charge ; car, de s'imaginer que les *gens du roi,* comme on les appelle, sont des officiers passifs, serviles et contraints d'être toujours prêts à tout faire, quoique la con-

---

¹ Brantôme, *Discours sur M. d'Aubigny.* — *Abrégé historique ms. du Parlement de Rouen.*

² *Reg. Echiq.*, 1505.

science leur puisse dire, ce serait mal l'entendre. « Tous les autres officiers (s'écriait *l'avocat du roi Estienne Pasquier*) sont aussy bien *gens du roy que nous.* » Mais, « puisque l'on nous faict cest honneur de nous qualifier tels, il me semble *qu'avec toute honneste soubmission, nous luy devons rendre service, tel qu'estimons en nos consciences se devoir tourner au profict de luy et de son Estat.* Estant advocat du roy (continuait-il), il faut que je descouvre à mon maistre ce que je pense importer à la manifestation de son Estat. *Je doy une vérité à mon roy,* c'est une charge foncière annexée à ma conscience et à mon estat, dont je ne me puis dispenser sans commettre félonnie envers luy[1]. »

Robert de Villy, rempli de ces maximes, n'avait, surtout, rien plus à cœur que d'empêcher les aliénations et engagements de domaine. Naguère Charles VIII, reconnaissant que, « par tels moyens hors des termes de raison, le domaine estoit notablement diminué », avait consacré, par un édit, l'inaliénabilité du domaine[2], que nous venons de voir méconnue par Louis XII, qui, sans doute, l'oublia bien d'autres fois encore pendant son règne; car François Ier, peu d'années après son avénement, trouvant le domaine de la cou-

Le Parlement résiste à d'autres engagements du domaine.

---

[1] *Lettres* d'Estienne Pasquier, livre XII, lettre 2e.
[2] Édit de François I, de juillet 1521, donné à Argilly.

ronne « de si petite valeur et revenu, que force lui estoit, pour l'entretien de sa maison, de prendre sur les deniers affectéz à l'entretien des gens de guerre », révoqua par un édit toutes les aliénations faites jusqu'alors, et, même, déclara nulles à l'avance « toutes celles qui, par surprise, pourroient estre faictes à l'avenir [1]. » Qu'après cela, toutefois, malgré son propre édit si exprès, François Ier allât détacher des parties de son domaine, c'est ce que le Parlement de Normandie ne pouvait supporter. Cette cour avait donc voulu repousser des lettres patentes par lesquelles le monarque donnait au sieur d'Argouges la châtellenie de Gavray. Elle avait résisté surtout à d'autres lettres patentes de 1528, par lesquelles les seigneuries de Breteuil et de Conches étaient données au comte de Carpi. Des députés du Parlement avaient été envoyés en cour pour faire d'énergiques remontrances, qui irritèrent François Ier. Robert de Villy était à la tête des députés si mal reçus; et nul doute que ce ne fût là de ces dangers auxquels Le Chandelier le loue de s'être souvent exposé dans sa charge [2]. Il leur fallut

---

[1] Edit de François I, de juillet 1521, donné à Argilly.

[2]   Defendit patriam, summâque acerrimus arte,
    Pro libertate multa pericla subit.
  Antiquum ducens nihil usquam ferre molestum,
    Quo patriæ clarus fortè labaret honos.
          — B. Candelarius, lib. 1, Encom. 13. --

revenir avec une lettre close dans laquelle le roi enjoignait au Parlement d'enregistrer les lettres de don, « sans plus y différer ou dissimuler, ne s'arrester aux choses mises en avant; de se résoudre, enfin, à ce *qu'il n'en oïst plus parler.* » — « Autrement, disait le monarque, nous ne nous pourrons contenter de vous, et vous donnerons à congnoistre qu'il nous en desplaist; car le don n'est pas suffisant pour rescompenser nostre dict cousin, le comte de Carpy, des pertes et dommaiges qu'il soustient pour nostre service. » Les lettres furent donc enregistrées, mais avec cette mention « *du très exprès commandement du roy, plusieurs fois réitéré* [1] », qui jetait, alors, une grande défaveur sur les actes royaux auxquels elle imprimait un ineffaçable stigmate de répugnance du côté des magistrats, de violence et de contrainte de la part du souverain. L'édit de février 1566, qui vint, dans la suite, faire, de cette inaliénabilité du domaine, un des dogmes fondamentaux et inviolables de la constitution de l'État, était la sanction et la consécration de toutes ces résistances des Parlements, de celui de Normandie entre tous les autres. Immense service rendu à l'État par les cours de justice; car, s'écrie un grand publiciste, « que seroit

---

[1] *Reg.* des 23 et 24 novembre 1528.

devenue la plus belle monarchie du monde, si les magistrats, par leurs lenteurs, par leurs plaintes, par leurs prières, n'avoient arrêté le cours des vertus mêmes de ses rois, lorsque ces monarques, ne consultant que leur grande ame, auroient voulu récompenser sans mesure des services rendus avec un courage et une fidélité aussi sans mesure[1]. »

Opposition du Parlement de Normandie aux survivances. 1531.
— Toujours dans l'intérêt de l'autorité royale, le Parlement de Normandie se refusait, en 1531, à l'enregistrement de lettres patentes de François Ier, qui accordaient, en survivance, à Arthur de Cossé, la charge de bailli de Caux tenue par René de Cossé, son père. Que René de Cossé fût digne de toute la faveur du monarque, il n'est point permis d'en douter, et les histoires sont remplies de tout ce que fit ce brave homme de guerre pour son pays et son roi. Mais, appauvrie qu'elle était de plus en plus par les dons et engagements de domaines, qu'allait devenir l'autorité royale, si, par des concessions multipliées de survivances, elle se dépouillait encore à plaisir du droit de nommer, en cas de vacance, aux offices de l'État, s'ôtant ainsi l'un des plus puissants moyens qu'elle eût, peut-être, de se faire reconnaître, respecter et obéir? François Ier, lui-même, par un édit enregistré en

---

[1] Montesquieu, *Esprit des Lois*, livre v, chap. 10.

tous lieux et en tous lieux applaudi, n'avait-il pas révoqué naguère toutes les survivances d'offices, *repris et retenu à lui la faculté et liberté de pourveoir aux offices quand ils vacqueroient?* Auparavant (c'est lui qui nous l'apprend dans son édit), « la plus-part des offices du royaume estoient à survivances... La liberté et auctorité de les donner et d'en pour-veoir les serviteurs qui les méritoient, luy estoient ostées; souvent advenoit que, après le décèz des titulaires, ceulx qui venoient à les tenir estoient enfantz et gens ignorantz, dont les dictz offices estoient mal pourveuz, et le roy et la chose publicque mal servis[1]. »

Le moyen, après cela, que le Parlement de Rouen se prêtât tout d'abord à la survivance accordée à Arthur de Cossé! Aussi les évêques de Lisieux et d'Evreux n'avaient-ils pu jamais l'y amener, malgré tout ce qu'ils lui dirent « des longs, grands et vertueux services qu'avoit faictz René de Cossé, tant aux feus rois Louis XI, Charles VIII, Louis XII, qu'au roy François à présent régnant, mes-mement pendant son infortune et captivité (car iceluy Cossé et son filz en avoient souffert en leurs personnes; ils avoient tous deux esté constituéz

---

[1] Edit du 8 juillet 1521, donné à Argilly, enregistré à Paris le 23 janvier suivant.

prisonniers [1]. » N'importe, il fallut que François Ier lui-même en parlât fortement à des députés du Parlement de Rouen. Encore trouva-t-il en eux de la résistance ; car, comme il ordonnait au premier président De Marcillac d'entériner les lettres, « nonobstant toutes excuses » : « Sire (lui dit ce magistrat), les recommandables services de M. de Cossé valent beaucoup plus. Toutes foys, l'ouverture semble estre d'une grande et périlleuse conséquence, d'intériner ces lettres, ainsy qu'elles sont. A traict de temps, l'aucthorité et faculté que vostre Majesté a de donner et conférer charges à ses bons et loyaux serviteurs, lay seroit tollue et ostée, pour autant qu'elles seroient quasi-héréditaires. Si vostre plaisir, tout au moins, estoit de bailler déclaration que vous entendez que, à l'advenir, l'on n'obéisse à telles lettres de survivance, les gens ne seront si hardiz et craindront de vous importuner. » Cette déclaration, le roi l'avait promise, mais en disant que « finalement, il vouloit que la dicte survivance sortist effect [2]. » Arthur de Cossé fut donc reçu bailli de Caux en survivance, mais sous la condition expresse, consignée dans l'arrêt du Parlement, que René de Cossé son père, « auroit, seul, pendant sa vie, l'administration de la justice,

Ce que dit le premier président De Marcillac à François Ier contre les survivances.

---

[1] *Reg. secr.*, 10 février 1531.

[2] *Reg. secr.*, 16 février 1531.

à ses périls et dangers ; et, en son absence, les lieutenans, sans que, durant sa vie, son fils s'en pust entremettre[1]. »

D'autres Parlements, moins scrupuleux, devaient, un jour, admettre, dans leur lâche complaisance, jusqu'aux survivances des gouverneurs « *pour leurs enfants* VRAYEMENT ENFANTS », et cela après l'édit de 1559, rendu pour les abolir toutes. La Roche-Flavyn blâme les Parlements *de se faire ce tort*[2] ; il se plaint de ces criants abus, devenus fréquents de son temps, c'est-à-dire sous les règnes de Henri IV et de Louis XIII. La noble résistance du Parlement de Rouen à François Ier, alors oubliée, était un bel exemple, que ce docte écrivain n'aurait pas manqué d'alléguer, si les annales de cette cour lui eussent été connues.

Dans l'intérêt de l'autorité royale, les Parlements se montrèrent toujours jaloux de la leur, qui en était une émanation. Combien ce sentiment était vif dans le Parlement de Normandie, on le voit assez par ce que disait, un jour, Faucon De Ris, premier président de ce Parlement, à un prince du sang venu au palais, à Rouen, pour y prendre séance:

« Commis par le roy, et assis en son lieu pour exercer sa principale fonction, qui est de rendre

Le Parlement défend ses droits contre l'amiral Chabot ; et contre le dauphin François. 1531.

Haute idée qu'avait le Parlement, de sa mission.

---

[1] *Reg. secr.*, 17 février 1531.
[2] *Trèze Livres des Parlements de France*, par La Roche-Flavyn, liv. x, ch. 41, § 1.

la justice (disait ce président), nous portons ses robes, ses manteaux et ses mortiers, qui sont les habillements et les couronnes des anciens rois; nous séons en ces places si respectées, que les princes mesmes du sang, enfants des souverains dont nous sommes les très humbles subjectz, nous les cèdent par honneur. Images vivantes de la divinité parlant par leur bouche, ceux qui exercent la justice et prononcent les arrestz intituléz au nom des roys, *sont assis au dessoubz de la représentation de Dieu, en la place et en l'habit des rois* [1]. »

Ceci se passait en 1610; mais, dès quatre-vingts ans avant, en 1531, cette compagnie avait montré combien déjà ces sentiments étaient enracinés en elle, lorsqu'on la vit défendre hardiment ses prérogatives contre l'amiral Chabot, contre les cardinaux, et contre le dauphin lui-même, fils de François Ier, un roi si absolu. Ce monarque avait donné le gouvernement de la Normandie au dauphin François, qui, à peu d'années de là, devait, au printemps de son âge, mourir empoisonné par Montécuculo. Le gouvernement de la Normandie avait été, à diverses époques, le partage des fils aînés de France; on le leur donnait pour les honorer, et, en même temps, pour honorer une grande province réunie tard à la couronne. Le dauphin

---

[1] *Reg. secr.*, 8 décembre 1610.

François n'étant encore âgé que de quatorze ans, le roi son père n'avait entendu lui donner qu'un titre d'honneur, et l'amiral Chabot de Brion, favori du roi, nommé *lieutenant-général* du jeune dauphin, devait être, au fond, le vrai gouverneur de la province. Chabot jouissait, dès-lors, d'un grand renom. C'était lui qui avait délivré Marseille assiégée par Charles-Quint; il s'était couvert de gloire à la bataille de Pavie; il venait de faire ratifier, par l'empereur, le traité de Cambray. De plus, il était favori du roi, et l'un des plus grands personnages du royaume. Mais rien de tout cela ne put empêcher le Parlement de réclamer à la fois, et contre les lettres patentes qui donnaient au dauphin le gouvernement de Normandie, et contre celles qui nommaient Chabot lieutenant-général du jeune prince. C'est que les lettres patentes qui conféraient le gouvernement au dauphin, lui donnaient le pouvoir de «*mander et faire venir par devers luy la court de Parlement, ensemblement ou en particulier, comme bon luy sembleroit* », et que celles qui instituaient Chabot son lieutenant, déclaraient communs à ce dernier tous les pouvoirs extraordinaires, spéciaux et singuliers concédés au dauphin par les premières.

Se voir ainsi exposés à la chance d'être mandés au premier caprice d'un jeune prince ou d'un gouverneur; être contraints de se rendre, à l'instant, en corps ou en députation, suivant son bon vouloir, là où il plairait à l'un ou à l'autre de les faire venir, tous les membres du Parlement s'étaient révoltés à cette idée; et ils réclamèrent tout d'une voix contre cette clause jusqu'alors inouïe et sans exemple. Les gens du roi eux-mêmes la jugeaient *de grosse conséquence.* Avant de s'expliquer sur ces lettres, il convenait de faire des représentations à Chabot, que des députés du Parlement allèrent visiter à l'archevêché où il était logé; et ces magistrats lui annoncèrent la résolution où l'on était de faire au roi des remontrances. « Les cours souveraines (lui dit le premier président De Marcillac) sont faictes et créées pour estre fixes, permanentes, immuables; *nunquam vagantur, nec vagari consueverunt,* depuis qu'elles ont esté mises sus. Autrefois, on l'a cuidé faire pour le Parlement de Paris (ce qui ne sortist effect), et pour cas de grosse importance; autrefois, le Parlement de Paris estoit composé de cent conseillers *dont le roy estoit ung.* » Créateur de ce corps, il en était membre lui-même. « La court de Parlement du pays de Normandie est faicte et establye ad instar de celle de Paris, avec telz priviléges, aucthoritéz et dignitéz, et en la ville cappitale de tout le pays de Normandie, et ce à la grande instance, prière et requeste des Estats du dict pays. En ceste ville a esté faict et construict ung palais royal sumptueux et de grand coust (qui a cousté plus de 300,000 livres), pour loger la dicte court, et estre le lieu ordinaire à rendre la justice souveraine et en dernier ressort de ce pays... Quand le roy veult tenir son lict de justice ou faire quelque autre acte de grande majesté et digne de mémoire, il le faict ordinairement au lieu où ses cours souveraines tiennent le siége de justice. Par ainsy, seroit dérogeant grandement à l'aucthorité du roy que ses cours feûssent mandées et transportées par autres que par luy. » Quelle que fût la force de ces raisons, « monseigneur l'admiral, de prime face, ne print pas bien ce discours, comme il sembla par ses gestes et contenances. Cela, dit-il avec humeur, ne touche en rien l'auctorité de la court; et quant la dicte clause ne seroit au pouvoir du seigneur daulphin, encore pourroit-il mander le Parlement ; car il est fils de roy ; et rien, quasy, n'est licite au roy, qu'il ne le soit, par semblable, à monseigneur le daulphin filz aisné et hoir de France. N'y a au-dessus de luy que la couronne, laquelle, naturellement, luy appartiendra, le roy nostre sire (ce que Dieu ne veuille) estant décédé. Gardez-vous donc de vous aller plaindre au roy, qui ne le prendroit bien. » Puis, se calmant, parce qu'il voyait clairement que le Parlement n'avait été mu à cette démarche que par son zèle même pour l'autorité royale, il rassura les députés sur les conséquences de ces lettres patentes, le roi (disait-il) n'avait pas entendu que le dauphin pût jamais déplacer la cour tout entière, ou même mander des députations à une grande distance de Rouen, à Caen, par exemple, ou dans d'autres villes éloignées. Pour lui, amiral, on avait bien vu, en Bourgogne où il avait été gouverneur, qu'il savait honorer les Parlements et ne leur rien demander qui répugnât à leur dignité.

Ces explications ayant contenté la compagnie, une assemblée solennelle eut lieu, à peu de jours de là, au palais, pour l'enregistrement des lettres patentes du dauphin gouverneur et de son lieutenant. L'amiral Chabot s'y était rendu, avec les évêques de Lisieux et de Langres, suivi de toute la noblesse de la province ; car, en toute occasion, on voyait les gentilshommes se presser à la suite des gouverneurs, comme les bourgeois autour des cours souveraines. D'un côté, les armes, la force, le privilége, la faveur ; de l'autre, la raison, le droit, l'égalité devant la justice. Bien résolus à être sobres de détails sur toutes ces cérémonies, nous ne parlerons du discours prononcé, ce jour-là, par le premier président De Marcillac, qu'à cause de l'affectation qu'il mit à y faire, à tout propos, figurer le nombre *trois*, qui, sans doute, lui avait semblé, comme à Platon, comme à Pythagore, plein de solennité et de mystère. On l'entendit donc, en parlant du dauphin, énumérer *trois* raisons qui avaient dû porter François Ier, père de *trois* fils, à préférer.

pour cette charge, son fils aîné aux deux autres. Venant ensuite à l'amiral, Marcillac distinguait en lui *trois* qualités qui lui paraissaient dominer en ce noble personnage. Et, dût sa modestie en souffrir, ces *trois* qualités, éminentes en lui, furent énumérées et développées en sa présence avec beaucoup de méthode. L'Exode fut allégué pour les mettre davantage dans tout leur jour; Salomon fut appelé en témoignage, puis Esdras, saint Paul, saint Jean, saint Mathieu, David, etc., avec eux, Aristote, au 5° livre de ses Ethiques. Marcillac demanda *trois* choses au gouverneur, ou lui présenta *trois* requêtes, comme il le dit lui-même. N'en disons pas davantage sur cet étrange discours, que nous avons voulu, non point livrer au ridicule, mais offrir à nos lecteurs comme un témoignage de l'empire qu'avait encore le mauvais goût sur les hommes même les plus doctes et les plus éminents de cette époque; et cet empire, il ne devait pas le perdre de si tôt [1].

Chabot, moins savant, assurément, que Marcillac, moins méthodique surtout, et l'esprit peu empêché de textes et de passages, lui fit une réponse meilleure, parce qu'elle était naturelle et simple. Ainsi, le premier président l'avait prié de « ne croire soudainement beaucoup de choses qui

<small>Le Parlement avait toujours des ennemis.</small>

---

[1] *Reg. secr.*, 15 et 16 novembre 1531.

luy pourroient, par cy après, estre dictes de la court, des présidents et conseillers d'icelle. Vertu, avait-il dit, a tousjours eu et tousjours aura des émulateurs (envieux). Quant telles manières de gens vous viendront tenir de mauvaises et sinistres paroles, ne les vueillez, de prime face, croire, mais faire ce plaisir à la compaignie de luy en escrire ou à aucuns des présidents d'icelle; on vous rendra si bonne raison de toutes choses, qu'en serez satisfaict et content. » Chabot, dans sa réponse à la harangue de Marcillac, s'attachant surtout à ce point, promit, non seulement « de n'adjouter foy ny aucune crédence aux gens mal parlantz de la court, mais, par tous moyens, de leur fermer la voye, et de ne leur donner aucune audience. Il congnoissoit la compaignye estre notable et vertueuse, tout attentive et continuelle à faire, rendre, et administrer justice aux subjectz du roy, à la descharge et acquict de sa conscience; ce qui ne se pouvoit faire sans qu'aucuns de ceux à qui on faisoit justice ne feussent, aulcunes foys, malcontentz. Par cy devant, là où il avoit esté question de ceste court de Parlement, il en avoit porté parolles à l'honneur et advantage d'icelle. » — Ceci s'était passé à huis clos, et dans le secret du conseil; après quoi, on alla prendre séance dans la grand'chambre dorée, où toute la noblesse avait attendu l'audience, ayant à sa tête le vice-amiral De la Mailleraie, et

Le Parlement était, alors, en grande estime.

D'Annebaut, alors simple lieutenant de roi, qui devait, un jour, remplacer Chabot disgracié et mis en jugement, puis tomber dans la disgrâce à son tour. Là furent lues et publiées les lettres patentes qui nommaient le dauphin gouverneur en Normandie; et, avec des modifications, les autres lettres qui lui donnaient Chabot pour lieutenant général; car le Parlement avait fini par l'amener à lui céder sur quelques points.

A son tour, le dauphin François se disposait à faire sa *joyeuse entrée* à Rouen, comme gouverneur, et à venir, à ce titre, prendre séance au Palais. En février 1531, la cour venant d'arriver en Normandie, on attendait ce prince de jour en jour. Le roi étant dans la province, le trône royal avait été dressé dans la chambre dorée; et le dais fleurdelisé appendu, selon l'usage, encore bien que le roi ne dût pas venir au Palais. Au-dessous du trône, avait été disposé un siége pour le dauphin gouverneur, lorsqu'arriva une lettre close du roi, datée du château de la Mailleraie, par laquelle il ordonnait que le jeune prince *son fils aisné* « s'assist en hault, en sa propre chaire, soubz le poële semé de fleurs de lys », et reçût, en un mot, tous les honneurs qui auraient été rendus au monarque venant au palais en personne. Nouveau débat, à ce sujet, entre l'amiral porteur des ordres de François I, et le Parlement, qui ne se pouvait résoudre à voir partager ainsi les hon-

Le dauphin François vient prendre séance du Parlement de Rouen.

neurs réservés, de tout temps, aux seuls rois de France. « *Nul* (disaient les présidents et les conseillers), *nul ne doibt estre assis au siége royal que le roy. Surtout sa Majesté estant en ceste ville, celuy qui préside en la court ne quitte la place à aulcun (feust-ce au premier prince du sang), fors au roy, lequel il représente.* » Toutefois, les ordres de François I*er*, bien lus et examinés, ne souffrant point de réplique, MM. du Parlement avaient fini par dire que, « puisque c'estoit le plaisir du roy, ilz n'estoient pour l'empescher. » En ce moment, d'ailleurs, un grand bruit annonçait l'arrivée du prince au palais; et bientôt, aux acclamations du peuple, entrèrent dans la chambre dorée du plaidoyer, le dauphin François, vêtu de noir comme à son ordinaire, couleur lugubre qui, à la suite de sa mort si prématurée et si tragique, fut regardée, par les prophètes après coup, comme un infaillible pronostic de cet inopiné et effroyable malheur. Gravissant agilement les petits degrés qu'on appelait *l'escalier du roi,* le jeune prince alla s'asseoir sur le trône royal, sous le dais; et, non loin de lui, prirent séance ses jeunes frères Henri, duc d'Orléans, qui devait régner après son père, sous le nom de Henri II, et Charles duc d'Angoulême, prompt et bouillant jeune homme qui, en 1545, après s'être signalé par une valeur chevaleresque, et avoir, « en un rien, conquesté la duché de Luxembourg », devait mourir déplorablement d'une maladie contagieuse[1]. On n'aurait jamais fini de nommer ici tous les princes et seigneurs qui entrèrent dans la grand'chambre à la suite des fils du roi; avec les ducs de Vendôme et d'Albanie, on y voyait le comte d'Eu, le grand maître Boisy, les évêques de Langres, de Beauvais, de Lisieux et de Maillezais. Mais, brillaient, entre tous, par l'éclat de la pourpre, non moins que par celui de la naissance, les cardinaux de Grammont et de Lorraine, et même leur présence fut l'occasion d'un conflit, pour ne pas dire d'un scandale ; car ces cardinaux, en entrant, voulant prendre les premières places après le dauphin, et les présidents ne se pouvant résoudre à les y laisser s'asseoir, un vif débat s'engagea aussitôt entre eux pendant que les jeunes princes et tous les seigneurs de la cour prenaient séance, et se prolongea pendant tout le temps que dura *l'oraison* (la harangue) du premier président De Marcillac au dauphin. « Jamais (disaient à l'envi et assez haut, les présidents Robert de Villy et Pierre de Monſaut-Fontenelles), jamais n'a esté veu que cardinaulx ny aultres ayent siégé au dessus des présidents de Parlement ; le roy estant absent, le Parlement le représente ; les présidents qui sont à sa teste et prononcent les arrestz, représentent, en ce, la personne de sa majesté. Ilz doibvent donc

Dispute vive entre les présidents à mortier et les cardinaux, pour la préséance, (le dauphin étant présent.)

---

[1] Brantôme.

seoir incontinent après monseigneur le daulphin; aultrement, la majesté du roy seroit grandement dyminuée. » — « En toutes rencontres (répondaient les deux cardinaux), nous devons avoir rang *avant les princes du sang, avant les enfants mesme de l'empereur.* Nous ne nous en départons, pour les fils du roy François, qu'à cause des grands biens que ce monarque nous a faictz; nous y voulons bien aussy consentir, ceste foys, à l'esgard du premier président de céans; mais, quant à vous, nous entendons vous précéder. »

— « Ce seroit honte à nous, et injure au roy, de nous laisser ainsy séparer et postposer à quelques personnes que ce feust (s'écriaient vivement les deux présidents); plus honneste est ne nous y point trouver. » Les ducs de Vendôme, d'Albanie et de Nevers prenaient parti pour le Parlement, ainsi que les maîtres des requêtes Lecoq et Longuejoe; se voyant soutenus, et échauffés d'ailleurs par ce débat, Monfault et Villy se disposaient à sortir de la grand'chambre, et descendaient déjà les degrés du prétoire, lorsqu'on les arrêta tout-à-coup, en leur représentant tout bas que « l'acte présent estoit *acte de majesté*, et que le roy se pourroit mal contenter s'ilz s'absentoient. » On les vit enfin se résigner et s'asseoir à la suite des deux cardinaux, non sans murmurer encore, et sans protester contre ce qui leur semblait un intolérable empiétement. Ils se turent donc, et il était temps, car le premier président De Marcillac terminait, en ce moment, sa harangue, qui avait pu couvrir en partie le bruit de ce débat ; et, un instant de plus, la dispute allait devenir un scandale public, un grave et authentique manquement de respect au fils aîné du roi. Le prince ayant fait annoncer, d'avance, qu'il voulait assister au jugement d'un procès, une cause fut plaidée entre le roi et l'abbé de Montebourg. Après les plaidoiries, le premier président De Marcillac alla prendre l'opinion du dauphin, celles des deux jeunes princes ses frères, des deux cardinaux, des présidents, des évêques, des seigneurs, et, enfin, des conseillers ; puis, ayant rapporté au dauphin l'avis de l'assistance, alla se rasseoir et prononça l'arrêt.

Pourquoi le roi permit au dauphin François de s'asseoir sur le trône.

Ce trône royal, occupé ainsi par un fils du roi, encore bien qu'il fût dauphin, était une nouveauté à laquelle on conçoit qu'eût voulu résister un Parlement, dépositaire et conservateur de toutes les prérogatives de la couronne. Mais, en 1525, François Ier, prisonnier à Madrid, découragé des mauvais traitements de Charles-Quint, repoussant avec indignation les dures et humiliantes conditions que ce roi-geôlier mettait à sa délivrance, et n'espérant plus, enfin, revoir jamais son royaume, avait comme abdiqué sa couronne en faveur du jeune François, son fils aîné. Par un édit envoyé en France, mais qui devait y être repoussé par les États, il avait déclaré vouloir « que son fils aisné fust, dès à présent, *tenu et réputé roy, et, comme roy, couronné, oingt, sacré, et traicté comme roy, par tous;* que tout se fist *au nom du nouveau roy,* et soubz ses scels, sans user aucunement des anciens ¹. A la vérité, libre bientôt, et de retour en France, il avait repris la souveraineté, comme il s'en était réservé le droit par l'édit même de Madrid. Mais, enfin, cet édit, quoique resté sans exécution, avait suffi pour mettre le fils aîné de François Ier hors de ligne parmi les dauphins de France; et c'est ainsi, sans doute, qu'il faut expliquer la permission qui lui fut donnée d'occuper le trône en l'absence du roi son père.

La vénalité s'était introduite dans le Parlement de Rouen.

Quant aux *mauvais bruits* auxquels le Parlement était en butte et dont nous avons vu le premier président De Marcillac se plaindre à Chabot, cette compagnie, si près encore de son berceau, avait-elle déjà dégénéré de la pureté des anciens de l'Echiquier, hommes si parfaits et si saints, que Le Chandelier plaignait ceux qui ne les avaient point connus? ² La vénalité des offices portait-elle déjà ses fruits, en introduisant dans le sanctuaire des hommes indignes d'y siéger? Ce n'est pas qu'elle n'eût existé dès le règne de Louis XII, moins ou-

La vénalité existait dès le temps de Louis XII.

---

¹ *Recueil général des anciennes lois françaises*, tome XII, p. 237 et suivantes.

² Felices oculi quibus hos spectare togatos
   Fas fuit....
   — B. Candelarius, lib. II, encom. 19. —

vertement à la vérité; et, quoi qu'en ait pu dire La Roche-Flavyn, qui veut que ce monarque n'eût vendu que des offices de finances [1], on trouvera, en regardant de plus près, que Louis XII vendit aussi des offices de judicature; et, sans compter le témoignage du marquis de Marolles [2], qui, aussi bien, écrivait trop long-temps après ces temps-là, pour en être cru sur parole, lorsqu'on voit, dans les registres de l'hôtel-de-ville de Rouen, les conseillers de ville se réjouir, à l'avénement de François I*er*, « de ce que *le roy de présent* se monstre vrayement bon roy, veu qu'il a jà commencé à DONNER *les offices* EN JUDICATURE, qui est grant bien pour ce royaulme, et dont ung chacun (disent-ils) se doibt resjouir »; quand on les entend, peu après, *remonstrer* à François I*er* lui-même « les dangers et périlz qui pouvoient advenir quant aucuns officiers *de judicature* estoient pourveus de leurs offices *par deniers* », et le supplier « que son plaisir soyt *donner* les dictz *offices en judicature* [3] », peut-on douter que Louis XII eût vendu ou, tout au moins, laissé vendre des offices? Ces prières, au reste, devaient avoir peu de succès; car la vénalité, timide

---

[1] *Trèze Livres des Parlements de France*, livre II, chap. 7, § 11.

[2] La Bardæus, *De Rebus gallicis historiarum* lib. VI, in principio.

[3] *Reg. de l'hôtel-de-ville de Rouen*, 6 et 23 janvier 1514.

encore au temps de Louis XII, se montra tout-à-fait à découvert sous François Iᵉʳ. Toujours à court d'argent à cause de ses guerres en Italie et de son goût pour le luxe et les fêtes, ce prince ne donna plus les charges de judicature qu'à des hommes qui versaient dans ses mains la somme à laquelle il les avait taxées, mais qu'au reste ils étaient censés lui prêter. « Prest à jamais rendre, vente desguisée du mot de prest », s'écrie Loyseau [1]. Et, en supposant, avec La Roche-Flavyn, que « ceux du Parlement de Paris, estant près du roy, et ayant du crédit, se soyent faict, longues années, rembourser [2] », encore ces remboursements eurent-ils une fin ; et, en tout cas, il ne paraît pas que les magistrats de la province en aient jamais eu leur part. Ils avaient, toutefois, financé aussi, et à l'envi les uns des autres, pour obtenir leurs offices ; car, sans nous occuper du Parlement de Paris, où ce trafic, repoussé d'abord à grands cris, ne put être établi que par force, et par l'ordre exprès du roi, que le comte de Saint-Pol alla y notifier [3], Rouen, aussi, eut sa part de ces fournées d'offices inutiles

La vénalité dans le Parlement de Normandie.

---

[1] Loyseau, *Des Offices*, liv. III, chap. 1.

[2] *Trèze Livres des Parlements de France*, par La Roche-Flavyn, liv. II, chap. 7, § 11.

[3] *Histoire de France*, par Velly, Villaret et Garnier, édit. in-4°, tom. XII, p. 219 et suivantes.

créés par François I*er*, et donnés à des hommes qui les achetaient, et étaient, bien entendu, censés lui en *prêter* la finance, à charge de remboursement; *prest à jamais rendre*, comme disait Loyseau tout à l'heure; mais François I*er* ne pouvait supporter qu'on le regardât comme vendant ces offices. « *Mon désir a tousjours esté de pourveoir bons et grandz personnages* (disait-il un jour à Jean de Brinon, premier président du Parlement de Rouen); *j'ay esté en nécessité de prendre argent par emprunt; mais j'entends les choses avoir esté faictes comme si c'eust esté sans argent, et mon vouloir est prendre bons personnages*[1]. » A la bonne heure; mais que devenaient les *bons personnages* riches de vertu, de science, et pauvres d'avoir? que devenait, avant tout, l'ordonnance de mars 1498, qui, proscrivant ignominieusement la vente des offices judiciaires, défendait aux chanceliers de sceller les provisions obtenues, par surprise, à prix d'argent; défendait, enfin, aux Parlements d'obéir à ces lettres, malgré même les jussions réitérées dont elles pourraient être suivies[2]? que devenait l'ordonnance de 1508, pleinement confirmative de celle de mars 1498? Les Parlements avaient cru beaucoup faire en astreignant tout pourvu d'office qui venait se faire

Du serment de *non numeratâ pecuniâ*.

---

[1] *Reg. secr.*, mai 152.

[2] Ordonnance de mars 1498, article 40.

recevoir, à jurer que, pour parvenir à l'office dont il apportait les provisions scellées et en bonne forme, « il n'avoit baillé ny faict bailler argent directement ou indirectement ». C'est ce qu'on appelait le *serment de non numeratâ pecuniâ;* serment établi (dit Etienne Pasquier) « sur l'espoir de revoir, quelque jour, le siècle d'or, au quel les estats se donnoient *au poids de la vertu, non de l'argent* » ; serment, toutefois, qui n'aboutissait qu'à des parjures. Car, ajoute Pasquier, « n'y a celuy qui ne jure n'avoir baillé argent, encores que, notoirement, on sçache le contraire. Tellement que, tombans d'une fièvre tierce en chaud mal, pour tout le fruit d'une si belle ancienneté, ne nous reste que le parjure dont nous saluons quelquefois la compagnie, avant que d'entrer en l'exercice de nos estats[1]. » — « Nos messieurs de la justice jurent à faux (dit un auteur moins grave), quand ils font serment de n'avoir pas acheté leurs estats, tandis que l'argent en est encore escript en leurs doigts; ils ne le disent point, néanmoins, mais qu'ils *prestent* de l'argent au roy[2]. » Hélas! c'est ce que disent, les uns après les autres, les conseillers et présidents reçus en notre Parlement de Normandie, depuis 1522 ou 1523 jusqu'en 1597, où, un peu tard assurément,

---

[1] Estienne Pasquier, *Recherches de la France*, livre IV, ch. 7.

[2] *Le Moyen de parvenir* (attribué à Beroald de Berville.)

fut pris, enfin, en dégoût et à jamais supprimé, ce ridicule serment qui n'était plus qu'un jeu et un scandale. Mais, jusque là, les registres sont remplis de ces mensonges, qu'on ne s'attend pas sans doute à nous voir raconter en détail. Mentionnons, toutefois, à part, l'année 1543, où, sans parler des offices qui, étant venus à vaquer par décès, avaient été vendus à deniers comptants par le monarque ou par ses courtisans, on vit arriver, en un seul jour, au Parlement, vingt-deux nouveaux titulaires d'offices de conseillers, créés par le roi, et qui, tous, lui avaient « *presté deux mille escus, en espoir de les recouvrer* (jurèrent-ils les uns après les autres); *et* (disaient-ils d'un air délibéré) *ne les eûssions bailléz si nous n'eûssions espéré recouvrer plus tard nostre argent.* » Ils se défendaient donc bien fort d'avoir acheté ces offices, sauf le droit pour tous autres de n'en rien croire [1]. Nous pourrions citer bien des faits semblables, du règne de François Ier. Le grand L'Hospital, alors simple conseiller au Parlement de Paris, déplorait, dans une épître, les conséquences, déjà trop sensibles, de ces honteux trafics. « Notre compagnie, naguère si pure et si sainte (s'écrie-t-il), est aujourd'hui bien mêlée, et dégénère de jour en jour. Le mérite méprisé s'éloigne, contraint

---

[1] *Reg. secr.* des 14 janvier, 2, 14 avril et jours suivants, 1543.

de céder la place aux richesses; il faut ouvrir la porte et aux dignes et aux indignes; à des hommes sans vertu, à des ignorants qui, à peine, ont une légère teinture des premiers éléments, sans capacité au demeurant, mais dont la ceinture est garnie d'or. Nous ne sommes plus, ici, qu'un petit nombre d'anciens, qui maintenons des pieds, des mains, et à grand'peine, l'antique dignité du sénat[1]. »

Le mal, toutefois, devait s'empirer encore sous les successeurs de François Ier. On voit Henri II écrire souvent au Parlement de Rouen, de lui présenter, pour les offices judiciaires, « des personnages des quelz il pust tirer, par le moyen de leurs provisions ès dictz offices, *quelque secours en ses affaires*..... affin qu'il les pourveust, *moyennant le le dict secours*[2]. » Il fallait bien obéir, du moins quelquefois. On vit donc venir en foule des conseillers et présidents, qui avaient payé, les uns six, les autres dix, ceux-là même quatorze mille livres. Alors, le serment *de non numeratâ pecuniâ* étant de mise encore, on le venait prêter, sauf *pour la somme* que l'on confessait avoir payée ; comme fit Jacques-Daniel du Bois-d'Ennemets, qui, nommé président en remplacement de Tournebulle, dé-

---

[1] Michaëlis Hospitalii *Epist.*, lib. 1, *Epist.* 3, in fine (nov. 1543.)
[2] Lettre de Henri II, datée d'Anet, 6 août 1555, et aliàs passim.

clara avoir *advancé* à Henri II dix mille livres, exhiba les lettres de *dispense* du monarque, à raison de cette somme, et prêta, pour le reste, le serment de *non numeratâ pecuniâ*[1]. Sous Charles IX, les solliciteurs d'offices versent leur argent, tantôt dans les mains du duc d'Anjou (roi depuis sous le nom de Henri III), pour qui ces prêts à fonds perdu étaient un supplément d'apanage[2]. Que dis-je? cet argent va quelquefois échoir à des magistrats même, auxquels il est abandonné comme récompense de leurs services. A la vérité, on s'est étudié à le cacher de tout son pouvoir. Un jour, par exemple, se présente Toustain de Frontebosc, nommé conseiller, avec une dispense expresse « de dire quelle somme il a payée, et qui l'a reçeue. » En vain l'avocat du roi, Laurent Bigot, s'écrie-t-il alors « qu'il trouve ceste dispense moins mauvaise que de jurer que l'on n'a rien payé, combien que si » ; en vain dit-il que l'espoir d'être remboursé par le roi n'est qu'une chimère, un édit récent affranchissant le monarque de ce remboursement ; l'étrange dispense accordée à Toustain a excité sur tous les bancs du Parlement une telle rumeur, que le président Vialard se voit contraint de révéler son secret, et de dire, en rougissant, que c'est dans ses mains que le nouveau pourvu a versé son argent, « luy

---

[1] *Reg. secr.*, 13 novembre 1555. [2] *Reg. secr.*, 13 novembre 1570.

ayant faict le roy don de la finance de cest office » ;
mais qu'au reste, lui président « *en a usé gracieuse-
ment avec M. Toustain* » ; c'était à dire qu'il lui avait
vendu cette charge au plus juste prix [1]. Plusieurs
membres du Parlement ayant, ainsi que lui, touché
ainsi la finance de divers offices, il prie la compagnie de ne le point traiter avec plus de rigueur que
les autres. Un tel aveu n'a fait qu'accroître la rumeur; le Parlement, indigné, résiste long-temps,
« ne pouvant ny debvant, dit-il, obtempérer à de
telles lettres de dispense. » Mais plusieurs lettres
de jussion arrivent coup sur coup, et, après deux
ou trois examens où Toustain s'est toujours montré
débile, il est reçu enfin; et le président Vialard
demeure nanti de la finance de cet office qu'il avait
vendu. On voit Charles IX, vers la fin de son règne,
se ravisant, ce semble, à l'aspect de si criants abus,
annoncer au Parlement de Rouen de grandes réformes dans l'administration de la justice; lui dire
que « l'une des choses les plus nécessaires, pour
l'effect de son intention, est que le Parlement de
Normandie soit diligemment remply de personnages de vertu, bonne vye et qui ayent les parties et
la capacité requises pour estre appeléz en telles et
si importantes charges et fonctions. » — « Nostre
justice, dit-il, est, à nostre grand regret, tombée
ès mains de plusieurs qui n'ayment ny exercent rien

---

[1] *Reg. secr.*, 1570.

moins que la vertu d'icelle, au grand scandalle, perte et dommage irréparable de nos paouvres subjectz... » Il demande, en conséquence, à ces magistrats, une liste des noms, qualitéz et mérites de ceulx qu'ilz congnoistront estre dignes pour y parvenir, vacation advenant de leurs places.... » Le Parlement, applaudissant à ces vues de réforme, à ce « dessein de remectre les choses à leur splendeur et bon chemyn », avait écrit, en hâte, au monarque pour le remercier de ce qu'il « luy plaisoit de remectre la souveraineté de sa court en toute sa splendeur, » et lui avait désigné des candidats dignes, à tous égards, d'entrer dans ses rangs [1]. De ces grands projets en arriva-t-on à l'effet ? Aux premiers États de Blois, en 1576, les députés de la Normandie prient Henri III « d'oster la vénalité des offices de judicature, laquelle en a presque obscurcy la splendeur et anéanty l'ancienne réputation [2]. » Mais on n'en continue pas moins, après cela, de les vendre ; les prix même vont toujours croissant. Vient, sous Henri IV, l'édit de la *Paulette* [3],

La Paulette.

---

[1] *Reg. secr.*, 7 janvier 1574.

[2] *Registre de l'hôtel-de-ville de Rouen*, 8 novembre 1576.

[3] *Paulette*, (appelée aussi *Palotte*, par corruption), droit que les officiers payaient aux parties casuelles du roi, au commencement de chaque année, afin de conserver leur charge à leurs veuves et héritiers ; sans quoi, eux venant à décéder, elle eût été vacante au profit du roi. Ce droit, imaginé par Charles *Paulet*, secrétaire de la chambre du roi, prit le nom de son inventeur, et fut créé par édit du 12 décembre 1604. — Loyseau, *Des Offices*, liv. II, ch. 10, n°s 14, 15, 16.

qui, au moyen d'une certaine somme payée au commencement de chaque année, assure au titulaire, pendant le reste de cette année, la libre disposition de son office, et à ses héritiers la survivance en cas de décès[1]. Alors, il n'y a plus de borne au prix des charges. « Il s'en faict ung trafic, commerce et négociation, comme des espèces de vin, de bled, de bestail et autres denrées qu'on expose en vente èz foires et marchéz[2]. » — « Dix ans après que la *Paulette* est inventée, ung office de judicature s'achepte plus que ne monteroient les gaiges, non pas en cinquante, non pas en cent, mais en trois cents ans. Car ung office de conseiller de la court (à Paris) se vend 60,000 liv., et plus, de particulier à particulier; il ne lui est attribué que 500 liv. de gaiges, les quelles ne peuvent faire 60,000 liv. qu'en trois cents ans; de manière qu'il fauldroit que M. le conseiller vesquist cest aage avec cest office, s'il n'avoit chose sur quoy se rembourser que sur ses gaiges. » C'est au *Traité de la réformation de la justice,* attribué au chancelier L'Hospital, que nous avons emprunté ces réflexions énergiques. Notez que l'on y trouve mentionnée, comme existant depuis dix ans, la *Paulette* qui ne fut, certainement, imaginée qu'en 1604,

---

[1] Loyseau, *Des Offices*, livre II, chap. 10.

[2] *Traité de la réformation de la justice*, compris dans l'édition des œuvres de L'Hospital, publiées par M. Dufey (de l'Yonne.)

c'est-à-dire trente ans après la mort de L'Hospital, arrivée le 13 mars 1573; d'où il faudra conclure, ou qu'à tort ce *Traité* est attribué au grand chancelier ; ou que, écrit par lui, il a, du moins, subi, après sa mort, des interpolations dont celle-ci, assurément, ne serait pas la moins notable.

On pense bien qu'un pire état n'avait pas manqué d'amener de plus déplorables conséquences. Les plaintes de L'Hospital, en 1543, ne seraient plus, maintenant, de pair avec le mal. Dès le temps de Henri II (c'est un conseiller au Parlement de Bretagne qui nous l'apprend), « tout estoit tellement débridé, et la porte de justice vénale et si ouverte, qu'ayant de l'argent on passoit partout[1]. » — « En telle multitude d'officiers que nous avons, dit-il ailleurs, il est impossible que la pluspart d'eux qui ont achepté leurs estats en gros ne les débitent et distribuent en détail et par argent[2]. » Enfin (et c'est nommément du Parlement de Normandie qu'il s'agit cette fois), s'il faut en croire L'Estoile, homme chagrin à la vérité, et toujours prêt à accueillir les mauvais bruits, un conseiller au Parlement de Paris, Jean Le Voix, coupable et convaincu d'un crime lâche autant qu'odieux, ayant fait évoquer son procès au Parlement de

---

[1] Noël du Fayl, sieur de la Hérissaye, conseiller au Parlement de Bretagne, *Contes d'Eutrapel*, édit. de 1597, page 60.

[2] Idem, *ibidem*, folio 7 v°.

Rouen, y aurait été pleinement absous, « *et en seroit sorti par la porte dorée,* ayant composé avec sa partie à deux mille escus, et luy en ayant cousté deux mille autres à corrompre la justice. Même Henri III, sur cela, aurait déploré la *mauvaise justice qui estoit en son royaume*[1]. »

<small>Mercuriales au Parlement de Rouen. Désordres qu'elles signalent dans cette compagnie.</small>

Nous avons voulu en finir, d'une fois, avec la vénalité, source prétendue de presque tous les désordres que les *mercuriales* vont nous signaler dans le Parlement de Normandie, dès le règne de François Ier. On sait que les *mercuriales* étaient des assemblées (ainsi nommées du *mercredi,* jour où elles avaient lieu), instituées dans les Parlements sous Charles VIII, par son ordonnance de juillet 1493[2], maintenues et amplifiées par Louis XII dans son édit de mars 1498[3], pour la conservation de la discipline dans ces grands corps judiciaires. Les présidents, et des conseillers appelés par eux, examinaient religieusement ensemble en quoi, depuis la dernière assemblée, les membres du Parlement avaient pu contrevenir aux ordonnances, manquer aux diverses obligations de leur état, compromettre la dignité de leur caractère. Ils rappelaient les contrevenants au devoir. Si les fautes étaient d'une haute

---

[1] L'Estoile, *Journal de Henri III,* année 1581.

[2] Article 110.

[3] Articles 27, 28 et suivants.

gravité, on en référait aux chambres assemblées, qui, faisant justice, pouvaient censurer et même *suspendre* les membres qui avaient encouru une peine si sévère. Elles avaient, enfin, été établies à trois fins, comme le disait le premier président De Marcillac : « Pour congnoistre et entendre les faultes, si aucunes y en avoit, tant aux présidents et conseillers qu'autres officiers de la cour; pour regarder à y donner les provisions nécessaires pour faire cesser les dictes faultes; enfin, pour faire les exhortations, reprises et punitions qui se trouveroient estre à faire[1]. »

Dès les premiers temps de l'Echiquier perpétuel, on voit tenir les mercuriales, ou *mercurines*, par les anciens, et le célèbre premier président Jean de Selve ne manque jamais d'y présider. Au commencement, les choses « sont en très bonne disposition. Les présidents, les anciens, les gens du roy, ne sçavent, en général ou en particulier, aucune chose digne de répréhension[2]. » A quelques années de là, ce n'est plus cette innocence du premier âge; mais il ne se parle encore que d'infractions assez légères. Des magistrats sont venus tard au palais; en été, par exemple, à six heures du matin au lieu de cinq heures et demie; en hiver, à six et demie au lieu de

---

[1] *Reg. secr.*, 7 février 1541.
[2] *Reg. secr.*, 22 novembre 1508, et autres du même temps.

six; ils ne sont jamais là pour la *messe du Palais;* le premier président y va seul, et les attend encore assez long-temps dans la chambre du conseil. Ainsi, « se perd, chacun jour, une heure, qui font six heures pour sepmaine, valans deux jours par mois. » Arrivés, enfin, au lieu de regagner vite le temps perdu, « ils sont long-temps sans besongner »; ils interrompent leurs collègues qui opinent; et, le moment venu de dire leur avis, ils *trainent en longueur,* tombent sans cesse dans des *redites,* reprennent tout le procès *ab ovo,* disputant en l'un et l'autre sens; chose permise seulement (en bonne règle) au rapporteur de l'affaire et au président de la chambre. De jeunes conseillers n'écoutent ni les rapports ni les plaidoyers; les uns dorment, les autres causent; ils y en a qui *se pourmènent par la chambre.* Des chanoines-conseillers-clercs, au premier son des cloches de Notre-Dame, quittant tout là, courent à l'église, en hâte, « pour gaigner leurs obitz. » Certains conseillers, assez peu exacts dans les procès *gratis,* arrivent toujours les premiers lorsqu'il doit y avoir des *espices,* « pour avoir l'escu ou demy escu[1]. » Des conseillers habitent ensemble le même logement, « ce qui n'est bon ne honneste. » D'autres « se pourmènent et *vaguent* par la grand'salle du palais, avec les parties, sollici-

---

[1] *Reg.*, 20 novembre 1527.

teurs, procureurs et advocats, ce qui diminue de la réputation, crainte et majesté de la court¹. » Les secrets du Parlement sont mal gardés, et souvent connus des plaideurs; « on tient trop les parties en longueurs de procès. » Plusieurs fois on a surpris le procureur-général « escoutant entre les deux huys des chambres..., chose peu honneste. » A la vérité, « il a un procedz qui luy touche de près, et peut estre cause de le faire ainsy tournoyer parmy les chambres et galleryes. » Dans les chambres « se font aulcunes petites *gaudisseries*, chose peu honneste entre présidents et conseillers d'une telle court, qui représente la personne du roy². »

Toutes infractions répréhensibles sans doute, et dont les unes étaient censurées, les autres punies par la compagnie, mais qui paraîtront, toutefois, bien légères au prix de celles que l'on devait voir s'y introduire dans la suite. Car, lorsque l'on reconnut, par exemple, que nombre de procès importants entre *personnes d'aucthorité* ou *alliées aux membres du Parlement*, avaient été perdus pour ceux qui avaient bon droit, faute par les rapporteurs d'avoir lu au Parlement des pièces décisives qui étaient aux sacs, ou que souvent même ces pièces s'égaraient sans qu'on pût les retrouver ja-

---

[1] *Reg.*, 17 juin 1532. — Mss. Bibliothèque royale, 321 suppl.
[2] *Reg. de Mercuriales*, ms. Bibl. royale.

mais ; et, enfin, chose remarquable, que cela n'arrivait guère dans les affaires ordinaires entre petites gens, ne fut-il pas permis de soupçonner autre chose que de la négligence, et de trouver là, avec le président De Brinon, « ung grand et merveilleux scandale [1]? » Aussi, des rapports si suspects, ou faits, en tout cas, avec une légèreté si condamnable, n'étaient-ils guère écoutés; et « se faisoient tant de confabulations et collocutions, que le président, le rapporteur, les *évangélistes* [2], et tous les autres conseillers, en estoient empeschéz et n'entendoient la substance des pièces. » Les jeunes conseillers « ne faisoient que rompre et destourber les autres, s'entretenant, aucunes foys, de choses deshonnestes, ou dormoient, ou alloient de lieu en autre, en sorte que qui leur auroit voulu demander leur opinion des premiers, ilz n'auroient sçeu que respondre ny que dire. » Plusieurs, même, « estoient coustumiers de tournoyer et faire collocutions ès salles et galeries hors les chambres, et aucunes fois

---

[1] *Reg. Mercur.*, 2 mars 1524.

[2] *Evangélistes.* On appelait ainsi deux conseillers, placés auprès du *rapporteur*, pour l'assister, et comme contrôler son rapport. L'un tenait l'inventaire, l'autre les pièces ; tous deux vérifiaient les assertions contenues au rapport. Le rapport fini, l'un lisait les clauses des pièces produites, et l'autre les inductions qui en étaient tirées. *Dictionnaire de Droit et de Pratique*, par De Ferrière, v° *Evangéliste*.

en la chambre des beuvettes *pendant le temps que l'on faisoit la lecture des proceds qui estoient sur le bureau....* Sitost que le cas estoit mis sus (le fait posé) aucuns issoient (sortoient) des chambres, et n'y retournoient que la plus part des pièces n'y feûssent leues ; cela pouvoit estre cause de donner plusieurs mauvais et iniques jugements... Il n'estoit bruit que de cela dans la province[1]. »

Que penser de ceux qui, aussi, « pendant qu'on estoit à la lecture des pièces les plus importantes des proceds, comme enquestes ou autres choses d'importance, *tenoient livres en leurs mains, et lisoient,* les ungs leurs HEURES, OFFICE ET PRIÈRES, les aultres RONDEAUX, BALLADES *ou aultres choses de novalité*[2] ? JE NE SCAY (disait Marcillac) S'ILZ PEUVENT ENTENDRE A LA LECTURE DES DICTES PIÈCES ET A LIRE LES DICTZ LIVRES; TOUTESFOYS, ME SEMBLE CE ESTRE DIFFICILE. »

La révélation des secrets du conseil, si rigoureusement défendue par tant d'édits, était maintenant devenue chose ordinaire. Au commencement, et du temps de l'Echiquier, le nom du rapporteur avait toujours été, pour les parties, un impénétrable mystère. On ignorait même, alors, de quelle affaire allaient s'occuper les juges; car

Secrets de la chambre du conseil révélés.

---

[1] *Reg. Mercur.*, 2 mars 1524, mss. Harlay, Bib. royale.
[2] Mercuriale du 5 février 1538.

« la religion des anciens estoit si grande, sur ce point, qu'ils avoient voulu tousjours qu'on fist extraictz en chambres basses ou salles, de peur que l'on congneust les rapporteurs, et que l'on sçeust les affaires qui estoient sur le bureau [1]. » Mais cela n'avait guère duré. Dès 1517, « les secretz de la court, mesme les opinions particulières, estoient révélées et sçeues, ce qui ne pouvoit venir que de ses officiers qui, seuls, assistoient aux délibérations. Aucuns de Messieurs, en beuvant et mangeant les ungs avec les autres et chez des estrangers, devisoient souvent et parloient des procds et matières de la court, en présence de ces estrangers et des valets, qui ainsy apprenoient les secrets du conseil. » — « *Ne doibt-il pas suffire* (disait le premier président De Brinon, aux chambres assemblées), *ne doibt-il pas suffire d'avoir, le long du jour, ouï parler de procedz, sans en parler le long du disner ou du soupper? N'est-il pas assez d'autres matières dont, en disnant et souppant, l'on peut, plus honnestement, deviser et parler?* »

A la vérité, ces indiscrétions avaient eu souvent de déplorables suites; car, plus d'une fois, on vit des parties, ainsi informées des opinions émises contre elles, « *s'adresser à aulcuns conseillers rapporteurs, usant de grandes menaces contre eulx*, et

---

[1] Mercur. 17 juin 1517, mss. Bib. royale, fonds de Sérilly.

jusqu'a commination de mort!!!![1] » Et ces magistrats, toutefois, ne pouvaient s'en corriger! « Le Parlement de Rouen en estoit aultant et plus noté et scandalizé que nul aultre[2] »; et les fréquentes et énergiques remontrances des premiers présidents n'y pouvant plus rien, ils avaient, dans leur détresse, imaginé un moyen étrange de retenir ces magistrats indiscrets. Au prieuré de Saint-Antoine (dans la place du *Neuf-Marché*, près du palais) était précieusement conservé le *bras* du saint patron du prieuré; relique en grand honneur alors, et inspirant à tous un saint respect. Or, au Parlement, aucune promesse de conseiller ne tenant, et les secrets du palais courant toujours la ville, on avait imaginé de lier tous ces magistrats indiscrets par un serment solennel, prêté sur le bras du saint. A la prière des présidents, on voyait quelquefois la sainte relique s'acheminer vers le palais, portée par deux *Antonins,* que précédaient les huissiers audienciers de la cour, la verge en main, écartant la foule. La relique révérée entrant dans la grand'chambre, tous se levaient, tous juraient, *sur le bras de Monsieur sainct Anthoine,* de garder religieusement, désormais, les secrets de la cour. Si sincère qu'eussent été les serments, et quelque résolution que l'on eût prise d'y être

Le bras de Saint-Antoine (relique) est apporté plusieurs fois, du prieuré de Saint-Antoine au palais; et les membres du Parlement jurent sur cette relique de ne point révéler les secrets de la chambre du conseil.

---

[1] *Reg. Mercur.*, 26 juin 1521.   [2] *Reg. secr.* 20 novembre 1527.

fidèles, on vit, hélas! plus d'une fois, la relique révérée reparaître au palais [1], ce qui semble indiquer que les magistrats n'avaient pas su tenir un serment si saint. C'est qu'aussi plusieurs conseillers « fréquentoient les bancquetz, convis, festins, où toutes manières de genz estoient receuz, ce qui faisoit vilipender et contemner la dignité de la court.... Le plus souvent, l'on y despectoit (ridiculisait) tout le monde, et leurs compaignons mesme devant eulx; et parloit l'on bien souvent des procedz et affaires de la compaignye [2]. » De là des indiscrétions sans nombre. Mais, ô honte plus grande encore! dans ces banquets, quelques magistrats se livraient à l'intempérance, en sorte qu'ils ne pouvaient se lever, le lendemain matin, pour l'audience, ou, y venant, « y apportoient un esprit obscurcy et hébété par les fumées du vin »; peu en état (on le conçoit) de saisir et de juger les points en litige [3]. D'autres, « chacun jour, au moins très souvent, se rendoient aux jeux de paulme, tripots et aultres lieux communs et publics, où gens de tous estats méchaniques se treuvoient, chose indécente à gens commis au royal estat de justice en souverain ressort [4]! » On voyait ainsi se rendre au *tripot de Bracquet*, montés sur

---

[1] *Reg. de Merc.* 1525, 1534, et autres.
[2] *Reg. mss.* Harlay, 9 juin 1540. (Biblioth. royale.)
[3] *Reg. de Mercur.*, mars 1536.
[4] *Reg. secr.*, 27 juin 1534.

leurs mules, tels conseillers qui s'étaient fait excuser au palais comme atteints d'une indisposition subite[1]. Beaucoup, même les conseillers-clercs, « osoient porter chausses déchiquetées, cappes, cocardes, espées[2] et rondelles (boucliers), hanter les lieux dissoluts et diffaméz, jouer aux déz et aultres jeux prohibéz ; eulx associer à gens de vile condition, faire jurements exécrables en lieux publics ; *on parloit mesme* (en 1539), *de quelques cas ou crimes par eulx ou par ceulx de leur compaignye commis*, jusques à dire qu'il y auroit eu quelque rapt de vierge. » Lorsque, arrivant aux jeux de paume, ils se déshabillaient, « on voyoit leurs chausses bouffantes, bouillonnées et descoupées, pourpoinctz et autres habits de couleurs exquises et estranges, comme d'incarnat ou changeant. » C'était le costume des *aventuriers*, de funeste mémoire, comme nous l'apprend Brantôme, qui parle de « *leurs chausses bigarrées, découpées, deschiquetées*[3] » ; aussi les premiers présidents s'en prirent-ils plus d'une fois à « ces chausses bouffardées, chiquetées, bardées, dont le peuple (disaient-ils) estoit scandalisé[4]. » Ils conjuraient les magistrats « de n'aller

---

[1] *Reg. Mercur.*, 27 novembre 1539.

[2] *Reg. secr.*, 16 mars 1534.

[3] Brantôme, *Discours sur les couronnels de l'infanterie de France.*

[4] *Reg. Mercur.*, 12 février 1538.

en lieux publics, scandaleux et dissolutz, tant pour l'amour et crainte de Dieu, que pour l'honneur de la cour et le leur... S'ilz ne s'abstenoient, les présidents les en advertiroient secrètement ; après quoy, en cas d'opiniastreté, *ils en seroient blasméz et incrépéz en face de la court.* »

<small>Grands désordres dans le Parlement.</small>

Pourquoi fallait-il que l'on eût à reprocher au Parlement des désordres plus criants encore ? mais est-il permis de rien dissimuler d'important dans cette histoire? Disons-le donc, « en la compaignye y avoit des bandes, des ligues, grandes suites et divisions » ; on avait vu, au palais et ailleurs, en public, des membres du parlement se quereller, s'adresser des injures atroces, se menacer, *s'appeler en duel*[1]. « Aucuns magistrats avoient des clients et gens à leur suite. Mesme, plusieurs personnes du pays estoient, en leurs affaires, tant portées et favorisées, qu'il en estoit grand bruit et scandalle.... A l'occasion de ce, pouvoient estre faictz et rendus plusieurs maulvais jugements.... Il en avoit esté tenu plusieurs propos à la court du roy régnant. » Que disait le monde, en voyant toutes ces inconvenantes

---

[1] « In novissimis diebus (en la seconde chambre), facti sunt
« multi tumultus, et usque ad insurgendum contrà dominos ibi
« præsidentes ; et nonnulli ex dominis consiliariis contrà alios,
« proferendo plures injurias et blasphemias, transierunt ad rixas
« et usque ad dementiendum. » — *Reg. secr.*, 16 mars 1534.

privautés ? « Qu'un homme n'estoit pas digne d'estre en une court de Parlement, s'il ne pouvoit faire plaisir à son amy. »

Il faut achever, quoi qu'il nous en coûte, la peinture affligeante de tous ces désordres. Lorsqu'on trouve, dans les anciens édits, la défense aux juges de recevoir les présents des parties, ne semble-t-il pas que ce sont là de ces prescriptions inutiles autant que grossières, et ne se sent-on pas tenté de reprocher au législateur cette humiliante prévision d'un désordre impossible ? Pourquoi donc faut-il que, dès l'an 1523, on entende le premier président De Brinon dire aux chambres assemblées, « que la compaignye est fort scandalizée (accusée) de prendre des présents, et que l'honneur une foys perdu, ne se peut non plus recouvrer que la virginité[1]. » Pourquoi, à quelques années de là, un autre premier président, François de Marcillac, après avoir reproduit encore ce reproche, dit-il aux chambres assemblées que « la plus grande vertu que puisse avoir ung juge, c'est de s'abstenir de rapacité et avarice, et avoir les mains nettes[2] » ? C'est qu'hélas ! il le faut bien dire, il s'était trouvé des magistrats assez oublieux de leur honneur, de celui de leur compagnie,

Quelques magistrats du Parlement de Rouen accusés d'avoir reçu de l'argent des plaideurs.

---

[1] *Reg. Mercur.*, 2 mars 1523. [2] *Reg.* 27 novembre 1539.

pour recevoir des présents, pour accepter de l'or[1]. Ce n'était même point un fait accidentel ou si rare. A diverses époques, on entend les premiers présidents se plaindre de ce que des membres du Parlement recevaient des présents, et en gémir amèrement. Le bruit en était commun dans Rouen, dans la Normandie, et hors même de la province; on le voit à chaque page, presque, des registres de mercuriales. Il fallait que les membres intègres du Parlement (et ils y étaient en grand nombre, n'en doutons pas), humiliés déjà de siéger avec des collègues méprisés et corrompus, eussent encore la poignante douleur d'entendre souvent défendre aux membres du Parlement rassemblés, de recevoir de l'or, de l'argent, ou les autres dons qui leur seraient offerts pour les gagner.

D'autres, qui n'auraient voulu d'or ni d'argent pour rien au monde, « prenoient grand nombre de volatiles et gibier, puis les faisoient revendre aux poulaillers et aux chambrières et serviteurs, manifestant et démonstrant ainsi une avarice grande provenant d'un cœur et esprit terrestre, où n'y avoit libéralité ny magnanimité aucune. Un bénéfice et don libéral et gratuit, ils le convertissoient en marchandise..... ils le disoient apertement; ce bruit alloit de main à aultre; les *solliciteurs* de pro-

---

[1] *Reg.* de 1530 et 27 novembre 1539.

cès le mentionnoient en leurs comptes. Par ainsy, un homme constitué en dignité mettoit, pour une si petite chose, son honneur au vent, et ès mains de gens pauvres, de petite et vile condition. » Mieux encore aurait valu, ce semble, faire comme ces juges du Limousin ou leurs femmes et chambrières, qui, recevant d'un plaideur quelque pièce de gibier, la lui rendaient, incontinent, moyennant la valeur en argent, et de porte en porte, toujours de même; de sorte qu'à Limoges un beau lièvre fut servi un jour à la table d'hôte, qui, ainsi donné, rendu, payé, puis offert et rendu de rechef, de porte en porte, se trouvait, à la fin, de compte fait, avoir coûté cent *réals;* et il en faut bien croire le conseiller Bernard de la Roche-Flavyn, qui, se trouvant là par fortune, ayant mangé sa part de ce maître lièvre si cher vendu, et entendu l'hôte en raconter, de point en point, l'histoire, la retint par cœur, et en a enrichi son curieux ouvrage sur les Parlements de France [1].

Histoire du lièvre de Limoges

Que disaient, après cela, les parties, celles-là même qui avaient gagné leur cause? « *Si Monsieur m'a faict plaisir, je l'ay bien payé, pour lui avoir baillé du gibier ou envoyé du vin.* » Non qu'il fût si étroitement défendu de recevoir quelque peu de gibier et de venaison, « de gros seigneurs qui, les

---

[1] *Trèze Livres des Parlements de France*, liv. VIII, chap. 17, § 8.

ayant de leur creû ou nourriture, se seroient quelquefois senti blesséz d'un refus »; les anciennes mercuriales l'avaient bien voulu tolérer, en admonestant, toutefois, les conseillers et présidents « que le temps estoit bon, que chacun avoit de quoy vivre; qu'à ceulx qui avoient quelque nécessité, on leur donneroit de la besongne. » Car, outre les gages pour tous les membres, il y avait des *épices*, plus fortes pour les rapporteurs que pour les autres. Lorsqu'on voit le bailli de Longueville partager, entre tous les membres de l'Echiquier, deux ou trois marsouins qu'il leur apportait de la part du sire de Tancarville[1], qui pourrait blâmer bien sévèrement ce présent fait ouvertement et en commun à la compagnie tout entière? C'était moins là, ce semble, un don fait à des juges, qu'un respectueux hommage à la première cour souveraine de la province. Pour moi, sauf des présents faits ainsi à tout un Parlement en corps, je ne pourrais supporter les vieilles ordonnances, non plus que les mercuriales si faciles à excuser les petits présents. « Ceux à qui on ne donne rien ne désirent rien (disait Montesquieu); ceux à qui on donne peu, désirent bientôt un peu plus, et ensuite beaucoup. Il est plus aisé de convaincre celui qui,

---

[1] *Histoire du château et des sires de Tancarville*, par A. Deville, p. 238 et 251.

ne devant rien prendre, prend quelque chose, que celui qui prend plus lorsqu'il devoit prendre moins, et qui trouve toujours, pour cela, des prétextes, des excuses, des causes plausibles [1]. » On devait le sentir dans la suite, comme le montre assez l'ordonnance de 1579, qui défendit aux juges de recevoir quoi que ce pût être [2].

Les sollicitations et la beauté des femmes étaient un autre écueil bien autrement dangereux encore que l'argent et l'or. Un bruit accrédité voulait que « la beauté des plaideuses fist beaucoup, alors, à Rouen, auprès des juges, pour leur faire gaigner leurs causes. » Le premier président De Marcillac s'en plaignit un jour en plein Parlement. C'étaient gens dignes de foi qui le lui avaient appris; « jusque-là, mesme, que si des femmes playdant en la court n'avoient la beauté corporelle, elles estoient conseillées avoir belles filles et chambrières avec elles, pour aller aux sollicitations de leur procès par les maisons des conseillers [3]. » Si c'était là une calomnie, pourquoi, dans les mercuriales, y revient-on tant de fois? Pourquoi, par l'une d'elles, est-il défendu aux conseillers « d'abuser des femmes, prin-

Sollicitations des femmes.

---

[1] Montesquieu, *Esprit des Lois*, liv. v, chap. 17.

[2] Ordonnance de Blois, article 114.

[3] *Reg. des Mercuriales*, 27 novembre 1539.

cipalement de celles qui avoient procèz[1] ! » Pourquoi une autre leur fait-elle défense « de solliciter ne interpeller les femmes solliciteresses, filles, etc., d'aller ès lieux deshonnestes et dissolus[2]? »

Certes, voilà de grands désordres dans ce Parlement si près encore de son berceau ! Les présidents, toutefois, adressaient-ils, dans le secret, quelques *honnestes remonstrances* aux plus déréglés de la compagnie ? « ceulx-cy ne les pouvoyent gouster ny prendre doulcement et en humilité, ains contredisoient et murmuroient, disant au président que *la court ne l'avoit dict,* ou *qu'il estoit récusable,* et *qu'il ne reprenoit les aultres.* Plusieurs (même) s'estoient élevéz contre les présidentz, sans aucuns espargner, jusques à se courroucer contre eulx, leur disant *qu'ilz ne feroient rien pour la court ny pour eulx*[3]. »

Reproches des premiers présidents aux membres du Parlement.

Ces désordres étaient grands, assurément ; qu'on ne croie pas, néanmoins, que nous ayons tout dit ; il y aurait matière pour un livre assez long. Nous

---

[1] *Reg. Mercur.*, 16 mars 1540.

[2] *Reg. Mercur.*, 27 septembre 1539.

[3] Le conseiller Le Lieur, dont toute la vie ne fut qu'une série d'incartades, entrant dans la chambre du conseil, comme on y rapportait une requête contre lui, et le président l'invitant à sortir, s'y refusa *avec pétulance et arrogance.* — « *Non feray, non feray* (disait-il au président qui insistait) ; *fûssiez-vous quarante, ne me ferez sortir.* » — *Reg. secret.*

avons pris çà et là les faits comme au hasard, laissant parler les gens du roi, les présidents indignés; car, sans cela, qui eût pu nous croire? Aussi, le premier président De Marcillac ne cessait-il plus de se plaindre et de gémir, surtout dans les années 1539 et 1540, et d'exhorter ses collègues, de les *prêcher*, pour ainsi dire, comme pour s'efforcer de conjurer un orage qui semblait menacer sa compagnie, et qui, en effet, allait éclater à la fin. « Je serois bien aise, disoit-il un jour, que les choses allâssent bien, et de n'estre en ceste peine de vous déclarer vos faultes; car c'est peine et ennuy à moy de le dire, et à vous de l'escouter; mais je suis constrainct de ce faire pour le debvoir de mon office [1]. » Une autre fois, après avoir pris pour texte ce passage de saint Luc : *Paix à cette maison*, « ceste maison n'est telle (avait-il dit) qu'elle a esté ordonnée; elle est vilipendée et contaminée (souillée); elle est pleine d'inobédience, contentions, irrévérence, désordre et confusion; depuis deux ou trois ans en çà, quand je viens céans, j'y viens tousjours en quelque crainte et trémeur (tremblement) d'avoir des alarmes et assaults de tous costéz... Il n'y a jour du monde où il n'y ayt quelque scandale; ce qui m'est ung grand tourment et inquiétude d'esprit; si je pensois que cela durast et conti-

Douleur et paroles énergiques du premier président De Marcillac.

---

[1] *Reg. Mercur.*, mars 1536.

nuast, je ne prendrois plaisir à faire mon estat, et le remettrois ès mains du roy, le suppliant de m'en bailler un aultre; *j'aymerois mieulx vivre en mon privé et fouyr les vignes que de vivre en ceste peine* [1]. »
Et, dans la mercuriale qui suit : « Retenez bien, leur dit-il en finissant, retenez bien les parolles que je vous ay dictes, à ce que, pour l'advenir, la compaignye fasse du fruict et mieulx son debvoir qu'elle n'a faict par cy-devant, et que tout scandale et mauvais bruict puisse estre aboly et du tout cesser. *Aultrement il sera besoing, et fauldra que le roy et souverain maistre y mecte la main* [2]. »

Le Parlement de Normandie vu avec défaveur par François I. Ce monarque projette d'en disperser les conseillers dans d'autres Parlements.

L'instant approchait, en effet, où le roi allait y *mettre la main*. Déjà, en plusieurs circonstances, François I s'était montré peu favorable au Parlement de Normandie. Eclairé, ou plutôt trompé (il nous est doux de le croire), par ce qui lui avait été dit de la partialité de cette compagnie, dès 1527, il avait parlé, en plein conseil, « d'en changer et espartir les conseillers en autres cours et contrées, et d'envoyer à Rouen des conseillers pris dans chacun des autres Parlements du royaume [3]. » Je ne sais quelle commission, dont le maître des requêtes Fumée avait été chargé auprès du Parlement de Rouen, et dont les registres ne parlent

---

[1] *Reg. Mercur.*, mars 1536.   [2] *Reg.* 16 juin 1540.
[3] *Reg. des Mercuriales*, 20 et 21 novembre 1527.

qu'en termes assez obscurs, dut paraître à ce Parlement *rude et estrange*, de l'aveu même de celui à qui le roi l'avait confiée, et qui fit tout pour en mitiger la rigueur. On démêle seulement qu'il s'agissait de la lecture, en audience publique, de quelque arrêt du conseil, humiliant pour cette cour, et que « le roy estoit aygrement irrité contre elle ».

Les choses, toutefois, en étaient demeurées là pour l'heure, le chancelier Duprat n'ayant pu se résoudre à sévir contre une compagnie tout entière pour les fautes de la minorité de ses membres, malgré des mémoires très violents qui lui avaient été fournis contre elle, et, qui, après sa mort, furent trouvés dans ses papiers[1]. Son successeur Poyet devait franchir le pas, animé qu'il était contre ces magistrats pour des motifs qui les honorent, hâtons-nous de le dire ; car, après l'inique condamnation de Pierre Le Bailly, vicomte de Neufchâtel-en-Bray, pour prétendue falsification du sceau, condamnation prononcée par le conseil privé, mais ouvrage du chancelier Poyet, qui se fit ensuite adjuger les biens de ce malheureux, au préjudice de la veuve et des enfants[2], le Par-

Mauvais vouloir du chancelier Poyet à l'égard du Parlement.

Le Parlement résiste à une iniquité de Poyet.

---

[1] *Reg. secr.*, 23 novembre 1538.
[2] Arrêt de la Commission créée par François I, pour juger le chancelier Poyet, 24 avril 1545.

lement de Normandie, outré d'une telle injustice, et voulant sauver quelques débris de la fortune de cet innocent condamné, s'était efforcé d'empêcher une subrogation prétendue par Poyet à une grosse rente, partie notable des biens du malheureux Le Bailly. Que le Parlement ne faisait-il tous les jours des choses semblables? La vénération du peuple l'eût bien su protéger contre les persécutions des grands. Mais Poyet, outré de cette résistance, eut bientôt un autre grief, qu'il lui fut permis de faire valoir, au lieu qu'il avait bien fallu qu'il se tût sur le premier. Nous voulons parler de la défaveur avec laquelle fut accueillie, au Parlement de Rouen, la fameuse ordonnance de Villers-Cotterêts, du mois d'août 1539, appelée la *Guillemine*, du nom de *Guillaume* Poyet son auteur; ordonnance civile et criminelle tout ensemble, contenant 192 articles fort importants pour la plupart, et que l'on vit, depuis, reparaître presque tous avec des variantes dans l'ordonnance de 1667 sur la procédure civile, et dans celle de 1670 sur la procédure criminelle. Lesquelles de ses dispositions avaient le plus répugné au Parlement de Normandie? Était-ce l'article 162, qui voulait qu'en matière criminelle tous les accusés répondissent *par leur bouche*, et leur interdisait l'assistance, si indispensable, d'un conseil? Cette résistance ferait le plus grand honneur au Parlement de Norman-

[marginale:] L'ordonnance de 1539 (la *Guillemine*), ouvrage de Poyet, est mal accueillie par le Parlement de Rouen.

die; car, quoi de plus inhumain que cet article? Poyet devait, un jour, paraître à son tour en accusé devant des juges. Lui qui, naguère, éloquent avocat du roi, avait été vu *tonnant et foudroyant comme un Périclès*[1], se trouvant, un matin, sur la sellette, humilié, angoisseux et perplexe, dans son embarras pour répondre, malgré tout son savoir, son expérience des affaires, un long usage de la parole, il devait alors demander avec instance qu'on le laissât s'aider d'un conseil; et cette désespérante réponse : « Qu'il fallait qu'il subît la loi que lui-même avait écrite », ne fut-elle pas une punition bien méritée de la dureté de cœur qui lui avait inspiré cette loi cruelle qu'il voulait maintenant qu'on oubliât pour lui? Quoi qu'il en soit, la *Guillemine*, enregistrée au Parlement de Paris dans le mois qui suivit son envoi, avait rencontré à Rouen des lenteurs interminables et des difficultés de tout genre. Le président Feu était allé en cour, dès le commencement, faire des remontrances contre le nouvel édit; puis on en demeura là. A huit mois de là encore, Poyet étant au Pont-de-l'Arche, le premier président De Marcillac et le président De Montfault étaient allés lui faire des objections contre plusieurs articles de la nouvelle ordonnance [2].

---

[1] Eguinarius Baro, *Epistola limin. ad Guillelmum Poyet.*
[2] *Reg. secr.*, 16 avril 1540.

Encore un mois après, étonné d'apprendre que, malgré ses explications, l'ordonnance n'était point enregistrée, il avait laissé voir son impatience à découvert[1] ; un second mois, cependant, s'étant encore passé en remontrances de la part du Parlement, en reproches et en jussions nouvelles de la part du chancelier, et le roi ayant déclaré énergiquement qu'il voulait un enregistrement pur et simple, le Parlement avait semblé enfin se résoudre ; mais, on le sut bientôt, l'enregistrement que la compagnie avait paru faire de la Guillemine, le 16 juin 1540, n'était qu'imparfait, simulé même, pour ainsi dire, puisqu'à cette audience « avoient esté obmis à dessein et passés sous silence quinze ou seize articles trouvéz en doubte et non approuvéz par la court. » L'arrêt disait, au surplus, « que c'estoit en attendant le bon plaisir du roy sur ces articles contraires à la coustume, et autres articles dont la court vouloit faire remonstrance au roy[2]. » L'insignifiance de cette vérification avait bien été sentie par le Parlement lui-même, qui n'avait envoyé aux siéges inférieurs ni l'arrêt d'enregistrement, ni copie des articles qu'il avait accueillis ; ce qui, toutefois, ne l'avait point empêché d'adresser à Poyet, impatient, un extrait conçu de

---

[1] *Reg. secr.*, 24 mai 1540. [2] *Reg. secr.*, 16 juin 1540.

telle sorte, qu'on aurait pu croire que l'ordonnance venait, enfin, d'être enregistrée tout entière.

C'était, à la fois, de la part du Parlement, équivoquer, blesser le chef de la justice, offenser un auteur épris de son œuvre, aigrir un homme déjà mal disposé, et en faire un ennemi juré du corps. Aussi la vengeance ne devait-elle pas se faire longtemps attendre. Poyet s'empara de ce dernier et trop sérieux grief; malheureusement, la conduite du Parlement, examinée de près, en fournit bien d'autres, dont il fut prompt à se prévaloir.

Est-il vrai qu'abusant de leur crédit, quelques magistrats avaient remplacé, dans les campagnes, ces gentilshommes sans règle et sans frein dont ils avaient mission de réprimer les excès, et que, comme l'a dit Segrais, « un conseiller au Parlement de Normandie fit, alors, trembler tout le monde autour de lui [1]? » Est-il vrai, comme le publièrent, en 1649, les conseillers de nouvelle création (outrés à la vérité contre leurs anciens, qui les avaient fait éliminer lors du traité conclu à Saint-Germain), est-il vrai que « le Parlement avoit, en 1540, violé l'innocence de son premier âge par *nombre de concussions*[2]? » En repoussant ce dernier reproche,

Torts des membres du Parlement. Tyrannie de quelques-uns dans leurs terres.

---

[1] *Segraisiana*, édit. de 1721, p. 38.

[2] Très humbles remontrances du Parlement de Normandie, du semestre de septembre, au roy et à la reine régente. Paris, chez Antoine Estienne, 1649, in-4° de vingt-six pages.

qui ne fut jamais bien justifié tout au plus qu'à l'égard d'un seul membre du Parlement (Le Marchant de Grippon), et sans nous attacher beaucoup au premier, articulé vaguement par Segrais, des faits graves étaient reprochés à cette compagnie, outre les désordres que les mercuriales nous ont déjà révélés.

Arrêt injuste et cruel contre le sergent Maillart.

Un arrêt inique contre le sergent Maillart avait surtout excité l'indignation de tous. C'était à l'occasion d'une vente de bois appartenant au roi, et valant deux mille livres au moins, adjugée toutefois par cinq cents livres aux sieurs de la Varenne, quoique le sergent Maillart, dans l'intérêt du domaine, eût fait pousser l'enchère jusqu'à 1500 liv. Maillart s'était empressé d'engager un procès pour faire annuler cette enchère. Mais les La Varenne, l'un parent d'un membre du Parlement, l'autre sénéchal dans les terres du procureur-général Muterel de Canville, étaient parvenus à obtenir un arrêt qui maintenait l'enchère, encore que la valeur réelle de la vente eût été constatée par une enquête; en sorte que Maillart, indigné, avait bien pu s'écrier, dans la *grand'salle,* que « c'estoit meschamment jugé[1]. » Mais, dénoncé aussitôt par les La Varenne, et sur le témoignage d'un sergent

---

[1] *Reg. secr.*, 13 novembre 1538.

révoqué qui convoitait son office, Maillart, condamné à la Tournelle, avait fait amende honorable, nu en chemise, la corde au cou, une torche ardente au poing, sur les degrés du palais et à tous les carrefours de Rouen, avait eu, ensuite, *le dessus de la lèvre fendue;* puis, condamné au bannissement, au lieu d'être mené, par l'exécuteur, à l'une des portes de la ville, d'où il serait parti pour l'étranger, avait été « *reclus en une abbaye, afin qu'il ne peust porter plainte contre ses juges*[1]. » Encore voulut-on paraître user, avec lui, de clémence; car le procureur-général Muterel de Canville n'avait pas craint, dans ce procès, de conclure à la peine de mort. « *Qu'eûssiez-vous donc faict* (disait, dans la suite, au Parlement, le chancelier Poyet), *qu'eûssiez-vous faict si Maillart eust blasphémé contre Dieu, ses sainctz et toutes les estoiles du ciel?* » A la vérité, trois siècles plutôt, saint Louis, dans son zèle ardent pour la foi, n'avait puni avec cette rigueur que les blasphémateurs RÉCIDIVES *contre Dieu lui-même;* encore adoucit-il cette peine, en 1268, à la demande du pape Clément IV. Or, trois siècles avaient, depuis, passé sur la France! Et c'était alors que Balde, ce docte jurisconsulte, disait aux juges (ce que les lois romaines avaient

---

[1] *Reg., secr.*, d'août 1540.

dit avant lui) : « Pour quelque crime que ce soit, ne défigurez point l'homme, soit en lui arrachant les yeux, soit en lui coupant le nez et les oreilles, soit en lui mutilant le visage en quelque manière que ce soit; la face de l'homme a été faite à l'image de Dieu; vous n'avez pas le pouvoir de la déformer[1]. »

Le prieuré de Saint-Laurent-en-Lyons avait, aussi, été l'occasion de divers arrêts plus iniques, disait-on, les uns que les autres; dont l'un avait adjugé la possession du prieuré à Coquainvilliers, *vu le défaut de bulles de Bouju sa partie,* encore que ce dernier, présenté par le roi, aux termes du récent concordat avec Léon X, eût exhibé, à la fois, et ses bulles et ses dépêches. Encore Bouju, pour avoir résisté, s'était-il vu poursuivi de décrets de prise de corps et de mille procédures qui allaient à sa ruine; tout cela, au mépris d'un arrêt du grand conseil qui adjugeait le prieuré à Bouju, mais que le Parlement n'avait pas craint de déclarer *cassé et annullé, comme donné par personnes n'en ayant puissance.* On citait, au surplus, bien d'autres arrêts du conseil, ainsi déclarés *cassés* par le Parlement de Rouen. Et comme ces cassations, en définitive, aboutissaient toujours à peu de chose, Messieurs

---

[1] « Baldus, in lege: *Si quis in metallum*, codice: *De Pœnis.*

du Parlement avaient fini par imaginer un moyen étrange de soustraire à cette haute juridiction les procès dont il plaisait au roi de la saisir. Ainsi, dans une affaire où était intéressé Gilles Godin, procureur du roi au bailliage d'Avranches, comme une décision rendue, le 21 août, *par les présidents, la cour vacante*, aurait pu être, par cette raison, frappée d'appel au grand conseil, et infirmée, on avait osé se permettre de l'*antidater* pour la rendre inattaquable. Un extrait du greffier en chef la présentait comme *prononcée*, à la vérité, le 21 août, mais comme *prise dès le 17*, jour où elle eût pu être rendue par le Parlement, encore en séance alors, et eût été irréformable. Par malheur, un autre extrait, signé par un commis-greffier, et délivré tout d'abord, portait la véritable date ; et, sur la *minute* (que le chancelier s'était procurée), cette date sincère avait été biffée pour faire place à la fausse. C'est qu'alors l'affaire venait d'être évoquée au grand conseil, et qu'on avait voulu la lui soustraire.

On citait un assez grand nombre d'arrêts rendus sans que la forme y eût été gardée. Chose étrange, et qui accuse un bien condamnable désordre ! Le procès d'un sieur de Sainte-Mère-Eglise avait été *jugé deux fois*, à peu d'intervalle, et les deux arrêts étaient, de tous points, contraires. Le jugement, toutefois, n'avait été sollicité par aucune des deux parties ; tandis que mille autres affaires plus anciennes et dont les intéressés poursuivaient vivement la décision, n'étaient point appelées, et semblaient ne devoir jamais finir. Des membres du Parlement se faisaient solliciteurs de procès. Le conseiller d'Argouges venant de résigner son office, et prenant congé de la compagnie, lui disait : « *J'ay ung mien parent* (le sieur Carbonnel de Sérences) *qui a des procedes céans, les quelz j'ay tousjours suiviz et sollicitez comme mes propres affaires ; je supplie la court avoir le dict Carbonnel pour recommandé en ses procedz et affaires* » ; on lui promettait *d'y faire ce qui seroit de possible ;* et le registre en fut chargé[1]. Y avait-il des récusations contre quelques conseillers, pour alliances ou parenté ? les magistrats ainsi récusés allaient solliciter leurs collègues de ne point tenir compte de ces requêtes. Ils faisaient venir leurs amis pour statuer sur ces récusations, et les repousser comme non pertinentes. Dans le secret de la chambre du conseil, il se passait aussi d'étranges choses. Y avait-il diversité d'opinions dans une grande affaire ? (et cela était bien fréquent sans doute,) « ceulx des conseillers qui s'intéressoient vivement à l'une des parties, se levoient, quittoient leurs places, alloient s'asseoir auprèz de ceulx qu'ilz voyoient de contraire sentiment, pour les prier de changer leur opinion, et essayer de les faire reve-

Sollicitations de quelques membres du Parlement pour des parties.

---

[1] *Reg. secr.*, 12 décembre 1517.

nir de leur sens, *chose très dangereuse et meschante*;
puis, quand ilz voyoient ne pouvoir faire tomber ce
procedz à leur opinion, ils s'absentoient, pour que
le Parlement, n'étant plus en nombre, ne peust
juger l'affaire¹. » Quelque exagération qu'on veuille
supposer dans ces reproches et dans bien d'autres
que nous passons sous silence (car le moyen de
tout dire ?) les ennemis du Parlement, toujours
acharnés à sa perte, redoublaient d'efforts pour le
déconsidérer. Un édit avait été rendu, en juin 1539,
statuant que jamais le domaine du roi ne pourrait
être prescrit par la plus longue possession, « excé-
dât-elle cent ans. » En voyant cette déclaration, des
membres du Parlement, et le procureur général lui-
même, s'étaient écriés : « qu'elle estoit contre la
coustume et chartre du pays de Normandie² ». Rien
n'était plus vrai, la possession quadragénaire ayant
toujours valu jusque-là, contre le roi comme contre
tous autres ; même, la charte de Normandie l'avait
ordonné ainsi par une disposition expresse, la plus
claire peut-être de cet acte de Louis-le-Hutin³.

---

¹ *Reg. secr.*, août et septembre 1540.

² *Reg. secr.*, 16 avril et 30 juin 1539.

³ « Item quòd quadragenaria præscriptio cuilibet, in ducatu
« Normanniæ, de cætero, sufficiat pro titulo competenti, sive de
« totali, altâ aut bassâ justitiâ contendatur, sive de quocumque
« articulo ad altam aut bassam justitiam sive ad alteram earumdem,
« quomodo libet, pertinente, sive ex quâcumque aliâ recouten-

> Mais, redites à François I*er*, envenimées peut-être, ces réclamations ne purent que l'irriter encore. Lorsqu'au mois d'août 1540, toute la cour vint dans la Haute-Normandie, les bruits les plus sinistres pour le Parlement se répandirent. Le séjour du roi s'y prolongeant, ces bruits continuèrent, devenant, de jour en jour, plus fâcheux. Dès le quatre août, une lettre close du monarque, datée du château de Vatteville-sur-Seine, était venue défendre au Parlement d'entrer en vacances[1], « le roy ayant intention d'aller bientost en sa bonne ville de Rouen, *et illec déclarer et faire entendre à son Parlement aucunes affaires d'importance.* » Il ne se parla plus, dès-lors, pour cette cour, que de suspension, d'interdiction, même de suppression à jamais. L'alarme était grande au palais; mais il fallait obéir. Des huissiers, la verge en main, allèrent dans la grande salle, publier à la *barre*, que, « suivant le vouloir du roy, le Parlement estoit

François I vient en Normandie; le bruit court qu'il va sévir contre le Parlement.

« datur ; et si quisquam ducatûs Normanniæ, cujuscumque condi-
« tionis aut statûs existat, aliquid de præmissis aut aliquod præ-
« missorum per quadraginta annos pacificè possiderit, super
« hoc nequaquàm molestetur ulteriùs, aut à nostris justitiariis
« permittatur aliquatenùs molestari, etc. » — Charte de Louis-le-Hutin, donnée à Vincennes, en juillet 1315 (dite : *La Charte aux Normands*). — Voyez l'ouvrage intitulé : *De la Constitution du duché de Normandie*, p. 151 (1789).

[1] *Reg. secr.*, 4 août 1540.

prolongé jusques au bon plaisir de sa Majesté. »
Alors, l'audace des ennemis de cette compagnie
ne connut plus de bornes. « Les présidents et
conseillers n'estoient plus libres, mais se voyoient
menacéz par toutes personnes indifféremment,
tellement que l'on demandoit la justice, *l'espée au
poing*[1]. »

---

[1] *Reg. secr.*, 20 août 1540.

FIN DU PREMIER VOLUME.

TABLE DES MATIÈRES

CONTENUES DANS LE TOME PREMIER.

Avant-Propos, I.

Essai historique sur l'Échiquier de Normandie.

Jean-sans-Terre condamné par la cour des pairs, pag. 1.

Missi dominici, 4.

A quelle époque remonte l'Échiquier, 4.

A quelle époque commence le mot d'*Échiquier*, 6.

Cour souveraine de justice en Normandie, sous le règne de Guillaume-le-Conquérant, 9.

Où la juridiction souveraine du duc tenait ses audiences à Rouen et à Caen, 12.

Les ducs assistaient souvent aux audiences de l'Échiquier, 14.

Échiquiers itinérants, 15.

Les ordonnances des ducs et les actes importants de leur gouvernement étaient lus à l'Échiquier, 16.

On y lisait souvent des actes de vente, de donation, etc., 16.

Définition de l'Échiquier, 17.

Pourquoi cette cour de justice était appelée Échiquier, 18.

Simplicité des formes de la procédure à l'Échiquier, au temps des ducs, 26.

Indépendance de l'Échiquier ducal de Normandie à l'égard des rois de France, 27.

Recouvrement de la Normandie par Philippe-Auguste. — L'Échiquier est conservé, 30.

L'Échiquier de Normandie fut, sous le règne de Philippe-Auguste et de ses successeurs, tenu par des commissaires que nommait le roi, 33.

Commissaires de Philippe-Auguste. Guérin, évêque de Senlis, 34.

Après la conquête de la Normandie, les barons et les prélats de Normandie continuèrent de venir siéger à l'Échiquier, et y eurent toujours voix délibérative, 36.

L'archevêque de Rouen, Eude Rigaut, assistait exactement à

toutes les sessions de l'Échiquier, 40.

A Rouen, l'Echiquier siégeait au château depuis l'année 1207, 40.

Répugnance des évêques, en Normandie, à venir siéger à l'Echiquier, 41.

Arrêts de l'Echiquier, rendus pour les y contraindre, 42.

Les avocats et légistes présents prenaient part aux jugements, 53.

Serment que prêtaient anciennement les avocats à l'ouverture de l'Echiquier, 57.

Grand nombre des avocats qui venaient à l'Echiquier, 59.

Les juges de l'Echiquier opinaient publiquement, en pleine audience, 60.

Tous les officiers de justice de Normandie, sans exception, étaient tenus de comparaître à l'Echiquier, 62.

Cri de l'Echiquier, 63.

Pendant les sessions de l'Echiquier, aucune autre juridiction, en Normandie, ne pouvait rendre la justice, 64.

Subordination de tous les officiers de justice, en Normandie, à la cour d'Echiquier, 65.

Ordre des séances à l'Echiquier, 66.

Débats pour la préséance, 69.

Combien l'affluence était grande aux audiences de l'Echiquier, 70.

Ce que faisait l'Echiquier, dans ses premières audiences, 72.

Exoines pour pèlerinages, 72.

Sévérité de l'Echiquier à l'égard des plaideurs qui s'écartaient du respect dû à la justice, 73.

Singulière réparation faite à Rouen, par un habitant de Caen, à un avocat qu'il avait injurié (1395), 75.

Irrévérence envers l'Echiquier, punie, 78.

Quelques arrêts rendus par l'Echiquier, au treizième siècle, 79.

Arrêts relatifs aux juifs, 82.

Les commissaires du roi, tenant l'Echiquier, vus avec défaveur en Normandie, 84.

Les commissaires du roi, *maîtres de l'Echiquier*, assiégés dans le château de Rouen, par le peuple de cette ville. (1292), 85.

La cinquième croisade fut-elle cause de l'intermission des sessions de l'Echiquier ? 86.

Philippe-le-Bel ordonne que l'Echiquier siégera, tous les ans, à Rouen, aux termes de Pâques et de Saint-Michel. (1302), 88.

Souveraineté de l'Echiquier de Normandie, incontestée au temps des ducs, 90.

Atteintes portées à la souveraineté de l'Echiquier, après la réunion de la Normandie à la couronne, 91.

L'abbaye de Fécamp est soustraite, sur la demande des religieux, à la juridiction de l'Échiquier de Normandie, 92.

DES MATIÈRES.

Évocations des causes de Normandie au Parlement de Paris, 94.

Les barons de Normandie réclament contre les évocations, 96.

Charte aux Normands. (1314), 96.

La souveraineté et l'indépendance de l'Echiquier sont reconnues et proclamées, 96.

Les évocations n'en continuèrent pas moins, 99.

L'Échiquier, dans des cas difficiles, en référait au roi. — Exemples, 104.

Compétence de l'Échiquier, et quelles juridictions relevaient de lui, 105.

Les Maires et Pairs de la ville de Rouen obtiennent de ressortir à l'Échiquier, et non plus au bailliage (1342), 106.

Juridiction du maire de Rouen, attaquée par l'Échiquier, maintenue par le roi, 107.

Moyen imaginé par le sénéchal de Normandie, pour dégoûter d'appeler de ses sentences, 108.

Juridiction de l'Echiquier sur les archevêques de Rouen, 109.

Suprématie de l'Echiquier, à l'égard de tous les magistrats et officiers de justice de la province, 110.

Ordonnances réglementaires de l'Echiquier, 110.

Ordonnances de l'Echiquier, relatives aux magistrats, 113.

A quelle heure devaient commencer les audiences des baillis et des vicomtes, 113.

Défense aux juges de tenir juridiction en leur hôtel, 114.

Défense aux juges de tenir hôtellerie ou taverne, 114.

Ordonnances de l'Echiquier, relatives aux avocats, 115.

Ordonnances de l'Echiquier en matière criminelle, 116.

Respect de l'Echiquier pour la liberté individuelle, 117.

L'Echiquier empêche que l'on n'applique indiscrètement les accusés à la question, 119.

Quelques faits relatifs à la torture, 119.

L'Echiquier pouvait casser les ordonnances des baillis et des vicomtes, 121.

Ordonnance du lieutenant général du bailli de Rouen, cassée, 23 novembre 1469, 121.

Ordonnance du vicomte de Bayeux, cassée, 123.

Ordonnance de l'Echiquier de Pâques 1343, annulée par l'Echiquier de Pâques (1344), 123.

L'Echiquier réforme des usages locaux abusifs de Verneuil et de Neufchâtel, 125.

L'Echiquier avait quelquefois dérogé expressément à la coutume écrite, 127.

Les lettres de *sauvegarde* étaient publiées à l'audience de l'Echiquier. Ce que c'était que ces lettres, 128.

Les lettres patentes d'érection de hautes-justices et de baronnies étaient aussi publiées à l'audience de l'Echiquier, 130.

Édits, ordonnances, traités de paix, lus et publiés à l'audience de l'Échiquier. — L'Échiquier avait-il le pouvoir de rejeter ou de modifier les édits? 131.

Résistance de l'Échiquier aux empiétements de la juridiction ecclésiastique, 134.

Les officialités, pour étendre leur juridiction, excommuniaient les baillis, 140.

Le lieutenant du bailli d'Evreux est excommunié, 141.

Le chapitre de la cathédrale de Rouen conteste la juridiction du maire sur les habitans d'une des rues de la ville, 144.

Prétentions abusives des juridictions ecclésiastiques, 145.

Privilége de cléricature, 145.

Homme présumé clerc, parce qu'il savait lire et écrire, 147.

Les arrêts de l'Echiquier, aux XIV° et XV° siècles, sont curieux pour la plupart, 147.

Les registres de l'Echiquier, conservés au palais à Rouen, sont en français; le premier, seul (de 1336 à 1342) excepté, qui, encore, contient autant d'arrêts français que de latins, 150.

Arrêts de l'Echiquier, en matière criminelle, 150.

Du cri de haro, 150.

Epreuve du fer rouge, 153.

Le duel judiciaire en Normandie. — Combat judiciaire ordonné par l'Echiquier, 154.

Combat demandé par un gentilhomme; l'Echiquier refuse de l'ordonner, 155.

Formes du duel judiciaire entre roturiers, en Normandie, 156.

Trêves et *paix* entre gentilshommes, jurées devant les maîtres de l'Echiquier, 160.

Punition singulière de celui qui, en Normandie, avait calomnieusement accusé quelqu'un de vol ou de meurtre, 162.

Arrêt du *sang damné*, 163.

Les biens meubles de l'usurier appartenaient au roi, par confiscation, 164.

Du suicide en Normandie, 164.

Amendes, 166.

Amendes prononcées par l'Echiquier, pour de légers délits, 169.

Tarif des crimes et délits, 169.

Condamnations à des amendes honorables, 172.

Quelques arrêts de l'Echiquier, en matière criminelle, 173.

Parricide, 175.

Quand commença l'usage d'admettre à la confession les condamnés à mort (1397), 176.

Femmes normandes condamnées à être enfouies vives, 179.

Des bourreaux, 180.

Franchises des églises, en Normandie, 181.

Forjurer le pays, ce que c'était, 182.

Enquêtes par turbes ou tourbes, 184.

Arrêts de l'Echiquier, curieux pour l'histoire des mœurs et des usages anciens, 185.

Le prieuré de Saint-Ymer, en Auge, envahi, et occupé trois ans par un intrus, assisté d'archers, 185.

L'abbaye du Val-Richer en litige entre deux prétendans : l'un d'eux va en prendre possession à main armée. Siége de l'abbaye (1386), 186.

Voies de fait des sires de Colombières envers un villageois, 190.

Messire d'Orbec, chevalier, déclaré, par l'Echiquier, déchu de sa suzeraineté sur un vassal qu'il avait maltraité, 191.

Du guet de nuit que les vassaux étaient tenus de faire aux châteaux, 192.

Redevances bizarres, maintenues par l'Echiquier, 197.

Les émancipations se faisaient à l'Echiquier, en pleine audience, 200.

La femme normande gagnait son douaire au coucher, 201.

Exemple d'une femme de Rouen, dont le mari mourut le jour même de leur mariage, 202.

Sort des femmes en Normandie, 202.

Permis aux maris, en Normandie, de battre leurs femmes, 203.

Séparation de corps pour sévices du mari envers sa femme, 203.

Conseil judiciaire, 204.

Arrêt de l'Echiquier contre un chirurgien inhabile, 205.

Procès de vingt-cinq ans pour des bouts de cierges, 205.

Une sentence de la sénéchaussée d'Agneaux est *infirmée* par la Vicomté, puis *confirmée* au bailliage, et enfin déférée à l'Echiquier, qui *l'infirme*, 207.

Réclamation portée à l'Echiquier par les religieux de Saint-Ouen, contre une renonciation à leurs droits, qui, lors de la *Harelle* de 1381, leur avait été extorquée violemment par le peuple révolté et armé, qui les menaçait de la mort (1386), 208.

Du varech, 210.

Les Anglais échoués sur nos côtes, réputés varech, 212.

Trente-six Anglais, échoués à Veulettes, sont adjugés par l'Echiquier aux religieux de Fécamp, 214.

Occupation de la Normandie par les Anglais, 217.

Echiquiers tenus à Rouen par les Anglais, 220.

L'Echiquier siége d'abord au palais archiépiscopal de Rouen, malgré les réclamations du chapitre, 221.

L'Echiquier siége ensuite à la halle aux Pelletiers, 222.

Les Echiquiers étaient composés, alors, d'Anglais et de Français, 225.

Ils étaient présidés par Philippe de Morvilliers, premier président du Parlement de Paris, 226.

Absence de plusieurs barons et prélats normands aux Echiquiers, comment expliquée, 227.

L'Echiquier sévissait contre les Français hostiles à l'occupation, 229.

Arrêt de l'Echiquier anglais, favorable au clergé, 230.

A la demande des habitants de Rouen, Charles VII promet, par lettres patentes, que l'Echiquier sera désormais, régulièrement tenu (1449), 232.

Le premier Echiquier, après le recouvrement, fut tenu en 1453, 233.

On publie, à cet Echiquier, une ordonnance de Charles VII, qui permet aux Normands de se désister, sans payer d'amende, 234.

Charles VII régularise aussi la tenue des sessions de *l'Echiquier des comptes*, 236.

Cet Echiquier était tenu par des commissaires du roi, pris dans la chambre des comptes de Paris, 236.

Les Etats de Normandie demandent à Louis XI qu'il fasse tenir l'Echiquier régulièrement, une fois l'an au moins, et par des hommes du pays, connaissant la coutume de la province (1461), 241.

Louis XI, par une ordonnance, promet que les procès des Normands seront jugés en Normandie (1461), 242.

Louis XI confirme la Charte aux Normands (1462), 243.

Ce prince institue un office de procureur général du roi au pays et duché de Normandie 1463, 245.

Réclamation des avocats et procureurs du roi contre la création de cet office, 246.

Le duc de Berry, frère de Louis XI, devient maître de Rouen, et s'y fait couronner duc de Normandie. 1465, 247.

Traité de Conflans, par lequel Louis XI cède à son frère le duché de Normandie à titre d'apanage. *Le droict et auctorité d'Eschiquier* est cédé au duc, comme le reste, 248.

L'Echiquier, au temps des rois Philippe-de-Valois et Jean, avait été sous la dépendance immédiate des ducs de Normandie leurs fils, 249.

Charles, frère de Louis XI, se fait sacrer duc, et reçoit, dans Notre-Dame de Rouen, l'anneau ducal. (10 décembre 1465), 250.

L'anneau ducal de Normandie, passé naguère au doigt de Charles, frère de Louis XI, est, par ordre de ce monarque, rompu à l'audience de l'Echiquier (9 nov. 1469), 252.

Le comte de Saint-Pol, connétable de France, vient à l'Echiquier faire briser cet anneau en sa présence, 253.

Lettre de Louis XI au sujet de cet anneau, 253.

Discours du connétable, 254.

Par les ordres de Louis XI, le comte de Saint-Pol, connétable, et l'Echiquier, prennent, de concert, les mesures propres à rétablir la tranquillité dans la province, 256.

Plaintes des États de Normandie, 256.

En pleine audience de l'Echiquier, on fait connaître au peuple ce qui a été imaginé pour lui procurer du soulagement. On invite ceux qui ont souffert à se plaindre (novembre 1469), 257.

Justice est faite des maraudeurs qui désolaient la province (1474), 259.

La connaissance du crime de lèse-majesté était réservée au connétable, 260.

Trahison du connétable de Saint-Pol, et son supplice, 260.

L'Echiquier fait respecter sa compétence, 261.

Avènement de Charles VIII, 262.

Demandes que les Normands lui adressent, aux Etats de Tours, relativement à leur Echiquier (1483), 262.

Charles VIII condescend à leurs prières, 262.

Echiquier de 1484, où, avec des magistrats du Parlement de Paris, siégent des Normands instruits des coutumes de la province, 262.

Supplice ignominieux de Claude Chauvreux, conseiller au Parlement de Paris, qui avait, plusieurs fois, siégé à l'Echiquier, 263.

Particularités de l'Echiquier de 1484, 264.

Fête de S. Mellon rétablie, 264.

Echiquier de 1485, où Charles VIII siégea plusieurs fois, 265.

Discours du chancelier Guillaume de Rochefort, 269.

Serment que prétaient, à l'audience de l'Echiquier, les baillis et les vicomtes, 271.

Les prélats, barons et officiers d'Alençon, et le comte d'Eu, ne comparaissent pas. — Ce qui en advient, 272.

Audience de l'Echiquier, 20 avril 1485, le roi Charles VIII *y séant en sa chaère*, 272.

Plaidoyer des gens du roi au sujet de la non comparence des prélats, barons et officiers du duché d'Alençon, 273.

Non comparence du comte d'Eu à l'Echiquier, 275.

Plaidoyer de l'avocat Popincourt pour le comte, 275.

Réponse des gens du roi, 276.

Charles VIII siégeant à l'audience de l'Echiquier, les chanoines de Rouen viennent y insinuer le privilége de Saint-Romain (27 avril 1485), 281.

Ce que c'était que ce privilège, 281.

Forme de l'insinuation de ce privilége à l'Echiquier, 282.

Délivrance du prisonnier par l'Echiquier, 283.

L'Echiquier était favorable au privilége de Saint-Romain, 285.

Acte est délivré aux chanoines de Rouen, sur leur demande, de l'insinuation faite par eux de leur privilége en présence de Charles VIII, 292.

Le prévôt de l'hôtel condamne à mort et veut faire exécuter un meurtrier malgré l'insinuation du privilége de Saint-Romain, 293.

L'Echiquier vient au secours du chapitre et du privilége de Saint-Romain, 295.

Le meurtrier qu'avait condamné le prévôt de l'hôtel est élu par le chapitre, délivré par l'Echiquier, et lève la Fierte, 296.

Charles VIII, désirant voir la procession de la Fierte, cette procession change son itinéraire, et traverse les cours du château où était logé le monarque, 297.

Charles VIII rendit souvent la justice, 300.

Dans les derniers temps du règne de Charles VIII, l'Echiquier n'est pas tenu régulièrement chaque année, 300.

Les Normands se dégoûtent de leur Echiquier, 301.

Des *gages* et indemnités de voyage et de séjour étaient alloués aux *commissaires* envoyés à Rouen, pour y tenir l'Echiquier, 303.

Les maîtres de l'Echiquier étaient logés au château, nourris et défrayés par le roi, 305.

Chapeaux de fleurs dûs, le 1er mai, par les officiers de ville, aux maîtres de l'Echiquier, 306.

Durée des sessions de l'Echiquier, 306.

L'Echiquier, composé de juges étrangers au pays, n'en rendait que mieux la justice, au dire de quelques-uns, 309.

Inconvénients des Echiquiers temporaires, 310.

HISTOIRE DU PARLEMENT DE NORMANDIE. — LOUIS XII.

Révolution judiciaire à la fin du quinzième siècle, 313.

Enquêtes par *turbes* ou *tourbes*, 321.

La Sénéchaussée réorganisée, 323.

Avénement de Louis XII. Il songe à rendre *perpétuel* l'Echiquier de Normandie, 324.

Des députés de Rouen, mandés à Blois, et pressentis par Louis XII, s'en réfèrent aux *Etats* de la province, 325.

Les Normands sont attachés à leurs anciens usages, 327.

Les Etats de Normandie sont convoqués, 327.

Ces Etats s'assemblent (20 mars 1498), 328.

La majorité des députés demande que l'Echiquier soit fait *perpétuel*, 329.

Louis XII, par un édit, rend *perpétuel* l'Echiquier de Normandie, et le compose d'officiers inamovibles, qu'il institue (avril 1499), 331.

Ouvrage, en vers latins, du conseiller Le Chandelier, à la gloire de l'Echiquier perpétuel et des présidents et conseillers qui y siégèrent dans les premiers temps, 333.

Renaissance des lettres en Normandie, 337.

Destin de Villerèz, chevalier, envoyé à Rouen par Louis XII, pour organiser l'Echiquier perpétuel, 342.

D'autres villes de Normandie avaient demandé que le nouvel Echiquier siégeât dans leurs murs, 343.

Le nouvel Echiquier siége au château, depuis son installation jusqu'en 1506, 346.

Rang donné au cardinal-légat Georges d'Amboise, dans le nouvel Echiquier, 347.

Serment que prêtaient les présidents et conseillers du Parlement, lors de leur réception, 349.

Geffroy Hébert, évêque de Coutances, et Antoine Bohier, abbé de Saint-Ouen, sont, d'abord, présidents du nouvel Echiquier, 353.

Les offices de présidents ne furent plus donnés, dans la suite, qu'à des laïques, 355.

Les archevêques de Rouen et les abbés de Saint-Ouen étaient *conseillers nés* au Parlement de Normandie, 356.

Les marquis du Pont-St-Pierre étaient conseillers d'honneur *nés* au Parlement de Normandie, 358.

Des doutes s'élèvent sur la stabilité du nouvel Echiquier, 360.

Joie qu'excite, en Normandie, l'érection de l'Echiquier perpétuel, 362.

Une députation du nouvel Echiquier va saluer Louis XII à Orléans, 363.

L'Echiquier, à la demande de Louis XII, enregistre, mais tardivement, l'ordonnance de mars 1498; encore est-elle modifiée notablement, du consentement du monarque, 365.

L'Echiquier propose des candidats pour des offices de conseillers vacants, 368.

Examens des pourvus d'offices de conseillers, 371.

Examens des conseillers avant leur réception, 373.

Conseillers reçus par ordre exprès des rois, 378.

Fraudes usitées dans les examens, 383.

Jean de Selve, premier président, 387.

Manière de vivre des anciens magistrats, 391.

Louis XII, étant à Rouen, vient siéger à l'Echiquier, le confirme par une charte, et donne aux membres de cette cour les mêmes droits et priviléges qu'à ceux du Parlement de Paris (octobre 1508), 392.

Le palais de justice de Rouen, 394.

Anciens tableaux du Christ en croix, qui décoraient les salles d'audience du Parlement de Normandie, 397.

L'Echiquier de Normandie cherche à restreindre le privilége de Saint-Romain, 399.

Le cardinal-légat G. d'Amboise vient en aide au privilége, 403.

L'Echiquier perpétuel s'obstine à vouloir restreindre le privilége, 404.

Lettres patentes de novembre 1512, pleinement confirmatives du privilége, 406.

L'Echiquier obtient un édit (12 décembre 1512), au moyen duquel il entend restreindre le privilége, 407.

Arrêt du 26 janvier 1513, limitatif du privilége, 408.

Louis XII blâme l'Echiquier et Jean de Selve, 409.

L'Echiquier s'obstine, et le Parlement après lui, 411.

Le privilége confirmé par les rois successeurs de Louis XII, 411.

Le chapitre abuse du privilége, 412.

Edit du 25 janvier 1597, restrictif du privilége, 413.

Le privilége de Saint-Romain, limité et restreint par l'édit de 1597, fut toujours, dans la suite, protégé par le Parlement, 414.

Abolition du privilége de Saint-Romain, 416.

Débats entre l'Echiquier perpétuel de Normandie et le chapitre de la Cathédrale de Rouen. Scènes scandaleuses, 417.

Habitants de Quillebeuf, punis de leur résistance à un arrêt de l'Echiquier, 421.

Les drapiers de Louviers, punis pour résistance à un arrêt de l'Echiquier, 422.

Impartialité de l'Echiquier. Le baron de Coulonces, puissant, recommandé énergiquement par La Trimouille, ne peut obtenir que ses lettres de rémission soient lues à huis clos, 423.

FRANÇOIS I.

L'Echiquier perpétuel fut, dès sa création, et long-temps, en butte à des haines, à des hostilités, 428.

Efforts des gentilshommes normands pour faire révoquer l'Echiquier perpétuel, 431.

François I conserve l'Echiquier perpétuel, et maintient les membres de cette cour en possession de leurs offices, 434.

Ce monarque donne à l'Echiquier la qualification de *Parlement* (février 1515), 434.

Les barons et les prélats s'étaient efforcés de l'empêcher, et même d'obtenir la suppression de l'Echiquier perpétuel, 436.

Erection de la Tournelle, pour le jugement des accusés de crimes (1519), 438.

Situation des prisonniers dans la conciergerie du Palais, à cette époque, 438.

Il y avait deux chambres pour le jugement des affaires civiles, 439.

Cruauté des peines alors en usage, 439.

Supplice de la roue, 440.

Le premier condamné qui, à Rouen, fut rompu vif, demeura en vie sur la roue pendant *trois jours et cinq heures* (1534), 441.

Le Parlement déférait rarement aux lettres de rémission, 443.

Il déférait davantage aux lettres de cléricature, 444.

Franchises des églises, 444.

Le président Robert de Dapaume, illégalement et injustement destitué sous Louis XII, est rétabli dans son office, 444.

De l'inamovibilité des juges, 445.

François I, lui-même, destitue illégalement le conseiller Jean de Cormeilles (1530), 448.

François I vient siéger au Parlement de Rouen (1517), 450.

Le roi est supplié de ne nommer aux offices du Parlement de Normandie que des gens du pays (1517), 451.

On comptait alors dans le Parlement beaucoup de magistrats qui n'étaient point français, 452.

Nomination de conseillers italiens qui ne pouvaient parler français, 454.

François I songe à ne plus nommer de Normands aux offices vacants dans le Parlement, 456.

Inconvénients de ces nominations de magistrats étrangers à nos coutumes, à nos usages, 459.

Alors, la coutume de Normandie n'était pas (à proprement parler) écrite, 460.

Le président Jean Feu, 461.

Le premier président Jean de Brinon, 463.

François de Marcillac, premier président, 464.

Pierre Rémon, premier président, 465.

Jean Vialard, président, 465.

Robert de Villy, procureur général, 466.

Pierre Monfault de Fontenelles, 467.

Baptiste Le Chandelier, (de Rouen), conseiller, 467.

Son ouvrage en vers latins sur les présidents et conseillers du Parlement, 467.

David de Bures, (de Dieppe,) conseiller, poète des Palinods, 469.

Zèle du Parlement pour les libertés de l'église gallicane (1526), 470.

Opposition du Parlement aux aliénations du domaine de la couronne, 471.

Mission des gens du roi, 472.

Le Parlement résiste à d'autres engagements du domaine, 473.

Opposition du Parlement de Normandie aux survivances (1531), 476.

Ce que dit le premier président De Marcillac à François I, contre les survivances, 478.

Le Parlement défend ses droits contre l'amiral Chabot, et contre le dauphin François (1531), 479.

Haute idée qu'avait le Parlement de sa mission, 479.

L'amiral Chabot vient prendre séance au Parlement, en qualité de lieutenant général au gouvernement de la province, (1531), 484.

Singulier discours du premier président De Marcillac, 484.

Le Parlement avait toujours des ennemis, 485.

Le Parlement était, alors, en grande estime, 486.

Le dauphin François vient prendre séance au Parlement de Rouen, 487.

Dispute vive entre les présidents à mortier et les cardinaux, pour la préséance, le dauphin étant présent, 489.

Pourquoi le roi permit au dauphin François de s'asseoir sur le trône, 491.

La vénalité s'était introduite dans le Parlement de Rouen, 492.

La vénalité existait dès le temps de Louis XII, 492.

La vénalité dans le Parlement de Normandie, 494.

Du serment de *non numeratâ pecuniâ*, 495.

La Paulette, 501.

Mercuriales au Parlement de Rouen. Désordres qu'elles signalent dans cette compagnie, 504.

Secrets de la chambre du conseil révélés, 509.

Le bras de St-Antoine (relique) est apporté plusieurs fois du prieuré de Saint-Antoine, au palais ; et les membres du Parlement jurent sur cette relique de ne point révéler les secrets de la chambre du conseil, 511.

Grands désordres dans le Parlement, 514.

Quelques magistrats du Parlement de Rouen accusés d'avoir reçu de l'argent des plaideurs, 515.

Histoire du lièvre de Limoges, 517.

Deux marsouins envoyés au Parlement de Rouen par le sire de Tancarville, 518.

Sollicitations des femmes, 519.

Reproches des premiers présidents aux membres du Parlement, 520.

Douleur et paroles énergiques du premier président De Marcillac, 521.

Le Parlement de Normandie vu avec défaveur par François I. Ce monarque projette d'en disperser les conseillers dans d'autres Parlements, 522.

Mauvais vouloir du chancelier Poyet à l'égard du Parlement, 523.

Le Parlement résiste à une iniquité de Poyet, 523.

L'ordonnance de 1539 (la *Guillemine*), ouvrage de Poyet, est mal accueillie par le Parlement de Rouen, 524.

Torts graves des membres du Parlement. Tyrannie de quelques-uns dans leurs terres, 527.

Arrêt injuste et cruel contre le sergent Maillart, 528.

Sollicitations de quelques membres du Parlement pour des parties, 532.

François I vient en Normandie; le bruit court qu'il va sévir contre le Parlement, 534.

FIN DE LA TABLE.

www.ingramcontent.com/pod-product-compliance
Lightning Source LLC
Chambersburg PA
CBHW060504230426
43665CB00013B/1387